# Die Treuhand
Innensichten einer Behörde

Olaf Jacobs und
Bundesstiftung zur Aufarbeitung der SED-Diktatur (Hg.)

# Die Treuhand
## Innensichten einer Behörde

INTERVIEWS

mitteldeutscher verlag

Editorischer Hinweis: Für die Aussagen der Gesprächspartnerinnen und -partner in den Interviews sind diese verantwortlich. Es war den Herausgebern nicht möglich, jedes Erinnerungsdetail zu überprüfen.

Umschlagabbildung: Eingang der Treuhandanstalt am Alexanderplatz in Berlin, 25.01.1991 (Quelle: IMAGO / Detlev Konnerth, Bild-Nr. 0058978796)

*Bibliografische Information der Deutschen Nationalbibliothek*
Die Deutsche Nationalbibliothek verzeichnet diese Publikation in der Deutschen Nationalbibliografie; detaillierte bibliografische Daten sind im Internet über http://dnb.dnb.de abrufbar.

Alle Rechte vorbehalten.
Das Werk ist urheberrechtlich geschützt. Jede Verwertung außerhalb der Freigrenzen des Urheberrechts ist ohne Zustimmung des Verlages unzulässig und strafbar. Das gilt insbesondere für Vervielfältigungen, Übersetzungen, Mikroverfilmungen und die Einspeicherung und Verarbeitung in elektronischen Systemen.

1. Auflage
© 2024 mdv Mitteldeutscher Verlag GmbH, Halle (Saale)
www.mitteldeutscherverlag.de

Gesamtherstellung: Mitteldeutscher Verlag, Halle (Saale)

ISBN 978-3-96311-894-4

Printed in the EU

# Inhaltsverzeichnis

7 Vorwort
*Olaf Jacobs*

10 Die Treuhandanstalt – Perspektiven auf eine Behörde
*Michael Schönherr*

## Interviews

33 **Hero Brahms**
– Vorstand (1991–1994)
58 **Alexander Koch**
– Personalvorstand (1990–1992)
82 **Brigitta Kauers**
– Abt. Grundsätze, Pressestelle u.a. (1990–1994)
103 **Wolf Klinz**
– Vorstand (1990–1994)
124 **Detlef Scheunert**
– Direktor (1991–1994)
149 **Hans-Jürgen Meyer**
– Direktor (1991–1994)
176 **Hartmut Maaßen**
– Leiter Unternehmensentwicklung (1991–1994)
199 **Alexander Graf Matuschka**
– Abteilungsleiter (1990–1994)
225 **Wolf Schöde**
– Leiter Öffentlichkeitsarbeit (1990–1994)
250 **Maxie Böllert-Staunau**
– Mitarbeiterin Personalabteilung (1991–1993)

265 **Hans Richter**
– Leiter Stabstelle Recht (1991/92)
289 **Petra Wiedmann**
– Bereich Privatisierung, Halle (Saale)/Berlin (1991–1994)
310 **Martin Ahrens**
– Direktor für Finanzen und Beteiligungen/Leiter, Schwerin (1990–1994)
328 **Christian Böllhoff**
– Vorstandsassistent von Wolf Klinz (1991–1994)
348 **Richard J. Flohr**
– Referent/Abteilungsleiter Privatisierung/Verkauf, Halle (Saale) (1991/92)
380 **Norbert Thiele**
– Referent IT/Controlling (1991–1994)
396 **Angelika Kirchner**
– Teamleiterin Exportfinanzierung (1991–1994)

415 Chronik der Treuhandanstalt
422 Abkürzungsverzeichnis
425 Bildnachweis
426 Personenregister

# Vorwort

An wohl keiner anderen Stelle war der Transformationsprozess im Zuge der deutschen Wiedervereinigung so konkret wie in der Treuhandanstalt. Als eine Art Staatsholding fasste sie Betriebe und Vermögen, welches im sogenannten Volkseigentum der DDR stand, in sich zusammen. Mehr als vier Millionen Menschen arbeiteten überall in Ostdeutschland in diesen Betrieben.
Der Beitritt der DDR zum Grundgesetz der Bundesrepublik Deutschland wurde von der damals in Verantwortung stehenden Politik gern als der „Königsweg" zur deutschen Einheit bezeichnet. Für die Treuhandanstalt bedeutete er, dass binnen kürzester Zeit die Anpassung der von ihr verwalteten Betriebe an ein ganz neues Wirtschaftssystem erfolgen musste. Der Wandel von der sozialistischen Planwirtschaft hin zur sozialen Marktwirtschaft wurde hier konkret. Dass die meisten der Betriebe darauf in keiner Weise vorbereitet waren, zeigte sich schnell – und das veränderte die Rolle der Treuhand.
Ursprünglich gegründet wurde sie noch von der letzten SED-Regierung unter Hans Modrow, um „das Volkseigentum zu wahren" und die Betriebe des Landes in die neue Zeit zu führen. Von der Bewahrerin des Volksvermögens der DDR wurde sie schnell zu der Einrichtung, in der die ökonomische Krise der DDR in ihren letzten Jahren mit voller Wucht sichtbar wurde. Die Treuhand hielt Betriebe am Leben, privatisierte, sanierte oder schloss sie. An jeder einzelnen Entscheidung hingen Erwerbsbiografien, Menschen, Einkommen und Schicksale. Genau das gab der Treuhandanstalt trotz ihrer nicht einmal vierjährigen Geschichte eine emotionale Aufladung, die bis in die Gegenwart reicht.
Die Treuhand ist zum Synonym für den wirtschaftlichen Niedergang in den neuen Ländern, für die biografische Entwertung von Ostdeutschen und die negativen Erfahrungen in den ersten Jahren der

deutschen Einheit geworden. Dass sie in einem politischen Rahmen agierte, wird dabei häufig ebenso vergessen wie die weitgehend unbeantwortete Frage nach den möglichen Alternativen.

Bis heute ist die Erzählung über die Treuhandanstalt weitgehend die Erzählung der direkten und der ihr zugeordneten Folgen ihres Wirkens. Was weitgehend fehlt, ist die Perspektive aus der Treuhandanstalt selbst. Hinter jeder Entscheidung standen neben dem politischen Rahmen auch hier Menschen. Viele waren gekommen, weil sie mitgestalten wollten, sich in den Dienst der neuen Zeit stellten und am größten gesellschaftlichen Umbruch der Nachkriegsgeschichte mitwirken wollten, und das in einer Behörde, von der frühzeitig klar war, dass sie nicht lange existieren sollte.

Es ist an der Zeit, auch diese Perspektive in die öffentlichen Betrachtung stärker einzubringen, weil sie das Bild vom Prozess der deutschen Wiedervereinigung um eine wertvolle Facette ergänzt.

Das unter dieser Prämisse entstandene Buch besteht aus Gesprächen mit ehemaligen Mitarbeitenden der Treuhandanstalt, ergänzt um eine zeitgeschichtliche Einführung von Michael Schönherr.

Der Bericht derer, die seinerzeit mitgestaltet haben, erinnert auf bewegende Weise an ökologische Verhältnisse, an Arbeitsbedingungen und einen Raubbau an Ressourcen, die heute unvorstellbar sind. Dass dem bis heute eine fragwürdige Unterrepräsentanz von Ostdeutschen in Elitepositionen ebenso gegenübersteht, wie eine kaum umzukehrende demografische Entwicklung und eine Deindustrialisierung, die nicht allein durch die Zeit geheilt werden kann, verleugnet diese Perspektive nicht. Sie hilft jedoch, die Gegenwart Ostdeutschlands besser verstehbar zu machen.

Es ist das Privileg des Rückblicks, mehr zu wissen als seinerzeit im beschriebenen Moment. In diesem Fall erfolgt der Blick auf die Zeit der Treuhandanstalt mit Nachdenklichkeit, oft mit einem tiefen Verständnis für die nachfolgenden Entwicklungen, auch mit Humor und immer als ein Bericht von einer unglaublichen Zeit des eigenen Lebens.

Das vorliegende Buch ist in enger Verbindung mit einem Schwerpunkt der Bundesstiftung zur Aufarbeitung der SED-Diktatur entstanden. Die im Buch enthaltenen Interviews sowie eine größere Anzahl weiterer Gespräche sind dort als zeithistorische Dokumente archiviert. Zeitgleich mit dieser Publikation erscheint eine Serie von Podcasts – einige der Gesprächspartnerinnen und Gesprächspartner dieses Buches finden sich darin wieder.

Damit schließt sich eine Lücke in der bisherigen Betrachtung der Arbeit der Treuhandanstalt. Die konsequente Innensicht war bisher nicht erzählt, auch weil einige von denen, die sie hätten erzählen können, gezögert haben, sie zu öffentlich zu machen. Deshalb gilt ein besonderer Dank zunächst all denen, die für die Gespräche bereitstanden.

Dank gilt darüber hinaus Matthias Hoferichter der die Interviews in akribischer Arbeit vorbereitet und geführt hat, Michael Schönherr und Matthias Buchholz für die Redaktion sowie Dr. Kurt Fricke vom Mitteldeutschen Verlag für Lektorat und Betreuung.

*Olaf Jacobs*

Januar 2024

# Die Treuhandanstalt – Perspektiven auf eine Behörde

*Michael Schönherr*

Treuhand – es gibt kaum ein Schlagwort, das so sehr die Wahrnehmung bestimmt, inwieweit die deutsche Wiedervereinigung als gelungen gilt oder nicht. Sie wirkt rückblickend oft wie ein Monolith der Zeitgeschichte, der stets polarisiert, zumindest aber Emotionen hervorruft. Dahingehend liegt die Treuhand schwer auf dem Verhältnis zwischen Ost- und Westdeutschland, wie ein Ballast, der nicht so leicht abzuwerfen ist.

Allein, dass jene Behörde, die die DDR-Betriebe ab 1990 in die Marktwirtschaft überführen sollte, nach über 30 Jahren noch immer heftig umstritten ist, noch immer erforscht und besprochen wird, offenbart, dass zumindest offene Fragen zu klären sind. Das Urteil über sie ist oft entweder vernichtend oder wohlwollend. Grautöne gibt es nicht. Die Beurteilung hängt auch davon ab, aus welcher Perspektive der Blick auf ihre Funktion, ihre Aufgabe und ihr Wirken fällt.

Für viele Ostdeutsche ist die Treuhand bis heute ein argumentativer Heimathafen für Unzufriedenheit über die Folgen der deutschen Wiedervereinigung, in den sie immer wieder gerne zurückkehren. Treuhand-Forscher Marcus Böick war der Erste, der diesem Rückzugsort einen modernen Namen gab: „Man könnte von einer erinnerungskulturellen Bad Bank sprechen, mit der vor allem die ostdeutschen Generationen, die die Arbeit der Organisation bewusst erlebt haben, ihre negativ besetzten Umbruchserfahrungen symbolisch in Verbindung setzten."

Die Enttäuschung über die Entwicklung der ostdeutschen Wirtschaft nach dem Ende der DDR-Planwirtschaft war groß nach all den Hoffnungen und Erwartungen im Rausch der Einheitseuphorie, nicht nur im Osten, sondern auch in Westdeutschland. In Ostdeutschland jedoch war die Enttäuschung viel größer, war der Alltag doch geprägt von Abwicklung, Arbeitslosigkeit und Abwanderung. Schätzungsweise 80 Prozent der vormals in der DDR Beschäftigten wurden in den ersten Jahren nach der Wiedervereinigung entlassen, mussten auf einen anderen Beruf umschulen oder wurden in den Vorruhestand geschickt. Statt der von Bundeskanzler Helmut Kohl versprochenen „blühenden Landschaften" gab es überfüllte Flure in den Arbeitsämtern der damals noch neuen Bundesländer. Neben dem persönlichen Erleben sorgten die Massenentlassungen, medienwirksame Skandale um Privatisierungsbetrug und die Abwicklung von großen Traditionsmarken für zunehmende Kritik an der Treuhand. Hierbei wurde die jahrzehntelang bewährte Qualität von DDR-Produkten und das teilweise jahrhundertealte Industrieerbe betont, verbunden mit einem gewogenen Blick auf die größtenteils verschlissenen DDR-Betriebe.

Auf der anderen Seite dieser kritischen, eher ostdeutschen Perspektive standen von Anfang an die Verteidiger der Treuhand, allen voran die Führungsspitze um Detlev Rohwedder und später Birgit Breuel sowie weitere Direktoren und Manager und nun vermehrt auch ehemalige Mitarbeiterinnen und Mitarbeiter. Für sie hatten der SED-Sozialismus und die marode DDR-Planwirtschaft abgewirtschaftet. Die überdimensionierten, schwerfälligen Industriekombinate hatten viel zu viele Beschäftigte, die viel zu wenig zur Wertschöpfung beitrugen, angestellt, um eine Vollbeschäftigung vorzugaukeln, die in Wahrheit keine war. Die Betriebe, die der Sozialismus im Osten hinterlassen hatte, waren nach dieser Lesart extrem veraltet, ökologisch am Ende und insgesamt oft schrottreif. Dies vermischte sich freilich mit der allgemeinen Wahrnehmung von der DDR, in der graue Straßenzüge langsam verfielen, Dampfloks aus Vorkriegszeiten den Fernverkehr bedienten und Fahrzeuge im Design der 1960er über die Straßen knatterten.

In den letzten Jahren kamen im Zuge innerdeutscher Dialoge und Aufarbeitungsprozesse weitere Stimmen und Ansichten zumeist westdeutscher Herkunft hinzu. Einer der Ausgangspunkte war die sogenannte Flüchtlingskrise 2015 und der nachfolgende Aufstieg der AfD in Ostdeutschland. Es brachen alte Wunden im Ost-West-Verhältnis offen zutage, inklusive gegenseitigem Unverständnis, offener Ablehnung und zunehmend aggressivem Ton. Als 2019 wieder einmal der Stand der deutschen Einheit bilanziert wurde, nutzten einige westdeutsche Publizisten die Gelegenheit, dem „Ostgejammer" etwas entgegenzusetzen und verteidigten die Arbeit der Treuhand als alternativlos, missverstanden und letztendlich erfolgreich.

Die zahlreichen Positionierungen und Stimmen trafen von Beginn an in Medien aufeinander, die den bipolaren Konfliktherd Treuhand schlagzeilenträchtig aufzugreifen wussten. Allein das „Medienarchiv" über die Treuhand, das diese 1994 digitalisiert veröffentlichte, enthielt über 100.000 Einzelbeiträge.

Für eine sachlichere Einordnung der Treuhandanstalt lohnt es sich, drei Aspekte nicht außer Acht zu lassen. Zunächst war sie erstens kein unabhängiger Akteur mit uneingeschränkter Handlungsmacht, sondern unterlag als „bundesunmittelbare Anstalt des öffentlichen Rechts" der Fach- und Rechtsaufsicht des Bundesfinanzministeriums. Sie war also organisatorisch, personell und ideell eingebettet in einen politischen Kontext, nämlich den der gerade wiedervereinigten Bundesrepublik mit ihrer christlich-liberalen Bundesregierung unter Helmut Kohl. Zweitens liegt ihre Existenz zeitlich nach dem Ende des Kalten Krieges, einer globalen Systemkonfrontation zwischen Kapitalismus und Kommunismus, die der Erstgenannte für sich entscheiden konnte. Dieser westlich dominierte Kapitalismus befand sich zudem in einer neoliberalen Phase, geprägt von Privatisierungen großer Staatsbetriebe. Die Privatisierungsbehörde für Ostdeutschland agierte daher auch eingebettet in einer bestimmten weltwirtschaftlichen Lage mit dynamischen Märkten. Drittens sind die oben genannten vielfältigen Perspektiven mitzudenken, aus denen das Wirken der Treuhand betrachtet wird und wurde, ob aus damaliger oder aus gegenwärtiger Sicht, ob von innen oder von außen.

## Die Entstehung der Treuhand

Im Zuge der friedlichen Revolution im Herbst 1989 und der immer wahrscheinlicher werdenden Wiedervereinigung wurde bald deutlich, dass Realsozialismus und Planwirtschaft in der DDR ein Ende haben und die Marktwirtschaft eingeführt werden würde. In dieser Zeit waren die DDR-Betriebe bereits in einem starken Umbruch begriffen, mit gewerkschaftlichen Demokratisierungsversuchen und Produktionsausfällen. Durch die Zuwendung zur Markwirtschaft der BRD galt es, tausende der sogenannten volkseigenen Betriebe (VEB) der DDR in Kapitalgesellschaften umzuwandeln und auf den freien Markt vorzubereiten. Am Ende waren es in der Treuhand rund 8.500 VEBs in 370 Kombinaten, von der Schiffswerft bis zur Autowerkstatt, vom Maschinenbaukombinat bis zur Tageszeitung.

Wie das ablaufen könnte, skizzierte eine kleine Gruppe oppositioneller Wissenschaftler um den Kirchenhistoriker Wolfgang Ullmann, die am 12. Februar 1990 eine „Kapital-Holding-Treuhandgesellschaft" vorschlug, die die Rechte der DDR-Bevölkerung am „Gesamtbesitz des Landes" sichern sollte. Anteilsscheine am Staatsbesitz, also an den VEBs, sollten ausgereicht werden. Auch wenn dies so nicht umgesetzt wurde, die Holding „Treuhandanstalt" kam.

Ließ sich schon 1990 auf das Abenteuer Treuhand ein, Alexander Graf Matuschka

Am 1. März 1990 erließ die DDR-Regierung den „Beschluß zur Gründung der Anstalt zur treuhänderischen Verwaltung des Volkseigentums". Auf der Basis von zwei Regierungsverordnungen sollte sie die Aufgabe übernehmen, die DDR-Betriebe zu Kapitalgesellschaften umzubauen, dabei aber das Volkseigentum zu „wahren" und „willkürliche ungesetzliche Veräußerungen" zu verhindern. Nicht in den Geschäftsbereich der Treuhand fielen volkseigene Vermögen, die sich „in Rechtsträgerschaft der den Städten und Gemeinden unterstellten Betriebe und Einrichtungen" befanden, „sowie das volkseigene Vermögen der als Staatsunternehmen zu organisierenden Bereiche und durch LPG genutztes Volkseigentum".

### Eine schwierige Aufgabe

Als kurz nach ihrer Gründung, mit dem Ergebnis der ersten freien Volkskammerwahl vom 18. März 1990, endgültig feststand, dass die DDR zügig dem Grundgesetz der Bundesrepublik beitreten würde, wurde auch die Aufgabe der Treuhand klarer umrissen: Bereits in dieser Zeit waren für die gesamte DDR Millionenhilfen aus dem Westen nötig, weswegen von der Bundespolitik Eile bei der Privatisierung gefordert wurde. Egal ob Chefetage oder Großraumbüro – die Aufgabe in den Räumen der Treuhandanstalt am Alexanderplatz war gigantisch: In wenigen Jahren sollten über 8.000 DDR-Betriebe privatisiert und die Volkswirtschaft eines ganzen Landes umgebaut werden. Um hierfür schnell Investoren zu finden, beschloss die letzte Volkskammer der DDR am 17. Juni 1990 das „Gesetz zur Privatisierung und Reorganisation des volkseigenen Vermögens" (Treuhandgesetz), das in Verbindung mit dem Einigungsvertrag vor allem auf Privatisierung und Verkauf der Betriebe zielte.

Rund vier Millionen Menschen, also fast die Hälfte aller in der DDR Beschäftigten, bekamen fast über Nacht die Treuhand zur neuen

Arbeitgeberin. Auch dies machte das Wirken der Treuhand zu einer kollektiven Erfahrung vieler Ostdeutscher. Jede Entlassung und jeder Unternehmensumbau war mit ihrem Namen verbunden – und damit auch jeder Protest und jede Nachrichtenmeldung über einen kriselnden DDR-Betrieb. Selbst nach Privatisierungen und erfolgreichen Verkäufen an neue Eigentümer konnte der Treuhand bei einem Misserfolg eine Mitschuld gegeben werden.

Dabei war die Ausgangslage der Unternehmen mehr als schwierig. Die Sicht auf die DDR-Wirtschaft wird bis heute von veralteten, maroden und die Umwelt zerstörenden Industriestandorten geprägt. Tatsächlich konstatierte dies bereits eine „Analyse der ökonomischen Lage der DDR mit Schlußfolgerungen", das sogenannte Schürer-Papier, vom 30. Oktober 1989. Gerhard Schürer war seit 1965 der Vorsitzende der Zentralen Plankommission der DDR und damit Herr über die Planwirtschaft. Nach der Absetzung Erich Honeckers analysierten er und andere Fachleute den Zustand der DDR-Wirtschaft. In dem Bericht, der als Offenbarungseid galt und grundlegende Wirtschaftsreformen forderte, wurde unter anderem der Verschleißgrad von Maschinen und Anlagen angegeben, z. B. in der Industrie mit 54 Prozent, im Bauwesen mit 67 Prozent und dem Verkehrswesen mit 52 Prozent. Die Herstellung von Produkten war vergleichsweise aufwändig, wenig produktiv und kaum weltmarktfähig. Dass die DDR dennoch so viel exportieren konnte, lag daran, dass sie innerhalb der Weltwirtschaft und gegenüber dem westlichen Kapitalismus ein Billiglohnland war. Trotz all dieser Faktoren kursierte 1990 eine Bilanzsumme der DDR-Wirtschaft in Höhe von 600 Milliarden DM – ein „Wert", den auch Detlev Rohwedder selbst kommunizierte und der enorme Erwartungen in Politik und Wirtschaft schürte.

Die Hoffnung – auf beiden Seiten –, in Ostdeutschland „schon in wenigen Jahren blühende Landschaften" zu erschaffen, wie es Bundeskanzler Helmut Kohl in seiner Ansprache am Vorabend des 3. Oktober 1990 formulierte, schwand schnell. Denn bereits einen Tag zuvor, am 2. Oktober 1990, teilte die Treuhand den 5.700 Beschäftigten des weltbekannten Dresdner Kameraherstellers Pentacon mit, dass der Betrieb geschlossen werden müsse. Marktanalysen ergaben, dass man gegen die Konkurrenz aus Asien nicht überlebensfähig sei. Diese erste große Betriebsschließung kam zur Unzeit, da am selben Abend am Brandenburger Tor die deutsche Wiedervereinigung gefeiert wurde.

Die maßgebliche Ursache für die schwierige Lage von Pentacon und anderen Betrieben lag einige Monate früher. Denn die eigentliche wirtschaftliche Wiedervereinigung Deutschlands brachte bereits die Einführung der D-Mark in der DDR am 1. Juli 1990. Im Rahmen der weitreichenden Währungs-, Wirtschafts- und Sozialunion zwischen beiden Staaten verschärfte sich über Nacht die ungünstige Ausgangslage der DDR-Betriebe. Denn nach einer längeren politischen Debatte wurde auf Drängen von Bundeskanzler Helmut Kohl – und der Bürgerinnen und Bürger in der DDR – ein Umrechnungskurs von 1:1 für Löhne, Gehälter, Renten und Mieten angesetzt. Für Sparguthaben galt der Kurs je nach Alter für Mindestbeträge von 2.000 bis 6.000 DDR-Mark. Größere Beträge konnten nur im Kurs von 2:1, teilweise 3:1, von Mark der DDR in D-Mark getauscht werden. Die meisten Ostdeutschen begrüßten diesen Umtauschkurs, da er ihre Löhne und Renten stark erhöhte und damit auch die Kaufkraft. Insofern war die Einführung der D-Mark auch eine sozialpolitische Entscheidung.

Einige Wirtschaftsexperten warnten jedoch im Vorfeld vor einem 1:1-Kurs, weil die Ausgaben der Betriebe für Produktion und Personal explodieren und der Export ins Ausland erschwert würden. Und genau das trat ein: Die Betriebe, die bereits unter Schulden, Umweltbelastungen und veralteter Technik litten, hatten nun noch höhere Ausgaben. Es war die neue Eigentümerin Treuhandanstalt, und damit der Bundeshaushalt der Bundesrepublik, die schließlich die daraus resultierenden Verluste zu tragen hatte.

## Personal aus dem Westen

Vor diesem Hintergrund sandte die Bundesregierung ab Sommer 1990 erfahrene westdeutsche Manager wie Detlev Rohwedder in die Führungspositionen der Treuhandanstalt. Rohwedder war Chef des Dortmunder Stahlkonzerns Hoesch und machte sich in Westdeutschland einen Namen als knallharter Manager und Sanierer. Er baute den Konzern in den 1980er Jahren um und richtete ihn neu aus. Mit dieser Erfahrung war er frühzeitig ein Kandidat der Bundesregierung für das höchste Amt in der Treuhandanstalt. Nachdem er im Juli 1990 von der letzten DDR-Regierung zum Vorsitzenden des Treuhand-Verwaltungsrates ernannt wurde, übernahm er bereits im August die Funktion als Treuhandchef.

Tausende weitere Westdeutsche bekamen Posten in der Zentrale in Berlin oder in den Regionalstellen, um mit ihrer Erfahrung mit dem

Dr. Wolf Klinz kam mit über zwei Jahrzehnten Wirtschaftserfahrung zur Treuhand

bundesdeutschen Modell die Marktwirtschaft in der DDR erfolgreich umzusetzen und die Betriebe vor dem Untergang zu retten. Ob als Berater oder festangestellt, sie waren es, die die Betriebe umbauen, modernisieren, Beschäftigte entlassen oder die Betriebe ganz abwickeln sollten. Nach einer ersten Bewerbungsphase, in der zunächst ältere, erfahrenere Unternehmer gewonnen wurden, die zum Ende ihres unternehmerischen Schaffens eine neue Herausforderung annehmen wollten, musste die Treuhand zunehmend jüngeres, wenig erfahrenes, aber hochmotiviertes Personal anheuern. Dabei wurden sogar ganze Absolventenjahrgänge von westdeutschen Hochschulen angeworben, für die die Treuhand zum Karrieresprungbrett werden sollte. Beispielsweise waren laut einer Studie von 1993 die Referenten mit westdeutscher Herkunft im Schnitt 32 Jahre, die aus dem Osten 46 Jahre alt.

Viele Manager, die in die ostdeutschen Betriebe fuhren, die sich ein Bild von der Lage machen sollten, die auf die Betriebsleitung und Beschäftigten trafen, hatten also wenig oder keine Erfahrung im Umgang mit verunsicherten Belegschaften oder mit wirtschaftlichen Krisensituationen wie diesen. Dabei trafen sie nicht selten auf sehr erfahrene, fachlich hochqualifizierte und engagierte Betriebsangehörige. Dass dies zu zwischenmenschlichen Konflikten in den ostdeutschen Betrieben führen musste und letztendlich auch führte, war sogar einigen älteren und erfahrenen Treuhandvorständen bewusst. Obwohl 1992 nur gut 30 Prozent der Treuhandbelegschaft aus dem Westen stammte, prägte dieser spezifische Personenkreis früh das Bild vom sogenannten Besserwessi (Wort des Jahres 1991) und erzeugte nachhaltig Misstrauen im Osten. Hier wurzelten die Klischees vom Sportwagen fahrenden, Trenchcoat tragenden und Parfum umwehten „Wessi", der mit hohen Provisionen und Tagessätzen in den Osten gelockt wurde, um dort die Betriebe umzukrempeln oder zu schließen.

Dass die zusätzliche Bezahlung umgangssprachlich im Westen auch noch quasikolonialistisch „Buschzulage" genannt wurde, war ein weiterer Aspekt für das im Osten empfundene Machtgefälle gegenüber dem Westen, verbunden mit dem Erleben von Ostdiskriminierung. Diese Schlagseite schwang auf vielen Ebenen im Prozess der Wiedervereinigung mit: Schon das weltpolitische und weltgeschichtliche Momentum beim Fall des „Eisernen Vorhangs" war zu begreifen als Ende des Kommunismus mit seiner ineffizienten Plan- und Mangelwirtschaft und als Sieg der liberalen, marktwirtschaftlichen Demokratien mit ihrer prosperierenden Marktwirtschaft nebst Konsumgesellschaft. Neben dieser globalen Perspektive ist in Deutschland unter anderem auch die Verfassungsfrage zu nennen. Nach einer langen Debatte im Jahr 1990, ob das wiedervereinigte Deutschland eine neue Verfassung erhalten sollte, die von allen Deutschen in einer gemeinsamen Volksabstimmung zu bestätigen wäre, kam es am Ende doch zum Beitritt der DDR zum Gebiet des Grundgesetzes der Bundesrepublik Deutschland nach Artikel 23 des damaligen Grundgesetzes. Hinzu kamen die Übernahmen der D-Mark, des Sozialsystems, des föderalen politischen Systems, des Rechtswesens, des Schulsystems, des Sportfördersystems usw. usf. Dies war Teil der allgemeinen Stimmung und wirkte sich sicherlich auf das Selbstverständnis und das Auftreten der Menschen aus.

Die Treuhandbelegschaft – aber auch alle anderen am Transformationsprozess Beteiligten – hatte kein Wissen, wie man eine Planwirtschaft erfolgreich in eine Marktwirtschaft umwandelt. Ein Lehrbuch hierfür gab es nicht. In der Gründungs- und der Aufbauphase wurden Varianten von DDR-Wirtschaftsreformen diskutiert, aber nach der Volkskammerwahl 1990 und durch das von der Bundespolitik geforderte Tempo gab es keine Atempause oder den politischen Impuls für die Erarbeitung einer volkswirtschaftlichen Gesamtstrategie. Einzelne Vorschläge wie eine Sonderwirtschaftszone, zum Beispiel mit protektionistischen Maßnahmen oder einer eigenen Währungspolitik, wie sie in anderen osteuropäischen Staaten möglich waren, wurden nicht ernsthaft ins Auge gefasst und hatten keine politische Mehrheit. Sie hätten in Ostdeutschland als Teil der Bundesrepublik aber auch nur schwer umgesetzt werden können. Wie er sich die Privatisierung vorstellte, skizzierte Treuhandchef Rohwedder in einem intern „Osterbrief" genannten Schreiben an die Mitarbeiterinnen und Mitarbeiter am 27. März 1991. Die Devise „Schnelle Privatisierung, entschlossene Sanierung, behutsame Stilllegung" bedeutete, die Betriebe vor dem Verkauf zunächst zu sanieren.

## Führungs- und Strategiewechsel

Nur wenige Tage nach diesem Schreiben, am Ostermontag, dem 1. April 1991, wurde auf Detlev Rohwedder ein Attentat verübt, das er nicht überleben sollte. An seinem Wohnhaus in Düsseldorf fielen spät in der Nacht mehrere Schüsse, bereits der erste war tödlich. Nach einem Staatsakt im Schauspielhaus am Gendarmenmarkt in Berlin übernahm die frühere niedersächsische Finanzministerin Birgit Breuel den Platz an der Spitze der Treuhand. Sie setzte andere Schwerpunkte und fuhr eine gegensätzliche Linie, wollte „Privatisieren vor Sanieren" und erhöhte in nur kurzer Zeit das Tempo beim Verkauf der Betriebe.

Inwieweit sich das Privatisierungsgeschehen mit dem Führungswechsel veränderte, zeigt eine Datenanalyse von 2023. Die Auswertung zeigt auch deutlich das Arbeitspensum der zwischenzeitlich rund 4.000 Mitarbeiterinnen und Mitarbeiter der Treuhand in den ersten Jahren. Bereits im ersten Monat unter Birgit Breuel wurden so viele Betriebe verkauft wie in dem halben Jahr zuvor unter Detlev Rohwed-

Mit Birgit Breuel, hier im Gespräch mit Hartmut Maaßen, änderte sich die Ausrichtung der Treuhandanstalt

der. Es waren teilweise bis zu 500 Entscheidungen pro Monat über Abwicklungen, Privatisierungen und Reprivatisierungen. Während Rohwedder und andere Treuhandmanager 1990 noch von einer langjährigen Aufgabe ausgingen, war bis Ende 1992 bereits ein Großteil der Betriebe an Investoren gegangen und damit auch die Verantwortung für Sanierungen, Entlassungen und Umstrukturierungen. Es stand außer Frage, dass die ostdeutschen Betriebe Investitionen in Millionen-, ja Milliardenhöhe benötigen würden, um unter marktwirtschaftlichen Bedingungen zu überleben. In den Augen Birgit Breuels sollten dies vor allem die investierenden Unternehmen selbst leisten, nicht der deutsche Staat. Damit folgte die CDU-Politikerin einem neoliberalen Trend, der seine Wurzeln in den USA und Großbritannien hatte und zu zahlreichen Privatisierungen öffentlicher Unternehmen in den 1980er und 1990er Jahren führte. Auch die konservativ-liberale Regierung unter Helmut Kohl, seit 1982 Bundeskanzler, folgte diesem Trend und privatisierte unter anderem die Bahn, die Telekommunikation und die Post. Exakt in eine solche wirtschaftspolitische Phase fiel das Ende der DDR und die Privatisierung ihrer Betriebe.

## Investitionen westdeutscher Unternehmen im Osten

Die für den wirtschaftlichen Umbau benötigten Investoren suchten die Treuhand und die Bundesregierung zunächst vor allem in Westdeutschland. So gingen beispielsweise die großen SED-Tageszeitungen, die Kinos, die Brauereien oder die Zuckerfabriken an die in den jeweiligen Branchen führenden westdeutschen Unternehmen. Die alten DDR-Staatsmonopole sollten nicht durch neue Monopole ersetzt werden. Dennoch wirkte der flächendeckende Verkauf an Westunternehmen vielerorts wie ein „Ausverkauf der DDR". Bis 1994 wurden rund 85 Prozent der großen Ostbetriebe an westdeutsche Unternehmen, 10 Prozent an ausländische Investoren und nur 5 Prozent an Ostdeutsche verkauft. Den Ostdeutschen, die sich für die Übernahme eines Betriebes interessierten und den unternehmerischen Mut mitbrachten, fehlte es schlicht an Startkapital. Denn in der DDR war es nicht möglich gewesen, ein hierfür nötiges Vermögen oder andere finanzielle Sicherheiten aufzubauen. Gleichzeitig glaubten die zumeist westdeutschen Entscheiderinnen und Entscheider in der Treuhand lange Zeit, die Ostdeutschen seien nicht in der Lage, „ihre" Unternehmen selbst zu führen. Auch die Banken sahen das in der Regel so und vergaben Kredite nur, wenn neben einem ostdeutschen Interessenten ein in der Marktwirtschaft erfahrener westdeutscher Manager mit in der neuen Geschäftsführung saß.

Diese Bevorzugung westdeutscher Käuferinnen und Käufer war im Nachhinein einer der vielen Kritikpunkte. Zum Beispiel fragte sich mit Blick auf die genannten Zuckerfabriken, Kinos oder einige Brauereien kaum jemand, ob diese nach gewiss notwendigen Investitionen auf eigene Faust marktfähig gewesen wären. Alternative Privatisierungs- und Verkaufsstrategien wurden nicht diskutiert. Bei vielen Branchen streckten die westdeutschen Interessenten bereits kurz nach dem Mauerfall ihre Fühler aus, wie bspw. die Steigenberger-Hotelkette, die schon im Juli 1990 ein Joint-Venture mit den Interhotels der DDR abschloss, das für Steigenberger extrem lukrativ war. Die Treuhandspitze um Rohwedder stoppte den Deal, um die Interhotels gut vorbereitet zum Verkauf auszuschreiben und mehr Geld einzunehmen.

Detlef Scheunert bei der Unterzeichnung eines Privatisierungsvertrages

Auch dass potenzielle ostdeutsche Unternehmer nicht ernst genommen wurden, muss auf lange Sicht als suboptimal angesehen werden. Zum einen wurde zum Teil das bis heute bestehende Klischee vom Besserwessi verstärkt, der den Ostdeutschen nichts zutraut. Zum anderen bremste dies möglicherweise auch eine unternehmerische Dynamik für eigenständige Entwicklungen ostdeutscher Unternehmen. Dass es auch anders ging, zeigten Erfolge wie die des heutigen Sekt-Marktführers Rotkäppchen-Mumm aus Freyburg an der Unstrut.
Damit die Verantwortung für die Sanierung der Betriebe möglichst schnell vom Staat an die Investoren übergehen konnte, war der Zeitdruck bei der Privatisierung enorm hoch. Nach den Regeln des Marktes sinken die Preise beim Überangebot einer Ware – in diesem Fall waren es die Ostbetriebe, die für dieses Überangebot sorgten und keine kostendeckenden Preise erzielen konnten. Viele davon wurden in der Eile für lediglich eine symbolische D-Mark verkauft, sobald der Investor bestimmte Arbeitsplatzgarantieren zugesagt hatte. Im Gegenzug flossen häufig Fördermittel für Investitionen, vor allem aber für die Sanierung ökologischer Altlasten.
Von den kurzfristig ausgehandelten Deals profitierten einige Unternehmen auch langfristig. Da sich manch großer Konzern aus Westdeutschland Vertriebs- oder Produktionsstätten in den ostdeutschen Bundesländern zulegte – teilweise auch potenzieller Konkurrenz entledigte –, erweiterten sich Absatzmärkte in Richtung Ostdeutschland oder Osteuropa. Die langfristigen wirtschaftlichen Folgen sind noch heute spürbar: Ostdeutschland ist nach wie vor geprägt von sogenannten verlängerten Werkbänken des Westens, also Produktionsstätten westdeutscher oder ausländischer Konzerne. Ein Beispiel ist die deutsche Automobilindustrie mit ostdeutschen Fabriken der Marken Volkswagen, Opel, Mercedes-Benz, Porsche oder BMW. Laut einer Liste des „Manager Magazins" von 2019 hatten zu diesem Zeitpunkt von den 500 größten Unternehmen Deutschlands nur 16 ihren Sitz in den fünf ostdeutschen Flächenländern, 13 von diesen waren

zudem im Besitz westdeutscher oder ausländischer Eigentümer. Die übrigen drei waren öffentliche Versorgungsunternehmen. Trotz zahlreicher Startups konnte in Ostdeutschland noch keine vergleichbare Unternehmenslandschaft entstehen, wie sie in Westdeutschland besteht.

## Betriebsschließungen und Massenentlassungen

Trotz großer Anstrengungen hat die Treuhand für tausende Ostbetriebe keine Abnehmer und auch keine nachhaltige Lösung für ihren Erhalt gefunden. Durch die geringe Produktivität und die Verteuerung der Produkte durch die D-Mark hatte sich Anfang der 1990er Jahre auch die gesamtwirtschaftliche Lage weiter verschlechtert. Die Weltwirtschaft stagnierte und litt unter Überproduktion. Außerdem brachen die Exportmärkte weg, vor allem in Osteuropa und in der Sowjetunion, die Anfang der 1990er unter politischem Chaos zerfiel. Die Betriebe dort mussten schließen oder kauften nach dem Fall des Eisernen Vorhangs lieber westeuropäische Maschinen als die nun teureren Maschinen aus Ostdeutschland. Rund ein Drittel der Unternehmen, darunter viele große Industriebetriebe mit tausenden Arbeitsplätzen, musste die Treuhand abwickeln.
Im Zuge solcher Betriebsschließungen erschien die Treuhand fast täglich in den Schlagzeilen, zumal gleichzeitig immer mehr Menschen entlassen wurden. Von den rund vier Millionen Beschäftigten, die zu Beginn der Treuhandtätigkeit in den Betrieben gezählt wurden, blieben 1994 noch 1,5 Millionen übrig. Die meisten Berufstätigen in Ostdeutschland hatten in 40 Jahren Planwirtschaft erlebt, dass sie stets einen Arbeitsplatz bekommen, manchmal sogar ihr Leben lang im selben Betrieb arbeiten konnten. Nun waren sie zum ersten Mal mit der Gefahr oder dem konkreten Erleben von Arbeitslosigkeit konfrontiert, zudem auch noch in einem massiven Ausmaß. Im Kampf um ihre Arbeitsplätze war in den Augen vieler Ostdeutscher

die Treuhand hauptschuldig am Niedergang „ihrer" Betriebe. Viele Kritiker werfen ihr und der damaligen Bundespolitik bis heute vor, nicht geduldig genug gewesen zu sein und viele strukturell wichtige Betriebe nicht gerettet zu haben.

Ein Medienereignis, das selbst international Wellen schlug, war der Fall „Bischofferode". Am 1. Juli 1993 traten 40 Kumpel der Kaligrube „Thomas Müntzer" in einen unbefristeten Hungerstreik, um die Schließung des Schachts zu verhindern. Vorausgegangen war eine Zusammenlegung west- und ostdeutscher Kalistandorte unter der ursprünglich westdeutschen „Kali und Salz", bei dem auch die Grube in Bischofferode mit ihren 700 Bergleuten geopfert werden sollte. Bei der Fusion sollten tausende Arbeitsplätze gleichermaßen in West und

Dr. Wolf Klinz (r.) und sein Assistent Christian Böllhoff

Ost verschwinden. Überkapazitäten auf dem Weltmarkt, wegbrechende Absatzmärkte und neue Kartellvorgaben führten die Treuhand zu diesem für sie logischen Schritt. Doch als der Betriebsrat von Bischofferode einen alternativen Investor vorschlug, lehnte Birgit Breuel Neuverhandlungen öffentlich ab. Dies führte zum Hungerstreik und zu einem monatelangen Medienecho, das für die Außenwirkung der Treuhand katastrophal war. Erst im Dezember 1993 fanden die Proteste ein Ende. Eine Betriebsdelegation stimmte der Schließung zu, einhergehend mit hohen Abfindungen oder befristeten Ersatzarbeitsplätzen für die Bergleute.

Datenanalysen der Treuhandtätigkeit zeigen, dass der Anteil an Abwicklungen bis 1994 immer weiter zunahm. Von den über 12.500 Betriebseinheiten, die bis dahin durch Entflechtungen der Kombinate und Betriebe entstanden waren, wickelte die Treuhand rund ein Drittel ab. 53 Prozent wurden privatisiert, also in der Regel an Investoren verkauft, und 13 Prozent an in der DDR-Zeit enteignete Vorbesitzer zurückgegeben. 2,5 Prozent wurden an Kommunen übertragen, zum Beispiel öffentliche Versorgungs- oder Verkehrsbetriebe. Dieses statistische Ergebnis nach vier Jahren liegt erstaunlich nahe an einer Projektion aus dem Mai 1990, die die DDR-Ministerien für Wirtschaft und Finanzen in Abstimmung mit der Treuhand erstellt hatten. Auf der Datenbasis von 2.200 VEBs wurden die Folgen einer Währungsunion abgeschätzt. Auch hier galten 27 Prozent als „konkursgefährdet". Daneben erschienen 42 Prozent „mit Verlust", „aber sanierungsfähig" und nur 31 Prozent als sofort „rentabel".

Die Treuhand galt als „Plattmacher". Dabei hatte die Arbeitsmarktkrise auch ihre Wurzeln in der DDR, die im Rahmen ihrer realsozialistischen Ideologie Vollbeschäftigung anstrebte. Doch die Anstellung von Menschen mit nur wenig Arbeitsvolumen machte die hohen Beschäftigtenzahlen zur Chimäre. Daneben war die DDR-Wirtschaft jahrzehntelang auf eine breite Industrieproduktion ausgelegt, während sich die globale Marktwirtschaft des Westens seit Jahrzehnten hin zu einer Dienstleistungsgesellschaft entwickelte, zwar mit schmerzhaften Transformationsprozessen wie zum Beispiel im Ruhrgebiet, allerdings über einen lang gestreckten Zeitraum. In einer „Schocktherapie" musste nun auch die ostdeutsche Wirtschaft transformiert werden, in einem viel kürzeren und damit schmerzhafteren Prozess. Den größten Beschäftigungsrückgang gab es in den Jahren nach 1990 in den Bereichen Maschinenbau (minus 81 %), Landwirtschaft (minus 78 %), Elektrotechnik (minus 78 %) und chemische Industrie (minus 33 %).

Es sind auch diese Zusammenhänge, die zeigen, dass die Arbeit der Treuhand und die damit verbundenen Entscheidungen letztlich auch abhängig von Faktoren waren, die sie selbst kaum beeinflussen konnte, von veralteten Anlagen der DDR-Betriebe, Weltmarktentwicklungen, schwieriger Investorensuche, politischen Entscheidungen bis hin zu kriminellen Umtrieben. Aus der inländischen und vor allem der ostdeutschen Perspektive war dennoch weiterhin der Akteur „Treuhand" an fast allem schuld. Dabei war sie als Behörde dem Bundesfinanzministerium unterstellt, also Ministern und Staatssekretären, die für die Treuhand mindestens mitverantwortlich waren. Doch damals wie heute haben nicht Bundesfinanzminister Theo Waigel oder die Bundeswirtschaftsminister Jürgen W. Möllemann und Günter Rexrodt im Fokus der Kritik gestanden, auch nicht der damals prägende Finanzstaatssekretär und spätere Bundespräsident Horst Köhler. Meist waren und sind es die führenden Treuhandköpfe wie Birgit Breuel.

Bei aller Kritik, es gab über die Jahre auch innerhalb der Treuhand Ideen und Versuche, die eigene Privatisierungsstrategie zu hinterfragen, allerdings nicht tiefgreifend gesamtwirtschaftlich gesehen – das war auch nicht ihre Aufgabe –, sondern eher als Antwort auf die Massenschließungen und um Betriebe zu erhalten. Dazu gehören Maßnahmen wie die sogenannten Management-KGs, die schwer vermittelbare Betriebe länger begleiten sollten, oder die Unternehmensmesse „Made in Germany" Ende 1992 in Leipzig. Die bedeutsamste Strategie ab 1991/92, sogenannte industrielle Kerne langfristig zu sanieren und damit zu erhalten, hat einige große Industriezentren gerettet. So wurden Stahlwerke in Brandenburg und Sachsen erhalten, und auch Chemieparks wie die in Leuna oder Bitterfeld-Wolfen wuchsen in den letzten Jahrzehnten durch erhebliche Subventionen wieder – und das trotz massiver ökologischer Altlasten und hoher Kosten.

## Massenentlassungen trüben die Bilanz der Treuhandanstalt

Von dem 1990 kursierenden „Wert" der DDR-Wirtschaft waren am Ende der Treuhandanstalt nur noch Schulden übrig. Sie wurde offiziell am 31. Dezember 1994 in ihrer ursprünglichen Form aufgelöst und in die Bundesanstalt für vereinigungsbedingte Sonderaufgaben (BvS) umgewandelt. Diese übernahm noch einige operative Aufgaben und kontrollierte beispielsweise die Einhaltungen der Privatisierungsverträge. Bis zu diesem Zeitpunkt hatten die Verkäufe der Betriebe rund 70 Milliarden DM eingebracht. Demgegenüber schlugen fast 350 Milliarden DM als Aufwendungen zu Buche. Darunter sind jedoch auch etwa 100 Milliarden an sogenannten Altkreditforderungen, die aus den Zeiten der Planwirtschaft auf den Betrieben lasteten. Zusammen mit anderen Zahlungen blieb unterm Strich ein Schuldenberg von 204,4 Milliarden DM – also 60 Millionen Mark für jeden Tag der Treuhandtätigkeit. Birgit Breuel stellte diesem hohen Defizit 170 Milliarden DM Investitionszusagen der Käuferinnen und Käufer sowie Arbeitsplatzzusagen für 1,1 Millionen Beschäftigte gegenüber, dabei waren bei weitem nicht alle davon bei Nichteinhaltung mit Vertragsstrafen bewehrt.

Doch der Verkauf an Investoren unter den genannten Bedingungen bedeutete nicht immer die nachhaltige Rettung des Betriebes oder der Arbeitsplätze. Viele gingen zum Beispiel durch Aufkäufe oder Fusionen in anderen Unternehmen auf. Einige der Betriebe zeigten sich langfristig nicht konkurrenzfähig genug oder wurden inzwischen als Tochterfirmen zugunsten anderer Standorte aufgegeben. Auch nach solchen späteren Betriebsauflösungen fühlten sich einige Beschäftigte unter Umständen von der Treuhand betrogen. Dabei hat die Behörde während ihres Bestehens selbst mit zahlreichen Betrugsfällen zu kämpfen. Hierfür richtete die Bundesregierung eigens eine Behörde namens ZERV (Zentrale Ermittlungsstelle Regierungs- und Vereinigungskriminalität) ein. Diese sollte die verbreitete Wirtschaftskriminalität im Zuge der Privatisierung verfolgen und musste am Ende in gut 4.000 Fällen ermitteln. Bei nur 128 dieser Verfahren kam es zu rechtskräftigen Urteilen. Die Schadenssumme wurde auf bis zu 26 Milliarden DM geschätzt.

## Langfristige Folgen für Ostdeutschland

Die Folgen der friedlichen Revolution seit dem Herbst 1989 und die deutsche Wiedervereinigung bedeuteten für Ostdeutschland einen massiven Umbruch, gesellschaftlich wie wirtschaftlich. Dies unterstreichen verschiedene Kennzahlen. So ging die ostdeutsche Industrieproduktion in wenigen Jahren um fast drei Viertel zurück, also mehr als nach den beiden Weltkriegen. Für die gesamte ostdeutsche Wirtschaft, die stark auf den Industriesektor basierte, war das ein beispielloser Strukturwandel. Die Folgen wie Massenarbeitslosigkeit, Unsicherheit, Existenzangst und fehlende berufliche Perspektiven prägen jene, die direkt betroffen waren, aber auch nachwachsende Generationen. So sank ab 1990 die Geburtenrate auf ein Rekordtief, während gleichzeitig Millionen junge und gut ausgebildete Ostdeutsche nach Westdeutschland zogen, wo sie sichere Arbeit und höhere Löhne erwarteten. Viele Regionen, zum Beispiel Bayern, profitierten von diesem Fachkräftezuzug ohne Sprachbarriere.

Die gesamte Region Ostdeutschland ragt bis heute bei vielen innerdeutschen Datenvergleichen heraus und ist in ihrer Demografie sogar im globalen Vergleich auffällig: Hier gibt es weit weniger junge Frauen, weniger Kinder und ein höheres Durchschnittsalter als in den meisten Teilen der Welt. Vor allem im ländlichen Raum sind die Zahlen extrem. In einigen Landkreisen ist der Männerüberschuss einer der größten in Europa. In Folge des massiven Bevölkerungsrückgangs verschwanden Schritt für Schritt auch die Infrastruktur, von der Bahn- oder Busanbindung über Postämter oder Bankfilialen bis zum Supermarkt.

Diese Entwicklungen seit der Wiedervereinigung hinterließen auch Spuren im Verhältnis zwischen Ost- und Westdeutschland. Die wirtschaftlichen und sozialwissenschaftlichen Kennzahlen, aber auch Umfrage- und Wahlergebnisse in Ostdeutschland werden heute auch mit dem Wirken der Treuhand in Verbindung gebracht. In Umfragen sagen viele Ostdeutsche, sie fühlten sich als „Bürger zweiter Klasse". Einige Parteien haben das Schlagwort „Treuhand" bereits in der politischen Kommunikation genutzt, wie die Linkspartei oder die AfD.

Über die Treuhand wird wie eingangs beschrieben bis in die Gegenwart vor allem zwischen zwei Polen diskutiert. Viele, selbst jüngere Ostdeutsche, Gewerkschafter oder linke Politiker betonen, dass die Treuhand die DDR-Wirtschaft zu billig verschachert habe. Auf der anderen Seite verteidigen Ökonomen, konservativ-liberale Politiker und besonders die frühere Treuhandmitarbeiterschaft selbst ihre Praxis immer häufiger als eine Art alternativloser Schocktherapie. Die Meinungsverschiedenheiten basieren meist auf einem unterschiedlichen persönlichen Erleben. Die Ostdeutschen erlebten einen Umbruch in ihren Biografien und projizieren negative Erlebnisse nach der Wiedervereinigung auch auf die Treuhand als eine Fehlkonstruktion des Westens. Den meisten Westdeutschen dagegen fehlte das unmittelbare Erleben der rasanten Umstrukturierung durch das Wirken der Treuhand und dadurch auch das Verständnis für die Unzufriedenheit vieler Ostdeutscher. Insofern prägen sowohl das konkrete

Erinnerungstasse an die Treuhandtätigkeit des Unternehmensbereichs 4 Dienstleistungen mit den Namen privatisierter volkseigener Betriebe

Handeln als auch das Bild von der Treuhand noch Jahrzehnte nach der Wiedervereinigung die gesellschaftliche Stimmung. Die Aufgaben der Treuhand, ihre Strategien, ihr Personal und ihre Entscheidungen waren überaus vielschichtig und komplex, ebenso die Folgen für Ostdeutschland und damit letztlich die Wahrnehmung im Rückblick. Zwar hat sich die eher kritische Retrospektive nach über 30 Jahren – besonders im Zuge breiter historischer Aufarbeitung durch den Zugriff auf die Treuhandakten – langsam einer nüchternen Analyse angenähert. Zunehmend treten Emotionen, Vereinfachungen und Verklärungen in den Hintergrund. Doch das hat möglicherweise auch mit einer mittlerweile stabileren Wirtschaftsentwicklung in Ostdeutschland und dem zeitlichen Abstand zu tun. So konstruktiv diese Tendenz für das Ost-West-Verhältnis sein mag, so zeigt der lange Zeithorizont doch auch, wie tief der Stachel noch sitzt und wie lange die komplette erinnerungskulturelle Aufarbeitung noch auf sich warten lassen könnte. Auch das hängt sicherlich von der jeweiligen Perspektive ab.

## Quellen und Literatur

Behling, Klaus: Die Treuhand. Wie eine Behörde ein ganzes Land abschaffte, Berlin 2019.

Beschluß zur Gründung der Anstalt zur treuhänderischen Verwaltung des Volkseigentums (Treuhandanstalt) vom 1. März 1990, https://deutsche-einheit-1990.de/wp-content/uploads/DC_20_I_3_2922_0065.pdf (10.01.2024).

Böick, Marcus: Die Treuhand. Idee – Praxis – Erfahrung. 1990–1994, Berlin 2020.

Böick, Marcus: „Die Treuhand hat uns plattgemacht!" – „Im Osten war aber alles Schrott!", in: https://www.bundesstiftung-aufarbeitung.de/de/recherche/dossiers/fakten-meinung-mythen-die-ddr-als-projektionsflaeche/treuhand (10.01.2024).

Bundesstiftung zur Aufarbeitung der SED-Diktatur: Die Treuhand und die Folgen, https://treuhandanstalt.online (10.01.2024).

Gesetz zur Privatisierung und Reorganisation des volkseigenen Vermögens (Treuhandgesetz) vom 17. Juni 1990, https://www.gesetze-im-internet.de/treuhg/TreuhG.pdf (10.01.2024).

Jacobs, Olaf (Hg.): Treuhand – Ein deutsches Drama, Halle 2020.

Jarausch, Konrad H.: Die unverhoffte Einheit. 1989–1990, Frankfurt am Main 1995.

Kohl, Helmut: Rundfunk- und Fernsehansprache von Bundeskanzler Helmut Kohl vom 2. Oktober 1990, https://www.chronik-der-mauer.de/material/180425/rundfunk-und-fernsehansprache-von-bundeskanzler-helmut-kohl-2-oktober-1990 (10.01.2024).

Kowalczuk, Ilko-Sascha: Die Übernahme. Wie Ostdeutschland Teil der Bundesrepublik wurde, München 2019.

Schürer, Gerhard u. a.: Analyse der ökonomischen Lage der DDR mit Schlußfolgerungen, Vorlage für das Politbüro des Zentralkomitees der SED vom 30. Oktober 1989 (Schürer-Papier), https://www.bpb.de/system/files/dokument_pdf/w5.grenze.1989_10_30_PB_Vorlage_Schuerers_Krisen_Analyse_BArch_DY%2030_J_IV_2_2A_3252.pdf (10.01.2024).

Seibel, Wolfgang: Verwaltete Illusionen. Die Privatisierung der DDR-Wirtschaft durch die Treuhandanstalt und ihre Nachfolger 1990–2020, Frankfurt am Main 2005.

Statut der Anstalt zur treuhänderischen Verwaltung des Volkseigentums (Treuhandanstalt) vom 15. März 1990, https://deutsche-einheit-1990.de/wp-content/uploads/DC_20_I_3_2935_0120.pdf (10.01.2024).

Treuhandanstalt (Hg.): Dokumentation 1990–1994, Berlin 1994.

# Hero Brahms

*„Es war eine Erfolgsgeschichte, die Privatisierung. Daran mitgewirkt zu haben, das können Sie mit keinem Job der Welt ausgleichen."*

Hero Brahms wurde 1941 in Münster geboren. Nach seiner Banklehre hat er Betriebswirtschaftslehre in München und Münster studiert. Anschließend arbeitete er viele Jahre bei der Hoesch AG und war dort eine Zeit lang persönlicher Mitarbeiter von Detlev Karsten Rohwedder. Von Juni 1991 bis November 1994 war er als Vizepräsident der Treuhandanstalt zuständig für den Unternehmensbereich Schwermaschinenbau. Nach der Zeit in der Treuhand war Brahms als Vorstands- oder Aufsichtsratsmitglied bei verschiedenen Konzernen wie der Kaufhof Holding AG, der Bremer Vulkan AG oder der Linde AG tätig.

**Herr Brahms, gibt es Dinge, die Sie früh im Leben geprägt haben, bei denen Ihnen später klargeworden ist, hier ist der Zug aufs Gleis Richtung Treuhandanstalt gesetzt worden?**
Ja, ich habe mich sehr früh für betriebswirtschaftliche Dinge interessiert. Angeregt durch die Tätigkeit meines Vaters, der auch nicht dagegen war, dass ich ihn ab und zu in seiner Firma besuchte. Später durfte ich sogar einen Anzug anziehen und dann auf die Hauptversammlung der Gesellschaft gehen. Das hat mich schon sehr, sehr früh wirtschaftlich geprägt, und das ist dann geblieben.

**Wie ging der berufliche Findungsprozess weiter?**
Nach dem Abitur wollte ich unbedingt eine Banklehre machen. Das war damals Mode, um sich dann aufs Studium vorzubereiten. Danach habe ich angefangen zu studieren, Betriebswirtschaftslehre in München fünf Semester und dann noch mal den Abschluss in Münster. 1969 habe ich mir gesagt, jetzt fängst du an zu arbeiten, und bin dann zu Hoesch in Dortmund gegangen. Das war dann eigentlich eine sehr schöne Zeit, die ich bei der Hoesch AG verbracht habe, bis auf das Ende. Das war dann nicht so schön.

**Was ist denn da passiert?**
Das hatte dann schon mit der Treuhandanstalt zu tun. Detlev Rohwedder, damals Vorsitzender des Vorstands bei Hoesch, drängte es nach einer neuen Herausforderung. Dann kam die Wiedervereinigung, und Rohwedder war der ideale Kandidat, um sich um dieses Thema zu kümmern. Er wurde zunächst Verwaltungsratspräsident der Treuhandanstalt und wurde dann gebeten, das Präsidialamt, also die operative Führung der Treuhandanstalt, zu übernehmen. Das war im Herbst 1990. Dann kam der Tag, an dem Rohwedder ermordet wurde, am 1. April 1991. Das Ergebnis war der Beginn meiner Tätigkeit bei der Treuhandanstalt. Weil a) die Politik wusste, dass ich bei Hoesch wohl aufhören würde, b) dass ich einen guten industrieerfahrenen Ruf hatte in der Wirtschaft. Die Politik wollte dann, dass Frau Breuel Präsidentin wird, ihr aber als Ersatz für Rohwedder ein industrieerfahrener weiterer Manager zur Seite gestellt wird.

**Sie waren dann Vizepräsident der Treuhand vom Juni 1991 bis November 1994. Was hatten Sie denn ursprünglich für eine Beziehung zur DDR?**
Also, wenn ich ehrlich bin, gar keine. Im Gegensatz zu Rohwedder und meinem Verkaufsvorstand, die immer zu den Messen fuhren und ein Messebild mitbrachten – also wenn Sie so wollen ein geschöntes

Bild der DDR –, bin ich nicht in die DDR gefahren. Das hatte einen einfachen Grund: Ich war der Sicherheitsbeauftragte bei Hoesch. Hoesch produziert unter anderem auch wehrtechnisch relevante Teile. Ich war sogenannter Geheimnisträger, und deswegen bin ich nie in die DDR gefahren. Familienmäßig war ich sehr wohl verbunden, weil meine Mutter aus Magdeburg stammte. Sie hatte eine Schwester und einen Schwager in Magdeburg, und ihre Mutter wohnte in Wolmirstedt, das ist bei Magdeburg. Ich muss allerdings gleich hinzufügen, dass meine Tante, also die Schwester meiner Mutter, verheiratet war mit einem Professor einer Hochschule, die für die Nachwuchskader der DDR sorgte. Und die beiden haben nie wieder einen Ton mit mir gesprochen, seitdem ich zur Treuhandanstalt gegangen bin. Danach war der Kontakt tot, und sie haben mich gehasst.

**Welche inneren Beweggründe hatten Sie denn, zur Treuhand zu gehen?**

Die Entscheidung habe ich als meine patriotische Pflicht empfunden, weil ich genau wusste, was auf mich zukommt. Ich habe damals meiner Familie gesagt: „Ihr seht mich jetzt die nächsten Jahre nicht mehr, ihr müsst das wollen. Ich will es, wenn ihr wollt." Und ich muss immer wieder sagen: Ich habe diese Aufgabe nicht nur patriotisch, sondern auch gerne gemacht, obwohl das Standing dieser Aufgabe nicht das Allerbeste war. Das muss man einfach sehen. Westdeutsche Industriemanager hatten sich ziemlich rar gemacht, um da eine Rolle zu spielen. Nur die jungen Leute waren so patriotisch und wollten was bewegen. Also, ich war da schon etwas abwägender, wusste genau, was passiert. Aus der Sicht von später muss ich sagen: Es war die einmalige Chance, in einem Leben wirklich gestalterisch an einer Nahtstelle tätig zu werden, so dass das die wichtigsten und tollsten Jahre meines Lebens waren.

**War Ihnen als erfahrener Industriemanager das Ausmaß dieses Transformationsprozesses, den die Treuhand leisten sollte, bewusst?**

Was das bedeutete, das habe ich am Anfang nicht begriffen. Man muss auch sehen: Die Treuhandanstalt ist durch die DDR entstanden. Das heißt, der Runde Tisch hat versucht, das industrielle Volksvermögen zu bündeln, mit der Absicht, später Voucher auszugeben und die Bevölkerung der DDR am Volksvermögen zu beteiligen. Es war den Menschen aber überhaupt nicht klar, was das wirklich bedeutete, über 8.000 Unternehmen zu betreuen, aus denen dann später über 12.000 wurden, weil wir Teile abgespalten und vereinzelt haben. Die Dimension der Aufgabe und die finanziellen Folgen sind total unterschätzt worden. Auch von mir.

**Welche gesellschaftspolitischen Entwicklungen muss man denn für die Arbeit der Treuhand sehen und verstehen? Zum Beispiel in Bezug auf die Einführung der D-Mark? Was war die Ausgangssituation?**

Die DDR hatte beschlossen, die Treuhandanstalt einzuführen, und sie war bestückt mit Leuten, die aus der DDR-Nomenklatura kamen. Die hatten aber von Wirtschaft gar keine Ahnung. Und dann entstand ein Deus ex Machina: Die Einführung der D-Mark. Das war ein solcher Bruch der Geschichte. Das bedeutete für die Unternehmen eine Katastrophe. Denn über Nacht verloren sie ihre ganzen Exportmärkte. Der nationale Markt Ostdeutschland war klein. Und dann sollten sie gegen den Westen mit der D-Mark konkurrieren. Das war unmöglich, das war einfach total unterschätzt worden. Diese Firmen hatten null Chancen. Wir waren die größte Holding der Welt mit diesen 12.000 Unternehmen und Unternehmensleitungen und vier Millionen Beschäftigten.

Die 12.000 Unternehmen hatten durch die Einführung der D-Mark jedes Problem, was man sich überhaupt nur vorstellen kann. Sie hatten kein Rechnungswesen, kein Marketing, kein Produkt. Sie hatten eine Produktivität, die im Durchschnitt bei einem Drittel der westdeutschen Wettbewerber lag. Kein Markt mehr. Und jetzt kam eben das weitere Drama: Die DDR hat die nationalen Unternehmen finanziert durch das Sparaufkommen der Bürger. Was passierte mit dem Geld? Das Geld ging an die Staatsbank, und die Staatsbank gab es als Kredite an diese großen Kombinate und auch an die kleinen Kombinate. Und was wurde aus diesen Kombinaten? Beschäftigungsgesellschaften. Es gab keine Arbeitslosigkeit in der DDR. Also waren diese vier Millionen Leute in diesen Kombinaten beschäftigt, aber ohne die entsprechende wirtschaftliche Gegenleistung. Und das Drama für die Firmen war nicht nur, dass ihre Märkte weggebrochen sind, sondern sie standen über Nacht plötzlich ohne Liquidität da. Sie hatten Schulden bei der Staatsbank, die das Sparaufkommen der Sparer benutzte, um Kredite zu geben. Und diese Kredite und die Staatsbank gab es nicht mehr in der Sekunde, in der die D-Mark eingeführt wurde.

Dann kamen alle nach Berlin und schrien: „Geld, Geld, Geld!" Und in Berlin wusste keiner, wer das ist. Und bei dieser Gelegenheit hat dann die Treuhandanstalt bei allen überlebensfähigen Unternehmen sehr früh, nach Prüfung natürlich, die Altschulden, die Staatsbankschulden übernommen. Das waren 100 Milliarden DM. Von dem Defizit, was wir gemacht haben, von ungefähr 240 Milliarden DM, stammen 100 Milliarden DM aus der Übernahme von Altschulden, die die Sparer über die Staatsbank an die Kombinate zur Beschäftigung und zum Verlustausgleich gegeben haben. Das muss man in diesem Zusammenhang einfach sehen, wenn man über die Geschichte der DDR redet, und das war einfach furchtbar. Und dann kamen westdeutsche Manager und haben versucht, mit westdeutschen Methoden Konzerne zu halten und zu schaffen. Das war die Ausgangssituation.

**Man darf aber nicht vergessen, dass die bundesdeutsche Wirtschaft zum damaligen Zeitpunkt auch nur zu 70 Prozent ausgelastet war und es eine relativ hohe Arbeitslosigkeit gab. Die DDR hatte**

rund 16 Millionen Einwohner. Theoretisch gab es also überhaupt keinen Bedarf, Firmen zu erhalten. Die Bundesrepublik hätte dieses Land auch ohne DDR-Betriebe versorgen können.

Ja, das kommt noch dazu. In der Tat war die westdeutsche Wirtschaft nicht so ausgelastet. Das war eine rezessive Phase, und die haben unglaublich profitiert von dem Wiedervereinigungsboom. Und was haben diese Ostdeutschen gemacht? Völlig marktwirtschaftlich haben sie in der Tat kein einziges DDR-Produkt mehr gekauft, sondern sie haben natürlich alle einen Volkswagen gekauft und keinen Trabant mehr. Der Trabant lief mit zehn Jahren Auftragsbestand über Nacht leer und hatte keine Aufträge mehr. Die Beschäftigten standen rum. Wer war schuld? Die Treuhandanstalt. So wurde das dann gespielt. Ja, aber das war ein marktwirtschaftliches Verhalten. Und in der Tat hat die westdeutsche Wirtschaft einen Mordsboom gehabt. Und in der Tat gab es immer wieder die Bemerkungen: „Wir brauchen euch eigentlich gar nicht." Und dazu muss ich sagen, da hat die Treuhandanstalt den Westdeutschen was gepfiffen, weil wir alles versucht haben, auch mit sehr viel Geld, die ostdeutsche Wirtschaft und die ostdeutsche Industrie zu erhalten.

**Sie waren bei der Treuhand zuständig für die Transformation in den Bereichen Schwere Maschinen und allgemeiner Maschinenbau und haben das Konzept einer Management GmbH & Co. KG entwickelt, als Auffanggesellschaft für Unternehmen, die privatisierungsfähig waren. Welche Überzeugungen standen hinter dem Konzept?**

Das war eigentlich naheliegend: Wir waren angetreten mit der Grundsatzüberzeugung, dass wir unmöglich 12.000 Unternehmen sanieren können. Wohin wollen Sie eine Trabi-Fabrik sanieren? Das geht einfach nicht, sondern da musste was Neues geschaffen werden. Und deswegen waren wir beseelt von der Überzeugung, dass wir privatisieren müssen. Wir müssen die Investoren binden, mit Verträgen, die sie verpflichten, Investitionen durchzuführen, um ein Konzept zu verwirklichen, um Arbeitsplätze zu erhalten. Das war unsere Grundüberzeugung. Und wir waren auch überzeugt, dass wir das in vier Jahren schaffen müssen, denn je länger das dauerte, desto schwieriger würde das.

**Warum genau vier Jahre?**
Weil dann die Regelung über die Treuhandanstalt als Bundesanstalt des öffentlichen Rechts auslief. Das darf man nicht vergessen. Das war ein großer Vorteil. Wir unterlagen nicht den Regeln des Haushaltes. Wenn wir denen unterlegen hätten, wären wir wahrscheinlich alle straffällig geworden, weil wir gegen Dinge verstoßen haben, die man haushaltsrechtlich nicht machen kann. Ein Beispiel: Zum Wohle der Unternehmen, um die Firmen zu retten, haben wir ständig unter Liquidationswert verkauft.

**Wie wurde das von der Bevölkerung aufgefasst?**
Das war überhaupt das größte Problem, das den ostdeutschen Menschen nahezubringen. Das war nicht zu vermitteln, das verstehe ich auch. Firmen, in denen sie Zeit ihres Lebens verbracht haben, geschafft haben, die sie aufgebaut haben, stolz auf das Produkt waren, haben wir für eine Mark verkauft. Wenn ich mit den Leuten gesprochen habe, habe ich gesagt: „Es ist noch schlimmer: Wir haben es nicht für eine Mark verkauft, sondern wir haben noch 100 Millionen DM mitgegeben, um es für eine Mark verkaufen zu können. Damit wir seriöse Leute haben, mit Konzept, mit Vertrag, die sich verpflichten." Das waren schwierige Zeiten.

**Welche Überlegungen standen denn hinter der Idee der Management-KGs?**
Ich war zuständig für einen sogenannten Leitungsausschuss. Das war ein vom Staat eingesetztes unabhängiges Gremium mit einem neutralen Vorgesetzten, mit Wirtschaftsprüfern und Unternehmensberatern. Das war unendlich teuer, aber notwendig. Die haben die

Unternehmen von Eins bis Sechs klassifiziert. Eine Eins hatte so gut wie kein Unternehmen, eine Sechs war dann nicht mehr sanierungsfähig, musste liquidiert und abgestuft werden. Und auch wenn es eine Fünf war, haben wir gekämpft, um die Firmen trotzdem zu erhalten. Gemeinsam mit dem Team haben wir überlegt, was wir eigentlich mit Firmen machen, die überlebensfähig und sanierungswürdig sind, aber im Jahr 1994 noch nicht. Das waren insbesondere mittelständische Unternehmen. Und dann sind wir auf diese Idee gekommen, Unternehmer oder auch ehemalige Mitarbeiter zu gewinnen, solche Management-KGs zu gründen. Die haben wir mit vier, fünf mittelständischen Unternehmen ausgestattet, mit dem Ziel, sie weiter zu sanieren und dann später zu privatisieren. Und dann haben wir Incentives-Modelle dafür entwickelt. Damit haben wir etwa 25 Unternehmen in diese Management-KGs gebracht, die dann später privatisiert worden sind. Auch erfolgreich.

**Wie sah so eine Abwicklung im Bereich Schwermaschinenbau genau aus? Können Sie das an einem Beispiel erzählen?**
Also Abwicklung ist der völlig falsche Ausdruck. Wir haben Zukunft geschaffen für diese Firmen. Wir waren Brückenbauer in dem Sinne, dass wir versucht haben, die industriellen Unternehmen, die eine Chance hatten, zumindest vorübergehend zu erhalten, um eine neue Basis zu schaffen. Einer der Schwerpunkte dabei war der Maschinenbau, weil die ehemalige DDR und die Firmen da relativ zügig wieder wettbewerbsfähig werden konnten. Ich will Ihnen zwei Beispiele nennen:
Die Firma Heckert, ein großer Drehmaschinenhersteller in der DDR, der machte 1992 oder 1993 noch einen Umsatz von vielleicht 40 bis 50 Millionen DM, mit tausenden Beschäftigten. Ich habe diese Firma nicht nur persönlich besucht und gesprochen, sondern wir haben sie dreimal finanziell saniert. Das heißt, wir haben viel Geld gebraucht, immer wieder, um diese Altlasten zu bedienen, auch um das Personal dann peu à peu abzubauen, um Heckert zu erhalten. Bei der Treu-

handanstalt gab es scherzhaft eine sogenannte Treuhand-Rendite, und das war bei Heckert der Fall: Wenn der Verlust der Firma nur noch so hoch war wie der Umsatz. Und das haben wir bei Heckert irgendwann erreicht, da gab es Rotkäppchen Sekt. Aber das war die Situation: Wir hatten so viele Altlasten, weggebrochene Märkte und unzureichende Produktivität, um gegen die westdeutschen Gildemeisters oder Mahos zu wettbewerben, so dass wir dann einfach immer durchgezogen haben gegen marktwirtschaftliche Regeln.

**Wie genau haben Sie das durchgezogen?**
Wir wollten Heckert fusionieren und verkaufen. Ich möchte die Firma in Stuttgart nicht nennen. Das Besondere dieses Falles war, dass wir Angst hatten, dass die westdeutsche Firma sich der Liquidität, die wir Heckert mitgegeben hatten, bemächtigt. Und was haben wir da gemacht, gegen Widerstand des Verwaltungsrates? Wir haben bei dem westdeutschen Unternehmen eine Kapitalerhöhung gezeichnet. Was ich dem Verwaltungsrat aber nicht mitteilen konnte, war, dass ich diese Beteiligungen bereits wieder verkauft hatte an eine Bank. Dabei sprang sogar noch ein kleines Plus raus. So sind wir vorgegangen.
Anderes Beispiel, der sogenannte Schleifring: Das war ein Kombinat, also ein kleineres, mittelständisches, hochspezialisiertes, auch technisch hervorragendes Unternehmen. Und der sehr kreative Direktor, den wir dort hatten, Herr Charbonnier, der hat diese Firmen zusammengefügt und wollte eigentlich noch westdeutsche Firmen ergänzend dazu kaufen, um daraus eine Schleifring-Gruppe zu bilden. Wir haben das mit dem Zukauf nicht mehr hinbekommen und das Konzept und diese ostdeutschen Firmen an Hauni-Körber in Hamburg, der diese großen Zigarettenmaschinen produziert, verkauft. Den Schleifring gibt es heute immer noch. Das waren also im Maschinenbau zwei praktische, kreative Beispiele.
Sehr viel schwerer war es im Anlagenbau. Da gab es keine Lösung. Und dann war es eben eine meiner Aufgaben, auch die westdeutschen

Aufsichtsräte zu überzeugen, dass zum Beispiel TAKRAF als Kombinat keine Zukunft hat und dass man da auch keine Privatisierung hinbekommt. Da war es immer die Schwierigkeit, den Leuten nahezubringen, dass aus TAKRAF zehn Einheiten wurden.
Ein anderes Beispiel war die Firma SKET in Magdeburg. Ich wollte das Gleiche machen wie bei der TAKRAF. Das Kombinat konnte nicht bestehen bleiben, ein Kombinat, das Stahlwerksausrüstungen macht, Verseilmaschinen für das Herstellen großer Seile, an denen Brücken hängen, und Zementanlagen. Dafür gab es keine große Lösung, das ging nur vereinzelt. Und dort haben sich die Belegschaft und auch die Gewerkschaft – ich will mich mal vorsichtig ausdrücken – sehr unkooperativ verhalten. Ich bin dort öffentlich aufgetreten und sollte Rede und Antwort stehen – da flog dann schon mal ein Ei.

**Gab es denn jemanden, der dafür Verständnis hatte oder das unterstützt hat?**
Die Leute, die am meisten Kenntnis von den Unternehmen hatten und wussten, dass, wenn es ums Überleben geht, Opfer gebracht werden müssen, auch personelle Opfer – das waren die Betriebsräte. Die Betriebsräte waren meistens akademisch gebildet. Die hatten sich kurzfristig etabliert, hatten eine sehr hohe Kenntnis. Mit denen war sehr vernünftig und sehr gut zu reden. Eigentlich muss ich sagen, nur mithilfe der Betriebsräte ist es gelungen, diese vielen Lösungen hinzubekommen, die wir dann gefunden haben für diese Unternehmen.

**So wie Sie das eben gerade gesagt haben, klingt das so, als wenn Sie bei Betriebsräten im Westen weniger akademische Bildung vorgefunden hätten?**
Ja, da hat man die unternehmerischen Interessen manchmal hintangestellt. Nicht immer, aber manchmal schon.

**Wie war denn die Atmosphäre, als Sie im Frühsommer 1991 zur Treuhand kamen? Es war gerade mal drei Monate her, dass Roh-**

wedder ermordet wurde, mit dem Sie über viele Jahre lang eng zusammengearbeitet hatten. Sie hatten das Attentat mitbekommen. Die Anfeindungen, das Image der Treuhand – das war ja ein negatives Bild.

Also die Atmosphäre war zwiegespalten. Innerhalb der Treuhandanstalt habe ich ein sehr motiviertes, kollegiales Team vorgefunden, was also überhaupt kein Verständnis hatte für das, was außen passierte. Und das ist auch wieder nachvollziehbar: Die Ermordung Rohwedders und der Druck auf Rohwedder.

**War es Ihnen klar, dass das möglicherweise ein Kamikazeunternehmen war?**

Ja, das war natürlich auf der einen Seite ein Kamikazeunternehmen. Wenn jemand erschossen wird, dann lässt das die Führungscrew nicht gerade locker zurück. In der Tat muss ich ehrlich sagen, dass ich mir darüber aber keine Gedanken gemacht habe. Ich bin am Anfang geschützt worden, hatte eine gepanzerte Limousine und musste andere Wege fahren, auch in Dortmund. Aber ich war da sehr fatalistisch, wenn es denn sein muss, dann ist es halt so!

**Sie sagten, die Stimmung sei zwiegespalten gewesen?**

Genau, die öffentliche Stimmung vor dem Zeitpunkt, an dem Rohwedder ermordet wurde, war katastrophal. Das heißt, die Zeitungen haben draufgehauen, die Politik hat draufgehauen. Die ostdeutschen Bundestagsabgeordneten, die jeden Montagmorgen wutentbrannt aus ihren Wahlkreisen kamen und dort nur mit Klagen überhäuft wurden, was wir für Idioten sind und was wir alles verkehrt machen. Die kamen wutentbrannt und ließen dann auch ihre Wut in Berlin und Bonn ab. Also die Stimmung war so aggressiv, da passt die Ermordung dann schon rein. Die Theorien sind ja unterschiedlich. Ich persönlich glaube, dass es tatsächlich die RAF war, die geglaubt hat, dass dann die DDR noch mal ein zweites Leipzig oder einen zweiten Montag macht. Das war, glaube ich, der Hintergrund. Davon bin ich zumindest persönlich überzeugt. Danach hat sich das Klima etwas entspannt, auch der mediale Druck. Ich bin also, wenn Sie so wollen, in einer Phase zur Treuhandanstalt gekommen, wo es sich etwas versachlichte.

**Die mediale Berichterstattung hat auch enormen Druck aufgebaut. Was war Ihre Rolle in der Kommunikation, und wie würden Sie das im Nachhinein einschätzen?**
Ich habe Vorträge gehalten vor der journalistischen Gesellschaft und habe ihnen aus meiner Sicht die Dinge geschildert, wie ich sie sehe. Und das Ergebnis dieser Darstellung war, dass die Journalisten mir gesagt haben: „Einer lügt hier, entweder Berlin oder Sie." Die haben das auch aus der Distanz gesehen. Vor Ort hatten die ein völlig anderes Weltbild, da war die Treuhandanstalt gleich Mist.

**Sie waren weltweit unterwegs, um Vorträge zu halten und Investoren zu finden. Wie lief das ab?**
Wir waren eine Anstalt des öffentlichen Rechts, ungefähr wie die Kreditanstalt für Wiederaufbau, die KfW-Bank. Unter dem Namen Treuhandanstalt konnten wir uns selbst finanzieren, mit Garantie des Bundes. Und dafür haben wir dann auch unglaubliche Mengen an Anleihen überall auf der Welt ausgegeben. Davon musste man Investoren überzeugen. Die mussten ja wissen und verstehen, was diese Treuhandanstalt da eigentlich macht und welche Risiken damit verbunden sind, auch als Finanzier. Und dafür bin ich dann öfter in Tokio, in New York, auch in Europa und Gott weiß wo gewesen.

**Wieso hat sich das für Investoren gelohnt?**
Wenn der Coupon bei der Bundesrepublik Deutschland, sagen wir mal, bei 5 Prozent lag, dann haben wir 5,1 Prozent geboten. Aber das muss man den Leuten erst klarmachen, dass damit keine Besonderheiten und keine Nachteile verbunden sind. Ich bin auch in China gewesen, um auch Chinesen dafür zu interessieren, sich vielleicht

das eine oder andere in Ostdeutschland anzusehen, ob das nicht eine Plattform wäre für den Aufbau einer chinesischen Basis.

**Und wie war die Resonanz im Ausland?**
So schlecht das Image der Treuhandanstalt in Deutschland war, so viel Bewunderung habe ich im Ausland erfahren. Das kann man sich gar nicht vorstellen. Die Leute haben nicht für möglich gehalten, dass wir über Nacht die größte Holding der Welt geworden sind, beseelt sind davon, Firmen, die jedes Problem dieser Welt haben, zu privatisieren und dabei auch Geld mitzugeben, um eine bestmögliche Lösung und ein Konzept zu haben. Sich allein dieser Aufgabe zu stellen, hat wirklich Bewunderung hervorgerufen. Ich habe an Hochschulen in New York geredet. Die Leute haben es gar nicht glauben können, was ich da erzählt habe.

**Also hat es gut funktioniert, die Finanzierung?**
Wir haben die Anleihen alle gut platziert. Wir hatten ein sehr erfahrenes Finanzteam. Heute heißt das Treasurer, aber damals war das eine sehr gut geführte Finanzabteilung, die sehr kreativ war. Und denen habe ich geholfen.

**Wie muss ich mir denn so Ihren Arbeitsalltag vorstellen? Wann ging das los, wann hat der geendet?**
Schrecklich. Eine brutale Zeit. Ich bin froh, dass ich das überlebt habe, also rein physisch. Ich bin morgens um 7.30 Uhr in die Treuhandanstalt gefahren, über verschlungene, immer wieder mal neue Wege, weil das das Sicherheitskonzept so vorsah. Dann bin ich bis 21 oder 22 Uhr geblieben. Häufig bin ich damals noch nach Dortmund gefahren, um am Samstag zu Sitzungen zu fahren. Es gab einen harten Kern des Verwaltungsrates, der ja jeden Monat tagte und auch wichtige Entscheidungen abhaken und genehmigen musste.
Zur Vorbereitung, aber auch um bestimmte delikate, schwierige, auch politisch schwierige Dinge zu besprechen, gab es außerdem sehr häu-

fig Sitzungen am Wochenende in Bonn, in Köln, in Berlin, mit Teilen des Verwaltungsrates, auch den Staatssekretären, die dort waren, und Frau Breuel und mir. Wenn Sie das einmal nicht gemacht haben, dann kam ich zu Hause an wie ein Harvard-Student, hatte zwei große, dicke Aktenordner zu lesen.

Am Dienstag war immer Vorstandssitzung. Ich fühlte mich für alle industriellen Belange verantwortlich, und es kam zu wichtigen Kreditentscheidungen. Wir haben als Zentralvorstand nur Firmen betreut, wenn die mehr als 100 Millionen DM Kreditbedarf hatten. Darunter durften die Direktoren oder die Niederlassungen entscheiden.

**Was war mit den Entscheidungen über 100 Millionen DM Kreditbedarf?**

Alles über 100 Millionen DM waren komplizierteste Privatisierungsvorhaben. Denken Sie an die ganze Energie, an Leuna, die waren nicht alle so schön wie meine Heckert-Werke. Es war hochkomplex. Oder die Werften, das war ein Riesendrama. Das mussten sie durchdeklinieren. Ich habe immer alles gelesen, alles. Das heißt, ich habe praktisch bis Sonntagnachmittag zu Hause gesessen, habe diese Akten studiert, und um 16 Uhr ging der Flieger wieder zurück nach Berlin und der Kreislauf wieder los. Ich musste mich beschäftigen mit Trouble Shooting, Vorträgen, Maschinenbau, Gesprächen mit Investoren. Außerdem musste ich den Aufbau des Vertragsmanagements vorantreiben. Das bedeutet, dass es standardisierte Bausteine gab, also feste Verpflichtungen für die Umsetzung von Konzepten durch Investitionen, Arbeitsplatzerhaltung für eine Reihe von Jahren und, und, und. Später ist dieses Vertragsmanagement dann umgewandelt worden in eine Vertragskontrolle. Also auch nach Abwicklung der Treuhandanstalt sind diese Verträge durch die Nachfolgegesellschaft, die Bundesanstalt für vereinigungsbedingte Sonderaufgaben (BvS), weiter kontrolliert worden.

**Sie sind Freitagabend nach Hause, Samstag waren Sie in Bonn oder sonst wo unterwegs. Sonntag ging es wieder zurück nach Berlin um 16 Uhr. Was hat denn Ihre Familie dazu gesagt?**
Ja, also das ist ein besonderes Thema. Meine Frau hat mich dann verlassen. Sie war eine Münchnerin und lebte zu der Zeit in Dortmund mehr oder weniger mit ihrem Sohn allein. Das hat sie nicht vertragen, und ich musste dann allein mit meinem Schicksal fertig werden. Aber ich muss ganz ehrlich sagen, die vier Jahre haben mich geprägt, aber nicht zerstört.

**Was haben denn Ihre Freunde, Bekannten oder Verwandten zu Ihrem Job gesagt?**
Also das Spektrum war da sehr, sehr weit. Das Erste war etwas herablassender Respekt, weil man als westdeutscher Kollege gesagt hat: „Wie kann man nur so einen Job machen. Das ganze Theater mit dieser medialen Gewalt und diesem ganzen Getöse. Und dann noch so einen Job, der bringt ja nicht so viel." Das andere war Bewunderung, dass man sich in den Dienst der Sache stellt. Meinen Verwandten, also meine Tante und mein Onkel, haben jede Art von Kontakt zu mir abgebrochen, weil ich für die ein westdeutscher Kapitalist war und unter anderem beabsichtigte, SKET zu zerstören. Am besten war es immer im Ausland, da gab es uneingeschränkte Bewunderung.

**Was war eigentlich Ihr innerer Anspruch, auch Ihr inneres Verhältnis zu dem Job, den Sie gemacht haben?**
In der Tat kriegen Sie irgendwann einen Korpsgeist. Der war davon geprägt, Lösungen zu finden um jeden Preis. Also Geld hat in dem Fall nicht die Rolle gespielt, sondern mehr die Lösung und der Erhalt von Arbeitsplätzen – und als Brückenbauer die Erhaltung der industriellen Basis.
Ich will das Beispiel Leuna noch mal erwähnen, obwohl das nicht unmittelbar in meinem Bereich war. Aber ich habe mich sehr viel darum gekümmert. Wenn Sie in der DDR gewohnt und Leuna besucht

haben, ich sage mal an einem Spätsommertag, dann sind Sie da über die Saale gefahren, über die Brücke, dann haben Sie die Saale nicht gesehen. Die war eingesperrt in einem Nebelgürtel. Und wenn Sie dann doch Wasser sahen, dann war das kein Wasser, sondern Schaum. Und wenn Sie dann nach Leuna kamen, dann haben Sie um Ihr Leben gefürchtet, nicht als Treuhänder, sondern als Mensch. Es rauchte und zischte überall, es war alles verrottet und verrostet. Dass die ganze Chemieanlage überhaupt noch funktionierte, war ein Wunder. Und dafür eine Lösung zu finden, in Verbindung mit der neuen Raffinerie und dafür dann damals die Franzosen, also heute Total, dafür zu gewinnen, das waren schon große Herausforderungen.

**Es gibt ja die berühmten Skandalfälle. Was war los in Leuna mit den Franzosen und mit den Schmiergeldzahlungen? Oder Bischofferode und die Kali und Salz AG? Oder auch die Werften. Ist das alles Murks, was da im öffentlichen Raum gesagt wurde?**
Bei Leuna habe ich bis heute nicht genau verstanden, wo der Ansatz war, um Geld verschwinden zu lassen. Denn das Asset, was jeder haben wollte, waren die Tankstellen. Die haben sich später als nachteilig erwiesen, aber zu dem damaligen Zeitpunkt waren die hochattraktiv. Außerdem haben wir die Raffinerie nur in Verbindung mit den Tankstellen verkauft. Parallel gab es sehr viel Druck aus Westdeutschland, weil dortige Konzerne das Tankstellennetz haben wollten. Das haben wir aber alles kombiniert, und dann sind unendlich viele Geschichten erzählt worden, die ich eigentlich von der Sachlogik nicht so ganz nachvollziehen kann.
Bischofferode ist ein Fall, da empfehle ich das Buch eines Journalisten, der letztens nach langem Aktenstudium ein Buch veröffentlicht hat, das sich unter anderem mit Bischofferode auseinandersetzt. Dort erfahren Sie, dass die Darstellung, die damals gegen die Treuhand und gegen diese Privatisierung mit Kali und Salz aus Westdeutschland bestand, zum großen Teil emotionaler Art war. Die Argumente von damals haben einer sachlichen Hinterfragung überhaupt nicht

standgehalten. Das war überhaupt unser größtes Problem: Wir waren Sachwalter, wir konnten nicht mit Emotionen handeln. Wir wurden aber ständig konfrontiert mit Adjektiven wie unmenschlich, unsozial. Das kann man nicht machen. Man kann so mit den Menschen nicht umgehen. Und wir mussten dann sagen: „Ja, wir brauchen aber eine Lösung für ein Unternehmen." Wenn Sie hinterher schauen, wer wen plattgemacht hat, wer Opfer gebracht hat, dann kann ich Ihnen versichern, dass die Personalopfer auf beiden Seiten gleich hoch waren. Auch in Westdeutschland wurden Gruben geschlossen, so wie in Ostdeutschland.

**Und die Werften?**
Die Werften waren ein besonders heikles Kapitel, weil es keine Lösungen gab außer die Bremer Vulkan-Werft. Ein berühmter Herr Hennemann versuchte sich an einem Perpetuum mobile. Der wollte nicht nur die Werften, sondern er wollte auch die ganze Schifffahrt haben. Zum Schluss ist es ihm gelungen, mit politischem Druck und weil wir keine andere Lösung hatten, dass er die Werften für die Bremer Vulkan übernehmen konnte. Und dann haben wir diese Werften auch noch mit ungefähr 500 Millionen DM Liquidität ausgestattet für die Finanzierung des zukünftigen Konzeptes. Und Herr Hennemann, der hat dann dieses Geld im Rahmen eines sogenannten Zusammenführens von Kassen zur Finanzierung der Verluste in Westdeutschland benutzt. Das war ein großes Drama. Frau Breuel und ich haben aufopferungsvoll gegen diese Lösung gekämpft, haben aber keine Alternative finden können. Niemand von uns hat das gewollt, aber Hennemann hatte auch mit politischem Einfluss sehr leichtes Spiel.

**Sie waren beim Bremer Vulkan doch später auch Aufsichtsratsvorsitzender?**
Anfang 1996 bin ich auf Bitten vieler vorübergehend zur Bremer Vulkan gegangen, als Aufsichtsratsvorsitzender, konnte die Firma dann aber nicht mehr retten, weil die Banken sehr schnell den Daumen

senkten. Ich musste mich dort tatsächlich mit dem Fall auseinandersetzen, dass das frühere Management dieses Geld, wenn Sie so wollen, den Treuhandfirmen, ich sag mal, gestohlen hatten. Und dafür musste ich dann Lösungen finden.

**War Ihnen denn klar, dass mit der Wiedervereinigung Deutschlands eine Goldgräberstimmung herrschen könnte und auf welchem Terrain Sie da bezüglich Wirtschaftskriminalität unterwegs waren?**
Ja, das war uns sehr bewusst. Ich muss allerdings sagen, bei den großen Fällen haben die Glücksritter – außer vielleicht bei Immobilientransaktionen, die liefen in einem eigenen Bereich – um die Treuhandanstalt immer einen Bogen gemacht. Die sind eher zu den Niederlassungen gegangen, wo es mittlere Unternehmen gab. Da hat es natürlich den einen oder anderen Glücksritter gegeben, der versucht hat, sich Firmen für nichts unter den Nagel zu reißen. Oder es wollten auch einige einfach Jobs übernehmen, für die sie überhaupt nicht geeignet waren. Das war überhaupt ein Problem, dass viele Leute aus dem Westen meinten, sie könnten dann noch mal einen Neustart ihrer Karriere machen, obwohl sie die Voraussetzungen nicht voll erfüllten. Aber dann hieß es eben manchmal, Not kennt kein Gebot. Bei Einstellungen von Mitarbeitern waren die Aufsichtsräte der Gesellschaften autark. Nur wenn es um wichtige Positionen ging, musste ich eingeschaltet werden.

**Diese ganzen ehemaligen Generaldirektoren waren zum Teil auch Leute aus den DDR-Ministerien. Natürlich waren da viele redliche und anständige Leute mit dabei, aber es gab eben auch andere. Wie gingen Sie damit um?**
Das waren meine schwersten Stunden. Von den Hunderten in der Treuhandanstalt waren etwa 70 Prozent ostdeutsche Mitarbeiter. Und alle haben eine Erklärung unterschrieben, dass sie mit der Stasi nichts zu tun hatten. Das stimmte natürlich nicht immer, und die Politik verfolgte das – nicht so sehr wir. Wir waren diesen stellvertretenden

Ministern erst einmal dankbar, weil das die Einzigen waren, die überhaupt Ahnung hatten. Die konnten ihnen sagen, was das für eine Firma ist, was sie macht, wo sie ist und welche Dimension sie hat. Und die konnten ihnen dann auch Geschichten erzählen, warum die DDR nach außen die zwölft- oder dreizehntgrößte Volkswirtschaft der Welt war, zumindest nach außen. Weil sie eben hemmungslos die Statistiken gefälscht haben. Die waren beseelt davon, den Plan zu erfüllen. Und wir haben von diesen Mitarbeitern gehört, wie brutal das Regime mit menschlichen Schwächen umgegangen ist, wenn sie homosexuell waren oder irgendetwas anderes hatten. Das wurde hemmungslos ausgenutzt, um sie dazu zu bringen, gegen ihre Familie oder gegen andere zu spionieren. Und wenn ich das dann hörte, musste ich trotzdem sagen: „Tut mir leid, du hast eine Erklärung abgegeben, und du musst die Treuhandanstalt verlassen." Das war brutal und für mich mit das Schlimmste. Da haben Sie dann schon gemerkt, mit was für einem unmenschlichen Regime sie es zu tun gehabt haben.

**Es soll auch Verlockungen von Referenten gegeben haben, die unmittelbar in Privatisierungsgeschäften beteiligt waren. Ist Ihnen so etwas auch begegnet?**

Es ist mir nie begegnet. Ich habe davon gehört, mit allen Variationen bis hin zu Geld. Ich habe aber nie einen Fall bei mir gesehen, wo das eine Rolle gespielt hat. Ich hatte sehr starke Direktoren, also drei an der Zahl, die jeweils einen bestimmten Bereich verwalteten. Die hatten ihre Mitarbeiter sehr, sehr gut im Griff. Und gerade die Westdeutschen waren eigentlich beseelt von der Aufgabe, nicht nur Geld zu machen oder Glücksritter zu werden, sondern sie waren beseelt, an der Nahtstelle dieser Wiedervereinigung, bei der Transformation einer sozialistischen Planwirtschaft in eine soziale Marktwirtschaft, mitzuwirken.

**Es gab später ein Bonussystem bei Verkäufen. Für die Direktoren waren es 88.000 DM, für Abteilungsleiter 40.000 DM, also drei Monatsgehälter.**

Das hat es gegeben. Das war dieser Anreiz. Viele Leute waren natürlich auch verliebt in ihre Aufgabe. Und das widersprach dem Treuhandwunsch, Ende 1994 fertig zu sein. Die wären gerne länger geblieben und hätten sich gerne um ihre Firmen gekümmert. Und dem haben wir zwei Dinge entgegengesetzt. Einmal diese Management-Gesellschaften, die dann Firmen aufgenommen haben, die noch im Portfolio waren, und finanzielle Anreize, um mit der Privatisierung voranzukommen.

**Von dem Personalvorstand hieß es, die ersten 5.000 bis 6.000 Mitarbeiter, die sich beworben haben, das war nichts. Das waren alles Leute, die im Westen nichts geworden sind. Wie haben Sie die Mitarbeitenden wahrgenommen?**

Es hat sicherlich auch viele Leute gegeben, die den Aufgaben in der Form nicht gewachsen waren, die aus dem Westen kamen. Die sind aber nicht so sehr nur in der Treuhand, oder die wenigsten davon in der Treuhandanstalt in Berlin gewesen. Die sind zu einem großen Teil in die Firmen gegangen. Die Leute, die wir hatten und insbesondere in meinem Ressort, die waren zum Teil von westdeutschen Firmen abgestellt. Also der berühmte Herr Charbonnier, von dem ich erzählt habe, der war der Chefjustiziar von Bayer und war für einen Justiziar geradezu fantastisch in seiner Korrektheit, aber auch in seiner Kreativität. Der hat fantastische Lösungen zustande gebracht. Von den Leuten hatten wir in der Zentrale eine ganze Menge. Und diese Mitläufer in den Firmen und in den Niederlassungen wurden dann eingestellt, ohne dass ich da überhaupt Einfluss hatte. Erst später konnte ich Einfluss nehmen auf die Besetzung von Führungspositionen.

**Der Justiziar, von dem Sie gerade gesprochen haben, was hatte der für kreative Lösungen parat?**
Eine kreative Lösung ist der Schleifring, von dem ich Ihnen erzählt habe. Also eine Gruppe von mittelständischen Unternehmen mit einem Konzept, auch inklusive westdeutscher Unternehmen, zu bilden und das dann einem Investor in Hamburg zu vermitteln. An Kali und Salz kann man sehen, wie unendlich kreativ mein Kollege Schucht da vorgegangen ist. Bei dem Bergbau, bei der ganzen Energieversorgung. Da gab es schon ein hohes Maß an Kreativität, auch im Finden von Investoren.

**Besteht nicht auch die Gefahr, dass Mitarbeiter, die für die Treuhand arbeiten, das Feld sondieren und sagen: „Wir gucken erst mal, und dann können wir überlegen, wie wir uns entscheiden. Hauen wir möglicherweise potenzielle Konkurrenten weg, oder übernehmen wir den Betrieb?" Das ist doch nicht selbstlos, oder ist es wirklich selbstlos?**
Also, einfach war es natürlich nicht. Der Mann von Bayer, der viel zitierte, der hat natürlich im Maschinenbau gearbeitet, und da hatte er nun gar keine Karten. Und so ähnlich war das auch bei anderen Abgestellten. Sie haben in Bereichen gearbeitet, wo die Gefahr eines Interessenkonflikts null war. Und so haben sie sich auch verhalten. Ich ziehe den Hut vor den Mitarbeitern, die in meinem Einflussbereich gearbeitet haben. Die waren spektakulär gut.

**Die haben also wirklich in der Sache und branchenfremd gearbeitet?**
Ja, und an der Sache orientiert, auch was die nicht deutschen Firmen betraf. Wir haben ja geradezu Ausländer bevorzugt, wenn es eben ging oder um eine Lösung zu finden. Nicht umsonst bin ich dann, wie gesagt, selbst in China gewesen, um zu gucken, ob es dort Investoren gibt.

**Wäre es nicht eigentlich wünschenswert, wenn man mehr ostdeutsche Manager als Geschäftsführer geholt hätte, wenn man denen eine Chance gegeben hätte?**
Management-Buy-out, ja, die hat es tausendfach gegeben, im Übrigen aber nur im kleinen Stil. Bei den großen Unternehmen hat es außer Rotkäppchen kaum jemand geschafft. Es war immer dieser Musterfall. Und der einzige Großkopferte, der überlebt hat, war der Chef der Stahlwerke in Eisenhüttenstadt. Der hat das fast bis zum Ende der Privatisierung geführt.

**War aber die Ausnahme.**
War die Ausnahme, die einzige Ausnahme. Die Übrigen waren durchgängig belastet, konnten also nicht auf Dauer bleiben. Und neue hoffnungsvolle Führungskräfte, die ja auch die Marktwirtschaft schon kennen mussten, das war unglaublich schwer, und da haben wir auch ganz wenig gefunden. Ich gebe zu, das war ein Problem, und wir hätten gerne dafür Lösungen gefunden, haben wir aber nicht.

**Meinen Sie, dass man mit noch ein bisschen mehr Geld und Zeit vielleicht schlauere Konzepte entwickeln hätte können – zum Beispiel auch hinsichtlich Umwelttechnologien, hinsichtlich Digitalisierung?**
Die Betriebe kämpften ja alle ums Überleben, das war noch keine Option. Da haben wir Brücken gebaut und die Zukunft geschaffen. Also denken Sie mal an Dresden, da sind wir relativ stolz, dass wir diese kleinen Einheiten versucht haben, mit allen Mitteln zu erhalten, die dann später die Basis wurden dafür, dass auch wieder doch groß investiert wurde, auch international. Pentacon war der einzige Fall, wo auch die Ostdeutschen sagten: „Um Gottes willen, bloß weg damit!" Da ging dann noch das Märchen um, dass sie auch einen Chip entwickelt haben, ich glaube 36 Kilobyte. Pentacon, das war jedem klar, war eine Chimäre, wenngleich die Planungskommission und der berühmte Gerhard Schürer für uns eine sehr wichtige Rolle nachher

gespielt haben. Der war ein sehr kluger Mann. Und Wolfram Krause war sein Stellvertreter. Der war dann bei uns Finanzvorstand. Der hat gesagt: „Wir haben noch einen goldenen Schuss und das ist die Digitalisierung, also die Chipindustrie." Aber dazu brauchte man Devisen, und die hatte man nicht. Schürer war übrigens insofern extrem wichtig für die Treuhandanstalt, auch politisch, weil, es kam sehr schnell ja aus der SED das Märchen – und ich nenne durchaus auch Gregor Gysi, der das immer befeuert hat –, in der DDR war alles intakt, war alles in Ordnung, hat alles funktioniert und alles gut. Und dann ist die Treuhandanstalt gekommen und hat alles kaputtgeschlagen. Das war ja das Märchen. Und dann kam eben Schürer, das haben wir dann mühsam herausbekommen, der machte die großen Berichte der Planungskommission. Da stand schon 1987 und 1988 mit zunehmender Bedrängung drin: „Leute, wir sind pleite." Und die Staatsbank wäre auch bald bankrott gegangen, wenn das so weitergegangen wäre.

**Sie sind dann im November 1994 gewechselt, einen Monat bevor die Treuhand dichtgemacht wurde. Was haben sie im Nachhinein gemacht?**
Ja, ich bin auf Druck meines zukünftigen Arbeitgebers gegangen. Der wollte mich dann so schnell wie möglich haben. Und da mein Ressort auch ohne mich den letzten Monat überleben konnte, bin ich im November zu Kaufhof gewechselt und wurde dann später Teil der Metro Gruppe. Aber als die sich bildete, bin ich wieder ausgeschieden und kurze Zeit später dann Finanzvorstand der Linde AG geworden. Die waren damals noch ein Konglomerat und haben heute den größten Börsenwert der Bundesrepublik Deutschland. Und nach dem Ausscheiden bei Linde aus dem aktiven Dienst, wenn Sie so wollen, bin ich dann als Berufsaufsichtsrat und Berater von Private Equity oder Investmentbanken noch tätig geblieben, bis Ende 2021.

**Also vor gar nicht langer Zeit. Und jetzt?**
Jetzt ist Schluss. Jetzt bin ich Pensionär und erzähle Ihnen heute Geschichten, die vor dreißig Jahren stattgefunden haben. Und wahrscheinlich ist das auch das letzte Mal, dass ich das erzähle.

**Sagen Sie, wenn Sie auf Ihre Zeit schauen, war das ein Job wie viele andere auch? Oder hat Ihre Tätigkeit als Vorstand der Treuhand einen anderen Stellenwert?**
Es hat einen Stellenwert, der gar nicht zu beschreiben ist, an dieser Nahtstelle mitzuwirken mit unglaublicher Macht und Verantwortung. Bei Ihnen saßen z. B. die Ministerpräsidenten der ostdeutschen Bundesländer und rangen mit der Treuhandanstalt um Lösungen. Wir aber waren Eigentümer aller industriellen Unternehmungen in den jeweiligen Bundesländern. Aber auch gegenüber Investoren hatten wir die Fähigkeit, um denen auch mal Nein zu sagen, wenn die irgendwelche Forderungen stellten. Es war auch nicht immer einfach, sich gegenüber der Politik zu halten. Letzten Endes ist es eine großartige Geschichte. Kann man drehen und wenden, wie man will. Es war eine Erfolgsgeschichte, die Privatisierung. Daran mitgewirkt zu haben, das können Sie mit keinem Job der Welt ausgleichen. Das ist etwas so Einmaliges, dass Sie das mit einem normalen Vorstandsjob in einer großen Firma überhaupt nicht vergleichen können.

**Jürgen Sommer, Direktor unter Ihnen, hat mir erzählt, dass es eine Verabredung gab zwischen Ihnen und Herrn Sommer. Wenn Sie nicht da sind, ist Herr Sommer Ihr Vertreter. Auch wenn Sie auf Toilette sind, ist er Ihr Vertreter. Was sich dahinter verbirgt, ist der Gedanke, sehr schnell zu entscheiden und nicht ewig zu warten. Stimmt diese Geschichte?**
Also nicht so ganz, wenn ich das ganz ehrlich sagen will.

**Ich finde sie aber sehr schön.**
Ja, weil sie so ein bisschen geschönt ist. Es war nicht so.

**Wie war es dann wirklich?**
Ich war immer erreichbar, aber meine Direktoren hatten ein ganz hohes Maß an Freiheitsgraden. Die konnten selbst entscheiden. Es sei denn, es wurde in irgendeiner Weise kitzlig, schwierig. Dann habe ich mich eingebracht. Aber in ihrem Bereich kann man dann auch sagen, sie haben mich dann vertreten. Aber Vertreter hatte ich keinen.

**Glauben Sie, dass es der richtige Weg war, wie eine ehemalige sozialistische, staatlich organisierte Volkswirtschaft privatisiert wurde? Und was halten Sie von dem Begriff „Turboprivatisierung"?**
Also es gab ja verschiedene Wege. Polen, die Tschechoslowakei, auch die Sowjetunion sind andere Wege gegangen. Sie hatten Voucher, die dann von den Oligarchen aufgekauft wurden. Das ist aber eine eigene Geschichte. Diese Option hat es von Anfang an nicht gegeben, weil am 1. Juli 1990 die D-Mark eingeführt wurde. Danach brach das geordnete Weiterentwickeln der Treuhandanstalt und auch der dazugehörigen Firmen zusammen, weil es einfach keine Absatzmärkte mehr gab. Deswegen war unser Weg wegen der D-Mark alternativlos. Und ich wehre mich auch gegen „Turbo", weil das, was wir gemacht haben, in der Tat beseelt war von der Überlegung: Privatisierung ist die einzig mögliche Sanierungsmöglichkeit. Da hat mir bis heute noch niemand einen Gegenentwurf vorführen können, von dem ich sagen könnte, der hätte zu dem gleichen Ergebnis geführt, bei dem gleichen Verlust. Ja, es gibt sicher Wege, wo die Leute gesagt haben: „Macht doch mal einen Konzern." Aber wie wollen Sie denn einen Konzern vom Maschinenbau bis Leuna führen, wo alle Probleme dieser Welt sind? Das geht nicht. Diesen Manager gibt es nicht. Deswegen war das die einzige Lösung. Und das ist eigentlich auch eine tiefe Befriedigung, festzustellen, dass Ihnen noch keiner, außer bei partiellen Dingen, wirklich sagen konnte: „Ihr hättet das ganz anders machen müssen."

# Alexander Koch

„Gott sei Dank", hat Rohwedder gesagt, „noch einen Roten hätte der Helmut Kohl nicht toleriert in dem Treuhandvorstand."

Dr. Alexander Koch wurde 1932 als Sohn eines Pfarrers in Hanau am Main geboren. Nach seiner kaufmännischen Lehre bei Dunlop begann er 1956 ein Soziologie-Studium in Frankfurt, bei dem er nachhaltig von den Lehren der Frankfurter Schule, insbesondere Horkheimers, geprägt wurde. Anschließend arbeitete er viele Jahre im Personalwesen und stieg dort schnell in leitende Positionen auf. Er war unter anderem bei der Dunlop AG, der Braun AG und der Grundig AG für tausende Mitarbeiter verantwortlich. 1990 wurde er als Personalverantwortlicher in den Vorstand der Treuhandanstalt berufen. Während seiner Zeit bei der Treuhand war Koch für 11.000 Betriebe mit über vier Millionen Beschäftigten verantwortlich. Nach Beendigung seiner zweijährigen Tätigkeit für die Treuhand wurde er Vorsitzender der Geschäftsführung für das gemeinnützige Jugendsozialwerk in Frankfurt am Main.

**Herr Dr. Koch. Ich würde gern in Ihrer Jugend anfangen – Sie sind Jahrgang 32, Sohn eines Pfarrers und geboren in Hanau. Richtig?**
Genau, ich wurde 1932 in Hanau geboren, und zwar noch in der – damals schon beschädigten – ersten Demokratie Deutschlands. Darauf lege ich Wert, vor der Nazizeit geboren zu sein.

**Und Sie waren Pfarrerskind. Wie war es als Sohn eines Pfarrers in der NS-Zeit aufzuwachsen?**

Die Situation im „Dritten Reich" war insofern schlimm, als man als Pfarrerssohn im Jungvolk beispielsweise hinten dran und ein bisschen geächtet war. Wenn es Sonntagmorgen zur Kirche läutete, dann mussten wir im Nachbarort in Reih und Glied angetreten sein. Und dann hieß es: „Guckt euch die Pfaffensöhne an, da kommen sie ohne Braunhemden und ohne alles, stellt sie hinten in die letzte Reihe. Sie sind die Schande der Fähnleins. Weg mit ihnen." Später hat man ja die Jugend im anderen Teil Deutschlands in blaue Hemden gekleidet. Das war unsere Wirklichkeit.

Bei uns war dann auch die Gestapo zwei Mal im Hause, weil mein Vater in seiner Predigt irgendwas Falsches gesagt und irgendjemand das mitgeschrieben hatte. Wir haben nach dem Tod unseres Vaters noch Korrespondenz mit Amtsbrüdern entdeckt, die, wenn sie aufgeflogen wäre, wahrscheinlich die ganze Familie ins KZ befördert hätte.

Wir haben von Kindheit auf gelernt, dass Politik darin besteht, tolerant zu sein und andere Meinungen zu respektieren. Nach dem Krieg hatten wir einen Gemeindestimmenanteil von 25 Prozent kommunistischen Stimmen vor dem Verbot der KPD. Und ich war in sämtlichen Familien des Ortes zu Hause. Da gab es überhaupt nicht die Frage: „Denkt da jemand links, rechts oder in der Mitte?" Wir waren Gemeindemitglieder, Menschen, Freunde.

**Ihren Worten entnehme ich, dass Sie in einem eher liberalen, offenen Elternhaus groß geworden sind. Welche Dinge sind Ihnen denn so haften geblieben aus Ihrer Kindheit und Jugend? Dinge, bei denen Sie vielleicht im Laufe des Erwachsenwerdens begriffen haben, wie wichtig sie waren, Dinge, die Einfluss auf Ihr weiteres Leben hatten.**

Ein ganz wesentliches Merkmal war, dass unsere Eltern bemüht waren, uns vor den Einflüssen zu behüten, die damals auf Kinder und Jugendliche eingestürmt sind. Denn solche Situationen, wie ich es geschildert habe mit dem Jungvolk, das war Gruppendruck, das war sozialer Druck, und da war man schon in Versuchung, auszuscheren und mitzumachen.

Unseren Eltern war es wichtig, dass wir uns liberal verhalten und verstehen, dass Dinge wie Weltanschauung jedermanns eigene Sache sind.

**Das war aber auch für evangelische Pfarrersverhältnisse ungewöhnlich. Viele Pfarrersfamilien waren ja auch eher diktatorisch-autoritär geprägt. Sie wissen selbst, in den dreißiger Jahren sind nicht wenige evangelische Pfarrer zu den Deutschen Christen gegangen. Aber Ihre Eltern haben da andere Nuancen gesetzt?**

Ich will Ihnen ein deutliches Beispiel geben. Nach dem Krieg kam eine Flut von Flüchtlingen in unsere Gemeinde. Und diese Flüchtlinge waren zum größten Teil katholisch, wohingegen vorher beide Gemeinden meines Vaters praktisch keine Katholiken hatten. Abgesehen von zwei sogenannten Zigeunerfamilien, die übrigens in unserer Gemeinde den Krieg unbeschadet überstanden haben. Mein Vater hat den Katholiken gesagt, die Kirche ist für beide da, die Kirche steht euch zur Verfügung, ihr könnt euren Gottesdienst in der evangelischen Kirche halten. Er ist wahnsinnig angefeindet worden von seinen Kollegen in den Pfarrkonferenzen. Das ist, glaube ich, am kennzeichnendsten für meinen Vater, dass er das gemacht hat.

**Nun ist es ja so: Sie sind Pfarrerssohn. Ganz oft werden die Söhne von Pfarrern auch wieder Pfarrer. Was ist da bei Ihnen schiefgegangen?**

Bei uns ist keiner auch nur in die Gefahr gekommen, Pfarrer zu werden. Nur mein jüngerer Bruder, der hat anfangs Religion mit als Lehrfach studiert und wollte in die Richtung gehen, hat es aber dann aufgegeben. Keiner ist Pfarrer geworden. Ich bin in Frankfurt in die Fänge der Soziologie geraten. Frankfurter Schule war damals übermächtig und hochinteressant.

**Sie haben 1953 Abitur gemacht. Wie war das bei Ihnen? Wann war Ihnen klar, wo das für Sie hingeht?**

Es war eigentlich schon immer klar, dass man studieren würde. Es ist nun mal so, dass das Elternhaus einen so prägt, dass dieser Plan praktisch festsitzt. Aber es gab damals kaum Möglichkeiten, 1953. Ich habe dann also die erstbeste Möglichkeit ergriffen und bei Dunlop in Hanau in der Reifenfabrik eine kaufmännische Lehre begonnen. Am Anfang war ich aber ein Vierteljahr in der Fertigung, in der Fabrik, mit allem Drum und Dran. Die Reifenindustrie zu der Zeit war eine ziemlich staubige, schwarze, schmutzige Angelegenheit. Ich habe also den ganzen Betrieb durchlaufen, habe sämtliche Abteilungen kennengelernt, auch die Dunlop-Pillow- und Dunlop-Plan-Geschichten, also die Polster-Geschichten und die Fußbodenbelags-Geschichten. Ich war praktisch mit der ganzen Fertigung, mit allen Menschen in der Fabrik, per Du.

Dann kam die kaufmännische Lehre, auch mit Durchlaufen aller kaufmännischen Abteilungen. Und dann hat man eine Prüfung gemacht, und war dann Industriekaufmann, hatte eine abgeschlossene Berufsausbildung. Wir haben damals zweieinhalb Jahre gelernt. Und schon währenddessen war für mich klar, dass ich noch studieren würde.

Ich bin dann nach Frankfurt marschiert und habe dort angefangen zu studieren. Bin erst mal rumgeirrt, wie man das so macht. Mal dies, mal jenes. Bisschen Volkswirtschaft, bisschen Psychologie, bisschen Politik, bisschen Soziologie.

Und vorher hatte ich an der Ingenieurschule in Frankfurt eine Prüfung als Filmvorführer gemacht. Damals musste man eine Prüfung haben, weil der Film noch brennbar war. Der Nitrofilm hatte eine ähnliche Zusammensetzung wie Schießpulver und brannte ungefähr sechs bis acht Mal schneller als Papier. Die Prüfung bestand aus mehreren Fächern: Elektrotechnik, Filmtechnik, Wahrnehmung und alle möglichen Dinge, die dazugehörten. Und dann habe ich in einem Vorstadtkino in Frankfurt-Griesheim, einer der finstersten Gegenden von Frankfurt, angefangen, Filme vorzuführen. Nachkriegskino in einer ehemaligen Turnhalle – das hat mir praktisch das Studium finanziert.

Mein erstes Erfolgserlebnis war eine Untersuchung, die ich mit einem Kommilitonen, der später Sozialdemokrat wurde, bei Dunlop durchgeführt habe. Die Firma hatte ein Problem mit Fehlzeiten, ein zu hoher Krankenstand, und wollte wissen, wo die Ursachen dafür liegen. Wir haben die ganze Belegschaft über Jahre hinweg erfasst, haben damals Tage und Nächte in der Datenverarbeitung gestanden. So haben wir herausgefunden, dass die Arbeiter, wenn sie krank wurden, mehr als 14 Tage zu Hause blieben, weil sonst die ersten drei Tage der Krankheit nicht bezahlt wurden. Unsere Empfehlung, diese drei Tage zu bezahlen, egal wie lange die Krankheit dauert, hat Dunlop Millionen gespart. Wir haben sogar Rundfunkinterviews gehabt und Zeitungsinterviews zu der Sache. Das war also das erste Erfolgserlebnis im Studium, in der Sozialforschung.

**Haben Sie sich Ihr Studium komplett selbst finanziert?**
Ja, ich habe sogar zeitweise mal meinen Vater unterstützt, als der in Pension ging und aus dem Haus in eine Mietwohnung ziehen musste. Das war natürlich eine Umstellung in der Familie, und da habe ich ihm ein bisschen unter die Arme greifen können.

**Ihr Studium damals in Frankfurt, Frankfurter Schule, Adorno, was war da für Sie besonders prägend?**
Das Wesentliche an der Frankfurter Soziologie war, dass da zwei Re-Migranten kamen, zwei Leute, die vor den Nazis geflüchtet waren – Horkheimer zuerst in die Schweiz, dann in die USA, Adorno gleich in die USA. Diese Leute kamen mit einem ganz anderen Bewusstsein und ganz anderen Vorstellungen zurück, als sie damals in der akademischen Welt und überhaupt in Deutschland üblich waren. Insbesondere bei Horkheimer, der für mich der Wichtigere von beiden gewesen ist, war das die Bedingung einer absoluten Freiheit

und Liberalität im Denken und im Handeln, im Studieren und in der Praxis. Eigentlich war das die Fortsetzung dessen, was ich im Elternhaus gelernt hatte.

**Herr Dr. Koch, lassen Sie uns doch bitte noch ein Wort über Ihre Mutter verlieren. Da haben Sie jetzt kaum was gesagt. Sie haben viel von Ihrem Vater gesprochen. War Ihre Mutter so eine typische Pfarrersfrau, die dem Vater den Rücken freigehalten hat? Wie muss man sich das vorstellen?**

Nein. Der Anfang war das Wichtige. Mein Vater, Jahrgang 1889, war Kriegsteilnehmer im Ersten Weltkrieg, Freiwilliger, wie das damals üblich war. Er hat auch prompt eine abbekommen, hatte also ein verkürztes Bein, was er sich aber nach Möglichkeit nicht anmerken ließ. Er hat in Greifswald studiert und wurde dann Pfarrer in Waldeck. Mein Großvater, sein Vater, war ein richtig autoritärer Knochen. Ein Pfarrer, wie er im Protestantismus gar nicht so selten ist: rechthaberisch, herrisch, autoritär. Aber mein Vater war ganz anders. Er hatte überall Kontakt und hat sich mit einer alteingesessenen Bauernfamilie befreundet. Und die Tochter aus der Familie war Konfirmandin bei ihm. Später hat er sie in der kirchlichen Arbeit richtig kennen und lieben gelernt – und hat seine ehemalige Konfirmandin geheiratet, die mehr als 17 Jahre jünger war als er. Meine Mutter war 19, als sie 1925 geheiratet haben. Und sie hat natürlich einen Lernprozess durchgemacht, der enorm war als Mädchen aus einem Bauernhaus.

Und als sie dann 1930 mit meinem Vater nach Südhessen ging, da hatte sie ein Pfarrhaus mit Kindern, Gemeindearbeit, Kirchenchor und die Frauenhilfe. Sie war – das hätte man meinem Vater nie sagen dürfen, weil er wahrscheinlich lauthals protestiert hätte –, sie war der Mittelpunkt der Familie.

Sie war sehr musikalisch. Wir haben also viel im Kirchenchor und zu Hause zusammen gesungen. Sie war eine tolle Frau, ist 96 Jahre alt geworden.

**Welche Beziehung haben Sie eigentlich zur DDR gehabt? Gab es Kontakte dorthin?**
Ja, es gab Kontakte, die liefen im Wesentlichen über Berlin. Ich hatte die Gelegenheit, durch einen Freund Robert Havemann kennenzulernen. Wir haben ihn zwei Mal abends in Ostberlin besucht. Und er war damals schon der Dissident überhaupt.

**War das schon nach der deutsch-deutschen Annäherung 71 oder davor?**
Das war so Ende der sechziger Jahre, denn ich war da schon im Beruf. Als ich ihm geschildert habe, was ich mache, hat er gesagt: „Kann man das denn nicht ändern?" Also mit anderen Worten: „Kannst du nicht vom kapitalistischen Knecht zum Sozialismus überschwenken, wenn ich dich dazu auffordere?"

**Waren Sie in Grünheide oder am Straußberger Platz ganz zentral am Alexanderplatz?**
Es war ein Haus mit Garten und Gebüsch. Und hinter der Hecke standen nächtliche Gestalten, die offensichtlich alles registriert haben, wer in dem Haus ein und aus ging. Mein Freund hat mich darauf aufmerksam gemacht, er hat gesagt: „Wir werden überwacht, die gucken nach allem, was der Havemann macht." Wir hatten ihm damals eine Flasche Wein mitgenommen von West-Berlin und haben dann abends den Wein getrunken und sehr interessante Gespräche geführt. Für ihn war natürlich der Mensch aus der Frankfurter Schule das Hauptthema. Er hat mich kreuz und quer ausgefragt, das war für ihn eine hochinteressante Geschichte. Das war's eigentlich, abgesehen davon, dass meine Schwester und mein Schwager, die damals in Berlin wohnten und studierten, Fluchthilfe gemacht haben und ich mehrmals in Ostberlin gewesen bin und Kurierdienste geleistet habe. Ich habe an bestimmten Wohnungen zweimal kurz, einmal lang geklingelt und gesagt: „Morgen früh 6 Uhr am Bahnhof Friedrichstraße. Lkw steht da, und da musste also reinkriechen."

**Wie haben Sie die Zeit der friedlichen Revolution 1989 in Erinnerung?**

Die friedliche Revolution hat man natürlich mit sehr viel Interesse verfolgt. Ich habe immer wieder gesagt, dass die DDR-Bürger allein aufgestanden sind und das Ding umgeschmissen haben. Im Westen hat niemand mitgewirkt, auch die sogenannten Besserwessis nicht. Das waren allein die Leute in der DDR, die offenbar gemerkt haben, dass die Sache einem Ende entgegentaumelte.

Ich habe gerade diesen Punkt oft diskutiert, auch in der Treuhand, und hab oft die Meinung gehört, dass die DDR kein halbes Jahr mehr gelebt hätte, wenn die friedliche Revolution nicht gekommen wäre. Die Leute haben irgendwie gespürt, was da los war, und haben entsprechend gehandelt.

**Ein halbes Jahr nach der friedlichen Revolution ist die Treuhand entstanden. Sie war auch schon eine Idee am Runden Tisch, die dann sozusagen im März 1990 beschlossen wurde. Wie sind Sie der Personalchef der Treuhand geworden?**

Ich hatte mir im Personalgeschäft einen Namen gemacht. Ich habe ziemlich viel veröffentlicht damals. Ich war auch außerbetrieblich im Personalgeschäft aktiv. Ich war bei den Arbeitgebern lange Jahre Vorsitzender des Bildungsausschusses bei der BDA in Köln, und ich weiß noch, ein Kollege hat mal zu mir gesagt: „Du bist der Personalpapst in Deutschland."

Und das mit der Treuhand ist einfach zu Stande gekommen, weil der Dieter Rickert aus München mich dahin geschleift hatte. Er hatte einen Termin gemacht mit Rohwedder. Ich weiß noch, ich konnte nicht in Berlin landen, wegen eines Gewitters, das Flugzeug wurde umgeleitet nach Hamburg. Dann habe ich in Hamburg übernachtet und bin am nächsten Morgen wieder nach Berlin geflogen. War ein ziemliches Durcheinander. Und dann kam ich zu Rohwedder ins Büro und habe ihn begrüßt. Er hatte drei oder vier Leute dort rumstehen, eine kleine Stehkonferenz.

Und Rohwedder sagte zu mir: „Sie sind ja nun hier verhindert gewesen. Gehen wir mal raus auf den Flur, weil, hier können wir nicht reden." Wir sind raus auf den Flur, und da hat Rohwedder gesagt: „Wir brauchen hier einen Personalmann, der die Sache in die Hand nimmt." Und dann hat er mir geschildert, wie der Stand der Dinge war. Und dann sagte er: „Sagen Sie mal, wissen Sie, dass ich Sozialdemokrat bin, dass ich Staatssekretär bei Karl Schiller war?" Sage ich: „Ja, das weiß ich." Ich habe mich natürlich erkundigt, aber das wusste man sowieso.

Und dann meinte ich zu ihm: „Ich weiß, was Sie wissen wollen, Herr Rohwedder. Ich bin seit zehn oder fünfzehn Jahren Mitglied bei den Schwarzen."

„Gott sei Dank", hat er gesagt, „noch einen Roten hätte der Helmut Kohl nicht toleriert in dem Treuhandvorstand."

**Warum haben Sie sich denn dazu entschlossen, zur Treuhand zu gehen? Sie waren damals Ende fünfzig, Sie hätten Ihre Karriere auch gemächlich austrudeln lassen können.**

Ich habe den Rickert auch gefragt: „Ich bin ein Auslaufmodell, was wollt ihr denn mit mir?" Da sagt er: „Genau das wollen wir." Die wollten Leute im Vorstand, die kurz vor der Pensionierung stehen. Weil es eine Sache auf Zeit war, eine Aufgabe, die zu erfüllen und zu beenden ist. Dann kam ganz eindeutig hinzu, und ich sag das ohne Drumherum, das Vaterland hat gerufen. Man hatte damals die Vorstellung: Du musst das machen, wenn du dazu gerufen wirst. Denn hier ist eine wichtige Sache, die geht über das normale Berufsgeschäft hinaus und ist von nationaler Bedeutung.

**Als Sie dann da waren, wie einfach, wie kompliziert war es denn, entsprechend qualifiziertes Personal zu bekommen, zu engagieren?**

Überall da, wo es eine SED-Parteischule gab, hatte die Treuhand praktisch die Örtlichkeiten übernommen und Niederlassungen gegründet, die langsam aufgefüllt wurden. Ich hatte eine kleine Mannschaft von drei oder vier Leuten. Ich habe von Anfang an ein Bewerbungspotenzial von fünf- bis sechstausend Bewerbungen auf dem Tisch gehabt. Und zwar in der Hauptsache – ich sage es jetzt mal ganz offen – die Querschläger der Nation. Alle Leute, die damals irgendwie ein Problem hatten mit ihrer Firma, die gekündigt worden waren oder irgendwie nicht hinhauten oder nicht zufrieden waren. Die haben gesagt: „Hoppla, das ist die große Gelegenheit." Ich habe später Ein-Dollar-Leute von Unternehmen eingesetzt, um diese Bewerberflut zu sieben. Ansonsten haben wir es so gemacht, dass wir wirklich nach Werdegang, nach Qualifikation, nach Auskunft gegangen sind, dass wir rumtelefoniert haben, soweit die Leute nicht von Ministerien usw. geschickt wurden und es dann einfach so sein musste. Die entsprechenden Auskünfte über die Leute einzuholen war teils aber auch schwierig. Also das Personalgeschäft war schwieriger, umfassender, breiter gefächert, als es im normalen Geschäftsleben im Westen üblich war.

**Um welche Kriterien ging es damals bei der Auswahl der Leute? Was sollten Leute mitbringen, die in verantwortliche Positionen bei der Treuhand kommen sollten?**
Es gab keine Erfahrung. Wir wussten doch gar nicht, was los war. Wir wussten auch gar nicht, wie das Geschäft laufen soll. Über den Wechsel vom Kapitalismus zum Sozialismus gibt es zwanzig Meter Literatur. Den umgekehrten Weg, wie man aus einem sozialistischen, halb kommunistischen Land und einer entsprechenden Wirtschaft wieder ein funktionierendes, liberales, in Gottes Namen kapitalistisches Geschehen macht – das konnte man nirgends nachlesen. Das mussten wir uns alles erfragen und erforschen und ertasten.
Herr Schucht, der kam von der Ruhrkohle, glaube ich, hat auch gefragt: „Wie fangen wir das hier an?" Sage ich: „Lieber Herr Schucht, der Rohwedder hat mal gesagt, der ganze Salat ist 600 Milliarden wert und wir müssen es verkaufen." Wir mussten sehen, dass wir hier

eine privatwirtschaftlich funktionierende Wirtschaft hinkriegten, mit den Regeln und Dingen, die wir draufhatten. Aber es gab keine Gebrauchsanweisung, keine Vorschrift und nichts, wir mussten das alles selbst machen.

**In der DDR wurden ja, Anfang der 70er vermehrt, Kombinate gebildet – also Zusammenschlüsse aus einer Vielzahl von Betrieben, dann teilweise mit 30.000 bis 40.000 Mitarbeitern. Diese Kombinate wurden dann erst mal in einzelne Firmen zerschlagen, also in einzelne GmbHs ausgegründet oder neu gegründet. In diesen Prozess war die Treuhand nicht eingebunden, richtig?**
Doch. Ich hatte mir mit Absicht in der Praxis der Unternehmen ein paar Leute gesucht, mit denen man sprechen konnte, unter anderem den Leiter von EMW in Eisenach. Bei dem bin ich damals mit einem nagelneuen Porsche, einem 911, schwarz lackiert, auf den Hof gefahren.

**Schlaue Idee.**
Ich wusste nicht, was passieren würde. Ich war wirklich naiv damals. Die gesamte Belegschaft von EMW lief zusammen, stand um das Auto und hat mich in Empfang genommen. „Was ist das für ein Auto? Also ein Porsche? Was kostet der?" – „Sage ich nicht", hab ich geantwortet, „sonst fallt ihr vom sozialistischen Glauben ab." – „Da kriegt man doch sicherlich vier oder fünf Trabis dafür." – Sage ich: „Nein, da kriegste ungefähr zwanzig Trabis für."
Und dann kam der Chef und scheuchte die Leute zurück an die Arbeit. Ich ging mit dem in sein Büro. Da fiel mir als Erstes auf, dass an den Fenstern Vorhänge waren, wie man sie normalerweise im Westen in einem Schlafzimmer hatte. Also irgendwas Geknüpftes und mit Rosen drin. Und da sag ich zu ihm: „Das ist aber eigenartig. Lassen Sie uns offen miteinander reden, so ein Büro habe ich noch nicht gesehen, mit solchen Vorhängen. Die würde man bei uns allenfalls in einem Wohn-

zimmer oder Schlafzimmer, aber nicht in einem Büro finden." Sagt er: „Sie sind hier in der DDR, hier müssen Sie nehmen, was Sie kriegen." Darauf ich: „Hören Sie mal, wenn wir hier über Veränderungen reden, über Wirtschaftsprinzipien und so weiter, bin ich eigentlich gewohnt, dass ein Betriebsratsmitglied dabei ist." Fragt er mich: „Wieso?", und ich antworte: „Im Westen ist ein Betriebsrat demokratisch von der Belegschaft gewählt. Wenn der Vorsitzende zur Tür reinkommt, dann kommt die Belegschaft rein, und das muss ich entsprechend respektieren und achten, ob mir das passt oder nicht." – „Nun gut", sagt er, „holen wir die." Dann kamen da zwei Leute rein, und der Chef hat gesagt: „Setzt euch mal da hin, wir müssen miteinander reden."
Dann haben wir uns unterhalten. Und dann hat er die beiden wieder weggeschickt. Daraufhin hab ich ihm gesagt, dass er in Zukunft nicht so mit einer Belegschaftsvertretung umgehen kann, wie er das eben gemacht hatte. Man hat ein Mitbestimmungsgesetz, und der Betriebsrat ist zu achten. Die Leute können vielleicht nicht immer mitbestimmen, aber sie können mitreden.

**Zurück zum Prozess der Ausgründungen aus den Kombinaten.**
Also ich hatte mir Kontakte zur Praxis geschaffen. So war das. Und deswegen konnte ich auch ungefähr beurteilen, wie es in den Betrieben und in den Leitungsfunktionen aussah. Daher habe ich Rohwedder im Dezember 1990 gesagt, dass die Spitzen der DDR-Betriebe alles Partei-Apparatschiks sind – Leninisten und Marxisten. Die sind trainiert in Weltanschauung, aber nicht in Unternehmensführung. Ich habe Rohwedder trotzdem vorgeschlagen, die Leute nicht alle in die Wüste zu schicken, aber abzusetzen. Wir machen das Geschäft mit dem Mittelmanagement. In den Betrieben hat die mittlere Ebene praktisch die Betriebsleitung gemacht und geführt. Und die Leute brauchen wir. Die Leute kennen den Betrieb. Die können etwas bestimmen, die können etwas verändern, mit denen kann man was anfangen.

Und deswegen habe ich Rohwedder diesen Vorschlag gemacht. Das ist dann nicht geschehen. Aber die Seilschaften haben sich entsprechend verändert.

**Sagen Sie, als Vorstand Personal, sind Sie da nicht in erster Linie für das Personal der Treuhand zuständig?**
Nein, für 4.085.000 Leute.

**Also Sie waren für etwa 12.000 Firmen mit knapp 4,1 Millionen Menschen zuständig, nicht nur für Treuhandmitarbeiter.**
Ich bin von Betrieb zu Betrieb marschiert. Die erste Erfahrung habe ich in einer Elektrogerätefirma in Suhl gemacht, die hauptsächlich für den Westen gearbeitet hat. Dort bin ich in eine Betriebsversammlung gegangen und musste den Leuten erzählen, dass ihr Betrieb nicht mehr existenzfähig sei. Dann haben die mich gefragt, warum. Da habe ich gesagt: „Weil ihr alle eure Produkte unter Kosten verkauft." So war es auch bei Pentacon in Dresden, dasselbe. Auch den Laden mussten wir zumachen, weil die unter variablen Kosten verkauft haben, nur damit der Schalck-Golodkowski Devisen einnehmen konnte. In Suhl hatten sie Kaffeemühlen für die Konkurrenzfirma von Braun produziert – wirklich gute Produkte. Die waren konkurrenzfähig im Westen, weil sie vom Westen ihre Vorgaben, ihre Zeichnungen, ihre technischen Anweisungen hatten. Die haben gute Arbeit geleistet. Das habe ich den Leuten auch gesagt. Aber sie haben die Produkte verkauft zu einem Preis, mit dem das Produkt gerade mal die Fabrik verlässt. Da sind noch keine Gemeinkosten, keine Verwaltungskosten, keine Zinsen, keine sonstigen Kosten dabei. So kann man nicht arbeiten. Man musste den Leuten einen betriebswirtschaftlichen Vortrag halten, wie ein Produkt kalkuliert werden muss und welchen Preis das haben muss, damit eine Firma existieren und sich entwickeln und investieren und Personal vernünftig bezahlen kann. Die Leute haben mit offenen Mündern dagesessen, haben mich angeguckt, als wäre ich vom Mond gekommen.

**Das heißt, Sie waren Personalchef von 4,1 Millionen Menschen?**
Ja und ich war in den Betrieben auch unterwegs. Ich bin in Textilbetriebe rein, das waren hochinteressante Betriebe. Die Leute haben mir Entwicklungen gezeigt, sie haben gesagt: „Guck doch mal, was wir können. Wir können doch alles." Die Autoleute haben gesagt: „Glaubt ihr denn im Westen, wir könnten nur einen Trabi bauen? Der Ulbricht hat uns befohlen, überhaupt keine Autos zu bauen. Dann haben wir ihm abgerungen, dass wir für die Werktätigen ein kleines Auto bauen dürfen. Und da haben wir den Trabi erfunden." Ich hatte ja bei Dunlop vorher in der Lehrzeit Renndienst gemacht, da gab es einen Rennwagen aus Eisenach, von EMW, den hatten die gebaut. Das war ein hervorragendes Auto, das war konkurrenzfähig.
Ach so, und dann waren da Erfahrungen dabei, wie in dieser Firma in Suhl. Da stand einer auf und hat mir widersprochen. Dann haben die den ausgebuht. Und da habe ich gefragt, warum wird der denn jetzt ausgebuht? Da hieß es: „Ja, Sie kommen doch aus Berlin, der kann Ihnen doch nicht einfach widersprechen." Sage ich: „Herrschaften, ihr seid als Belegschaft hier. Natürlich könnt ihr mir widersprechen. Wenn ihr anderer Meinung seid, dann sagt ihr das. Dann werde ich euch entsprechend antworten und versuchen, Recht zu behalten, wenn ich glaube, dass ich Recht habe. Aber ihr könnt mir doch widersprechen."
Auch in dieser Textilfirma, da hat man mir Maschinen vorgeführt und immer wieder gesagt: „Wir können das doch. Wir können das." Sage ich: „Aber ihr habt keine Betriebswirtschaft gelernt. Das hat mit Kapitalismus oder Sozialismus nichts zu tun. Die Mark, die ich ausgebe, die muss ich vorher oder hinterher einnehmen. Aber ich muss sie einnehmen. Ich kann in einem Wirtschaftsunternehmen keine Mark ausgeben, die ich nicht habe. Das müsst ihr lernen." Die hatten die Kerze an beiden Seiten angesteckt. Das ist einer der Gründe, weshalb die DDR umgefallen wäre, nicht? Aus fehlendem kaufmännischem Denken.

**Wie macht man das? Wie wird man ein guter Personalchef für 4,1 Millionen Mitarbeitende eines Landes, das man selbst gerade erst kennenlernt? Dazu sind sie noch Personalchef für die Treuhand. Sie wissen, es braucht viel mehr Arbeiter und vor allem qualifiziertes Personal.**

Also zunächst mal waren für die Existenz der Betriebe ja die einzelnen Vorstandskollegen zuständig. Branchenorientiert. Und die haben jeweils kommuniziert, wenn sie ein Personalproblem hatten. Da hat man entsprechend kooperiert. Im Hause hatte ich einen sehr guten Mann, der hat das interne Personal gemacht. Und ich hatte einen zweiten, der hat das Personal in den Niederlassungen gemacht. Dann war da mein Freund von der Bundesanstalt für Arbeit, der hat die Arbeitsmarktpolitik gemacht. Und dann hatte ich einen sehr hochnäsigen Mann, der aus der CDU kam. Der war zuständig für die Politik, also für die Seilschaften und so weiter. Wir haben uns dann natürlich eine kleine Mannschaft aufgebaut. Ich habe mir ein paar Leute geholt, von denen ich wusste, wie sie sind und dass sie sofort verfügbar sind. Oder ich habe sie abgeworben.

Und dann haben wir also Personalgeschäft nach allen Regeln der Kunst gemacht und Bewerbung für Bewerbung durchgearbeitet. Eine Sache für sich bei der Treuhand war übrigens das Consultants-Unwesen. Die Treuhand hat viele Millionen für Beratung und Headhunter ausgegeben. Denn bei den 6.000 Bewerbern, die da lagen, waren zwar einige gute Leute dabei – die herauszufiltern, war aber wirklich eine Aufgabe. Und ich hatte am laufenden Band Füße auf der Bremse, weil meine Kollegen ja alle noch nicht wussten, wie das Geschäft geht, als sie anfingen. Sie wussten nicht, welche Leute sie brauchen, was die können müssen. Also haben sie auf Teufel komm raus eingestellt, was da kam. Und ich habe auf der Bremse gestanden und bin beschimpft worden. Die haben gesagt: „Wir brauchen Leute, wir brauchen Leute." Und ich: „Ihr wisst doch gar noch nicht, was ihr für Leute braucht."

**Haben Sie sich eigentlich von der Politik unterstützt gefühlt?**
Ja, doch.

**Aber meinen Sie nicht, es hätte vielleicht auch ein bisschen geholfen, wenn Helmut Kohl mal mit der Faust auf den Tisch gehauen hätte? Wenn er beispielsweise den DAX-Vorständen einfach mal ein Zeichen gegeben hätte: „Wie schaut es aus, könnt ihr mal euren staatsbürgerlichen Pflichten nachkommen und einfach ein paar richtig gute Leute in den Osten zur Treuhand schicken?"**
Also, dass der mal mit der Faust auf den Tisch gehauen hätte ... Ich habe ihn ja, als ich für Dunlop auf Standortsuche war, persönlich kennen- und schätzen gelernt, keine Frage. Aber dass der unseretwegen auf den Tisch gehauen und die Wirtschaft aufgerufen hätte, uns zu helfen – nein, hat er nicht. Aber die Wirtschaft hat geholfen. Ganz entgegen den landläufigen Berichten haben wir eine ganze Menge guter Leute gehabt.

Das Ding lief unter der Überschrift Ein-Dollar-Mann, und es gab eine ganze Reihe von Firmen, die uns Leute geschickt haben. Aus drei Gründen. Erstens, um wirklich zu helfen und Qualifikation beizusteuern. Zweitens, um Leute loszuwerden, die auf der Abschussrampe saßen. Und drittens, um Leuten die Gelegenheit zu geben, Erfahrung zu sammeln – also eine Weiterbildungs- oder Ausbildungsabsicht.

**Wie real gefährlich war es denn aus Sicht der Treuhand, dass die Großunternehmen sich möglicherweise deswegen engagieren, weil sie das Feld sondieren und schauen wollen, wo man denn vielleicht ein Stück vom Kuchen abbekommen kann?**
Das war schon so. Ich will nur einen Fall erwähnen: BMW beispielsweise hatte ganz klar und eindeutig im Sinn, die Motorradindustrie kaputt zu machen. Die Treuhanddirektoren hatten mir zum Abschied ein Motorrad geschenkt – MZ mit österreichischem Motor. Die Firma war in Zschopau, in Sachsen. Und ein Freund, der bei BMW im

Personalvorstand war, hat mir ganz klar gesagt, dass sie Konkurrenz aus der Welt schaffen wollten. Im Übrigen hatten wir ja folgende Situation: Die DDR hatte die Größenordnung von Nordrhein-Westfalen. Die Bundesrepublik West hätte diese zusätzlichen 17 bis 18 Millionen Menschen in Nullkommanix mit allem, was sie brauchten, versorgt. Insofern waren viele der Meinung, das, was da ist, ist eigentlich überflüssig.

**Also gab es bei vielen die Grundhaltung, dass man eigentlich nichts von der DDR-Wirtschaft erhalten muss, weil man das alles selbst liefern und produzieren kann. Gab es denn aber auch Beispiele von Unternehmen, die gesagt haben: Ja, wir investieren gerne in den Osten. Vielleicht auch aus staatsbürgerlichem Pflichtgefühl?**
Ob man das Wohl der Menschen im Sinn hatte, weiß ich nicht. Aber es gab Betriebe, die meinten, sie würden sowieso gern einen Zweigbetrieb aufmachen oder das und das auslagern. Im Westen herrschte Arbeitskräftemangel, das darf man nicht vergessen. Und im Osten gab es noch Handwerker, die konnten ein Ersatzteil aus dem Vollen schnitzen. Im Westen hat der Betriebshandwerker ins Regal gegriffen und das Ersatzteil rausgeholt oder gekauft und hat das eingebaut.

Also die Absicht, etwas konstruktiv beizutragen, war durchaus da – wenn die Notwendigkeit bestand. Aus Menschenliebe? Entschuldigung nein, die Wirtschaft ist weder menschenlieb noch human, die geht nach Zweckmäßigkeit. Danach wurde investiert, gekauft und im Zweifel auch die Konkurrenz kaputt gemacht.

**Können Sie mir sagen, wie damals Ihr Arbeitsalltag aussah? Was war ein typischer Tag in der Treuhand?**
Also wenn man nicht unterwegs war, in den Betrieben oder auf Konferenzen, dann waren das in der Regel Zwölf-Stunden-Tage. Interessant war in dem Zusammenhang, dass die DDR-Mitarbeiter, insbesondere die Damen, die Sekretärinnen, gesagt haben: „Von morgens acht bis nachmittags um fünf arbeiten? Dazwischen eine Mittagspau-

se, vielleicht noch ein kleines Frühstück. Das hält doch kein Mensch aus." Das war mühsam. Ich hatte eine Sekretärin, die gut war, die ohne dieses übliche Klagelied einen Zwölf-Stunden-Tag mitgemacht hat, wenn es drauf ankam. Die hatte allerdings die besondere Eigenart, dass sie entgegen allen Schwüren, die sie mir geleistet hat, eine doppelte IM war.

**Was heißt das? „Doppelte IM"?**
Die war bei der Stasi als informelle Mitarbeiterin in zweierlei Funktionen beschäftigt. Vor der Treuhand war sie Sekretärin beim Auswärtigen Amt und in dieser Funktion auch eine Zeit lang in Brüssel tätig. Ich habe immer zu ihr gesagt: „Sie können mir das nicht erzählen, die Stasi griff doch nach jedem, der den Kopf auch nur zwei Zentimeter aus der Menge gestreckt hat. Alles, was einigermaßen qualifiziert oder auffällig war, wurde doch von der Stasi eingenommen." Ihre Antwort darauf war, dass man das bei ihr auch gemacht habe, doch weil sie im Außenministerium gewesen sei, sei die Stasi nicht an sie rangekommen. Aber eines Tages rief mich mein Nachfolger Horst Föhr an und meinte, er hätte eine Nachricht von der Gauck-Behörde bekommen, die Sekretärin sei zweifache informelle Mitarbeiterin gewesen.
Und tatsächlich hatte die Frau zwei Tage vorher fristlos gekündigt, hat ihre Sachen eingepackt und wurde nicht mehr gesehen. Da hatte die also einen Wink von der Gauck-Behörde bekommen, dass man sie entdeckt hatte.
Im Dezember 1990 hatte ich mit Rohwedder verabredet, dass wir eine Umfrage unter der Belegschaft machen und eine Erklärung darüber verlangen würden, dass sie keine Stasi-Mitarbeiter waren. Das haben alle unterschrieben, und alle waren sie Stasi.
Ich hatte am Schluss 185 Mitarbeiter, davon die meisten DDR-Bürger. Die waren durch die Bank IMs, wie sich hinterher herausstellte. Und das hatte einen ganz einfachen Grund: Die Leute hatten vierzig Jahre DDR hinter sich. Für die war eine wahrheitsgemäße Auskunft an eine Behörde oder an ihr eigenes Unternehmen eine Sache, die sie nicht

ernst genommen haben. Die waren nicht gewohnt, wahrheitsgemäß zu handeln, zu reden, zu unterschreiben.
Also von 185 Mitarbeitern waren etwa die Hälfte Ostdeutsche, und die waren alle IM.

**Alle?**
Die Gauck-Behörde hatte das nachgeprüft, die waren alle IMs. Mir wurde mal gesagt: „Sie können sich das überhaupt nicht vorstellen. Hunderttausende von Leuten in der DDR waren IMs bei der Stasi. Die Stasi hat nach jedem gegriffen."

**Nochmal zurück zu Ihrem Arbeitsalltag, wie haben Sie den gestemmt? Schließlich haben Sie 1990 auch noch promoviert ...**
Also meine Promotion damals war ja längst vorher eingefädelt. Kurz nach der Wende hatte ich den Professor Meier im Presseclub in Bonn kennengelernt und ihm von meinem Buchprojekt erzählt. Und er hat sofort gesagt: „Brauch ich."

**Welches Buchprojekt war das?**
Ich hatte in Jahren der Personalarbeit festgestellt, dass sich da einiges ganz entschieden geändert hat. Die Informationstechnologie hat dazu geführt, dass die Menschen in den Verwaltungsabteilungen der Wirtschaft wesentlich mehr Informationen hatten als vorher. Damit hat sich die Personalführung entscheidend verändert. Die Leute hatten viel mehr Mitsprache über ihre eigentliche Funktion hinaus. Sie waren sehr viel intensiver im Unternehmen involviert, weil sie mehr Informationen über das Unternehmen hatten. Und damit hat sich das Verhältnis von Vorgesetzten zu Untergebenen und das Verhältnis der Menschen zu ihrem Betrieb verändert. Und aus dieser Geschichte habe ich ein Thema gemacht: Personalführung neuen Stils unter den veränderten Bedingungen der Informationstechnologie. Daraus sollte ein Fachbuch werden. Und der Professor hat das Manuskript genommen, wie es war. Ich habe so gut wie nichts dran geändert.

Und ansonsten war mein Alltag in der Treuhand normales Personalgeschäft. Ich habe mit meinem Sachbearbeiter zusammengesessen und Bewerbungen durchgesprochen, ich habe mit den Vorstandskollegen zusammengesessen und über deren Personalprobleme gesprochen. Das passierte entweder bei mir im Büro oder bei denen. Es ging um Einzelfälle oder auch um Gesamtfälle. Und es gab ein Thema, was sehr wichtig war. Wir haben eine Menge junger Leute direkt von der Universität oder nach kurzer Berufstätigkeit angeworben. Da waren gute Leute dabei, sehr gute Leute. Und am Anfang des Geschehens hatten die nicht allzu viel zu tun, weil das Ganze wie gesagt ein Rumtasten und Probieren war. Wie geht denn die Sache, und wie macht man das? Und wir bringen das zuwege. Und da passierten dann solche Dinge, dass ich gesagt bekam, die jungen Leute hocken jeden Morgen bis um 11 Uhr auf der Südseite vom Gendarmenmarkt und frühstücken und diskutieren und lassen es sich gut gehen. Das gehörte dann auch dazu, dass ich da hinmarschiert bin und die zusammengestaucht habe: „Verdammt noch mal, eure Arbeitszeit ist so und so, ihr könnt hier nicht um 11 Uhr rumsitzen und den lieben Gott einen guten Mann sein lassen – ihr habt am Arbeitsplatz zu sein."

**Was hat Ihre Familie, was haben Ihre Freunde zu Ihrem Job bei der Treuhand gesagt?**

Ich habe meiner Familie viele Jahre vorher, als ich bei Dunlop war, gesagt: „Passt auf, es gibt zwei Möglichkeiten: entweder ein geruhsames und halbwegs gesichertes Angestelltendasein mit acht Stunden am Tag und viel Familie, aber mit eingeschränkten Möglichkeiten. Oder ich mache Karriere und verdiene Geld, das dann auch die Familie in die Lage versetzt zu reisen, dies und das zu machen und die Kinder einfach problemlos studieren zu lassen. Was ist die Entscheidung? Und da haben meine Frau und Tochter und mein Sohn gesagt: „Mach du, was du willst, was du für richtig hältst. Wir machen mit und wir tolerieren alles."

**Ihre Familie hat Ihnen also den Rücken freigehalten?**
Ja. Das Ergebnis war, dass meine Tochter nichts weiter im Sinne hatte, als eine Professur zu bekommen, statt mir Enkelkinder zu verschaffen. Die Professur hatte sie, dann war sie zu alt zum Kinderkriegen. Und mein Sohn hat begonnen, eine Sieben-Tage-Woche zu machen mit Zwölf-Stunden-Tagen – IT-Consulting. Das macht er heute noch. Also sind auch da trotz Verehelichung und netter Schwiegertochter keine Enkel gekommen. Muss ja auch nicht unbedingt sein.

**Sie hätten sich es aber so gewünscht.**
Es wäre schon schön gewesen.

**Aber noch mal konkret zu der Zeit, als Sie bei der Treuhand waren. Was hat da Ihre Familie, was haben Freunde dazu gesagt?**
Am Anfang wusste ja keiner so recht, was das eigentlich ist. Und erst mit der Zeit hat sich durch Presseartikel und allgemeine Information ins Bewusstsein eingeschlichen, was die Treuhand bedeutet und was sie macht. Natürlich hatte jeder die Wende im Sinn gehabt und mitgekriegt. Aber keiner wusste so recht, was wird aus der DDR? Was machen die da? Aber ich habe nie eine Opposition zu dem gespürt, was ich gemacht habe.

**Wann haben Sie genau Ihre Tätigkeit bei der Treuhand beendet?**
1992 im Sommer. Ich fing im September 1990 an, war also knapp zwei Jahre dabei. Mein Zweijahresvertrag wäre zwar verlängert worden, aber ich hatte bereits woanders zugesagt.
Ich hatte am Ende in Ostdeutschland 2.500, 3.000 Mitarbeiter – von nicht einem habe ich übrigens auch nur einmal Kritik gehört an dem, was die Treuhandanstalt gemacht hat mit der DDR. Schön, das waren Leute, die hatten Arbeit und Brot, die hatten Einkommen. Aber die Kritik an der Treuhandanstalt ist im Wesentlichen von Leuten gekommen, die überhaupt nicht gesehen haben, was wir gemacht haben oder sehr spät in die Sache eingestiegen sind und beispielsweise gar

nicht gesehen haben, in welchem Zustand die DDR war. Nach der Nazizeit, nach dem Zweiten Weltkrieg und nach dem zweiten diktatorischen System war das Land ja wirklich auf den Hund gebracht. Ich habe gesehen, unter welchen Bedingungen die Leute gearbeitet haben in Werkshallen. Wo also die jungen Birken aus der Dachrinne wuchsen und die Scheiben zerschlagen waren. Und ich habe einen Fall miterlebt, da hat Mercedes in Ludwigsburg eine Fabrik übernommen.

**Die Lkw-Industrie Richtung Ludwigsfelde?**
Richtig. Die sind da reingekommen, und es sah aus wie in allen DDR-Betrieben. In einem Industriebetrieb, der nicht gereinigt wird und in dem keine Ordnung herrscht, sammelt sich ja mit der Zeit ein Gemisch von Öl und Sägespänen und Staub und Dreck und Abfällen auf dem Fußboden. Bei solchen Betrieben sind die Fußböden mit einer dicken Schicht von klebrigem, teerartigem Dreck überzogen. Die Mercedes-Leute haben sich das angekuckt und gesagt: „Nein, das machen wir nicht. Da müssen wir erst mal mit aller Kraft den Fußboden reinigen."
Da haben sie eine Halle daneben genommen, die also Lager war oder sonst irgendwas und haben ihre Maschinen da reingestellt. So hatte man dann einen höchst bildhaften, aber blamablen Vergleich zwischen einem gut geführten Industriebetrieb – in dem die Arbeitsbedingungen in Ordnung waren, in dem die Arbeitssicherheit beachtet wurde, in dem die Art des Arbeitens Spaß machen sollte – und einem alten Industriebetrieb, der vergammelt und verdreckt und verkommen war, wo es keine Sicherheitseinrichtungen an den Maschinen gab und die Leute gefährlich gearbeitet haben.
Ich habe Fälle erlebt, beispielsweise in Leuna, da haben die Leute mit bloßen Händen in hochprozentigen Säuren gearbeitet. Denn der Mensch im Sozialismus hat nichts gegolten. Der war dem Sozialismus egal. Die haben sich nicht um die Leute gekümmert, um deren Sicherheit, um deren Wohlergehen und deren Arbeit. Und trotzdem hingen

die Leute auf eine seltsame Art an ihrem Betrieb. Obwohl auf jedem Arbeitsplatz zwei Leute waren.

Das ist übrigens der Punkt, der mich am meisten gewundert hat bei der ganzen Geschichte, dass kaum jemand kapiert hat, welche Personalpolitik die DDR hatte. Es ging darum, Vollbeschäftigung zu demonstrieren. Das heißt, man setzte auf jeden Arbeitsplatz zwei Leute. Ich war damals bei dieser Versicherung in Hannover und bin dann nach der Wende des Öfteren über Thüringen nach Hause gefahren, um mit Leuten in Kontakt zu kommen und dort zu sehen, was da los war.

Da waren die Leute unterwegs, auch im Westen traf man Leute mit einem Trabi. Und die hat man dann gefragt: „Konntet ihr denn so einfach weg von eurem Arbeitsplatz? Habt ihr so viel Urlaub?" Da haben die gesagt, sie sind einfach weggefahren. „Wenn du nicht da bist, dann ist ein anderer da, der die Arbeit macht." Außerdem hätte es um 11 Uhr meistens kein Material mehr gegeben, oder es war eine Maschine kaputtgegangen, und es gab keine Ersatzteile, so dass der Tag sowieso hinüber war. Ob man da war oder nicht, da kam es gar nicht drauf an. Trotzdem hingen die Leute an ihrer Arbeit.

**Andersherum muss man natürlich auch sagen, es gab in der DDR viele fleißige Leute, die auch fleißig gearbeitet haben. Wenn es die nicht gegeben hätte, hätte dieses Land wirtschaftlich nicht so lange durchgehalten.**

Ja, dann wären sie längst umgefallen.

**Anfangs gab es ja noch so ein Aufbruchsgefühl bei der Treuhand, aber dann ist sie immer mehr zu einem Prügelknaben geworden. Jetzt mit vielen Jahren Abstand, wenn Sie zurückblicken, glauben Sie, dass die Treuhand, so wie sie war, für eine wirtschaftliche Transformation die richtige Einrichtung war?**

Also erst mal: Die Betrügereien, die es gegeben hat, die kann man vernachlässigen, weil die, gemessen am Gesamtgeschehen, überhaupt nicht ins Gewicht fielen und absolute Ausnahmen waren. Zum Gesamtgeschehen: Ich sehe keine Alternative, ich sehe nicht, was man hätte anders machen können. Es gab keine andere Wahl, wenn man diese Transformation der Wirtschaft vollbringen wollte, als so etwas wie die Treuhand einzurichten. Vor allem deswegen, weil die DDR-Wirtschaft und -Industrie am Ende waren. Das Einzige, was wirklich funktioniert hat, war das Stasisystem, mit dem wir dann zum Schluss hauptsächlich telefoniert haben.

**Was heißt das? Sie haben mit dem Stasisystem telefoniert?**
Die Stasi hatte ihr eigenes Telefonsystem eingerichtet in Ostberlin und das haben wir genutzt, da sind wir aufgeschaltet worden.
Nein, aber nur noch mal zum Gesamtgeschehen: Ich sehe keine andere Möglichkeit als das, was wir gemacht haben. Man hätte es anders nennen können. Wir haben Fehler gemacht. Ich bin beispielsweise der Meinung, es ist viel zu wenig informiert worden. Es ist viel zu wenig gesehen worden, dass der gegängelte DDR-Bürger, dem alles vorgeschrieben worden ist und dem alles zurechtgelegt wurde, dass der auf einmal ins kalte Wasser der Privatwirtschaft und der westlichen Lebensart geschmissen wurde, die er zum Teil gar nicht kapiert hat. Wir hätten eigene Informationsabteilungen haben müssen, die nichts anderes machen, als die Leute in den Betrieben aufzuklären, was geschehen ist, was geschehen wird und was geschehen muss.

**Und was hat denn die Treuhand aus Ihrer Sicht gut bewältigt?**
Die Reorganisation der DDR-Wirtschaft mit all dem, beinahe hätte ich gesagt Blutvergießen, mit all den Schäden, die wir dabei angerichtet haben. Natürlich haben wir zerschlagen, natürlich haben wir reformiert in einem Maße, dass am Ende nur noch ein Teil der DDR-Industrie übrig geblieben ist. Aber die Frage ist: „War diese Industrie wettbewerbsfähig? Waren die Produkte wettbewerbsfähig? Hätte man im Westen bei einem offenen Markt Geschäfte machen können oder nicht?" Und die furchtbare Antwort war: „Nein."

# Brigitta Kauers

*„Betriebswirtschaftliche Überlegungen standen im Vordergrund. Es gab kein volkswirtschaftliches Konzept."*

Dr. Brigitta Kauers ist 1951 in Ost-Berlin geboren. Nach ihrem Studium der Ökonomischen Kybernetik an der Staatlichen Taras-Schewtschenko-Universität in Kiew (1969 bis 1974) war sie wissenschaftliche Mitarbeiterin am Ökonomischen Forschungsinstitut der Staatlichen Plankommission der DDR (SPK) und später direkt bei der Staatlichen Plankommission der DDR tätig. Von April 1990 bis 2000 war Brigitta Kauers für die Treuhandanstalt und die spätere Bundesanstalt für vereinigungsbedingte Sonderaufgaben (BvS) tätig. Bei der Treuhand arbeitete sie zunächst in der Abteilung Grundsätze, dann ab September 1990 in der Presseabteilung und danach im Direktorat Beziehungen zum Bund, Internationale Beziehungen. Anschließend war sie von 2000 bis 2017 Referentin im Bundesministerium der Finanzen.

**Frau Kauers, Sie sind in der DDR geboren und aufgewachsen. Was war Ihr erster Beruf, und welcher Weg führte Sie dorthin?**
In der DDR wurde man ja gelenkt: Nach dem dritten Studienjahr wussten viele von uns schon, wo sie arbeiten werden. Ich habe beim Ökonomischen Forschungsinstitut der Staatlichen Plankommission angefangen. Das kann man negativ sehen: Also ich konnte es mir nicht aussuchen. Das kann man auch positiv sehen: Man hatte nicht die Angst, dass man nichts finden würde. Und es hatte noch ein an-

deres Positivum: Meine Diplomarbeit habe ich vom Thema her schon so geschrieben, dass sie zum künftigen Arbeitsplatz passt. Ich fand das gut so.

**Was haben Sie dann beim Ökonomischen Forschungsinstitut gemacht?**
Wir haben der Staatlichen Plankommission zugearbeitet, und es gab auch eine Zusammenarbeit mit der Akademie der Wissenschaften. Während die Staatliche Plankommission vor allem kurzfristige Entscheidungen getroffen hat, haben wir in der Abteilung „Lebensstandard und langfristige Planung" an der wissenschaftlichen Basis für die tägliche Planung gearbeitet.
Ich war eigentlich mein ganzes Arbeitsleben in der DDR mit langfristiger Planung und Prognose beschäftigt und habe immer überlegt: Wo wollen wir in 20 Jahren oder in zehn Jahren sein, und was müssen wir machen, um dahin zu kommen? Ich glaube, wir hatten ganz gute Ideen und Ergebnisse vorzuweisen. Das Problem war immer: Wie kann man es umsetzen? Aber das kennen wir heute ja auch. Wie lange reden wir vom Klimawandel? Und jetzt stellen wir fest: Wir haben es verschlafen.

**Wie haben Sie die Zeit der friedlichen Revolution und den Mauerfall 1989 in Erinnerung?**
Ich habe mich erstmal erschreckt. Dann gab es ein paar Monate, in denen ganz viele Leute diskutierten, wie man diese DDR besser machen könne. Da war ich dabei. Gewerkschaften haben aufgerufen: „Kollegen, schreibt auf. Was können wir besser machen? Was müssen wir besser machen?" Solche Aktionen gab es übrigens auch früher schon. Damals hatten wir unsere Ideen auch schon aufgeschrieben. Das Preissystem, die Wohnungen, die Miete – das war überhaupt nicht kostendeckend. Es fehlte die Wirtschaftskraft, um in jeder Branche und in jedem Bereich das Notwendige zu tun. In die Mikroelektronik wurde z. B. vorrangig investiert, die Multi-Spektral-Kamera

aus dem Kombinat Carl Zeiss Jena war Teil der Weltraummissionen, die Landwirtschaft stand für eine stabile Versorgung – um nur einige positive Dinge aus dem produktiven Sektor zu nennen. Für manch andere Industriezweige reichten jedoch die Mittel nicht aus. Ganze Wohnviertel mit hunderten Wohnungen entstanden neu, gleichzeitig verfielen viele Altbauviertel. Die Volkswirtschaft fuhr auf Verschleiß. Nicht zu vergessen: Die DDR und die anderen RGW-Mitgliedsstaaten wurden auf bestimmten Gebieten von der internationalen Arbeitsteilung ausgeschlossen. Fairer Wettbewerb der Systeme? Davon konnte natürlich nicht die Rede sein. Auf der Comecon-Liste der westlichen Länder standen insbesondere fortschrittliche Technologien, die die DDR auf keinen Fall haben sollte. Zuletzt hat die DDR auch keine Kredite mehr bekommen. Vieles war bekannt. Jetzt war eine Zeit, wo auch ich geglaubt habe, dass man es ändern kann. „Die ‚Alten' sind weg, und vielleicht klappt's mit den ‚Neuen', die jetzt oben sitzen" – das habe ich gedacht. Es war ein kleines Zeitfenster, in dem man neue Ideen sagen konnte, wo man Hoffnung haben konnte, die DDR besser zu machen. Da war ich dabei. Ich bin vom Erschrecken erst mal übergewechselt in einen permanenten Diskussionsmodus und zu allen Veranstaltungen gerannt.

**Was hatten Sie für einen Eindruck, damals in den achtziger Jahren, von dem Zustand der DDR? Haben Sie möglicherweise Demokratiedefizite zu spüren bekommen? Hat Sie das auch in irgendeiner Art und Weise berührt oder beschäftigt?**
Das hat mich schon beschäftigt. Manchmal bekamen wir Aufträge, die wir mit großer Überzeugung übernommen haben, und dann war man enttäuscht, dass daraus nichts geworden ist, weil es keine Mittel gab. Wenn etwas nicht zur Umsetzung kommt, frustriert das natürlich. Es hat die Leute vor Ort frustriert. Und so hat wahrscheinlich jeder DDR-Bürger auf seiner Ebene solche Erfahrungen gemacht. Dann ging es den Leuten wie vielen heute: Bringt ja eh nix. Sie haben resigniert und sich zurückgezogen. Aber ich bin so ein Typ, ich ver-

suche dann immer dagegen anzugehen im Rahmen meiner Möglichkeiten und gebe die Hoffnung nicht auf.

**Wie sind Sie denn konkret zur Treuhandanstalt gekommen?**
Ich habe mich beworben. Die Staatliche Plankommission, in der ich zuletzt zu DDR-Zeiten gearbeitet habe, ging am 1. Januar 1990 in das Wirtschaftskomitee über. Mir war klar, meinen Arbeitsplatz wird es nicht mehr geben. Das ist natürlich eine Existenzangst. Ich hatte Kinder und war noch keine 40, deshalb wollte ich nicht arbeitslos werden. Dann las ich in der Zeitung: Es ist eine Treuhandanstalt gegründet worden, die dafür sorgen soll, dass die DDR-Wirtschaft geordnet in die Marktwirtschaft übergeht. Da dachte ich, das wär's. Ich habe bei meinen Kollegen nachgefragt, ob sie das gesehen haben oder jemanden dort kennen. Einer kannte jemanden, der dabei war, die Treuhandanstalt zu gründen, und da habe ich dann angerufen und gesagt, dass ich gern helfen möchte. Als ich gefragt wurde, was ich bei der Treuhand machen will, habe ich sinngemäß gesagt: „Ich möchte dazu beitragen, dass die Betriebe der DDR erhalten bleiben." Ich habe dann in der Abteilung Grundsätze angefangen.

**Wofür war die Abteilung Grundsätze zuständig?**
Die Abteilung Grundsätze war – im Rückblick – immer die Keimzelle für spätere Abteilungen oder Direktorate. Zum Beispiel gab es dort eines Tages einen Mitarbeiter, der sich um die Landwirtschaft kümmern sollte. Und das war der erste Mitarbeiter des späteren Direktorats Landwirtschaft. In der Abteilung Grundsätze wurde aber auch das neue Treuhandgesetz erarbeitet, mit dem Bundesministerium der Finanzen zusammen. Ich war aber nicht eingebunden, weil ich leider kein Jurist war.

**Was haben Sie am Anfang bei der Treuhand gemacht?**
Einer meiner ersten Aufträge im April 1990 war es, in die Staatsbibliothek zu gehen und zu schauen, wie die Bundesrepublik Deutschland

mit ihren Bundesbeteiligungen umgeht. Ich wusste nicht, was eine „Bundesbeteiligung" ist. Ich habe mich aber auch nicht getraut zu fragen. Ich dachte, du gehst in die Bibliothek, dann wirst du schon sehen, was das ist. Nach drei Tagen Recherche war eine meiner Schlussfolgerungen: Wenn wir als Treuhandanstalt der DDR genauso mit unseren Betrieben (gleich Beteiligungen) verfahren, wie in der Bundesrepublik, also dem Bund Anteile an den DDR-Unternehmen geben, dann können wir hier alt werden und haben lange zu tun. Das war irgendwie beruhigend. Die Bundesrepublik hat ja heute noch Bundesbeteiligungen.

**Warum war das für Sie so beruhigend?**
Es wirkte sehr arbeitsplatzsichernd. Vor allen Dingen bin ich ein Mensch, der erst mal gern liest, sortiert und ein Konzept macht, möglichst ein langfristiges. Und erst dann fange ich an, aber so war die Arbeit in der Treuhandanstalt nicht, das war ja dann ... so schnell wie möglich.

**Was waren dann Ihre Aufgaben bei der Treuhand? Zumindest in Ihrer Anfangszeit?**
Meine Aufgabe bestand teilweise darin, Leute aus den Betrieben in Empfang zu nehmen und zu helfen. Die Direktoren und Betriebsleiter kamen früh morgens an, um ihre Betriebe nach der Umwandlungsverordnung von einem volkseigenen Betrieb oder Kombinat in eine GmbH oder Aktiengesellschaft umwandeln zu lassen. Da gab es jede Menge Dokumente, die man ausfüllen musste. Zum Beispiel musste man belegen, dass der Betriebsrat oder die Belegschaft der Geschäftsführerwahl zugestimmt hatte. Es war also sehr demokratisch. Es gab Belegschaften, die den Direktor nicht wollten, aber das gehörte dazu. Das war Demokratie und Mitbestimmung im weitesten Sinne des Wortes. Bis zum 30. Juni sind nach meiner Erinnerung etwa 3.600 Betriebe auf die Art und Weise, also händisch, umgewandelt worden. Danach wurde per Treuhandgesetz festgelegt: Ab heute seid ihr alle

automatisch GmbH oder Aktiengesellschaft und müsst diesen Prozess der eigentlichen Umwandlung und Anpassung nachholen.

**Wissen Sie noch ungefähr prozentual, wie viele Unternehmen dann schon bis zum 30. Juni 1990 privatwirtschaftlich juristisch neu aufgestellt waren? Denn insgesamt sprechen wir von ca. 12.000 Unternehmen plus 25.000 Kleinprivatisierungen.**
Das waren knapp 10 Prozent, wenn man alle Unternehmen mitrechnet. Die große Zahl der Unternehmen ist schlagartig mit dem Treuhandgesetz auf einmal AG und GmbH geworden.

**Am 9. April 1990 haben Sie mit Ihrer Arbeit begonnen. Wie war die Atmosphäre? Fiel es Ihnen leicht, sich dort einzufinden?**
Es gab einen gemeinsamen Willen, etwas zu tun, also die Ärmel hochzukrempeln. Im April waren viele wie ich in der Treuhandanstalt, die helfen wollten. Am Anfang war niemand aus der Bundesrepublik dabei, wir haben das selber gemacht. Ich erzähle eigentlich mehr oder weniger lustige Sachen im Nachhinein. Aber eigentlich war die Zeit nicht lustig, weil ich mein gewohntes Arbeitsumfeld verlassen habe. Und das größte Problem war, dass ich eine Ausbildung im Sozialismus hatte und jetzt auf einmal Kenntnisse des Kapitalismus gefragt waren.
Zum Studium gehörte die Politische Ökonomie des Kapitalismus. Ich habe Marx zwar nicht großartig studiert, aber dieses Gefühl des „doppelt freien Lohnarbeiters", der frei von Arbeits- und von Produktionsmitteln ist – ein Begriff von Marx –, der ist mir dann natürlich in den Kopf gekommen. Vieles von dem, was wir theoretisch im Studium von der Politischen Ökonomie des Kapitalismus gehört hatten, erkannten wir wieder. Arbeitslosigkeit war sozusagen das große Schreckgespenst. Einmal war ich zwei Wochen im Krankenhaus und hatte dann Angst, dass ich entlassen werde – und das war noch vor dem 30. Juni, also waren die Chefs sogar noch aus der DDR. Ich war trotzdem sehr gestresst.

Ich habe funktioniert, aber hatte keine Nerven für irgendetwas anderes, als das Überleben zu sichern, Arbeit zu haben und Geld zu verdienen. Wir hatten kein Vermögen, und ich konnte nicht auf eine Erbschaft von meinen Eltern oder Großeltern hoffen. Wir standen mit nichts nach dem Beitritt da. Viele DDR-Bürger hatten nur ihr Arbeitseinkommen, und es war schrecklich, den Arbeitsplatz zu verlieren. Diese Erfahrung haben viele gemacht, mein Mann hat auch seinen Arbeitsplatz verloren.

**Ich kann mir vorstellen, dass das alles sehr anstrengend war. Wie lief es beispielsweise ab, als die Kindergärten privatisiert werden sollten? Das muss doch eine Flut von Anträgen gegeben haben ...**
Es gab wahnsinnig viele Anträge auf Kommunalisierung von Einrichtungen der Städte und Gemeinden, darunter auch Kinderkrippen und -gärten. Und wir wollten ihnen auch diejenigen Kindergärten geben, die bei den Betrieben dranhingen, die Betriebskindergärten. Und die Kommunen haben natürlich viele Anträge gestellt, aber bei uns gab es noch kein Direktorat Kommunalisierung. Wir haben diese Anträge dann nach Ländern sortiert und zunächst statistisch erfasst. Ich habe in der Abteilung Grundsätze dann eine erste Kommunalisierung durchgespielt. Ich weiß, dass diese Kommunalisierung keinen Bestand hatte. Nach dem 1. Juli wurde sowieso alles noch mal neu gemacht.

**War das dann auch der Zeitpunkt, 1. Juli 1990, als dann zunehmend Leute aus Westdeutschland zur Treuhand kamen?**
Ja, einige wenige kamen gleich nach dem 1. Juli. Reiner Maria Gohlke gehörte dazu. Er war der erste Vorstandsvorsitzende und war nur sechs Wochen da. Und dann hat Herr Rohwedder sein Amt übernommen.

**Was war das für eine Zeit? Sie wussten dann, dass sie nun mit Leuten aus der Bundesrepublik direkt am Arbeitsplatz zu tun haben**

**werden. Hatten Sie das Gefühl, dass man trotzdem sozusagen auf Augenhöhe miteinander spricht?**
Am Anfang hatte ich nicht das Gefühl, auf Augenhöhe zu sprechen. Es ging eher darum zu schauen, was die aus dem Osten können. Sekretärinnen haben erzählt, es soll Situationen gegeben haben, da hat der Chef gesagt: „Das ist aber falsch geschrieben." Dann ist die Sekretärin mit dem Duden unterm Arm hin und hat ihrem Wessi-Chef gezeigt, wie es geschrieben wird. Es wurde sogar die Fähigkeit der Orthografie abgesprochen. Das war ein starkes Stück. Und der Ton? Da nehmen sich die Ost- und West-Chefs nichts. Es gab im Osten Chefs, die keinen ordentlichen Umgangston hatten, aber da habe ich mich immer zu wehren gewusst. Ich fühlte mich da in keiner schlechten Position. Aber nach der Wende fühlte ich mich erst mal in einer sehr schlechten, unterlegenen Position und habe mir am Anfang dreimal überlegt, ob ich den Mund aufmache. Das heißt, am Anfang, wenn jemand mich angebrüllt hat, habe ich eine halbe Stunde auf dem Klo gesessen und geheult wie ein Schlosshund. Es war schrecklich, respektlos behandelt zu werden, und wenn man nur als verfügbare Masse gesehen wurde. So nach dem Motto: „Mal gucken, was die können, aber die können ja eigentlich nichts, denn die können ja gar nichts wissen." Aber das wurde nie ausgesprochen, sondern war immer unterschwellig.

**Wie hat sich denn der zeitliche Druck auf Sie ausgewirkt, so viele Privatisierungen schaffen zu müssen?**
Das war für mich direkt nicht bemerkbar, weil ich nicht in Privatisierungsgruppen gearbeitet habe. Ich bin aus dem Bereich Grundsätze im September 1990 zur Pressestelle gewechselt, weil ich mich gefühlsmäßig überfordert fühlte, jeden Tag hinzugehen und nicht zu wissen, welche Aufgabe heute ansteht: Heute Kommunalisierung und morgen: Wie gehen wir mit den Wohnungen um? Und überfordert auch dadurch, immer gesagt zu bekommen, dass man eigentlich nicht die zündende Idee hat. Und ich habe geglaubt, dass ich im Bereich Presse- und Öffentlichkeitsarbeit eine bessere Atmosphäre finde.

**Das war dann auch so?**
Ja und nein. Aber ich möchte mich dazu nicht weiter äußern.

**Die Pressestelle hört sich jetzt auch nicht so an, dass man irgendwie am nächsten Tag frühmorgens zur Arbeit kommt und man weiß ganz genau, was einen erwartet. Weil Sie das gerade als Begründung dafür angeführt haben, warum Sie gerne wechseln wollten.**
Ja, doch. Im Prinzip war es dann ein bestimmter Rhythmus. Die Journalisten haben so ab zehn etwa angerufen, und bis 14 Uhr musste man auf ihre Fragen geantwortet haben. In der Zeit ist man ausgeschwärmt im Haus und hat die entsprechenden Privatisierungsleute nach den Fakten gefragt. Dann hat man überlegt, was man rausgeben kann. Zum Beispiel wurden die Preise natürlich nie verraten. Man hat nie gesagt, wenn es irgendwelche Konflikte gab – Pressearbeit, wie sie eben aussieht. Viele Pressemitteilungen habe ich geschrieben, zusammen mit Kolleginnen Pressekonferenzen vorbereitet. Neben der täglichen Pressearbeit habe ich auch, anfangs zusammen mit einem Kollegen aus dem Westen, Vorträge über die Arbeit der Treuhandanstalt vor Besuchern aus der ganzen Bundesrepublik gehalten und alle möglichen Fragen beantwortet. Es kamen auch Delegationen aus dem Ausland. Die russischsprachigen habe ich dann übernommen.

**Wie sind Sie damit umgegangen, wenn die Treuhand von Demonstranten belagert wurde, also in Ausnahmesituationen?**
Wenn eine große Demo vor dem Haus stattfand, hatten wir Leute, die dafür gesorgt haben, dass von den vielen Demonstranten nicht alle ins Haus kommen. Ich erinnere mich an eine Geschichte, da musste ich auch runter und die Leute beruhigen. Aber das waren ja keine Schlägertypen, nur aufgebrachte Leute, die Angst um ihren Arbeitsplatz hatten, und diese Angst kannte ich auch. Ich war auf ihrer Seite und im Grunde genommen war ich immer traurig, wenn einer dieser Betriebe geschlossen wurde.

**Was haben Sie denn gemacht, wenn Sie runtergehen und die Leute beruhigen mussten?**
Ich habe gesagt, dass ich weiß, dass sie aufgeregt sind, und habe ihnen gut zugeredet. Manchmal wurde man auch angebrüllt, aber vorne standen meistens die Leute, die rein wollten oder der Betriebsratsvorsitzende. Dann habe ich ihnen angeboten, dass einige von ihnen, etwa 50, rein können und wir alles besprechen. Aber dass sie dafür sorgen müssen, dass die anderen draußen stehen bleiben.

**Hatten Sie dabei manchmal auch ein bisschen Angst?**
Nein, ich habe keine Angst gehabt. Ich habe zwar Angst vor Situationen oder in Situationen, aber nicht vor Menschen. Klar, wenn mir einer mit einer Keule gegenübersteht, dann schon, aber es waren Leute, bei denen ich verstand, warum sie da stehen. Ich habe verstanden, dass sie Fragen haben. Im Grunde genommen ist es mir immer gelungen, die Leute reinzuholen und für Ruhe zu sorgen.
Es gab eine Situation, die ist auch schon mehrfach erzählt worden. Da ging es um das Kaliwerk Bischofferode, und auch da hatte ich keine Angst. Aber da bin ich nicht aus dem Haus rausgekommen, weil die Kalikumpel aus Bischofferode die Eingänge und die Kreuzung blockiert hatten. Von uns ist keiner zu Schaden gekommen. Und ich fand, sie hatten recht. Damit sage ich jetzt vielleicht etwas, was nicht gern gehört wird, aber ich bin dieser Überzeugung, obwohl ich es nicht belegen kann, weil ich das nicht mit privatisiert habe und keine Details kenne. Aber ich weiß, dass der Kaliflöz unter der Grenze weiterläuft, dass bestimmte Werke übernommen wurden und dass Kalisalz ein wunderbares Produkt auf dem Weltmarkt ist. Außerdem weiß ich, dass es einen Bewerber für Bischofferode gab. Ich will nicht einsehen, dass man das nicht hätte verkaufen können. Vielleicht hatte der eigentliche Übernehmer von Kali Bedenken und wollte das nicht aus Konkurrenzgründen. Marktwirtschaft ist Konkurrenz. Ich kann es aber nicht beweisen, sondern nur meine Zweifel sagen. Aber damit bin ich wahrscheinlich nicht allein.

**Die bundesdeutsche Wirtschaft hatte ja damals auch nur eine Auslastung von 70 Prozent, es herrschte eine hohe Arbeitslosigkeit. Jeder wusste auch, dass die Bundesrepublik ganz locker all das, was die DDR brauchte, wirtschaftlich hätte stemmen können. Es brauchte keinen einzigen ostdeutschen Betrieb. Ist das damals auch ein Stück innerhalb Ihres Hauses, innerhalb der Treuhand kommuniziert worden?**

Ja, das wurde teilweise so dargestellt und war uns bekannt. Aber die ostdeutschen Unternehmen aus ganz bestimmten Branchen konnten in ihrer Mehrzahl gut verkauft werden, da gab es also offensichtlich dennoch Bedarf. Und dann gab es auch viele Politikerreden. Und wenn man es ernst genommen hat, was sie gesagt haben, dann sollten für die ostdeutschen Betriebe Käufer gefunden werden. Letztendlich zeigen die gelungenen Privatisierungen aus allen Branchen, dass die Käufer, also die Investoren, sich vorstellen konnten, mit dem Erwerb der ostdeutschen Unternehmen erfolgreich am Markt zu sein.

**Haben Sie mit Herrn Rohwedder auch mal was zu tun gehabt, oder haben Sie ihn ein Stück wahrnehmen können? Was war Dr. Detlev Rohwedder aus Ihrer Sicht für ein Mensch?**

Also zwei, drei Mal bin ich ihm über den Weg gelaufen. Einmal bin ich als Mitarbeiterin der Pressestelle zu einem Gespräch geschickt worden, das Herr Rohwedder mit einem Wirtschaftsunternehmen geführt hat. Das muss irgendwie im Herbst 1990 gewesen sein. Und einmal hat er mich auf dem Flur irgendwas gefragt, irgendwas Belangloses, aber für mich war das „Herzklopfen kostenlos". Aber ich fand ihn in den wenigen Momenten sympathisch. Am 3. Oktober 1990 hatte er zum Empfang eingeladen, ausdrücklich auch die Ostdeutschen aus der Treuhandanstalt. Wir haben zu diesem Zeitpunkt am Alexanderplatz gesessen, gegenüber dem Hotel Stadt Berlin. Es war der Tag der Einheit, und er hat eine Rede gehalten, vielleicht gibt es sie noch in irgendwelchen Archiven. Mir ist der Ton dieser Rede in Erinnerung geblieben: Er hat uns Ostdeutschen irgendwie gut zugeredet. Nach dem Motto: Er weiß, dass wir eine schwere Zeit durchleben, aber es wird gut werden. Das ist das, was bei mir hängen geblieben ist. Er hat keine Sonntagsrede von blühenden Landschaften gehalten wie alle anderen im Fernsehen, sondern er hat versucht, seinen ostdeutschen Mitarbeitern zu sagen: „Auch wenn es jetzt schwierig ist, haltet durch und es wird besser werden." Das fand ich toll, und das ist mir hängen geblieben.

Später war ich bei einem Gespräch zwischen Herr Rohwedder und den Wirtschaftsattachés der Botschaften dabei. Er hat erklärt, was er tut und wie das abläuft, und wurde dann zu den ostdeutschen Mitarbeitern befragt, nach dem Motto: „Die sind ja alle Stasi und sind ja alle Partei. Können Sie denn mit denen arbeiten?" Also sinngemäß abfällig. Herr Rohwedder sagte dann: „Die Arbeiten wie die Kümmeltürken, die geben sich viel Mühe, und wenn sie gut arbeiten, dürfen sie bleiben." Das war für mich die wichtigste Information aus dem Gespräch, und ich habe das brühwarm meinen ostdeutschen Kollegen erzählt. Denn wir haben in der Zeit erlebt, dass wir früh morgens ins Büro kommen und wieder jemand packen und gehen musste.

In vielen Fällen war das ein IM. Später waren es auch höhere Parteifunktionäre. Es gab dann zwei Ombudsbeauftragte, zwei alte Männer, und die haben den Begriff der „objektiven Kompromittierung" erfunden. Damals habe ich gedacht, vom Alter her hätten die auch noch die Nachkriegszeit erlebt haben müssen. Wie sind sie damals wohl mit den Nazitätern umgegangen? Haben sie auch jeden, der bei der Gestapo war, weggejagt? Haben sie jeden, der bei der NSDAP irgendein wichtiges Amt hatte, nicht mitspielen lassen? Haben sie jeden, der „objektiv kompromittiert" war – was heißt denn das überhaupt – nicht arbeiten lassen? Ich fand das ungerecht.

Es gab diese Evaluationen, nicht nur in der Treuhandanstalt, sondern in Ostdeutschland. Die ganzen klugen Köpfe der DDR wurden wegevaluiert, Professoren an der Humboldt-Uni und an der Charité sind gegangen worden. Einer ist in den USA mit Kusshand genommen worden, ein anderer ist in Rostock gelandet. Es waren keine schlechten Wissenschaftler, aber es mussten Plätze für die vielen Wissenschaftler aus Westdeutschland freigeschaufelt werden, die endlich auch eine Professur haben wollten.

**Aber dafür war die Treuhand nicht zuständig, oder?**
Nein, aber das hat natürlich stimmungsmäßig auch eine Rolle bei uns gespielt.

**Aber ist das nicht auch eine Zeit gewesen, in der erst mal viele alte Generaldirektoren der Kombinate dann Vorstandsvorsitzende oder Geschäftsführer wurden?**
Das wurden sie erst mal automatisch durch das neue Treuhandgesetz.

**Richtig. Nun ist es ja auch eine turbulente Zeit gewesen, und es war wirklich deutlich Gefahr im Verzug, was die Arbeitsplätze angeht. Aber war es denn vielleicht auch eine Zeit der Denunziationen? Das heißt, dass man sich natürlich möglicherweise auch gerne der Chefs entledigt hat, die man einfach gerne loswerden wollte.**
Ich kenne das nur vom Erzählen. Sicherlich ist auf die Art und Weise auch mal jemand rausgeschmissen oder hinauskomplimentiert worden.

**Sie haben vorhin erzählt, Sie kamen damals frühmorgens und tauschten sich erst mal über Kündigungen aus. Hat man da innerhalb der ostdeutschen Belegschaft zum Teil auch das Gefühl gehabt, man wird als Ostdeutscher entledigt, auch wenn man nichts mit der SED zu tun hatte?**
Also ich gehe davon aus, dass die, die entlassen wurden, in der Mehrzahl tatsächlich IMs gewesen sind. Aber ob man das hätte tun müssen? Man hat die Kollegen, die gehen mussten, irgendwo auch bedauert und gedacht: Was denken die sich noch für Kategorien aus, die bestimmen, wer gehen muss, wie dieses „objektiv kompromittiert".

**Wie war das für Sie persönlich?**
Ich war SED-Mitglied. Ich war kein Mitläufer. Ich hatte auch meine Funktion in der Parteigruppe, war GO-Sekretär und so. Davon gab es zwar viele. Aber ich wusste nicht, wie weit es geht. Das hat mich verunsichert.

**Haben Sie Familie, Freunden, Verwandten erzählt, dass Sie bei der Treuhand arbeiten?**
Mein Mann wusste natürlich, wo ich arbeite, und meine Kinder waren eher mit den Veränderungen an ihrer Schule beschäftigt. Es hat sie aber damals nicht berührt. Meine Eltern haben es gewusst und mit Stirnrunzeln zur Kenntnis genommen. Aber durch ihre Lebenserfahrung fanden sie es auch gut, dass ich einen Arbeitsplatz habe. Ich habe es mir jedenfalls nicht angeheftet, dass ich in der Treuhandanstalt arbeite. Und wenn ich wirklich mal gefragt wurde, dann habe ich gesagt: „Ich arbeite an der Humboldt-Universität." Da habe ich zwar nicht gearbeitet, aber ich hatte dort 1990 ein Studium begonnen. Ein Abendstudium.

**Was haben Sie studiert?**
Jura, was ich eigentlich immer wollte. Ich habe am 2. Oktober 1990 damit begonnen. 1997 habe ich das erste Staatsexamen abgelegt und bin mächtig stolz darauf. Und dieses Studium hat mir von Anfang an unheimlich geholfen, zu verstehen, was wir in der Treuhandanstalt, auch von den rechtlichen Rahmenbedingungen her, gemacht haben.

**Sie haben ja dann innerhalb der Treuhand noch mal gewechselt und sind dann zum Direktorat Beziehungen zum Bund.**
… und der EU, unter der Leitung von Herrn Dr. Vehse.

**Wie kam es zu dem zweiten Wechsel von der Öffentlichkeitsarbeit zu der anderen Abteilung?**
Da hat mir Herr Schöde geholfen, einer der Chefs der Pressestelle. Er sagte mir, dass Herr Dr. Vehse jemanden suche, der gründlich arbeiten kann. Und dass er gesehen hätte, dass ich in der Abteilung nicht ganz glücklich sei.

**Hat er damit recht gehabt?**
Jein. Ich hatte mich dareingefunden. Aber es gab da zwei unschöne Ereignisse. Man wollte mich verklagen, weil ich angeblich etwas Geschäftsschädigendes gesagt hätte. Einmal ging es um die DEFA-Privatisierung. Da hat mir dann jemand aus dem Direktorat von Herrn Dr. Sinnecker geholfen. Das war Herr Dr. Zetsche. Er meinte, dass ich es wohl nicht gesagt hätte, aber man könne es nicht beweisen. Seine Idee war dann, dass ich die Person treffe, wir miteinander reden und dann klar wird, dass es keinen Sinn macht zu klagen.
Und das zweite Mal hätte ich angeblich etwas zu einer Baufirma in Leipzig gesagt, wir hatten uns die Branchen in der Pressestelle aufgeteilt. Und nach ein paar Tagen ist mir eingefallen, dass ich zu dem fraglichen Zeitpunkt nicht im Hause war und es schon deshalb nicht gesagt haben konnte. Dann ist auch nicht mehr geklagt worden.

**Und danach haben Sie dann das Direktorat gewechselt. War das eine gute Entscheidung für Sie?**
Herr Schöde hat mir damit in vielerlei Hinsicht einen Gefallen getan: a) Ich hatte tatsächlich mehr Zeit, um mich mit Dingen zu beschäftigen und zu analysieren, wie die Privatisierung gelaufen ist und wie man das vernünftig, so, dass es auch jemand Außenstehender versteht, darlegen kann. Wir haben Berichte fürs BMF oder fürs Wirtschaftsministerium oder Treuhand-Ausschüsse geschrieben. Und b) war das aus heutiger Sicht ein Gefallen – das konnte damals keiner vorhersehen –, denn es war für mich ein Sprungbrett ins Bundesministerium der Finanzen. Mein späterer Arbeitsplatz.

**Sie sind dann zum Jahresbeginn 1995 zur Bundesanstalt für vereinigungsbedingte Sonderaufgaben (BvS) gegangen. Was haben Sie dort gemacht?**

Ich war weiterhin in einem Direktorat für Beziehungen zum Bund, es hat sich nicht viel geändert. Eigentlich war das ein nahtloser Übergang für mich.

Im Jahr 2000 war die BvS beendet, ich bin von einer Beschäftigungsgesellschaft übernommen worden und habe bei der Kreditanstalt für Wiederaufbau (KfW) gearbeitet. Das war die Zeit, nachdem ich betriebsbedingt gekündigt worden war. Damals war ich 50, also noch viel zu früh, um arbeitslos zu werden. Deshalb habe ich dann „wie ein Weltmeister" Bewerbungen an das BMF geschrieben, weil ich dachte, dass ich dort eine Chance haben könnte. Denn durch meine Zuarbeiten aus dem Direktorat „Beziehungen zum Bund" kannte man mich. Natürlich hat – davon gehe ich aus – auch eine Rolle gespielt, dass ich mittlerweile im Abendstudium dieses Jurastudium absolviert hatte.

**Viele empfanden ihre Anfangszeit bei der Treuhand als ein Stück Aufbruch. Gucken, wie man das hinbekommt, so eine Volkswirtschaft zu privatisieren. Zunehmend stand die Treuhand dann unter Beschuss. Hat das für Sie, für Ihre Arbeit Auswirkungen gehabt? Haben Sie hinterfragt, was Sie dort machen? Wie haben Sie sich dabei gefühlt, dass das Bild im öffentlichen Raum der Treuhand so schlecht war?**

Es hat sich auf die Seele gelegt. Ich bin von vielen ausländischen Delegationen gefragt worden, gerade aus Osteuropa, wie ich mich fühle. Und da habe ich gesagt: „Mein Herz weint, mein Kopf sagt, es muss sein." Es hat mir furchtbar weh getan. Das, wofür ich gelebt und gearbeitet habe, ist „den Bach runtergegangen". Nicht meine einzelnen Handlungen haben sich als falsch erwiesen, sondern es war der falsche Weg. Das ist offensichtlich, wenn man es historisch betrachtet. In der Philosophie sagt man: „Das Kriterium der Wahrheit ist die Praxis." Das wurde immer gerne zitiert. Und es war einfach so, dass die DDR volkswirtschaftlich aus verschiedensten Gründen nicht mithalten konnte. Sie hat in diesem Wettbewerb der Systeme nicht mithalten können. Da gibt es viele Gründe, die wir in diesem einen Gespräch nicht alle analysieren können. Aber es war so, und deswegen gingen die Leute auch auf die Straße. „Keine Experimente!" war damals eine große Losung. Aber ich sag mal, die Treuhandanstalt war das größte Experiment, das dieses Land nach 45 erlebt hat, da bin ich überzeugt. So ein Experiment hat sich keiner gewünscht, weil so viele Leute ihren Arbeitsplatz verloren haben.

Aber viele haben vielleicht gedacht, der Betrieb geht in die Marktwirtschaft über, es bleibt alles beim Alten. Nur, dass sie ihren Lohn in Westmark kriegen. Sie haben nicht überblickt, dass das alte Wirtschaftssystem nicht überdauern wird und damit eben auch die Betriebe infrage gestellt sind. Manchmal habe ich mich gefragt, warum die Leute keine Angst hatten. Sie haben doch auch alle Westfernsehen geguckt. Haben sie nicht gewusst, dass es da Arbeitslosigkeit gibt? Also ich hatte zumindest Angst vor Arbeitslosigkeit. Aber vielleicht war der Wunsch, jetzt auch mal die Welt zu sehen, damals für viele größer. Jedenfalls für den Moment. Ich bin eben eher ein langfristiger Planer, der in die Zukunft guckt. Und ich bin auch ein Katastrophendenker.

**Aber im Prozess der Wiedervereinigung oder im Prozess der Diskussion um die Einführung der D-Mark gab es damals auch genügend Leute, die öffentlich gesagt haben, dass das die DDR-Wirtschaft in die Knie zwingen würde. Aber gut, vielleicht wollten es die Leute auch nicht hören.**

Die waren so euphorisch.

**Wie schauen Sie denn mit historischem Abstand auch auf diese Zeit und Ihre Tätigkeit bei der Treuhand? Wie ist zum Beispiel auch Ihre Sicht auf die Diskussion, was „Turboprivatisierung" oder**

„Nichtturboprivatisierung" angeht? Wie wichtig war diese Zeit für Sie persönlich, und inwieweit hat Sie das auch möglicherweise geprägt?

Also, ich gehöre zu denen, die sagen: Hinterher ist man immer klüger. Damals waren wir alle im Hamsterrad, ein Zwölf-Stunden-Tag war nichts Besonderes. Aus heutiger Sicht denke ich, dass wir als Bundesrepublik eine große Chance verpasst haben. Wir stünden heute besser da, wir wären heute besser vorbereitet auf den technologischen Wandel, den Klimawandel usw. Da kommt wieder mein Langfristplaner durch und mein Prognosedenken. Es gibt Situationen, in denen man viel Geld in die Hand nehmen muss, um die Wirtschaftsstruktur eines ganzen Landes umzukrempeln. Aber es gab kein volkswirtschaftliches Konzept, in welche Richtung das gehen sollte.

Die Investoren sollten kommen und Ideen mitbringen. Damals haben die meisten Investoren geschaut: Kann ich diesen Betrieb für die Dinge, die ich heute mache, gebrauchen? Kapazitäten erweitern oder Kapazitäten ergänzen? Betriebswirtschaftliche Überlegungen standen im Vordergrund. Und es gab kein – mein Lieblingsthema – volkswirtschaftliches Konzept. Das Kanzleramt oder, unter der Leitung des Kanzleramtes, wenigstens Wirtschaftsministerium, Finanzministerium, Verkehrsministerium hätten das machen müssen, um eine Lösung für die Frage zu finden, wie diese historische Chance genutzt werden könnte. Wie nutzen wir diese historische Chance, als Bundesrepublik insgesamt einen Schritt nach vorne zu gehen und die Ressourcen Ostdeutschlands bestmöglich zu nutzen? Der Klimawandel war damals schon ein Begriff. Umwelttechnologien, Biotechnologie, Medizintechnik, Mikroelektronik, Weltraumforschung – das waren alles Themen, die man hätte angehen können. Was ich sagen will: Wenn man schon jeden Betrieb „in die Hand nimmt" und mit Geld ausrüstet, hätte mehr in dieser Richtung saniert werden müssen. Herr Rohwedder hätte vielleicht mehr für die Sanierung getan. Mit mehr Zeit, und ich sage auch mit mehr Geld, hätte man die Chance des Umkrempelns nutzen müssen, um mehr für den technologischen und ökologischen Fortschritt in der gesamten Bundesrepublik zu machen.

Viele Menschen in Ostdeutschland waren bereit, einen neuen Weg zu beschreiten. Und die Arbeitnehmer waren gut ausgebildet, es gab viele gute Facharbeiter, es gab viele Ingenieure. Aber durch die Zielstellung, vor allem schnell zu privatisieren, blieb zu wenig Zeit, die Unternehmen auf die neuen Technologien und Produkte auszurichten. Betriebe wurden geschlossen, das Potenzial der Fachkräfte nicht genutzt. Menschen wurden in die Arbeitslosigkeit geschickt. Und das, was übrig geblieben ist, zum Beispiel in Dresden die Mikroelektronik, zeigt, man hätte viel mehr machen können. Ich habe dieser Tage in der Zeitung von einem Betrieb gelesen, der irgendwelche sehr kleinteiligen Chips hergestellt hatte. Es wurde aber entschieden, dass wir die nicht brauchen. Der Betrieb wurde in die Liquidation geschickt. Aber heute hängen wir von Lieferungen genau solcher Teile aus Taiwan und Südkorea ab. Das ist doch schade. Das war doch eine Chance. Da waren Leute, die haben was entwickelt, und da hätte man was draus machen können.

Wir hätten auch viel mehr Geld gebraucht, um die Unternehmen zu sanieren. Die Treuhandanstalt hat bis Ende 1994 etwa 22 Milliarden Euro für die ökologische Sanierung der Unternehmen aufgewendet und etwa 80 Milliarden Euro für die unternehmerisch-finanzielle Sanierung. Zu Letzterer gehörten z. B. Investitionszuschüsse, Zweckzuwendungen für Sozialpläne, Eigenkapitalbeiträge. Frau Breuel nannte einmal einen Betrag von insgesamt 230 Milliarden DM (etwa 115 Milliarden Euro), den die Treuhand investiert habe.

Zum Vergleich: Dieser „Doppelwumms" von Kanzler Scholz, der jetzt gerade in aller Munde ist, d. h. die staatliche Unterstützung der Energieversorgung und die sogenannten Energiepreisbremsen, kostet 200 Milliarden Euro.

Die Pandemiehilfen des Bundes beinhalteten u. a. ein als „Wumms" bezeichnetes Konjunkturprogramm in Höhe von 130 Milliarden Euro. Oder: Die Gesamtsumme der staatlichen Förderung für die Steinkohleindustrie der Bundesrepublik Deutschland, also nur für diese eine Branche, betrug mehr als 200 Milliarden Euro. Also einerseits lag es an der schmalen Kasse und andererseits an zu wenig Zeit, dass nicht mehr aus der Arbeit der Treuhandanstalt geworden ist. Die Treuhand wurde knappgehalten.

Ich habe den Delegationen immer erzählt, dass es gar nicht so viel Geld vom Staat braucht, wenn die Investoren für die Betriebe bezahlen würden. Wir hätten uns die Investoren aus der ganzen Welt holen können, und die hätten dann ihr Geld und ihr Know-how mitgebracht. Aber de facto gingen 85 Prozent der Privatisierungen an westdeutsche Unternehmen, und es war dadurch nur die Wirtschaftskraft der westdeutschen Industrie in die Transformation der ostdeutschen Wirtschaft einbezogen. Mit mehr Zeit hätten wir vielleicht auch mehr Ausländer begeistern können. Und wofür der Zeitfaktor auch eine Rolle gespielt hat: Nur 5 Prozent der Privatisierungen sind bis 1994 an Ostdeutsche gegangen. Und zwar nicht mal alle als reine ostdeutsche Privatisierungen, sondern auch in Form von MBI, Management-Buy-in. Da gab es also den Ostdeutschen mit einem Westdeutschen oder mit mehreren, die haben sich zusammengetan. Ein schönes Beispiel ist hier die Sektproduktion Rotkäppchen.

**Wie viele MBIs gab es denn? Und weshalb wurde das gemacht?**
Es gab um die 1.000 MBIs, glaube ich, bis 1994. Die Finanzierung war ein Problem. Woher sollten denn die Ostdeutschen das Geld nehmen? Es musste bei der Bank ein Kredit aufgenommen werden. Woher sollte denn der Ostdeutsche Mittel haben, also Vermögen, um den Kredit zu besichern? Das hatte fast keiner. Das Know-how war ein weiteres Problem. Woher sollte sich dann der Ostdeutsche in kurzer Zeit das Wissen erarbeiten, das er braucht, um einen Betrieb zu kaufen und zu führen? Durch die schnelle Privatisierung ist auch den willigen Ostdeutschen die Chance genommen worden, Eigentümer zu werden. In der kleinen Privatisierung hat das ein wenig besser geklappt.

**War es insgesamt eher eine gute und geschätzte oder nicht geschätzte Zeit für Sie bei der Treuhand und der BvS?**

Auf jeden Fall war es ein harter Einschnitt, und es war ein Karrierebruch, denn ich musste ganz von vorne anfangen. Ich hatte gerade promoviert und musste aufs Neue beweisen, dass ich noch rechnen und schreiben kann. Ich habe es manchmal so allgemein formuliert: Die Ostdeutschen mussten beweisen, dass sie schon von den Bäumen runter waren und mit Messer und Gabel essen konnten. (Das ist aber jetzt sehr, sehr hart).

**Gab es denn auch positive Lehren daraus im Nachhinein? Das klingt alles sehr negativ.**

Natürlich war positiv, dass ich überhaupt die Chance hatte, ohne einen Tag Arbeitslosigkeit weiterzuarbeiten und unheimlich viel dazuzulernen. Und da bin ich übrigens nicht alleine unter den Ostdeutschen. Es hat sich daraus ein Stolz entwickelt, sozusagen in zwei verschiedenen Gesellschaftsordnungen bestanden zu haben und sich in beiden zurechtgefunden zu haben. Man hat in beiden seinen Mann oder seine Frau gestanden. Ich habe die Marktwirtschaft kennengelernt, Jura studiert – etwas, wozu ich zu DDR-Zeiten nie die Chance gehabt hätte.

**Was aber Ihr großer Wunsch war ...**

Was immer mein großer Wunsch war. Und ich habe mit diesen juristischen Kenntnissen, mit jedem „kleinen Schein" und „großen Schein", den ich gemacht habe, was anfangen können. Meine Sicht auf die Dinge hat sich erweitert. Unterm Strich würde ich sagen: Ende gut, alles gut. Aber es hat Kraft gekostet.

# Wolf Klinz

*„Es gibt Bibliotheken, die sind voll davon, wie Sie eine freie Marktwirtschaft in eine Planwirtschaft umwandeln. Umgekehrt gibt es so gut wie gar keine Anleitungen, wie Sie eine zentrale Planwirtschaft in private Hände überführen."*

> Dr. Wolf Klinz ist 1941 in Wien geboren und hat Wirtschaftswissenschaften in Paris, Wien, Madrid und Berlin studiert. Von November 1990 bis Ende 1994 war er im Vorstand der Treuhandanstalt für den Unternehmensbereich U4 zuständig. Dieser beinhaltete u.a. die Sektoren Chemie, Pharma, Elektrotechnik/Elektronik, später auch die 15 Niederlassungen. Optik/Keramik/Feinmechanik, Fahrzeugbau und die Abwicklung. Von 2004 bis 2014 und von 2017 bis 2019 war Klinz Abgeordneter des Europäischen Parlaments.

**Herr Dr. Klinz, Ihr Vater stammte aus Halle, aber Sie sind nicht in Ostdeutschland aufgewachsen. Waren Sie trotzdem mal dort oder haben familiäre Verbindungen gepflegt?**

Vor meinem Abitur bin ich nur einmal in die DDR gekommen. Nämlich zur Beerdigung meiner Großmutter väterlicherseits. Das war vielleicht Ende der fünfziger Jahre. Da habe ich auch meine Tante kennengelernt, die ältere Schwester meines Vaters, und ihren Sohn, also meinen leiblichen Cousin, mit dem ich später auch in der Treuhandzeit ein bisschen Kontakt hatte. Das war ein ganz smarter, unternehmerischer Typ. Damals habe ich gedacht, ich müsste eigentlich öfter mal in die DDR fahren, um Land und Leute besser kennenzulernen. Das habe ich dann aber erst später verwirklichen können.

**Sie sind jemand, der auch schon ein bisschen kosmopolitisch groß geworden ist. Der sich interessiert hat für andere Länder, für andere Kulturen. Wie kam es dann bei Ihnen zur beruflichen Findung?**
Ich bin sehr früh darauf gekommen, dass die Wirtschaft, vor allem die internationale, für mich interessant sein könnte. Deshalb entschloss ich mich, an der Hochschule für Welthandel in meiner Geburtsstadt Wien zu studieren. Die damalige Hochschule für Welthandel, heutige Wirtschaftsuniversität Wien, war ein Institut, das sehr praxisnah unterrichtet hat und Vorlesungen und Prüfungen nicht nur in den klassischen Fächern Betriebs- und Volkswirtschaft, sondern auch in Wirtschaftsgeschichte, Geografie, Technologie und zwei Fremdsprachen vorschrieb. Ich habe mein erstes Semester allerdings nicht in Wien gemacht, sondern in Paris, weil ich mein Abitur noch zu Ostern abgelegt habe, das Studium in Wien allerdings erst im Herbst begann. Paris habe ich nicht zuletzt gewählt, um meine französischen Sprachkenntnisse nach meiner altsprachlichen Gymnasialzeit zu verbessern. Nach meiner Promotion habe ich noch den Master of Business Administration am INSEAD in Fontainebleau nahe Paris erworben. Das war auch ein gutes zusätzliches Rüstzeug, um dann international aktiv zu werden.

**Mich würde mal interessieren in der Zeit der siebziger, achtziger Jahre, als Sie in der Welt unterwegs waren, in London, Paris, in der Schweiz, was weiß ich wo überall: Gab es denn da auch noch Kontakte zur DDR?**
Ich war öfter mal in der DDR, als ich bei Volkswagen in Wolfsburg arbeitete, bevor ich nach Amerika ging. Da bin ich mit meinem Käfer in die DDR gefahren. Und zwar habe ich das mit meinem österreichischen Pass gemacht. Ich bin ja Doppelbürger durch meine öster-

reichische Mutter. Dann bin ich nach Halle, Dresden und Leipzig gefahren und habe mir verschiedene Kulturereignisse angeschaut, rein privat. Freitagnachmittag bin ich losgefahren, Sonntagabend kam ich zurück.

Einmal im Frühjahr 1963 bin ich an die Hochschule für Politische Ökonomie in Berlin-Karlshorst gegangen. Ich wollte wissen, wie dort Volkswirtschaftslehre unterrichtet wurde. Ich wusste natürlich, dass es in der DDR eine zentrale Planwirtschaft gab, aber ich wollte erfahren, wie diese Wirtschaftsform theoretisch legitimiert wurde. Ein Mitarbeiter des Hauses merkte schnell, dass ich nicht aus dem Osten kam, vielleicht fiel ihm meine Brille auf oder meine Klamotten. Genau kann ich es nicht sagen. Jedenfalls, als ich in der Kantine anstand, um mir ein Getränk zu bestellen, tippte mir jemand auf die Schulter und sagte: „Wer sind Sie? Kommen Sie mal mit." Im Rektoratszimmer wurde ich des Hausfriedensbruchs bezichtigt und mir deutlich gemacht, dass ich gegen Gesetze der DDR verstoßen hätte, was mit Arrest zu bestrafen sei. Die Diskussion wurde ziemlich heftig. Schließlich habe ich meinen österreichischen Pass rausgezogen und gesagt: „Ich verstehe gar nicht, was Sie haben. Ich bin Staatsbürger eines neutralen Staates, bei uns ist es üblich, dass jeder in eine Hochschule gehen kann, ob er eingeschrieben ist oder nicht."

**Sagen Sie mir, wie haben Sie denn die Zeit der friedlichen Revolution und den Mauerfall erlebt?**

Ende der achtziger Jahre lebte ich mit meiner Familie noch in der Schweiz, wo ich Vorstandsmitglied des internationalen Konzerns Landis & Gyr war. Die Montagsdemonstrationen fanden regelmäßig in Leipzig statt, und meine Frau und ich haben gemerkt, dass es in der DDR zu gären anfing. Das war für uns natürlich eine sehr aufregende Zeit. Wann immer Berichte im Fernsehen kamen, haben wir sie uns angeschaut und die Entwicklung mit großem Interesse und auch mit viel Emotionen verfolgt. Und als es dann weiterging, haben wir auch gezittert und gebebt. Vor allem hofften wir, dass nicht wieder, wie 1953, Militär eingesetzt würde. Was da passierte, hat uns total angesprochen. Das lag auch an meinem Elternhaus, denn mit meinem Vater habe ich als knapp Zwölfjähriger die Berichte von den Ereignissen am 17. Juni 1953 in der Berliner Stalinallee, der heutigen Frankfurter Allee, und den anderen Städten in der DDR am Radio verfolgt. Damals waren zum Schluss an die eine Million Menschen auf den Straßen.

**Was war die Ansicht Ihres Vaters damals?**
Der hat immer gesagt: „Junge, wir Deutsche haben zwar viel Schändliches begangen in unserer Geschichte" – nicht zuletzt deswegen habe ich ja auch Hebräisch gelernt, denn so ein gewisses Schuld- und Schamgefühl verspüre ich seit meiner Kindheit –, „aber dass wir als Land in drei Teile geteilt werden, ist nicht in Ordnung." Das habe ich schon verinnerlicht und habe immer an das Ziel einer friedlichen Wiedervereinigung mit der DDR ohne die verlorenen Ostgebiete geglaubt.

**Wie sind Sie denn dann konkret zur Treuhand gekommen?**
Ich habe Ende der achtziger Jahre meine Fühler ausgestreckt, weil ich fest davon ausging, dass Landis & Gyr früher oder später von seinem letzten persönlichen Eigentümer, dem Schweizer Investor Stephan Schmidheiny, verkauft würde. Dann kam einer der Kontakte, der berufsmäßig Führungskräfte vermittelt, auf mich zu und fragte mich, ob ich mir vorstellen könne, in einer Staatsholding zu arbeiten, die die DDR-Regierung unter Modrow für die Verwaltung und den Verkauf der Staatsbetriebe gründen wolle. Diese Holding mit Namen Treuhandanstalt solle aus einer Reihe von Branchenholdings bestehen, zum Beispiel Schwerindustrie, Leichtindustrie, Dienstleistung und so weiter. Das seien alles Aktiengesellschaften, die Hunderte von Kombinaten und VEBs kontrollieren. Irgendwann sollen alle in Privatbesitz überführt werden. Er wolle mich für die Leitung einer dieser

Branchenholdings gewinnen. Mit meiner Erfahrung sei ich genau der Richtige.

Die Zeit verging, und die Entwicklung ging auch schnell voran. Aus dem Konzept dieser Superholding mit Branchenholdings wurde nichts, weil Herr Rohwedder als Präsident des Verwaltungsrats und Herr Gohlke als Vorsitzender der Treuhandanstalt völlig unterschiedliche Vorstellungen davon hatten, wie die Privatisierung der Staatsunternehmen der DDR in der Praxis durchgeführt werden sollte. Sehr schnell hat Herr Gohlke das Handtuch geworfen und Herr Rohwedder, ein unternehmerischer Macher, hat dann selber als Präsident den Vorsitz der Treuhandanstalt übernommen.

Die Branchenholdings waren ihm zu umständlich, „viel zu viel organisatorischer Klimbim", und im Übrigen erinnerten sie ihn zu sehr an die Strukturen in der DDR, wo es ja Ministerien gab für Schwerindustrie, Leichtindustrie usw. Er wollte das beenden und anders machen.

**Gab es auch ein professionelles Argument dagegen?**

Ich glaube, Rohwedder wollte, dass das Ganze aus einem Guss ist und dass sich nicht zu viele Partikularinteressen entwickeln. Eine Branchen-AG, eine Aktiengesellschaft, muss wieder einen eigenen Aufsichtsrat haben. Der wahrscheinlich noch mitbestimmend sein würde. Das konnte natürlich sehr schwerfällig sein und das zügige Abarbeiten der Privatisierungsagenda behindern. Insofern sprach schon vieles dafür, einen anderen Ansatz zu wählen.

Rohwedder und ich haben uns nach kurzem Zuruf in seinem Privathaus in Düsseldorf getroffen, um meine mögliche Mitarbeit bei der Treuhand zu besprechen. Wir stellten schnell fest, dass wir ganz gut miteinander konnten. Und dann hat er gesagt: „Wissen Sie was, ich habe nicht viel Zeit. Heute ist Sonntag, spätestens bis Freitag nächster Woche möchte ich von Ihnen wissen: Machen Sie es, oder machen Sie es nicht, okay?" Noch am gleichen Tag nach meinem Rückflug von Düsseldorf nach Zürich habe ich zugesagt.

**Wofür waren Sie in der Treuhand genau zuständig?**
Ich sollte zuständig sein für die sogenannte Beteiligungsverwaltung. Noch bevor ich am 1. November 1990 offiziell angefangen habe, hatten wir eine Sitzung in Berlin mit den gewählten Aufsichtsratsvorsitzenden von 450 Unternehmen, großen Aktiengesellschaften oder GmbHs. Ich sollte das Beteiligungscontrolling für alle diese Unternehmen leiten, und daher war es meine Aufgabe, die Damen und Herren in meiner Ansprache auf ihre Aufgabe einzuschwören und die große Verantwortung zu unterstreichen, die sie für die Führung und vor allem für die schnelle Privatisierung der Unternehmen übernommen hätten.

Als ich im November 1990 offiziell als Vorstandsmitglied der Treuhandanstalt anfing, war Herr Gohlke bereits ausgeschieden und Rohwedder Präsident. Es gab noch einen stellvertretenden Vorsitzenden. Das war Herr Dr. Halm aus der DDR. Ein weiteres Vorstandsmitglied kam aus dem Osten: Wolfram Krause als Finanzvorstand. Alle anderen Kollegen kamen aus Westdeutschland, hatten praktische wirtschaftliche Erfahrung und waren Mitglieder der CDU/CSU oder der SPD. Ich war der Einzige ohne Mitgliedschaft in einer politischen Partei.

Zehn Tage nach meinem Start wurde festgestellt, dass die ursprünglich konzipierte Organisation (Beteiligungsverwaltung, Privatisierung, Sanierung, Abwicklung, Finanzen und Personal etc.) in der Praxis nicht oder nur schwerlich funktionieren würde. Ein potenzieller Investor, der etwas kaufen will, kontaktiert den für Privatisierung zuständigen Vorstand bzw. einen ihm unterstellten Direktor. Der sagt: „Ich habe hier so und so viele Unternehmen, schauen Sie sich bitte um, vielleicht ist etwas Interessantes für Sie dabei." Das würde noch gehen. Aber vielleicht sagt er auch: „Ich kenne eine Firma, die könnte Sie interessieren, aber die ist ein Sanierungsfall. Deswegen müssen Sie sich an meinen Kollegen wenden, der für Sanierung zuständig ist", oder: „Ein Teil davon ist in der Abwicklung, also kontaktieren Sie den für die Abwicklung zuständigen Vorstand oder Direktor." Es war also sehr schwierig, den Investoren klar zu sagen, wer der richtige Ansprechpartner war.

**Wie wurde die Organisation dann geändert?**
Wir haben eine Matrixorganisation gewählt und die Zuständigkeiten folgendermaßen aufgeteilt: Der Präsident, also Herr Rohwedder, hatte die Gesamtverantwortung und war zuständig für die Kontakte zur Politik. Jeder Vorstand war verantwortlich für eine Gruppe von Unternehmen wie z. B. Werkzeugmaschinenbau, Chemie, Pharma, Elektroindustrie, Papier, Textil, Leder usw. Darüber hinaus hatte jeder Vorstand eine funktionale Verantwortung. Der eine war verantwortlich für die Privatisierung, sprich, er entwickelte die Richtlinien, wie privatisiert werden soll, um sicherzustellen, dass alle Privatisierungen den gleichen Kriterien folgen. Ein zweiter erarbeitete die Richtlinien für die Sanierung. Das heißt: Wie läuft eine Sanierung? Wie viel Geld kann man zuschießen? Was passiert mit den Mitarbeitern? Wie ist der Kontakt zu den Gewerkschaften etc.? Der dritte war verantwortlich für alle Unternehmen in der Abwicklung.
Zunächst hatte ich noch die Beteiligungsverwaltung, die habe ich aber nach endgültiger Festlegung der Organisation abgegeben an den Bereich Finanzen. Ich wurde dann funktional verantwortlich für die Privatisierung und operativ für eine Reihe von Branchen, zunächst Chemie, Pharma, Holz, Papier, Textil, Leder etc., später nach der Ermordung von Rohwedder zu Ostern 1991 und der Übernahme des Vorsitzes durch Birgit Breuel die Elektro- und Elektroniktechnik und Dienstleistungen. Der stellvertretende Präsident Herr Halm verließ den Vorstand, und Herr Schucht trat neu ein.

**Als Sie im November 1990 angefangen haben, bei der Treuhand zu arbeiten, was war das eigentlich für eine Atmosphäre? War das noch eine Aufbruchstimmung?**
Ja, total. Ich hatte den Eindruck, dass wir alle sehr motiviert und engagiert bei der Sache waren. Und wenn ich „wir" sage, muss ich be-

tonen, dass es mehrheitlich Ostdeutsche waren. Allerdings waren sie nicht in Führungspositionen mit Ausnahme der Vorstandskollegen Dr. Halm und Krause und des ostdeutschen Direktors für Textil und Leder, Prof. Dr. Liehmann. Der einzige ostdeutsche Direktor, der bis zum Ende blieb, war Herr Scheunert. Er war sehr tüchtig und hat für mich als zuständiger Leiter Optik und Elektronik gearbeitet.

**Kippte das im Laufe der Zeit?**
Natürlich kippte das. Wir dürfen nicht vergessen, dass uns allen relativ schnell klar wurde, dass die Aufgabe der Treuhand im Grunde eine Mission Impossible war. Als am 1. Juli 1990 die D-Mark eingeführt wurde, bedeutete das, dass die ostdeutsche Industrie massiv an Wettbewerbsfähigkeit verlor. Warum wurde überhaupt die Währung eingeführt? Weil die Ostdeutschen sie wollten: „Kommt die Mark, so bleiben wir, kommt sie nicht, gehen wir zu ihr!" Aber was die Bürger und Bürgerinnen der DDR übersehen haben, ist, dass die ostdeutsche Wirtschaft, und zwar alle Unternehmen, plötzlich auf Devisenbasis kalkulieren mussten. Alle Produkte mussten jetzt auf DM-Basis verkauft werden. Das war enorm schwierig. Dazu kam, dass ein Jahr später die Sowjetunion zerbrach, was ja keiner erwartet hatte. Keiner hatte ein derart schnelles Wegbrechen der natürlichen Absatzmärkte kommen sehen.
Gerhard Schürer, der Planungschef der DDR, hatte schon in den Jahren 1988/89 Berechnungen anstellen lassen, wie es um die DDR-Wirtschaft stehe, und kam zu dem Schluss, dass die Situation nicht nur sehr ernst, sondern fast hoffnungslos sei. Er musste es wissen. Kurz vor Einführung der D-Mark hat das DDR-Finanzministerium – dessen Mitarbeiter ja keine Hornochsen waren, sondern sehr wohl wussten, was Sache war – Berechnungen angestellt und ist zum Schluss gekommen, dass 70 Prozent der DDR-Betriebe bei Einführung der D-Mark nicht lebensfähig wären. Damit war klar, dass Hunderttausende ihren Job verlieren würden. Das war allen Mitgliedern der DDR-Nomenklatura klar, nur der Bevölkerung nicht. Dem

normalen Mitarbeiter bei Narva oder bei Robotron oder beim Automobilwerk Eisenach oder bei SKET in Magdeburg oder TAKRAF in Leipzig war das nicht klar, denn es hat ihnen keiner gesagt. Wir mussten es dann den Mitarbeitern unserer Unternehmen eröffnen, und wir waren deshalb immer diejenigen mit den schlechten Nachrichten.

**Haben Sie da Beispiele?**
Ich hatte, wie schon gesagt, u. a. die Zuständigkeit für den Bereich Elektro- und Elektronikindustrie. Zu ihm gehörte das Unternehmen Robotron, das als IBM des Ostens galt. Die Robotron-Mitarbeiter haben mir bei meinem ersten Besuch voller Stolz ihr Werk und ihre Produkte gezeigt. Nach meinem Besuch habe ich das Produktprogramm durch Experten untersuchen lassen und musste leider zur Kenntnis nehmen, dass Robotron technologisch mindestens zwei Generationen zurücklag und auf internationalen Märkten keine Chance hatte. Dieser technologische Rückstand konnte nicht so schnell aufgeholt werden. Damit war eine Privatisierung so gut wie unmöglich.
Oder nehmen Sie das Automobilwerk Eisenach. Das produzierte den Wartburg, aber was haben wir feststellen müssen: Nach der Einführung der D-Mark musste der Wartburg auf DM-Basis verkauft werden. Der Wartburg hatte Herstellkosten von 27.000 DM, erzielte aber nur einen Verkaufspreis von 17.000 DM. Das heißt, jedes Auto, das verkauft wurde, kostete den Staat oder die Treuhand 10.000 DM. Das haben wir eine Zeit lang durchgestanden, aber als wir 100 Millionen DM zugeschossen hatten, mussten wir abwickeln. Das haben die Mitarbeiter nicht verstanden. Sie zogen zu Hunderten vor die Treuhand und haben rebelliert. Zusammen mit dem Chef des Deutschen Gewerkschaftsbundes bin ich vor sie hingetreten und habe mit ihnen diskutiert. Ich habe sie gefragt, wer von ihnen jetzt noch für 17.000 DM einen Wartburg kaufen würde. Da ist kein Finger hochgegangen, denn die hatten praktisch schon alle gebrauchte Autos aus westlicher Produktion gekauft.

Die Situation war leider so, und man konnte den Beschäftigten nicht ihre Enttäuschung und ihren Ärger verübeln. Aber es war schade, dass ihnen das keiner vorher verklickert hat. Wir kamen mit den schlechten Nachrichten, und es waren zum Teil Nachrichten, die auch mich schlaflose Nächte gekostet haben.

**Wie sind Sie denn damit umgegangen?**
Ich war immer zu einem persönlichen Gespräch mit Mitarbeitern bereit. Meine Assistenten waren angewiesen, jemanden, der ein Gespräch suchte, vorzulassen bzw. einen Termin zu vereinbaren. Einmal kam eine Frau und berichtete mit brüchiger Stimme und tränenden Augen, dass ihr Mann seinen Job bei Narva verloren habe und ihre Tochter ebenso. Ich sollte unbedingt sicherstellen, dass der Schwiegersohn wenigstens seinen Job behalten könne, denn sonst seien sie alle arbeitslos und ihr Leben zu Ende. Das Problem war, dass Narva in der augenblicklichen Form als ganzes Unternehmen nicht überlebensfähig war. Wir konnten nur hoffen, dass Teile herausgelöst und erhalten werden konnten und es als Übergangslösung gelang, eine Auffanggesellschaft zu gründen, so wie bei Robotron am Standort Sömmerda.
Auf diese Weise ist viel entstanden, aber die Struktur, die die Beschäftigten kannten, war nicht mehr da, und die waren sie gewohnt. Sie haben sie auch geliebt, denn das Unternehmen war für sie so eine Art Zusatzfamilie. In dieser Beziehung war die DDR viel weiter als die alte Bundesrepublik. Die Kinder kamen ab einem gewissen Alter in den Hort, und Vater und Mutter waren im Betrieb.

**Arbeit war für viele nicht nur der Gelderwerb, weil man irgendwie seine Existenz absichern musste, sondern Arbeit war auch soziale Kontakte. Konnten Sie der Frau denn noch weiterhelfen?**
Wir konnten ihretwegen oder ihres Schwiegersohns wegen nicht die Narva halten. Das haben wir auch klargemacht. Aber wir haben für ihn eine Ersatzlösung gefunden, so dass er nicht arbeitslos wurde.

Das war ein Fortschritt, wie wir ihn oft versucht haben, auch in der Abwicklung. Nach der Einführung der D-Mark und dem Zusammenbruch der Sowjetunion hatten wir an die 3.000 Unternehmen oder Teile von ihnen in der Abwicklung. Der damalige Abwicklungschef hat stets versucht sicherzustellen, dass lebensfähige Einzelteile von Unternehmen erhalten wurden, wenn die Unternehmen als Ganzes nicht privatisierbar waren. Dafür hat er auch Gelder mobilisiert. Pro Unternehmen in der Abwicklung hat er eine Art Fonds angespart oder ansparen lassen, den die Treuhand dotiert hat, um sicherzustellen, dass lebensfähige Einheiten erhalten, saniert und dann verkauft wurden. Das heißt, es wurde nicht die ganze Firma veräußert, aber wenigstens einzelne Teile.

Ich bin Marktwirtschaftler, aber die reine Marktwirtschaft konnten wir hier nicht immer praktizieren. Es gibt Fälle, wo Volks- oder Betriebswirte über ihre Schatten springen müssen und sagen: „Hier ist ein Bereich, wo wir investieren müssen." Und das aus vielerlei Gründen, nicht zuletzt, um die Gesellschaft zusammenzuhalten. Aus der Rückschau haben wir in der Treuhand dabei vielleicht manche Fehler gemacht.

**Haben Sie ungefähr einen Blick darauf, über wie viele Arbeitsplätze Sie in Ihrer Zeit bei der Treuhand verhandelt haben?**
Hunderttausende natürlich. Wir hatten anfangs über 8.500 Unternehmen und nach der Restrukturierung etwa 11.000. In meinem Bereich allein waren es zig Tausende.

**Was hatte das Attentat auf Rohwedder für Konsequenzen für Sie?**
Es hat mir deutlich gemacht, dass meine Position und mein Verantwortungsbereich nicht mit dem Vorstandsposten in einem anderen Unternehmen vergleichbar war, so, wie ich es bis dahin gewohnt war. Ich war mit einem hohen Gefährdungsrisiko in meinem Leben bis dahin nie konfrontiert gewesen. Plötzlich sah ich, dass meine Aufgabe gefährlich war, weil sie eine politische und soziale Dimension hatte

und vielen Anlass gab, zu kriminellen Aktionen zu greifen als eine Möglichkeit, aufgestaute Wut, Enttäuschung und Frust zu äußern.

**Gab es auch persönliche Anfeindungen gegen Sie?**
Als die organisatorischen Fragen um Rohwedders Nachfolge geklärt waren, wurde ich plötzlich von der Polizei kontaktiert, die mich informierte, dass sie auf einer Liste neben Rohwedders Namen auch meinen gefunden hätten. Die Polizei und ich wussten gar nicht, warum eigentlich. Die anderen Vorstände waren nicht auf der Liste, mein Name war der einzige.
Es wurde vermutet, dass es eine RAF-Liste war, aber es gab keine Gewissheit. Die Polizei wollte mich natürlich schützen. Die erste Maßnahme bestand darin, dass alle Scheiben unserer Fenster gegen schusssicheres Glas ausgetauscht wurden. Denn bei Rohwedder war das Problem, dass er eben kein schusssicheres Glas hatte. Außerdem wurde ich mit Begleitschutz versehen. Das heißt, es gab immer ein Begleitfahrzeug mit Blaulicht. Ich konnte praktisch keinen Schritt machen, ohne dass nicht ein Bewacher dabei war oder gelegentlich auch zwei. Die Bewachung hat mir gar nicht gefallen, und ich habe sie nach einem halben Jahr entgegen der Empfehlung der Polizei aufheben lassen.

**Wie war es mit Ihrer Familie?**
Es war schon unappetitlich. Die Kinder wurden angerufen, nachmittags, wenn sie nicht in der Schule waren. Und da wurde ihnen von einer Stimme, die sich nie namentlich gemeldet hat, gesagt: „Passt mal auf, euer Vater ist auf unserer Liste, den werden wir uns vornehmen, und den werden wir umlegen. Wenn ihr einen Mucks macht, dann seid ihr die nächsten." Das war natürlich schon eine prekäre Situation, die dazu führte, dass meine Frau und ich uns gefragt haben: Können wir unsere Kinder eigentlich noch alleine auf die Straße lassen? Es war nicht angenehm. Ich will nicht, dass Sie den Eindruck bekommen, ich ginge über die Gefährdungslage salopp hinweg. Sie hat uns

schon Kopfzerbrechen gemacht, und wir haben manches Mal darüber gesprochen, aber es hatte auch seine komischen Seiten. Zum Beispiel, als unsere drei Kinder – zufällig war die älteste Tochter aus St. Gallen zu Besuch – ferngesehen haben und ein Anruf kam: „Wir bringen erst euren Vater um, dann seid ihr dran." Da haben sich die drei Kinder zusammen gekuschelt, in eine Ecke gesetzt und erstmal gezittert. Nach fünf oder acht Minuten sagte der Junge, damals neun oder zehn, zu seinen Schwestern: „Ich glaube, die Gefahr ist vorbei. Wir können wieder fernsehen." Der normale Impuls kommt dann irgendwann wieder zurück. Es war, wie es war.

**Wie muss man sich denn Ihren Arbeitsalltag und den konkreten Tagesablauf in der Treuhandanstalt vorstellen?**
Ich bin früh ins Büro gekommen und eine halbe Stunde vorher bin ich abgeholt worden. Das war übrigens auch eine Gewohnheitssache. In der Schweiz hatten wir keine Chauffeure. Der Arbeitstag war in der Regel lang, also es war kein Achtstundentag. Wir haben früh angefangen, und abends ging es oft bis in die Puppen. Es war eine Entwicklung feststellbar über die vier Jahre, die ich bei der Treuhand war. Anfangs war es noch ein ziemliches Durcheinander. Doch im Laufe der Zeit entwickelte sich ein systematischer Arbeitsrhythmus.

Meine Mitarbeiter und die Direktoren, die für die einzelnen Firmen zuständig waren, versammelten sich einmal pro Woche, und wir gingen den Status der Unternehmen durch. Haben wir Interessenten? Wie attraktiv sind sie? Wo stehen wir in den Verhandlungen? Wir haben versucht, einen Status zu machen und den systematisch abzuarbeiten. Ich habe mich immer dann mit eingebracht, wenn es entweder irgendwo hakte oder wenn ein gewisses Stadium erreicht war und wir zum Beispiel eine Vorauswahl treffen mussten, mit welchem potenziellen Investor wir weitermachen wollten.

Dazu kamen noch Fragen wie: Was heißt das Angebot konkret? Was sind die Konditionen? Wie viel muss der Investor zahlen, wenn überhaupt? Mitunter mussten wir auch Geld zuschießen. Wie viele

Arbeitsplätze ist er bereit zu garantieren? Wie viel Investitionen will er machen etc. In vielen Fällen habe ich mir die Unternehmen auch vor Ort noch einmal angeschaut. Das war wichtig und hat mir bei manchen Entscheidungen geholfen. Es war nicht nur ein Name auf dem Papier, sondern ich wusste, wie es in Wirklichkeit aussieht, zum Beispiel die Waffenfabrik in Suhl oder Dresden Papier (ehemals VEB Kombinat Zellstoff und Papier Heidenau).

Vielfach haben wir auch Dossiers für die Ministerien vorbereiten müssen, und die mussten sauber dokumentiert sein, beispielsweise auch für Brüssel. Denn alles, was wir gemacht haben, musste mit den europäischen Wettbewerbs- und Subventionsregeln im Einklang sein.

Einmal monatlich gab es Verwaltungsratssitzungen, wo es wirklich ganz ins Detail ging. Diese Sitzungen mussten sauber vorbereitet werden. Dazu kam jede Woche die Vorstandssitzung, wo wir versucht haben, die Kollegen zu überzeugen, dass das, was wir gerade vorbereiteten, in die richtige Richtung lief. Und dann hatten wir auch ein paar Sonderaufgaben, wie zum Beispiel die Frage der Reprivatisierung, zu lösen.

Wir hatten beispielsweise schon jemanden, der dieses Kaufhaus oder diese Dienstleistung oder Fabrik unbedingt haben wollte, aber dann gab es die Feststellung, dass das ursprünglich jüdischer Besitz war. Oft war gar nicht klar, wer denn jetzt eigentlich berechtigt ist, die Frage zu klären. Gibt es noch einen Erben, und in welcher Linie ist der in New York oder in Sydney? Da hat sich die Treuhand viel Mühe gegeben. Wir haben uns nicht leichtfertig entschieden, sondern mitunter auch die Sachen offengehalten, wenn wir wussten, dass es noch jemanden gibt, aber wir ihn noch nicht identifizieren konnten. In solchen Fällen haben wir sichergestellt, dass dessen Rechte für den Fall, dass wir ihn finden, gewahrt bleiben. Es war eine schwierige Aufgabenstellung, die akribisch wahrgenommen worden ist.

**Was haben denn eigentlich Ihre Angehörigen, Ihre Freunde, Ihre Bekannten dazu gesagt?**

Na ja, manche haben natürlich gesagt: „Du bist ein Hornochse, gehst aus der Schweiz weg. Dort zu leben, das ist doch ein wunderbares Niedrigsteuerland, hohe Lebensqualität, picobello Infrastruktur. Was willst du denn im Osten?" Aber meine Eltern zum Beispiel fanden es gut, dass ich mich für eine Sache engagiere, die von nationaler Bedeutung war. Richtig verstanden haben Sie aber nicht, was wir bei der Treuhand machen. Das war für sie eine fremde Welt. Aber sie fanden schon ganz gut, dass unsere Familie nach Deutschland zurückgekommen ist und dass wir uns aktiv in die Wiederannäherung der beiden deutschen Teilstaaten einmischen bzw. einbringen wollten. Viele Bekannte äußerten Unverständnis: „Wäre es nicht besser, wenn du gleich zu einem vernünftigen Unternehmen nach Westdeutschland gehst und dann da Karriere machst?" Damals hatte ich ein Angebot, als Vorstand in ein DAX-Unternehmen einzusteigen. Das hätte ich machen können, aber mich hat die Treuhand fasziniert. Ich spürte, das ist etwas von historischer Bedeutung.

**Was genau hat Sie daran so fasziniert? Und wie war denn Ihr innerer Anspruch? Und wie stand er im Vergleich auch zur Realität?**

Es hat mich fasziniert, dass hier etwas versucht wird, was in der Form, noch dazu in der Größe, noch nie gemacht worden ist. Es gibt Bibliotheken, die sind voll davon, wie Sie eine freie Marktwirtschaft in eine Planwirtschaft umwandeln, da gibt es hunderte Handbücher. Umgekehrt gibt es so gut wie gar keine Anleitungen, wie Sie eine zentrale Planwirtschaft in private Hände überführen. Es gibt zwar verschiedene Rezepte – die einen sagen, du machst es über Coupons, die anderen, du machst es über Auktionen –, aber wir haben es individuell versucht, mehr auf der herkömmlichen Basis durch Ansprache von und Verhandlungen mit einzelnen Investoren. Was mich fasziniert hat, war diese Einmaligkeit: Es war eine singuläre Geschichte. Mir war auch klar, dass es in gewisser Weise von historischer Bedeutung war. Weichen stellen zu können, wenn auch nur partiell und im Kleinen, ist sehr befriedigend. Ich hätte woanders mehr Geld verdienen können, aber mich hat es innerlich befriedigt, hier einen Beitrag leisten zu dürfen.

**Wie war denn damals Ihr innerer Anspruch?**
Mein innerer Anspruch war, der Aufgabenstellung gerecht zu werden, und das heißt, möglichst viel zu erhalten, aber gleichzeitig den Staat nicht zu überfordern. Mir war eins klar: Wenn wir Tausende von Unternehmen nicht in der einen oder anderen Form privatisieren, sanieren oder in Teilen zumindest erhalten können und nicht irgendwie eine Lösung finden dafür und Tausende von Unternehmen oder auch nur Hunderte von Unternehmen aber mit Millionen von Beschäftigten im Staatsbesitz bleiben, dann schaffen wir ein wahnsinniges Risiko für das Land und für seine Zukunft. Stellen Sie sich einmal vor, wir hätten eine Krise wie 2008, die sogenannte Finanzkrise, oder die Eurokrise 2011/12 und dann sind noch Hunderte von Firmen in Staatsbesitz. Das wäre ein enormes potenzielles Problem für den Bundeshaushalt. Nehmen Sie Länder wie Griechenland oder Italien, wo es noch einen großen staatlichen Sektor gibt. Deren Haushaltsprobleme sind bekannt.

**Wie haben Sie denn damals die Rolle der Treuhand bewertet in Ihrer aktiven Zeit?**
Meine Sicht hat sich sicherlich in Nuancen verändert. Bei aller marktwirtschaftlichen Ausrichtung muss man hier in Ostdeutschland auch Transaktionen akzeptieren, die rein marktwirtschaftlichen Prinzipien widersprechen. Das ist als Überbrückung notwendig. Wir haben damals im Vorstand auch darüber gesprochen, und Birgit Breuel hat einen sehr scharfen, schnellen Privatisierungskurs gefahren, schneller als es meiner Meinung nach Herr Rohwedder gemacht hätte.
Er hat in seinem Osterbrief, eine Woche bevor er ermordet wurde, noch gesagt, man solle schnell privatisieren, entschlossen sanieren

und behutsam abwickeln. Und diese drei Prinzipien haben wir auch beibehalten, das war nach wie vor gültig. Aber Frau Breuel hat dann noch ein paar Punkte dazugegeben, nämlich: Die Treuhand muss für die Unternehmen Management-Knowhow, Produkte/Technologien und Marktzugang kaufen. Sie ist Dienstleister für die Mitarbeiter der Unternehmen und die Kommunen in den neuen Ländern. Sie ist eine Organisation auf Zeit.

Wir haben uns bemüht, neben den deutschen auch europäische und andere internationale Investoren zu finden. Nehmen Sie das Werk für Fernsehelektronik in Berlin. Wir haben es an Samsung privatisiert, also eine Firma aus Südkorea. Und die Franzosen haben sich sehr stark im Chemiedreieck engagiert. Aber wir dürfen nicht vergessen, dass das mit einem Milliardenbetrag bezuschusst wurde und es nicht ganz sauber gelaufen ist. Der Chef der Firma Elf Aquitaine musste ins Gefängnis, nachdem herausgekommen ist, dass da krumme Sachen gelaufen sind. Was genau passiert ist, weiß ich nicht.

Kollege Schucht war für die Privatisierung verantwortlich. Er hat den Sachverhalt in seinem Tagebuch beschrieben, die Veröffentlichung allerdings für fünfzig Jahre untersagt. Ich weiß nur, dass da sehr viel Geld im Spiel war und möglicherweise ein Teil davon über die eine oder andere Weichenstellung woanders hingelaufen ist. Fest steht, dass diese Privatisierung als ein großer Erfolg galt: Die von Elf Aquitaine betriebene Raffinerie und das von Total betriebene Minol-Tankstellennetz haben sich gut etabliert und laufen gut.

Wir haben insgesamt glaube ich über zehn oder zwölf Prozent an Ausländer abgegeben. Im ganzen Dienstleistungs- und Handelsbereich ist sehr viel an ostdeutsche Bürger gegangen. Die ganzen Gaststätten, Pensionen und HO-Läden sind alle an Ostdeutsche gegangen, so dass da auch ein gewisser kleiner Mittelstand aufgebaut worden ist. Das darf man nicht vergessen. Was ich aus der Rückschau sage, ist – und wir haben es damals diskutiert, aber konnten uns nicht dazu bewegen, es anders zu entscheiden –, dass wir in einzelnen Regionen hätten versuchen sollen, Leuchttürme zu etablieren. Elf Aquitaine ist ein solcher Leuchtturm für das gesamte Chemiedreieck. Das war ein Anziehungspunkt, um dort andere Firmen anzusiedeln. Heute ist das Chemiedreieck ein sehr, sehr gut entwickeltes Gelände.

Wir hätten aus TAKRAF auch einen Leuchtturm im Raum Leipzig machen können oder aus SKET in Magdeburg oder etwas Ähnliches in Rostock. Was hervorragend geklappt hat, war der Aufbau der Optik in Jena und der Mikroelektronik im Raum Dresden. Das muss man schon anerkennen, auch wenn sehr viele private Investoren erst später dazugekommen sind.

Wir hatten auch die sogenannten Treuhand-Kabinette, das heißt, wir haben mit den Ministerpräsidenten und den Wirtschaftsministern der Länder regelmäßig Kontakt gehabt, um über die Entwicklung in ihrer Region und in ihrem Land zu diskutieren und zu erläutern, was ansteht und was wir vorhaben.

Der Ministerpräsident sagte dann, ob wir nicht noch das eine oder andere irgendwie berücksichtigen könnten. So sind auch die Pläne entstanden zur Ansiedlung der Mikroelektronik in Sachsen oder der Optik in Thüringen. Und man sieht, dass die Länder sich inzwischen erholt haben. Auch wenn wir feststellen, dass es immer noch keinen absoluten Gleichstand gibt, darf nicht vergessen werden, dass es in den ostdeutschen Ländern in vielen Bereichen deutlich besser aussieht als in manchen westdeutschen Regionen, zum Beispiel in Teilen des Ruhrgebiets in Nordrhein-Westfalen.

Ostdeutschland hat für meine Begriffe trotz aller Widrigkeiten und Schwierigkeiten den Beweis erbracht, dass es reif ist für eine funktionsfähige und auch im internationalen Maßstab wettbewerbsfähige Industrie. Das ist schon eine tolle Sache!

**Gab es denn aus Ihrer Sicht Alternativen für den Weg, den die Treuhand eingeschlagen hat?**

Das ist aus der Rückschau schwierig. Ich kann nur eins sagen: Ich bin froh, dass wir nicht diese Coupon-Privatisierung gemacht haben. Wenn Ostdeutschland ein Oligarchenland geworden wäre. Das war das Letzte, was wir wollten. Das, was wir in der Ukraine oder in Russland vorfinden, ist nicht das, was wir haben wollen. Das ist überhaupt keine Basis für eine demokratische Gesellschaft. Insofern bin ich froh, dass wir das nicht gemacht haben. Sie können auch anders vorgehen und eine Auktion veranstalten wie bei Sotheby's im Kunstmarkt nach dem Motto: „Hier können Sie für die Suhler Waffenfabrik bieten. Wer bietet 1, 2, 3, 5 …?" Da wissen Sie allerdings auch nicht, wer das Unternehmen kauft und was er damit macht. Insofern glaube ich, dass der von uns eingeschlagene Weg richtig war. Ob das Tempo richtig war, ist eine andere Frage.

Wenige Tage vor seiner Ermordung sprachen Rohwedder und ich auch mal über die zeitliche Perspektive. Er fragte mich: „Wie stellen Sie sich das vor, wie lange wollen Sie hierbleiben?" Ich sagte: „Ich habe einen Vier-Jahres-Vertrag und bleibe bis Ende November 1994, und dann sehen wir weiter." Dann sagte er: „Also ich würde mich nicht wundern, wenn Sie hier auch das Pensionsalter erreichen. Das weiß heute keiner, aber unsere Arbeit wird noch eine lange Zeit dauern." Dann kam Präsidentin Breuel. Sie hat dann den Turbo eingeschaltet und gesagt: „Es bringt gar nichts, wenn wir uns ein Jahrzehnt oder mehr mit der Privatisierung beschäftigen. Wir müssen das wirklich zügig durchziehen und verstehen, dass wir nicht das Knowhow, die Technologie, den Marktzugang und das Management-Knowhow haben, was die Firmen brauchen, um schnell wettbewerbsfähig zu werden und zu überleben."

Ich glaube, der Weg war richtig. Ich glaube nur, dass wir, so wie wir Elf finanziert haben, auch noch sechs oder zehn andere Leuchttürme hätten finanzieren können. Bei den zwei Billionen, die die Wiedervereinigung insgesamt gekostet hat, wäre das auch verkraftbar gewesen und es hätte vielleicht zu mehr Befriedung geführt in einzelnen Regionen. Aber grundsätzlich, glaube ich, war unser Ansatz okay.

**Sie haben weiter als Vorstand gearbeitet in verschiedenen Unternehmen. Sie waren auch politisch engagiert, und zwar in der FDP.**

**Dort waren Sie über mehrere Jahre hinweg im Europäischen Parlament tätig, auch gerade im Wirtschafts- und Währungsausschuss ECON. Was hat Sie bewogen, nochmal in die politische Richtung zu gehen?**
Als ich 62 Jahre alt war, lief mein letzter Vorstandsvertrag aus. Zwischendurch war ich im Ehrenamt vier Jahre Präsident der Industrie- und Handelskammer in Frankfurt gewesen. Diese Kammer war sehr international, das war mir auf den Leib geschnitten. Ich hatte Kontakt zu anderen Kammern im Ausland wie z. B. Amsterdam, Madrid, Mailand und Paris. Als Präsident der Frankfurter Industrie- und Handelskammer war ich gleichzeitig Sprecher aller hessischen Kammern bei der Landesregierung in Wiesbaden. So hatte ich Kontakt zum Ministerpräsidenten und seinen Kabinettskollegen und -kolleginnen. Die Ministerin Ruth Wagner war gleichzeitig FDP-Vorsitzende. Als ich im Vorstand 2003 aufhörte, war ich noch Kammerpräsident und wusste, dass 2004 die Europawahlen anstanden. Ich war noch kein FDP-Parteimitglied, aber als Ordoliberaler ein treuer liberaler Wähler. Ich schlug Frau Wagner vor, im nächsten Jahr als hessischer Kandidat bei den Europawahlen anzutreten und dafür zu sorgen, dass die Partei nach zwei erfolglosen Legislaturperioden wieder ins Europaparlament einzieht. „Es kann doch nicht wahr sein, dass eine europafreundliche Partei wie die FDP – marktwirtschaftlich, integrationsfreundlich, offen für alle Religionen und sexuellen Orientierungen – im Europaparlament nicht vertreten ist." Anlässlich einer Klausur hat sich das Parteipräsidium für mich als Kandidaten entschieden, und wir sind im Mai 2004 in die Wahl gegangen, die mit über sieben Prozent zum Wiedereinzug der FDP führte.

**Eine letzte Frage: Haben Sie noch Kontakt zu ehemaligen Firmen, die Sie damals während der Treuhand betreut haben?**
Zu einzelnen Firmen habe ich überhaupt keinen Kontakt mehr. Ich habe allerdings Kontakt zu einzelnen Mitarbeitern der Treuhand. Es gibt auch einen „Treuhand Alumni Club", TAC, der die Kontaktauf-

nahme erleichtert. Graf Matuschka, der auch früher bei der Treuhand gearbeitet hat, sprach mich an, ob ich nicht eine Lesung aus meinem letzten Buch machen wolle, in dem es ein großes Kapitel zur Treuhand gibt. Ich war einverstanden, und er hat zu mir eingeladen. Es kamen etwa 35 bis 40 ehemalige Treuhänder, mehrere aus Westdeutschland und einer sogar aus der Schweiz. Also es gibt noch den einen oder anderen Kontakt, aber nicht mehr zu sehr vielen. Als ich in Frankfurt im Vorstand bei Lurgi war und dann Vorstandsvorsitzender bei der „Hartmann & Braun"-Gruppe, hatte ich Kontakt zu manchen Firmen in Ostdeutschland, weil wir dort Kunden oder Geschäftspartner oder Vorlieferanten hatten. Aber nun bin ich seit 2004, also seit 18 Jahren, nicht mehr in der Wirtschaft, sondern in der Politik.

# Detlef Scheunert

„Wenn man hier auf der Westseite durchlaufen müsste, was die Ostdeutschen erlitten haben, was die mit so viel Disziplin ertragen haben, ich weiß nicht, was da los wäre."

Detlef Scheunert wurde 1960 in Dornreichenbach östlich von Leipzig geboren und ist in Schrebitz, nahe Döbeln, aufgewachsen. Nach seinem Abitur hat er Maschinenbau in Dresden studiert und ist dann nach Berlin gegangen. Über die Nachwuchskaderförderung seines Betriebes kam er ins Ministerium für Schwermaschinen und Anlagenbau, wo er wissenschaftlicher Mitarbeiter des Ministers wurde. 1990 arbeitete Detlef Scheunert im Büro des Wirtschaftsministers der DDR als parlamentarischer Referent. Nach der Wende wurde er Assistent von Dr. Klaus-Peter Wild, Treuhand-Vorstand für Sanierung, den er zuvor auf einer Kennenlernreise durch Bayern getroffen hatte. Nach der Ermordung von Detlev Karsten Rohwedder wurde er als einziger Ostdeutscher in die Führungsebene der Treuhandzentrale berufen, wo er Direktor für Glas, Keramik, Optik, Medizintechnik und Feinmechanik wurde. Nach seiner Zeit bei der Treuhand verließ er Ostdeutschland nach vergeblichen Versuchen, dort als Unternehmer Fuß zu fassen. Bis zu seinem Ruhestand arbeitete er dann als Manager unter anderem für einen mittelständischen Automobilzulieferer, später für Daimler und schließlich für einen mittelständischen Kosmetikzulieferer.

**Herr Scheunert, wo sind Sie geboren, und wie sind Sie aufgewachsen?**
Ich wurde 1960 in Sachsen geboren, auf einem Bauernhof. Das war mein Glück. Mein Vater hatte einen landwirtschaftlichen Betrieb, und ich bin dort sehr behütet aufgewachsen, in Harmonie mit dem ganzen Umfeld und mit vielen Tieren. In der Schule in einem drei Kilometer entfernten kleinen Dorf – da wurde ich mit der sozialistischen Gesellschaft konfrontiert. In diesem Wechselspiel bin ich aufgewachsen.

**Wie heißt denn das kleine Dorf?**
Das finden Sie nicht auf der Karte. Das ist so klein. Da haben zu dem Zeitpunkt, als ich dort aufgewachsen bin, 23 Erwachsene gelebt. Es gehört zu Schrebitz, in der Nähe von Döbeln in Sachsen.

**Und weil Sie gerade vom landwirtschaftlichen Betrieb Ihres Vaters sprachen: Waren Ihre Eltern damals schon in der LPG?**
Nein. Mein Vater ist Ende 1948 aus Gefangenschaft zurückgekommen und hat dann begonnen, einen privaten landwirtschaftlichen Betrieb aufzubauen.

**Als Neubauer?**
Nein, er kam aus einer bäuerlichen Familie. Sein Vater ist in der Nazizeit enteignet worden, weil er die Planauflagen nicht erfüllt hat.

**Moment, das kennen wir doch aus DDR-Zeiten.**
Ja, stimmt. Mein Vater hat den Betrieb neu aufgebaut. Meine Mutter hat auch eine kleine Landwirtschaft mit eingebracht. Dort haben sie dann ihren Neustart gemacht, noch Land dazugepachtet und ab 1950 neu aufgebaut. Aber 1960 hat sie die Kollektivierung erreicht. Also wurde erst der Vater von den Braunen, dann der Sohn von den Roten enteignet. Das war das Trauma meiner Familie, und das hat natürlich auch meine Kindheit geprägt.

Für meine Eltern stand aber auch nie zur Debatte wegzugehen. Man hatte die Verbindungen zum Boden, also blieb man da. Die allgemeine Einschätzung war auch: Die Nazis waren nach zwölf Jahren weg, und so wie die hier wirtschaften, halten sie es auch nicht viel länger aus. Die Bauern haben da so bisschen in ihrer eigenen Welt gelebt. Aber dann kam die Kollektivierung, es wurde alles zerschlagen. Und mein Vater wurde in seinem eigenen Betrieb angestellter Geschäftsführer, also LPG-Vorsitzender und praktisch der größte Arbeitgeber in der Region. Das heißt, ich hatte ein unternehmerisch geprägtes Elternhaus mit einer klaren Distanzierung zu den politischen Verhältnissen, was natürlich nur innerhalb der Familie kommuniziert wurde.

**Wie groß war die LPG?**
Es war eine Doppel-LPG. Die Nachbar-LPG war notleidend geworden, also hatte mein Vater sie mit übernommen. Das waren einige hundert Hektar, also riesig im Vergleich zu den damals oft kleinen westdeutschen Landwirtschaftsbetrieben.

**In den 70er Jahren hatten die großen Zusammenschlüsse zu sogenannten Kooperativen, also mehreren LPG, teilweise fast die Größe eines ganzen Landkreises.**
Ja gut, eine dieser sogenannten Kooperativen war der Betrieb nicht, er war schon LPG geblieben. Tatsächlich war mein Vater aber mit seiner LPG mal unter den ersten zehn Landwirtschaftsbetrieben in der DDR gewesen, weil sie so erfolgreich gewirtschaftet haben. Das hat ihn natürlich sehr stolz gemacht, er war ja mit Leib und Seele Bauer. Ich habe aber auch immer wieder erlebt, wie er darunter gelitten hat, wenn ihn Strukturen der Partei oder des Staates in seinem Wirtschaften eingeengt und bevormundet haben.

**Wann war Ihr Vater eigentlich geboren?**
1921. Also diese „tolle" Generation, die mit 18 eingezogen worden war und mit 29 aus der Kriegsgefangenschaft kam. Er hat immer gesagt,

die Nazis haben ihm die zehn besten Jahre seines Lebens gestohlen. Also eine sehr klare Distanzierung gegen diese Diktatur, aber auch gegen die andere Diktatur. Meine Eltern haben mir beigebracht zu hinterfragen, zu differenzieren und sich nicht irgendwelchen dominanten politischen Bewegungen blind anzuschließen.

**So wie sich das anhört, war Ihr Vater ein intellektuell sehr reflektierter Mensch, gerade in Bezug auf die gesellschaftliche und politische Situation, in der er leben musste.**
Als Kind war mir das noch nicht so bewusst, meine Eltern haben sicher auch versucht, mich nicht zu stark damit zu konfrontieren. Aber ein einschneidender Moment war, als 1968 die Olympischen Spiele in Mexiko stattfanden und mein Vater diese unbedingt im Westfernsehen sehen wollte. Dafür hat er sich einen Buntfernseher verschafft. Und dann haben wir das in Bunt gesehen und auch mal die Übertragungen von beiden Seiten – DDR- und Westfernsehen. So habe ich angefangen, bewusst mit ihm auch politische Sendungen, die ihn sehr interessierten, zu schauen.
Auch andere Informationen zu haben als die offiziellen, die man in der Schule bekam, das hat mich auch geprägt. Ich kann mich noch erinnern in der Schulzeit, da saß der Schuldirektor mal neben mir, ein sogenannter Neulehrer, und meinte: „Also 1990 wird die USA kommunistisch sein."

**Na prima.**
Er hat mit 1990 ein super Datum gewählt hat, er hat nur in die falsche Richtung gedacht, er war eben überzeugter Kommunist.
Ich habe auf dem Dorf einige Lehrer kennengelernt, bei denen ich mich geistig sehr eingeengt gefühlt habe. Auch wegen meiner Herkunft. Mein Vater war für diese Verhältnisse ein Großbauer. Die Lehrer, meine Russischlehrerin, mein Staatsbürgerkundelehrer, mein Klassenlehrer, die haben mich das schon sehr deutlich spüren lassen. Es gab ja die Möglichkeit, ab der neunten Klasse in die erweiterte

Oberschule, heute heißt das Gymnasium, zu gehen. Und das wollte man mir nicht ermöglichen – obwohl ich ein sehr guter Schüler war. Das war rein ideologisch begründet, das waren aber auch persönliche Missgunst und Neid. Man hat versucht, meine Bewerbung zu torpedieren, indem man irgendwelche Fristen verpasst hat, reine Willkür. Aber mein Vater hat es dann regeln können, dass ich doch zum Gymnasium kam, weil er schlicht den Kreisschulrat aus der gemeinsamen Militärzeit kannte und man zusammen im Schützengraben gelegen hatte. Das verbindet über alle Grenzen hinweg. Und da ich ein Junge war, bestand ja auch die Chance, dass ich später ein straffer Offizier werden würde.

**Trotz Kollektivierung hatte jeder LPG-Bauer das Recht, eine bestimmte Fläche selbst zu bewirtschaften oder auch selbst Viehzeug zu halten. Haben Ihre Eltern das auch gemacht?**
Sehr aktiv sogar. Ich glaube, meine Eltern hatten noch sechseinhalb Hektar Privatbesitz, und die haben sie bewirtschaftet. Es war nicht einfach. Es gab regelmäßig Übergriffigkeiten, zum Beispiel, dass LPG-Strukturen kamen und sich dann Vorräte und Material geholt haben. Wir hatten auch an der Hauswand Weinreben, die dort hochwuchsen. Da kamen dann irgendwelche Jungs an und rissen den Wein runter, der noch nicht reif war. Als ich gefragt habe, was das soll, meinten sie: „Was willst du? Es gehört doch jetzt allen." Allen gehört jetzt alles. Das war Schulerziehung. Die Jungs haben dann daraus gemacht: „Super, da gehören die Mädchen auch allen." Das war so der Running Gag. Wir hatten auch eine Plantage im Privatbesitz. Die Obstbäume darauf wurden regelmäßig von Dorfbewohnern geplündert. Da wurde Obst runtergerissen, meistens in völligem Unverständnis. Man hatte nicht gelernt, wie man erntet. Die rissen die Blüte fürs nächstes Jahr mit ab. Diese Erfahrung der totalen Missachtung von Eigentum hat mich ganz stark geprägt.
Und auch wenn es hieß, im Sozialismus seien alle gleich – als ich dann mal bei meinen Schulkameraden zu Hause war, habe ich ganz deut-

lich die sozialen Unterschiede gesehen. Ich bin in einem ehemaligen Gutshaus aufgewachsen, zwanzig Räume auf drei Etagen. Das war so ein Herrschaftshaus mit Parkett und großen Flügeltüren. Und als Kind dachte ich, es leben alle so, und dann komme ich zu meinen Freunden und habe die Unterschiede gesehen. Das hat mich dann schon beeindruckt.

**Wie lief dann Ihre berufliche Findung nach dem Abitur?**
Nach dem Abitur habe ich mich für ein Maschinenbaustudium in Dresden beworben, nicht weil es meine Passion war, sondern wegen der Logik – auch im Sozialismus ist zwei mal zwei gleich vier. Das kann man nicht durch Ideologie verändern. Also ich wollte etwas Rationales studieren, kein geisteswissenschaftliches oder volkswirtschaftliches Fach, weil das zu stark politisch determiniert war – obwohl mich eigentlich Volkswirtschaft sehr interessiert hätte. Fünf Jahre später war ich Diplomingenieur. Nach der Ausbildungszeit bin ich dann mit meiner späteren Frau, die ich im Studium kennengelernt hatte, nach Berlin gegangen. Nach fünf Jahren Dresden wollte ich auch raus aus Sachsen und was anderes kennenlernen. Ich habe dann im Berliner Bremsenwerk angefangen, sie in einem Betrieb der Post. Ich dachte damals, Berlin sei kosmopolitisch, dass Ost-Berlin aber genauso provinziell war wie Sachsen, habe ich dann später erst gelernt.

Nach einem halben Jahr Arbeit als Ingenieur in dem Berliner Betrieb bin ich dann zum Militär eingezogen worden, weil ich wegen eines Schädelbruchs mit 17, nicht wie üblich mit 18 Jahren, zur Armee eingezogen worden war. Gesundheitliche Bedenken der Ärzte wurden seitens der Musterungsbehörden einfach weggewischt. „Du hast studiert, dann kannst du auch zur Armee gehen", war der ziemlich dumme Spruch eines kleinen Beamten mit großem Parteiabzeichen.

**Was haben Sie dann nach den anderthalb Jahren beim Militär gemacht?**
Ich bin dann zurück nach Berlin. Wir haben geheiratet und unseren Sohn bekommen. Und dann habe ich im Bremsenwerk weitergearbeitet, wo ich auch technisch aufwändige Sachen mitentwickelt habe: Druckluftgeräte, um Lkws oder Schienenfahrzeuge zu bremsen. Aber das war nicht meine Passion, ich brannte nicht für diese Art der Arbeit als Ingenieur, und es war einfach nervtötend langweilig in diesem volkseigenen Betrieb. Auch wegen der Einstellung vieler Kollegen, kein Engagement. Und dann dachte ich mir: „Ich bin jung, es muss doch noch irgendetwas Spannenderes passieren mit meinem Leben."

**Wie sah die Lösung aus?**
Die kam per Zufall. Denn selbst gestalten war nicht. Das haben andere für dich und auch für mich entschieden. Der Betrieb sollte junge Leute zu einer Nachwuchskaderakademie delegieren, Leute, in denen man Potenzial sah. Dann hat mich eines Tages die Personalchefin gefragt, ob ich mir vorstellen könnte, für eine Führungsposition aufgebaut zu werden. Das war meine Chance.
Das habe ich dann gemacht. Heute wäre das so eine Art MBA. Wenn man führt, wie geht man mit Menschen um, wie führt man Menschen? Das habe ich alles in dieser Weiterbildung gelernt.
So habe ich gemerkt, dass ich Spaß daran habe, Menschen zu führen. Da gab es so eine Arbeitsgruppe. Wir mussten in die Betriebe gehen und ein Problem lösen. Und die Betriebe bestanden ja nur aus Problemen, war also gar nicht schwer, ein Problem zu finden. Aber die Lösung war dann nicht so einfach. Aber wir haben es, denke ich, ganz gut gemacht, und das Resultat dieses Erfolges war dann, dass ich nicht zurück in den volkseigenen Betrieb gehen sollte oder durfte.
Und so bin ich dann über kurze Zwischenschritte im Ministerium für Schwermaschinen und Anlagenbau, in der Abteilung Wissenschaft und Technik, gelandet. Dort war ich verantwortlich für die Planung

des Einsatzes der Industrieroboter, die damals das Produktivitätsdefizit der DDR-Wirtschaft beseitigen sollten.

**Wann war das?**
Das war 1987.

**War das irgendwie verbunden mit einer SED-Mitgliedschaft?**
Ja, ja. Das war das Eintrittsticket, sonst ging gar nichts.

**Wie haben Sie denn diese Zeit im Ministerium erlebt, 1987?**
Ich bin von meinem Dorf, übers Gymnasium, das Studium bis in den Betrieb immer eine Stufe weitergegangen und hatte dabei gedacht: „Irgendwo muss doch jetzt mal die Ebene sein, wo Entscheidungen getroffen werden, wo gestaltet wird."
Und dann komme ich ins Ministerium. Es hat gar nicht lange gedauert, da habe ich erkennen müssen: „Hier wird auch nichts entschieden." Die hatten nur damit zu kämpfen, ihre Plankennziffern in die Kombinate und dann in die volkseigenen Betriebe umzulegen. Da habe ich langsam begriffen, wie Planwirtschaft eigentlich technisch umgesetzt wird.
Ich habe dann täglich erlebt, dass das überhaupt nicht funktionieren kann, weil immer die Kapazitäten, die sogenannten Material- und Personal-Bilanzen, fehlten. Ich bin dann dort im Ministerium irgendwann dem jungen neuen Minister aufgefallen, obwohl es sonst eine sehr alte Mannschaft war, und von ihm als wissenschaftlicher Mitarbeiter in sein Büro geholt worden. Für mich war sehr spannend zu sehen, wie dieses Spiel der Entscheidungsfindung im Ministerrat funktionierte. Es gab damals einen Spruch: „Du kannst zwar alles essen, du musst aber nicht alles wissen." Die Gesellschaft war extrem intransparent. Wer was nach welchen Regeln entschied, das hat man nicht gewusst, nicht verstanden. Ich war dann immer weiter ernüchtert, gerade wenn ich bemerkte, dass mein Minister nach einem Be-

such bei Günter Mittag, dem Wirtschaftssekretär im ZK, zwei Stunden nicht ansprechbar war, weil er völlig frustriert war.

Wir mussten die Dinge konkret umsetzen, die sich die Ideologen im Politbüro ausgedacht hatten. Es stand die politische Macht auf der einen Seite, und auf der anderen Seite waren die Betriebe, da war die Realität. Und zwischendrin war unser Industrieministerium. Und der Minister mit dem ganzen Ministerium musste versuchen, aus diesem ganzen Mangel noch irgendwas hinzubekommen im Sinne der Planerfüllung. Das war für mich die prägendste Zeit. 1988/89 bin ich öfter mit dem Minister in die Betriebe gefahren. Und da habe ich die Realität gesehen, den Zustand der Betriebe, in die jahrzehntelang nicht investiert worden war. Und die Betriebe, die einigermaßen ausgestattet waren, das waren alles Betriebe, die fürs Militär gearbeitet haben. Es gab Betriebe, die waren durchaus in der Lage, am Weltmarkt teilzunehmen mit ihren Produkten, TAKRAF in Leipzig zum Beispiel, die diese Kräne gebaut haben. Aber dann begriff ich nach einer Weile: Die haben deswegen teilgenommen, weil die DDR eben über den zentralisierten und monopolisierten Außenhandel durch Dumpingpreise ihre Produkte in den Weltmarkt gedrückt hat. Das Ziel war nicht die Rentabilität der Betriebe, sondern die Erhaltung der Zahlungsfähigkeit der DDR, dazu brauchte man Devisen. Ich habe auch gesehen, mit welchen Devisenerlösen die Dinge verkauft wurden. Für eine Ostmark Aufwand erwirtschaftete der Außenhandel einen Erlös von zwanzig Pfennig West. Da habe ich die 1:5 gesehen, das war der private Umtauschkurs Westmark zu Ostmark.

**Wie haben Sie dann im Herbst 1989 die friedliche Revolution in der DDR erlebt?**

Im Frühjahr 89 wurde die Stimmung in den Betrieben immer aggressiver. Wenn der Minister kam, der ja ein Vertreter der Machtelite war, wurde von den Arbeitern kein Blatt vor den Mund genommen. Ich war erstaunt. Es gab keine Angst mehr vor der Stasi oder dergleichen. Der Minister bekam richtig die Kante, wenn wir da kamen.

Diese Veränderung der Stimmung, das hat man gemerkt im Jahr 89. Ich war im September in Petersburg, Leningrad damals, dort habe ich verstümmelte Afghanistan-Kämpfer auf der Straße gesehen, die diese Wyssozki-Lieder gesungen haben. Und da habe ich noch gedacht: „In der DDR in zwanzig Jahren nicht." Dann bin ich wieder nach Hause gefahren, und dort brodelte es. Mein Vater sagte mir irgendwann mal: „Kannst du es dir vorstellen? Jetzt verteilt schon die SED-Kreisleitung das Wernesgrüner." Die hatten Angst, das Bier im Konsum zu verkaufen, weil es so wenig gab, und dass es dann einen Aufstand gibt. Also wurde das zugeteilt. Mein Vater sagte, die sind am Ende. Die sind fertig. Und trotzdem war der Mauerfall selbst eine ziemliche Überraschung.

Man hat in Berlin schon ein bisschen was mitbekommen, hatte Kontakte zu Leuten der Umweltbibliothek. Das waren aber Strukturen, bei denen ich vorsichtig war, auch wenn ich gut fand, dass es so was gab. Ich hatte durch meine Militärzeit und durch die Zeit im Ministerium eine ganz gute Vorstellung davon, über welche „Folterinstrumente" der Staat verfügte, wie groß das Gewaltpotenzial war.

Ich habe zum Beispiel eines Abends an einer Kirche in Berlin – meine Kumpels und ich hatten dort in der Nähe Fußball gespielt – gesehen, da steht überall im Dunkeln Bereitschaftspolizei.

**Das war Anfang Oktober 1989.**

Genau. Die hatten die eingekesselt, und als die Leute aus der Kirche kamen, wurden sie auf die Lkws getrieben. Da war ich entsetzt, weil mir klar war: Jetzt geht es in eine andere Qualität, jetzt fangen die an, brutal zu werden. Was passiert jetzt mit dem Land? Wird das jetzt eine Militärdiktatur? Und dann dieser plötzliche Mauerfall. Wir haben ihn gesehen, diesen Schabowski-Auftritt. Diesen dilettantischen Auftritt.

Mein Gedanke war: „Was, das kann jeder? Einfach über die Grenze? Das glaube ich im Leben nicht." Der Schießbefehl galt weiter. Schabowskis Auftritt war unverantwortlich.

**Mich würde jetzt die Zeit zwischen dem Mauerfall und der Wiedervereinigung interessieren. Was war da los in dem Ministerium, in dem Sie gearbeitet haben? Zunächst ging es ja um die Reformation der DDR, um eine Neuaufstellung.**

Es wurde diskutiert, wie man die DDR besser machen kann. Und ich habe da von Anfang an skeptisch dabeigesessen und gedacht, alle, die da diskutieren, haben wegen der extremen Intransparenz in der gesamten Gesellschaft keine wirkliche Vorstellung vom Zustand der Volkswirtschaft. Ich hatte durch das Hinterherlaufen hinter dem Minister das Privileg, gesehen zu haben, wie es wirklich aussah.

**Mich interessiert eigentlich vor allem, wie es in Ihrem Ministerium war. Wie war die Atmosphäre, als es nicht mehr nur hieß „Wir sind das Volk", sondern „Wir sind ein Volk"? Waren die Leute da eher verschreckt? Sie werden ja nicht der Einzige gewesen sein, der das auch als Chance begriffen hat.**

Als die Mauer gefallen war, gab es zunächst mal einen Schockzustand bei den Oberen. Es wurde geschwiegen. Es fehlte sozusagen das Selbstbewusstsein der Führung, weil die begriffen hatte, dass ihr Ende naht. Und in der Phase gab's einfach Orientierungslosigkeit im Ministerium. Die Älteren, die ganz straffen Genossen, die verstanden die Welt nicht mehr. Und die Jüngeren haben einfach Wege gesucht, die haben die offene Grenze genutzt. Plötzlich hatten alle irgendwelche Verwandten. Der Bürochef des Ministers, der fing an, Geschäfte mitzumachen, weil er einen Bruder im Westen hatte. Ich sagte zu ihm: „Du hast einen Bruder im Westen?! Wow. Du bist hier Büroleiter des Ministers."

Was auch bemerkenswert war: Die junge Elite, also Leute, die jetzt gerade dabei waren, ihre ersten beruflichen Schritte zu gehen, und durch ihre Eltern in der Position waren, bestimmte Positionen in bestimmten gesellschaftlichen Strukturen zu erreichen, die waren relativ klar und nüchtern. „Wenn es zur Einheit kommt, werden wir uns hintanstellen." Das habe ich für mich überhaupt nicht gesehen. Ich habe gedacht: „Mein Gott, es ist doch klasse, wenn sich das jetzt auflöst. Endlich kommt dieser lähmende Mehltau weg."

**Für Sie war es also ein Aufbruch?**
Für mich war das ein klarer Aufbruch. Ich weiß noch, ich war im Dezember 1988 drei Wochen in der Schweiz gewesen und habe als Vertreter der DDR an so einer internationalen Tagung teilgenommen – zusammen mit ein paar Kollegen und Aufpassern. Irgendwann habe ich mal die Aufpasser abgeschüttelt, bin allein rumgelaufen und habe dort in Genf am See diese Häuser gesehen, diese Villen, die Konzentration an Porsches, Bentleys und Maseratis. Da habe ich gedacht: „Wenn die Ostdeutschen das hier sehen, da gibt es einen kollektiven Schock, der ganze Sozialismus ist ja so eine hohle Nuss."

**Wie sind Sie denn konkret zur Treuhand gekommen? Sie waren schließlich der einzige ostdeutsche Direktor in der Treuhand, etwas, das interessanterweise auch heute noch für andere Ihr Alleinstellungsmerkmal zu sein scheint, gemessen an anderen Gesprächen, die ich geführt habe.**
In meiner Zeit beim Ministerium habe ich auf der Suche nach neuen Wegen mit einem stellvertretenden Minister eine Informationsreise in den Westen Deutschlands gemacht. Wir waren in Bayern, im Wirtschaftsministerium, trafen dort zwei Abteilungsleiter und haben so informelle Gespräche geführt. Einer der Abteilungsleiter, die ich so kennengelernt habe, Dr. Wild, erschien dann plötzlich in den Medien, als Treuhand-Vorstand für Sanierung. Und Dr. Wild suchte einen Assistenten – in der Phase habe ich mich einfach bei ihm gemeldet. Wild sagte: „Wir reden nicht lang drumherum. Kommen Sie her. Ich habe noch eine Erinnerung von Ihnen, das frischen wir nochmal auf."
Also bin ich nach Berlin, habe mich mit dem Mann unterhalten, und nach einer Stunde sagt er: „Herr Scheunert, ich würde Ihnen anbieten, dass Sie mein Assistent werden." Und dann habe ich angefangen, als Assistent beim Vorstand. So habe ich über den Dr. Wild die Vor-

standsebene kennengelernt, Rohwedder hatte ich vorher schon in der Volkskammer getroffen.

Nach der Wahl am 18. März traten ja die SED-Minister ab, und dann kamen die CDU-Leute. Und da ich sozusagen die Gnade der späten Geburt hatte, bin ich von dem einen Minister zum anderen. Also von Rot zu Schwarz. Von Lauck in der DDR-Zeit zu Wirtschaftsminister Pohl. Da war ich Parlamentarischer Referent, und das fand ich spannend – Parlament kannte ich gar nicht. Und plötzlich saß ich als Verbindungsmann des Wirtschaftsministeriums im Parlament und war dort sozusagen Gast im Wirtschaftsausschuss. Und in Ausschusssitzungen habe ich dann oftmals die Interessen des Wirtschaftsministeriums vertreten. Über den Ausschussvorsitzenden dort habe ich irgendwann den Herrn Rohwedder kennengelernt. Der hatte in der Volkskammer einen Vortrag halten sollen und musste aus irgendeinem Grund warten. Diese Zeit haben wir dann zum Gespräch genutzt, und das endete damit, dass Rohwedder sagte: „Schauen Sie, Sie sind jung! Kommen Sie zu uns. Wir bringen Ihnen die Marktwirtschaft bei, und Sie sagen uns, wo hier die gefährlichsten Stellen sind." Zwischendurch hatte ich mich sogar noch bei Rohwedder selbst beworben. Da bin ich aber an die politische Glasdecke gestoßen. Man hatte natürlich sofort meine Akte, wusste, dass ich Genosse gewesen war und für einen DDR-Minister gearbeitet hatte. Das war dann doch zu viel Kontaminierung.

Nach sechs Monaten kam dann die furchtbare Ermordung Rohwedders. Ich hatte Freitag noch mit Dr. Wild zusammen an einem Gespräch mit Rohwedder teilgenommen, da ging es um die Privatisierung von Zeiss Jena. Rohwedder hat noch gesagt: „Denkt dran, Zeiss gehört zur Würde Thüringens. Das können wir nicht so einfach privatisieren und mit den Füßen treten." Das war der letzte Satz, den ich von ihm gehört habe.

In den Tagen vor seiner Ermordung war schon so eine Stimmung in Berlin gegen die Treuhand. Da hat man sich schon umgedreht, wenn man abends erst um neun, um zehn aus dem Büro raus ist.

**Wer war Rohwedder für Sie?**
Rohwedder war für mich eine Bezugsperson. Mein Vater starb in der Zeit, und ich war noch ein junger Mann, ich suchte also nach Männern, an denen ich mich orientieren konnte. Mein Minister war aus der alten Struktur. Die ganze Elite hatte sich da völlig disqualifiziert. Rohwedder war eine ganz andere Persönlichkeit. Das hat mich schon sehr beeindruckt.

**Was hat Sie so sehr beeindruckt an Rohwedder?**
Selbstbewusstsein. Das weltmännische Auftreten. Die Selbstsicherheit im Umgang mit Konflikten. Völlig angstfrei. Ich habe erlebt, wie der Betriebsrat und Mitarbeiter von Interhotel die Treuhand stürmten. Die waren plötzlich auf der Vorstandsetage. Und da kam gerade Rohwedder aus seinem Büro. Der Flur füllte sich mit wütenden Interhotel-Mitarbeitern, muss man sich mal vorstellen, der Gang war zwei Meter breit. Es war beeindruckend, mit welcher Souveränität er so eine Spannungssituation gemeistert hat. Er neigte allerdings aufgrund seiner Größe dazu, seine Brille so runterzugucken, das wirkte per se arrogant.
Und er hat dann so Sprüche gemacht. Das war eines seiner Markenzeichen. Zu den Interhotel-Leuten sagte er den Satz: „Nur die dümmsten Kälber suchen ihre Metzger selber." Hintergrund war, die hatten einen Vorvertrag mit Steigenberger gemacht, wozu sie gar nicht legitimiert waren. Die Treuhand als Eigentümer konnte Verträge machen, sie nicht. Und die Steigenberger-Leute hatten die Gelegenheit natürlich genutzt. Die hatten die Interhotel-Leute komplett über den Tisch gezogen, alles zulasten der Treuhand. Die Treuhand sollte die Privatisierung praktisch für Steigenberger bezahlen. Und Rohwedder hatte sich den Vertrag angeschaut. Und er als Jurist, als Wirtschaftsprüfer, er hat gesagt: „Das kann ja wohl nicht wahr sein." Er hat sich damals sehr echauffiert, dass westdeutsche Investoren diese Schwäche der Ostdeutschen, die Not, irgendwo eine Anbindung zu finden, so gnadenlos ausgenutzt haben und das über jede Schamgrenze hinweg.

Eine Sparte von Thyssen war so ein Fall, die haben sich da nicht mit Ruhm bekleckert. Und auch die Steigenberger-Leute hatten da massiv zugeschlagen. Das hat Rohwedder gemeint mit: Nur die dümmsten Kälber suchen sich die Metzger selber. Aber die Betriebsräte und Mitarbeiter reagierten wutentbrannt und haben diese Arroganz als demütigend empfunden. Weil er damit gesagt hat: „Ihr Deppen, ihr habt überhaupt nicht verstanden, dass ihr über den Tisch gezogen werdet."

Nach der Ermordung Rohwedders sollte ich dann im Auftrag von Dr. Wild einen Ostdeutschen suchen, der möglichst nicht kontaminiert ist, idealerweise aus der Bürgerbewegung kommt und den man in der Treuhand politisch ungefährlich in eine Führungsposition bringen kann. In der alten Treuhand saßen im Vorstand zwei Ostdeutsche. Da war Wolfram Krause, der hat im Vorstand die Finanzen gemacht – als Ostdeutscher. Und da war noch ein zweiter Minister, der dann irgendwie da gelandet war. Beide sind dann aber wegen bestimmten Vorwürfen, ob nun berechtigt oder unberechtigt, entfernt worden. Danach war der Vorstand rein westdeutsch, ebenso das Direktorium, das die Beteiligungsführung und Privatisierung verantwortet hatte.

Ich sollte also jemanden suchen, fand aber niemanden. Ich habe echt gesucht. Aber ich wusste auch, wenn ich hier einen empfehle und dann kommt raus, dass der doch eine Akte hat, dann sehe ich aber dumm aus, dann ist es mit meiner Karriere in der Treuhand vorbei. Da war ich natürlich sehr zurückhaltend. Dann hat Dr. Wild mir gesagt: „Warum nicht Sie?"

**Wann war das genau?**
Vierzehn Tage nach Rohwedders Ermordung ungefähr. Da war ich 31 und die Kollegen natürlich alle Mitte fünfzig oder sechzig mit einer Menge Berufserfahrung in Sachen Marktwirtschaft.

**Hatten Sie das Gefühl, dass Sie trotz Ihres Alters und Ihrer ostdeutschen Biografie ernst genommen werden?**
Das war zweigeteilt. Es gab ältere Manager, die meine Väter hätten sein können, die waren jovial, die haben das großzügig gesehen. Die haben gesagt: „Finden wir toll, dass ein Ostdeutscher Verantwortung übernimmt." Und die haben auch ihre Hilfe angeboten. Interessanterweise war es meine Generation, die mir eher feindlich gesinnt war. Die Hackordnung war ja eigentlich klar: Zuerst kamen die Westdeutschen – die Älteren waren jetzt am Drücker, und die junge Generation dachte sich: „Wir kommen dann bald dran." Und plötzlich kam ein Ostdeutscher von da unten, war plötzlich auf gleicher Höhe und ging sogar an ihnen vorbei. Ich habe mich ja nicht mit Referent oder Abteilungsleiter „aufgehalten", ich wurde sofort Direktor und damit verantwortlich für ein Direktorat mit Beteiligungsführung und Privatisierung ganzer Branchen. Das war für die jungen Westdeutschen offenbar ziemlich irritierend.
Ich glaube, es war auch Unverständnis. Wie kann das sein, dass ein Ostdeutscher auf diese Position kommt? Da hat sich sicher mancher der anderen jungen westdeutschen Manager gedacht: „Ich bin international ausgebildet, spreche drei Sprachen, habe einen MBA und auch bereits die Erfahrung. Und der Ossi, der bekommt den Posten. Also da habe ich Ellenbogen kennengelernt. Mir war das zu klein gedacht. Ich konnte schließlich etwas einbringen. Ich kannte Ostdeutschland schließlich per Definition mehr als die. Aber es waren eher die Älteren, die abends in mein Büro kamen und fragten, wie sie bei dem und dem Thema am besten mit den Leuten umgehen sollten.

**Wofür waren Sie genau Direktor?**
Für die Beteiligungsführung und Privatisierung der Branchen Glas, Keramik, Optik, Medizintechnik und Feinmechanik. Also dieser Großfall Zeiss Jena zum Beispiel, aber in der Mehrheit mittelständische Unternehmen.

**Dafür waren Sie auch zuständig?**
Ja, Dr. Wild als Vorstand hat wesentlich den sehr komplexen Privatisierungsprozess vorangetrieben. Er war da federführend, ich war da eher in der Juniorrolle. Ich meine, das Mikroelektronikkombinat, das waren zu DDR-Zeiten 60.000 Leute. Und dann waren es 30.000. Das Kombinat war ja schon aufgelöst worden. 10.000 Arbeitsplätze haben wir letztlich retten können, mit einem gigantischen Finanzaufwand. 265.000 DM pro Arbeitsplatz! Das war damals, wie es in der Zeitung hieß, der erste ordnungspolitische Sündenfall, den die Treuhand begangen hatte.

**Sie waren da sicher auch selbst vor Ort und haben die Leute kennengelernt.**
Ja, ich hatte aus meiner Erfahrung vor der Wende mit meinem Minister gelernt, wie man mit solchen Situationen umgeht. Aber dann war ich eben nicht mehr Assistent, sondern der, der vorne stand und mit den Menschen direkt in die Konfrontation gehen muss.

**Wie viele Unternehmen, wie viele Beschäftigte waren das?**
Das waren 110 Unternehmen, für die ich verantwortlich war, mit 78.000 Beschäftigten. Die Schwerpunkte waren in Sachsen und Thüringen. Dabei habe ich gemerkt, die Leute hatten einen angestauten Erwartungsdruck nach Konsum, Freiheit, Reisen und Kultur. Der brach dann auf die Treuhand ein, quasi als Ersatzregierung, und alles, was wir nicht erfüllen konnten, führte zu einer wahnsinnigen Enttäuschung und kippte dann irgendwann um in Wut.

**Haben Sie ein konkretes Beispiel?**
Glasring Thüringen in Ilmenau, ein großes Glaskombinat, das technisches Glas gemacht hat. Die Kapazitäten waren für den RGW ausgelegt, die hatten fast zwanzig Glasöfen. Dort hat man den ganzen Ostblock mit technischem Glas versorgt. Dann kam die Wende und die Währungsreform, und das hat Glasring total getroffen. Und ich

musste dann eine Privatisierungslösung bringen. Das Management des Betriebes hatte sich Berater geholt, die haben für sehr hohe Beraterhonorare Konzepte der Eigenständigkeit entwickelt. Die haben das Unternehmen von der Ursprungsstruktur enorm runtergeschnitten. Das Unternehmen hat also schon in Eigenregie versucht, seine Strukturen anzupassen und hat dann eine Gesamtprivatisierung präferiert – mit einem kleinen Schönheitsfehler: Die Treuhand sollte das bezahlen. Es war aber nicht vorgesehen, dass die privaten unternehmerischen Visionen von Beratern und Geschäftsführern von der Öffentlichkeit bezahlt werden. Und ich rede hier nicht von drei Millionen, das waren ganz andere Dimensionen. Diese Blocklösung konnten wir also so nicht machen. Da war der Treuhandvorstand ganz klar. Ich musste also eine Alternativlösung finden. Daher haben wir uns auf die Einzelprivatisierung konzentriert. Wir dachten, wenn wir die einzelnen Unternehmen privatisieren, dann erreichen wir eine sichere Struktur. Das wird nicht so viel Geld kosten. Der Nachteil dieser Lösung war, dass der Zentralbetrieb mit den gewaltigen Glaskapazitäten keine Zukunft hatte. Das hat wahrscheinlich das Denken befeuert, die Treuhand mache alles platt, damit die westdeutsche Konkurrenz keinen Widerstand hat.
Es gab tatsächlich auch solche Versuche. Vom Glasverband wurde ich mal so angesprochen, nach dem Motto: „Die Steuergelder, die wir der Regierung von unseren sauber verdienten Gewinnen abgeben, nehmt ihr jetzt, um uns im eigenen Land einen Wettbewerb aufzubauen." Aber da habe ich mich immer an Rohwedder orientiert. Der hat gesagt: „Ich muss eine gesamte Volkswirtschaft privatisieren, eine Aufgabe, die es so noch nie gegeben hat in der Menschheitsgeschichte. Ich kann hier keine Rücksicht nehmen." Wenn da jemand meinte, ihn in die Ecke stellen zu können, hat er da richtig Widerstand geleistet. Na ja, und ich habe mich daran orientiert und auch Widerstand geleistet. Ich sagte den Beratern: „Nix da, wir finden eine kleinteiligere Privatisierungslösung." Der Vorstand des Unternehmens, die Berater und auch die Lokalpolitik hatten sich aber natürlich schon für die-

se große Lösung erwärmt. Da wurden Medien instrumentalisiert, da wurde Stimmung gemacht, und dann gab es ein unglückliches Interview, das ich in meiner Naivität geführt habe, zu einem völlig falschen Zeitpunkt. Das kam dann da unten an und geriet bei den Leuten in den völlig falschen Hals. Und am Ende standen mir dann bei einer Veranstaltung 2.000 Glasarbeiter gegenüber, die hatten Arme, wie ich Beine habe, und die wollten mir an den Hals. Ich habe schon geguckt: Wo ist hier die Tür, wenn ich rennen muss? Aber du hattest dort natürlich das Gefühl, du bist derjenige, der diesen Menschen ihre Hoffnung, ihre Ehre, ihre Illusionen nimmt. Du bist derjenige, der die Realität hier nach Ilmenau bringt. Da kamen dann noch Investoren; einer, der wollte dann diese große Fabrik kaufen, aber natürlich auch mit Geld der Treuhandanstalt. Leute, die vorher eine kleine Firma hatten, die wollten dann Großunternehmer sein. Für uns war relativ schnell durchschaubar, dass die völlig ungeeignet waren. Aber die Leute vor Ort, die waren natürlich in gewisser Weise blind. Die haben den Mann gesehen mit seinem Leihwagen und dachten: „Mensch, großer Mercedes, großer Unternehmer, der bringt doch Geld hierher." Das war aber nicht der Fall. Und in diesem Konflikt wurde die Auseinandersetzung immer härter, immer persönlicher, immer verletzender gegenseitig. Und doch habe ich diese Einzelprivatisierung durchgezogen – gegen allen Widerstand, natürlich auf Basis der Entscheidung des Gesamtvorstandes der Treuhandanstalt.

**Wie macht man sowas mental?**
Na ja, man fühlt sich nicht gut, man fühlt sich absolut unwohl. Am Ende wollen wir doch alle ein bisschen geschätzt und anerkannt werden. Und wenn du so viel Hass erlebst und so viel Aggressivität und Angst …, na ja, ich war jung, das hat mich nicht wirklich erreicht. Aber ich habe schon Zweifel bekommen und wirklich ernsthaft nach Auswegen gesucht. Aber es war irgendwann zu spät.
Und am Ende bist du dann auch nicht sicher, dass sich deine Lösung wirklich trägt. Ich habe einen anderen Fall in Thüringen gehabt, Sim-

son Suhl, die Jagdwaffen. Das war noch eine ganz andere historisch-politische Dimension, weil es sich dabei um jüdisches Eigentum der Familie Simson handelte, die 1936 enteignet worden war. Die haben alle noch Deutschland verlassen können und kamen natürlich 1990 wieder, also ein Nachfahre, der sollte sozusagen dieses Familienerbe wieder zurückerwerben. An dem Fall habe ich wahnsinnig viel gelernt. Schon dieser Anwalt der Familie: Mister Frank. Der war schon 80 Jahre alt, kam ohne Laptop oder Aktenberge und wollte nur eine Schüssel mit Zuckerwürfeln, weil er ein Diabetesproblem hatte. Ich habe von dem unheimlich viel gelernt, von diesem alten jüdischen Mann. Wir haben viel über Geschichte diskutiert und haben anderthalb Jahre verhandelt. Aber der war ganz nüchtern, der wollte am Ende nur eine Abfindung. Dass die Familie aber schon in den 60er Jahren durch die „Jewish Claim Konferenz" eine Abfindung bekommen hatte, hat er mir nicht verraten. Der Treuhand war dieser Umstand nicht bekannt. Wir haben die Familie Simson also zweimal entschädigt. Angesichts der historischen Ereignisse haben wir das natürlich nicht reklamiert.

Dann gab es aber noch einen anderen Familienzweig, der wollte in Suhl wieder investieren und hat den Leuten dort Hoffnungen gemacht. Es gab dort 500 Graveure, europaweit die größte Kapazität. Und das waren alles Künstler; wie die diese Bockdoppelflinten gravierten, das war was Tolles. Dieser Familienzweig hatte ein Konzept gemacht, wonach nicht die handwerkliche Manufakturkompetenz der Suhler Graveure, sondern automatisiert Handfeuerwaffen mit der Firma Colt aus Amerika produziert werden sollten. Natürlich haben wir das geprüft und gesehen, das ist ähnlich wie Ilmenau. Das sieht danach aus, dass wir hier nachschießen müssen. Jedenfalls war das das Ergebnis mehrerer Gutachten. Auch wieder ein deutlicher zweistelliger Millionenbetrag. Das war für uns keine tragfähige Lösung, schließlich haben wir bei Privatisierungen Steuergelder eingesetzt. Dafür hast du als Treuhand-Manager gehaftet! Am Ende haben wir uns also wieder für ein anderes Konzept entschieden als vom Management und dem

Betriebsrat gewollt und das Ganze mit einem französisch-belgischen Konsortium realisiert. Dagegen gab es ganz massiven Widerstand, weil die Simson-Familie inzwischen schon lokal Kontakte geknüpft hatte und vor Ort gegen die Lösung der Treuhand Stimmung gemacht wurde. Das wirkliche Schlimme und echte Pech war in diesem Fall, dass dieses Investorenkonsortium ein Jahr später zusammenbrach, weil ein großer französischer Jagdwaffenhändler insolvent gegangen war. Plötzlich tauchten im großen Umfang Jagdwaffen am Markt auf, und die Preise verfielen. Damit hat sich das Investment nicht mehr gerechnet. Was da wirklich an komplexen wirtschaftlichen Ursachen dahinterstand, haben die Leute in Suhl natürlich nicht durchschauen können und stattdessen in der Sache eine Verschwörung und in der Treuhand, konkret in mir, den Bösewicht gesehen. Und ich war dann der bezahlte Kapitalistenknecht. Ich habe dann manchmal gesagt: „Leute, wenn ich so einer bin, wo ist dann mein Haus auf Mallorca, wo ist meine Jacht, wo ist mein Flugzeug?" Aber das glaubte dir natürlich niemand. Und so blieb am Ende das Gefühl der Niederlage für mich und für die Menschen vor Ort die fehlende Zukunft.

Bei anderen Betrieben, da habe ich mit Freude beobachtet, dass es die 25 Jahre nach der Privatisierung immer noch gab. Da habe ich schon Stolz empfunden, wenn ich dort langgefahren bin und die Fabrik immer noch gesehen habe.

**Welche Fabrik?**
Zum Beispiel das Flachglaswerk Tschernitz in der Lausitz, an der Grenze zu Polen. Da wurden zu DDR-Zeiten die Röhrenkolben für die Fernseher gebaut. Und dort habe ich den südkoreanischen Konzern Samsung überzeugen können, mehrere 100 Millionen zu investieren und mehrere 100 Arbeitsplätze zu schaffen.

**Glauben Sie, diese Form der Privatisierung, gerade der „Turboprivatisierung" unter Frau Breuel, war rückblickend eine gute Entscheidung? Gibt es da Dinge, die Sie möglicherweise kritisch sehen?**

Da gibt es mehrere Aspekte. Erstens: Die sozialistische Planwirtschaft umzuwandeln, konnte weder von selbst noch unter staatlicher Verwaltung laufen, im Sinne von Beteiligungsgesellschaften des Bundesfinanzministerium. Die machten zwei Privatisierungen im Jahr. Es musste also eine Organisation als Motor dieses Transformationsprozesses geschaffen werden. Das besonders Schwierige war, dass sich diese Organisation ja erst im Aufbau befand. Die Treuhand ist ja in vier Jahren von null auf 2.600 Mitarbeiter und 1.000 Berater gewachsen und dann wieder verschwunden. Ich glaube, dass die Alternative, mehr zu sanieren, eine schöne Vision war, die aber keine Grundlage in der Realität hatte, weil Kohl im Wahlkampf 1990 den Westdeutschen versprochen hatte, dass sie davon nicht sehr belastet werden. Dann kam dieser Solidaritätszuschlag mit den 5,5 Prozent auf die Einkommensteuer, für die riesigen Kosten der Einheit war das sehr moderat. Aber das Geld für die Sanierung einer ganzen Volkswirtschaft zur Verfügung zu stellen, war nicht kalkulierbar. Ich weiß noch, für die erste Finanzplanung der Treuanstalt hat die Bundesregierung ca. 5,5 Milliarden eingestellt, ungefähr. Lächerlich. Wir haben von allen Betrieben ihren Finanzbedarf und ihr Konzept abgefragt. Dann kamen die Antworten – zusammengerechnet war man da bei etwa 100 Milliarden Finanzierungsbedarf. Dr. Wild sagte sofort, das wären sechs Prozent Mehrwertsteuer. Das hält dieses Land nicht aus. Damit brauchen wir gar nicht nach Bonn gehen. Dann sind sie nach Bonn gegangen und haben genau ein Prozent bekommen, also 16 Milliarden DM. Die haben nur für einige Monate ausgereicht.

**Nochmal zurück zu meiner Frage: Glauben Sie, dass es eine gute und richtige Lösung war, mit der Treuhand eine gesamte Volkswirtschaft zu privatisieren?**

Ich glaube, so ein gewaltiger Prozess wird ohne Organisationsstruktur niemals funktionieren. Deswegen war so ein Motor der Transformation, wie die Treuhand es war, richtig. Ich glaube nämlich, eine andere Lösung wäre auch nicht besser gewesen. Es gab von den Bürgerrechtlern die Idee mit dem Ausgeben von Anteilsscheinen. Was wäre dann passiert? Es hätten sich Oligarchien gebildet wie in Russland. Der clevere Schwabe wäre rübergekommen und hätte den Sachsen gesagt: „Ach eure Scheine, die sind doch nichts wert. Die kaufe ich euch ab für 5.000 Euro oder D-Mark." Die Sachsen hätten alle ihre Anteile verkauft, genauso die Mecklenburger. Das wäre eine undemokratische Geschichte gewesen, das wäre kriminell geworden. Außerdem haben alle nur an Vermögen gedacht, ohne die Schuldenseite zu sehen. Als ich 49 Prozent von Zeiss Jena für eine D-Mark an das Land Thüringen übertragen habe, hat mir irgendein Witzbold eine Überweisung über eine D-Mark geschickt und geschrieben, er wolle die anderen 50 Prozent haben. Da habe ich dem Mann geantwortet: „Das können Sie haben, Sie müssen aber auch die 1,5 Milliarden Schulden nehmen." Also die Organisationsstruktur war die richtige, ob das Personal immer das richtige war in all seinen Verästelungen …
Wissen Sie, ich kam in die Treuhand, da standen die Geschäftsführer schon in Reihe vorm Büro. „Ich habe hier 700 Leute, die wollen Lohn haben, und ich kann keinen Lohn mehr zahlen." Die Ostdeutschen wollten ihre Arbeitsplätze von der Treuhand garantiert bekommen. Gleichzeitig wollten sie aber keinen Trabi mehr kaufen und in West bezahlt werden. Die wollten ihre eigenen Produkte nicht mehr und gleichzeitig wollten sie ihre Arbeitsplätze. Doch das war die Quadratur des Kreises.
Und dann war es so, nicht alle privaten Investoren waren mit ehrenhaften Zielen unterwegs. Mancher hat auch mit den Subventionen der Treuhand für den Standort in Ostdeutschland seinem westdeutschen

Betrieb ein bisschen auf die Beine geholfen. Aber angesichts der Dimensionen, war doch klar, dass es so etwas geben würde. 3,6 Prozent der Fälle haben zu staatsanwaltlichen Ermittlungen geführt. Es gibt sicherlich eine Dunkelziffer, 5 bis 10 Prozent vielleicht. Alle, mit denen ich im Ausland spreche, sagen, sie seien total beeindruckt, dass wir diese Riesentransformation so hinbekommen hätten. Vor allem, dass wir nicht zugelassen haben, dass kriminelle Strukturen im Ganzen Fuß fassen. Natürlich hat es Einzelfälle gegeben, und die sind bitter und unentschuldbar.

Auf der anderen Seite – wenn man hier auf der Westseite durchlaufen müsste, was die Ostdeutschen erlitten haben, was die mit so viel Disziplin ertragen haben, ich weiß nicht, was da los wäre.

**Was kam für Sie nach der Treuhand?**
Ich habe im Februar 1994 aufgehört. Und im März habe ich dann einen sogenannten Rückläufer übernommen. Das war ein Unternehmen, das privatisiert wurde, bei dem die Privatisierung aber dann nicht funktioniert hat. Es war ein großer Anlagenbauer in Berlin. Ich habe versucht, das Unternehmen zu stabilisieren. Wir haben dann mit der GEA in Bochum eine zweite Privatisierung gemacht. Das war mein erster Job, und danach bin ich rüber, obwohl ich zunächst noch versucht hatte, in Ostdeutschland Fuß zu fassen.

Ich wollte was Eigenes machen, selbst Treuhandbetriebe übernehmen und versuchen, mich als Unternehmer zu etablieren. Ich kannte alle Strukturen, die ich dafür brauchte, hatte Kontakte in die Finanzwelt und dachte, das wäre mein großes Thema. Dafür gab es aber kein politisches Mandat, das habe ich dann an mir selbst erfahren müssen. Es gab am Ende der Treuhand zu wenig ostdeutsche Unternehmer. 80 Prozent der Privatisierung ging an Westdeutsche, 16 oder 17 Prozent an Ausländer und 3,4 Prozent an Ostdeutsche. Das war zu wenig. Wir haben keinen ostdeutschen Mittelstand geschaffen. Das war aber auch nicht unser Mandat. Politisch hätte das Ostdeutschland sehr gutgetan, Anfang der neunziger Jahre einen Mittelstand zu etablieren.

**Das heißt, sie sind nicht in Ostdeutschland geblieben?**
Ich wollte das, aber viele Betriebe hatten Bedenken, dass meine Vergangenheit in der Treuhand in der Belegschaft zu einer Belastung werden könnte, auch wenn man mich fachlich oder als Mensch gern genommen hätte. Und daraufhin bin ich dann ein bisschen frustriert in den Westen nach Ostwestfalen gegangen und habe dort die Sanierung eines großen Automobilzulieferers übernommen. Danach bin ich ein paar Jahre bei Daimler gewesen. Und dann bin ich später ins Private-Equity-Business gewechselt. Da habe ich in Bayern eine Unternehmensgruppe in der Kosmetikindustrie geführt. Schließlich musste ich aus gesundheitlichen Gründen etwas früher aufhören und habe mich dann noch als Berater und Dozent für Unternehmensführung versucht. Das habe ich noch eine Zeit lang gemacht, solange es möglich war.

# Hans-Jürgen Meyer

*„1990 gab es keinen Plan, wie man mit so einer Situation umgeht. Da konnte man nicht lange über Konzepte reden, sondern musste handeln."*

Dr. Hans-Jürgen Meyer wurde 1957 in West-Berlin geboren. Er hat in Tübingen und Harvard Jura studiert und anschließend als Richter am Berliner Verwaltungsgericht gearbeitet. Von April 1991 bis 2000 war er bei der Treuhandanstalt und bei der Bundesanstalt für vereinigungsbedingte Sonderaufgaben (BvS). Er arbeitete zunächst als Stabsreferent im Direktorat Recht, dann als Abteilungsleiter Privatisierung Großchemie, Direktorat Chemie und anschließend als Direktor Privatisierung, Restrukturierung, Vertragsmanagement, Beteiligungsführung mit Schwerpunkt im Bereich Energiewirtschaft, Bergbau, Chemie. Nach dieser Zeit wurde er u.a. Finanzvorstand bei Vattenfall Europe AG und Dussmann Group. Heute ist er als Rechtsanwalt und Unternehmensberater tätig.

**Herr Dr. Meyer, welche Beziehung hatten Sie als Kind zur DDR, und wie haben Sie die Teilung erlebt?**
Ich bin 1957 geboren, demnach war ich beim Bau der Berliner Mauer vier Jahre alt und habe in den sechziger Jahren meine jüngere Kindheit verbracht. Diese Zeitumstände haben mich sehr stark geprägt. Denn wenn man zu der Zeit in West-Berlin gelebt hat, hat man die politische Situation unmittelbar erlebt. Als Kind teilte sich einem das

über die Eltern mit. Man muss sich nur mal kurz daran erinnern: 1959 gab es das Chruschtschow-Ultimatum, welches die Freiheit West-Berlins bedroht hat. 1961 der Mauerbau, 1962 die Kubakrise. West-Berlin war damals durch die Mauer umschlossen, und wenn man nach Westdeutschland fahren wollte, musste man sich peinlichen Grenzkontrollen unterwerfen. Man hat diese Teilungssituation als Kind bereits unmittelbar gespürt und empfunden, dass die Russen eine Art von Bedrohung darstellten. Hinzu kommt, dass ein Teil meiner Familie im Osten lebte, mit dem wir zwar postalisch in Verbindung standen, aber den wir nicht sehen konnten, weil wir als West-Berliner, mal von wenigen Passierscheinsituationen abgesehen, nicht rüberkamen. Insofern habe ich von klein auf mit dieser Teilung gelebt und es in den siebziger Jahren dann auch politisch bewusster erlebt.

**Haben Sie Ihre Verwandten in Ost-Berlin damals auch besucht?**
Als die Ostverträge das Reisen möglich machten, habe ich davon auch Gebrauch gemacht, um die Verwandten zu besuchen. Mein Patenonkel, meine Tante und zwei Töchter, die ungefähr in meinem Alter sind, sowie später dann auch ihre Partner – das war so ungefähr der Kreis der Personen. Der Kontakt war natürlich nicht intensiv, und man hat da nicht jeden Monat miteinander kommuniziert. Damals war die Kommunikation auch in erster Linie postalisch – telefonieren war praktisch nicht möglich. Man ist dann hin und wieder mal rübergefahren und hat sich gesehen, zum Teil auch mit größeren Abständen, weil jeder sein Leben gelebt hat, aber es war immer das Bewusstsein da, dass es dort Verwandte gibt und wir eigentlich zusammengehören.
Ich wollte auch damals schon Ost-Berlin und Potsdam kennenlernen. Das war schon in meiner Gymnasialzeit etwas, das mich interessiert hat. Man ist zwar nicht jeden Tag an die Mauer gelaufen und hat daran gerüttelt, und man konnte hier auch gut leben und hat nicht gelitten, aber man hat die Situation immer latent gespürt.

**Wie haben Sie während Ihres Studiums, als Sie auch in anderen Städten waren, auf diese Situation geblickt?**
Dadurch habe ich die Außenperspektive auf Berlin und die Teilung kennengelernt, und dann stellte sich natürlich die Frage: Wie geht es mit der politischen Situation in Deutschland weiter? Ich hatte keine konkrete Vision, dass es zur Wiedervereinigung Deutschlands kommen wird. Aber wenn ich dann in Tübingen bei Menschen und Kommilitonen aus Südwestdeutschland zu hören bekam, dass das eigentlich mit der Wiedervereinigung kein Thema mehr sei und dass man sich eigentlich einem Franzosen im Elsass näher fühle als einem Ostdeutschen, dann habe ich das einfach nicht verstanden. Denn für mich war ganz klar, dass es nicht sein konnte, dass zwei benachbarte Berliner Wohnbezirke zueinander als Ausland gelten sollten, getrennt durch eine Mauer, an der immer wieder auch geschossen wurde und Fluchtversuche scheiterten. Das konnte nicht der Endzustand sein, und ich fand diesen Spruch sehr passend: „Solange das Brandenburger Tor zu ist, ist die deutsche Frage offen." Aber ich hatte keine konkreten Ziele oder Visionen an der Stelle.

**Wie haben Sie die Zeit der friedlichen Revolution in der DDR und den Mauerfall erlebt bzw. in Erinnerung?**
Zu dem Zeitpunkt war ich wieder in Berlin und Richter am Verwaltungsgericht. Dieses Jahr 1989, also insbesondere die zweite Hälfte dieses Jahres, habe ich im Grunde genommen in einem Zustand permanenter Euphorie erlebt. Alle waren begeistert, und das war eine tolle Stimmung. Als dann der 9. November kam, war das für mich wahrscheinlich eines der besten, eindrucksvollsten persönlichen Erlebnisse. Damals rief mich meine damalige Freundin an und sagte: „Ja, was ist jetzt? Was sollen wir jetzt machen? Willst du jetzt zu Hause bleiben?" – was ich eigentlich vorhatte. Sie hat mich dann mobilisiert, zum Brandenburger Tor zu fahren, und da standen schon die Grenzer auf der Mauer und davor wahrscheinlich schon tausende Menschen,

die skandierten: „Die Mauer muss weg!" Das war eine großartige Situation.

**Sind Sie dann rübergegangen?**
Wir sind zum Grenzübergang in der Bornholmer Straße gefahren, als die Trabis und die Menschenmassen rüberkamen. Fassungslos und begeistert gleichzeitig standen wir da und irgendwann sagte meine Freundin zu mir: „Du, wir gehen da rüber!" Ich sagte dann: „Das können wir doch nicht machen." Denn ich war so geeicht als jemand, der da die sechziger und siebziger Jahre in West-Berlin verbracht hatte, dass ich dachte, dass man diese Grenze nicht verletzen durfte, weil man sonst Riesenärger mit den bewaffneten Organen der anderen Seite bekäme. Doch nach einigem Zögern bin ich dann mit ihr, sehr beklommen und ängstlich, rübergegangen. Als wir drüben ankamen, stand dort meine Cousine mit ihrem Mann, die im Prenzlauer Berg ein paar Straßen weiter wohnte.

**War das Zufall?**
Das war reiner Zufall! Wir sind dann mit ihnen in ihre Wohnung gegangen, in der Schönfließer Straße, das ist ein paar Ecken weiter, und haben dort Sekt getrunken. Es war vielleicht morgens um zwei, und natürlich war es toll, aber ich weiß, dass ich auch da schon wieder Angst hatte, dass wir hier eigentlich etwas machten, was wir nicht machen sollten. Wir hatten nämlich keinen Berechtigungsschein, um in den Osten zu gehen. Ich habe dann gedrängt: „Jetzt müssen wir aber wieder rüber", und fühlte mich erst dann wieder sicher, als wir wieder im freien Westen waren. Aber das war einfach eine ganz tolle Erfahrung.

**War Ihnen bewusst, dass mit der Wiedervereinigung der beiden deutschen Staaten auch erhebliche Probleme verbunden sein würden?**

Das war mir überhaupt nicht klar. Ich habe das so nicht reflektiert – für mich erfüllte sich damit ein Traum, dass Deutschland wiedervereinigt wurde und dass diese ganzen Beeinträchtigungen und der ganze Druck und die Drohungen usw., die mit der Situation im Kalten Krieg verbunden waren, aufhören sollten. Das stand im Vordergrund, und über die praktischen Konsequenzen habe ich zu dem Zeitpunkt noch nicht nachgedacht. Man hatte damals auch ein bisschen die Vision, die Helmut Kohl mit diesen blühenden Landschaften in Worte gefasst hat, dass das im Grunde so ähnlich ablaufen wird, wie nach dem Zweiten Weltkrieg in Westdeutschland. Man dachte, es würde so eine Art Wirtschaftswunder geben und dass der Osten aufholen würde. Aber was es im Endeffekt bedeuten würde, war mir damals nicht klar.

**Wie sind Sie konkret zur Treuhandanstalt gekommen?**

Ich war zunächst Richter am Verwaltungsgericht und nahm an diesem ganzen Prozess emotional, aber auch intellektuell starken Anteil und hatte das Bedürfnis, da irgendwie ranzukommen, mitzumachen und aktiv zu werden. Als Richter sind Sie nicht sehr aktiv, sondern Sie entscheiden mit einem gewissen zeitlichen Abstand über Probleme, die andere Leute haben und an Sie herantragen. Das Erste, was geschah, führte mich nicht in Richtung Treuhand, sondern auf einen anderen Weg: Die Berliner Senatsverwaltung für Justiz suchte jemanden, der die Anträge auf Übernahme von ostdeutschen Richtern und Staatsanwälten in den Justizdienst bearbeitete. Nach dem Einigungsvertrag war es ihr Recht, die Übernahme zu beantragen, aber es war natürlich eine Sache, die nicht so ohne Weiteres geschehen konnte, weil die Justiz in der DDR auch kompromittiert war. Also musste man da sehr sorgfältig mit umgehen und solche Entscheidungen sehr sorgfältig vorbereiten. Im Land Berlin lag dieser Prozess bei der Justizverwaltung, und ich hatte dann zusammen mit einem älteren Kollegen den Auftrag, eine Taskforce aufzubauen und die Personalakten zusammenzuziehen, soweit sie nicht komplett verschwunden oder gesäubert waren. Außerdem sollte ich die Gerichtsakten auf politische Urteile und Entscheidungen durchsehen, um irgendwas in die Hand zu bekommen, um über diese Anträge zu entscheiden. Es ging immer darum, die Akzeptanz der Justiz in der Bevölkerung, gerade auch bei der Bevölkerung in den Ostteilen, nicht zu gefährden. Wir wollten das Vertrauen in die rechtsstaatliche Justiz erhalten, und dazu musste man über diese Anträge sehr sorgfältig entscheiden. Als ich dorthin abgeordnet wurde, hatte ich bereits den Wunsch gehabt, zur Treuhand zu kommen, weil mich dieses Privatisierungsgeschehen und die wirtschaftlichen Themen sehr interessierten. Ich hatte dann von der Justizverwaltung die Zusage, wenn ich das ein halbes Jahr mache, kann ich danach zur Treuhand. Und so ist es dann auch gekommen.

**Wann sind Sie dann zur Treuhand gekommen?**
Ich bin im April 1991 zur Treuhand gegangen, zwei Wochen nach der Ermordung von Rohwedder. Zu dem Zeitpunkt hatte ich Rohwedder mal bei einer Diskussionsveranstaltung erlebt und auch schon als Richter mit dem ersten Verwaltungsgerichtsverfahren zu tun, was sich um Privatisierungsvorgänge drehte.

**Was war anfangs Ihre Aufgabe bei der Treuhand?**
Ich war da so eine Art Stabsreferent des Leiters der Rechtsabteilung. Der Rechtsbereich wuchs auch, und es war eine relativ große Einheit. Ich habe dann dort nicht nur als Stabsreferent, sondern auch mal querschnittsmäßig alle möglichen Themen kennengelernt, mit denen sich die Rechtsabteilung in diesen Wochen beschäftigen musste.

**Was war das zum Beispiel?**
Ein wichtiges Thema war zum Beispiel der Investitionsvorrang. Es ging darum, Firmen oder Grundstücke an Investoren zu verkaufen, die dort was machen und damit die Wirtschaft in Gang bringen woll-

ten. Das scheiterte aber häufig an den ungeklärten Eigentumsverhältnissen, und deshalb wurde aus der Rechtsabteilung der Treuhand heraus ein Investitionsvorrangverfahren entwickelt, was es ermöglicht hat, diesen Investitionsvorhaben Vorrang zu geben und die Klärung der Eigentumsfrage nachzulagern. Das war ein wichtiges Thema. Die Vermögenszuordnung beziehungsweise die Eigentumsverhältnisse waren ungeklärt. Es musste also den Berechtigten das Vermögen zugeordnet werden, und dafür brauchte man Prozesse.

In einem anderen Thema ging es darum, dass Treuhandunternehmen, die durch Treuhandgesetze entstanden waren, eine Bilanz brauchten. Dafür musste ein DM-Bilanz-Eröffnungsgesetz gemacht werden, und das wurde in Zusammenarbeit mit dem Bundesjustizministerium erarbeitet.

**Musste eine Bilanz nicht schon zum 1. Januar 1990 erstellt werden?**

Ja, das stimmt. Aber wir mussten dann weiter daran arbeiten, wie das auszugestalten war. In den ersten Wochen und Monaten hat man erstmal irgendwas gemacht, und dann stellte sich durch die Realität und durch die rapide Entwicklung heraus, dass das noch unzulänglich war oder dass Fragen noch nicht erkannt worden waren. Insofern war das Work in Progress, und diese Bilanzfragen waren ständig noch ein Thema, was neue Antworten verlangte.

**Inwiefern mussten Sie sich juristisch mit der Privatisierung als solche beschäftigen?**

Um die Betriebe neu zu schneidern, wurde ein Spaltungsgesetz, also juristische Instrumente, entwickelt, das das relativ leicht ermöglichen sollte. Damit war der Rechtsbereich in der Treuhand befasst. Dann gab es die Frage: Wie gehen wir mit Unternehmen um, die keine Zukunft haben? Werden sie liquidiert, oder gehen sie in Konkurs? Läuft das nach Insolvenzrecht oder anders? Auch das war eine heiße Diskussion. Und das Wichtigste, was wir bearbeiten mussten, waren die

Rahmenbedingungen für die Privatisierung, bei denen der Privatisierungsvertrag im Mittelpunkt stand. Die Frage war: Wie verkaufen wir Unternehmen, und wie stellen wir dabei sicher, dass die Interessen des Bundes, der Beschäftigten und der Betriebe am besten gewahrt werden und wir auch in Zukunft unsere Erwartungen an den Erfolg der Privatisierung durchsetzen können? Mit diesen privatisierungstechnischen Fragen hat sich der Rechtsbereich intensiv beschäftigt. Für mich war das als Einstieg sehr interessant, weil ich von Anfang an mit diesen ganzen Querschnittsfragen dort zu tun hatte.

**Was war das damals für eine Atmosphäre, als Sie da hinkamen? Auch nachdem Rohwedder gerade erst ermordet worden war?**
Ich erinnere an meine ersten Arbeitstage dort am Alexanderplatz im ehemaligen Ministerium für Elektrotechnik: Es war wie ein Bienenkorb, und das Haus war im Grunde genommen überfüllt mit Menschen, die dort entweder arbeiteten oder Termine hatten. Alle waren vollauf beschäftigt, keiner saß rum und hat auf einen gewartet. Wenn man ankam, wurde man natürlich vom Chef empfangen, aber merkte, dass er auch jede Menge andere Dinge zu tun hatte. Man wurde sozusagen ins Wasser geworfen und musste schauen, dass man mit der ganzen organisatorischen Situation zurechtkam. Es gab völlig beengte Raumverhältnisse und eine starke spürbare Hektik. Das war eine ganz merkwürdige Situation, aber es war eine außergewöhnliche Situation in jeder Hinsicht. Gleichzeitig war nicht der Moment, über die Ermordung von Rohwedder nachzudenken. Das war für mich nicht der beherrschende Eindruck, als ich dort anfing, sondern eher dieser Bienenkorb, der mich da aufnahm, wo es sofort losging und alle möglichen Themen auf einen einströmten.

**Wie muss man sich denn so einen Arbeitsalltag bei Ihnen vorstellen?**
Die Tage waren lang, und das war eigentlich die ganze Zeit so. Am Anfang herrschte außerdem noch eine ganz besondere Hektik, weil

alles neu war und aufgebaut werden musste. Ansonsten hat man morgens um acht angefangen und war dann bis in die späteren Abendstunden im Büro. Vieles fand in Berlin statt, wie zum Beispiel Verhandlungen, Gespräche mit Investoren, Vertragsverhandlungen. Die Dinge zogen sich häufig über einen längeren Zeitraum, und es gab immer auch Unternehmensbesuche. In meinem Fall bin ich häufig nach Leuna gefahren und habe dort Gespräche geführt, oder die Unternehmensvertreter kamen nach Berlin, und man hat sich abgestimmt. Man musste sich außerdem mit anderen Bereichen innerhalb der Treuhand abstimmen. Insgesamt war es ein sehr, sehr vielfältiger Arbeitstag.

**Wie würden Sie diese interne Zusammenarbeit beschreiben?**
Wir haben eigentlich sehr projektorientiert zusammengearbeitet und waren deswegen auch in der Lage, relativ viele Themen in kurzer Zeit zu bewältigen. Es gab kein ausgeprägtes Kästchendenken, sondern man wurde hemdsärmelig kreativ, um auf neue Situationen zu reagieren. Dadurch ergab sich eine besondere und produktive Dynamik.

**Wie war das Verhältnis zwischen den ost- und westdeutschen Mitarbeitern?**
Ich habe das eigentlich als gut erlebt. Es war auch nicht so, wie man das manchmal hören kann, dass die Sekretärinnen alle aus dem Osten kamen und alle, die was zu sagen hatten, aus dem Westen. Es war durchaus auch gemischt, und ich hatte immer viele Mitarbeiterinnen und Mitarbeiter, die früher im Haus der Ministerien gearbeitet hatten, ihren Betrieben sehr verbunden waren, sich da sehr gut auskannten und sehr engagiert an den Privatisierungsthemen oder später an den Vertragsmanagementthemen mitgewirkt haben. Ich habe die ostdeutschen Kolleginnen und Kollegen immer sehr geschätzt, weil sie eine hohe Motivation, ein hohes Engagement und viel Bodenständigkeit besaßen. Es war sehr, sehr unideologisch.

**Waren Sie denn auch einer, der in den Vorteil dieses Bonussystems kam, das es gab?**
Daran kann ich mich nicht erinnern.

**Wie lange waren Sie zunächst bei der Stabsstelle Recht?**
Ich war über ein Jahr Angehöriger des Rechtsbereichs. Ich habe aber schon Ende 1991 nach einem Dreivierteljahr ungefähr einen Wechsel vollzogen und bin mehr in den Privatisierungsbereich im Bereich der Chemie gegangen. Das fing an mit dem sogenannten Leuna-Minol-Vertrag, was einer der bekannten Privatisierungsvorgänge dort war, und die Privatisierung von Leuna und der Minol lag in den Händen des damaligen Treuhandvorstands Klaus Schucht. Der war zuständig für Chemie, Bergbau, Energiewirtschaft. Helmut Kohl hatte im Mai 1991 bei einem Besuch im Chemie-Dreieck versprochen, das Chemie-Dreieck zu erhalten, und auf dieser Arbeitsgrundlage ging es jetzt darum, diese schwierige, herausfordernde Privatisierung der Chemiebetriebe in Angriff zu nehmen.

Das war eine sehr spektakuläre, große Privatisierung, und Schucht bildete dafür eine Gruppe – wir würden heute von Projektarbeit sprechen. Und die bestand eben aus internen Leuten, der Investmentbank Goldman Sachs und einer großen Anwaltskanzlei. Daraus wurde ein Team geformt, in dem ich zunächst der Vertreter der Rechtsabteilung war. Ich bin deswegen praktisch ab Januar 1992 im Bereich Privatisierung Chemie im engeren Umfeld von Klaus Schucht tätig gewesen und habe mich immer mehr aus den typischen Aufgaben des Rechtsbereichs gelöst und habe stattdessen die juristische Seite in der Leuna-Minol-Privatisierung vertreten und auch in ein paar anderen Vorgängen mitgearbeitet, die da im Bereich Schucht lagen. Und daraus resultierte dann, dass ich, irgendwann im Frühsommer, glaube ich, 1992 Abteilungsleiter Großchemie wurde und da vor allen Dingen für den Bereich ehemaliges Kombinat Leuna insgesamt dann verantwortlich war. Was aber eigentlich an meiner Arbeitsweise/Arbeitssituation nichts Wesentliches geändert hat, weil es immer noch diese projektgruppenartige Zusammenarbeit unter der Ägide von Schucht war, in der ich jetzt halt mit einer anderen Schulterklappe und einer anderen Direktoratszugehörigkeit usw. dann mitgewirkt habe. In der Phase war ich eigentlich immer noch in erster Linie ein Jurist, der gemeinsam mit den externen Juristen und den Investmentbankern und den Fachleuten aus dem Mineralölbereich dort verhandelte.

**Was hatte es mit der Privatisierung von Leuna-Minol auf sich? Hat das nicht auch in der Öffentlichkeit für viel Wirbel gesorgt?**

Ja, Wirbel gab es vor allen Dingen später, gegen Mitte bis Ende der neunziger Jahre. Leuna-Minol ist eine Geschichte für sich und eine sehr spannende Privatisierung gewesen. Das fing damit an, dass wir der Auffassung waren, dass dieses Kanzlerwort nur eingelöst werden konnte, wenn man wirklich alle wesentlichen Bestandteile dieser ehemaligen Kombinate erhält, und dazu gehörte vor allen Dingen auch die Raffinerie in Leuna. Doch die großen Mineralölfirmen in Deutschland waren der Meinung, dass man diese Raffinerie nicht länger braucht, weil es Überkapazitäten gab. Die Kunst bestand demnach darin, jemanden zu finden, der bereit war, diese Raffinerie langfristig weiterzuführen. Am Ende fand man Elf Aquitaine aus Frankreich, und die waren sogar bereit, eine neue Raffinerie zu errichten, weil die alte am Ende zu klein war, um sie noch langfristig auszulegen. Nun sollte eine neue Raffinerie von nahezu doppelter Größe errichtet werden. Und warum machte Elf Aquitaine das? Ein Grund dafür war, dass die Treuhand das vermeintliche Filetstück, die Minol, den Tankstellen-Monopolisten in der ehemaligen DDR, mit der Privatisierung der Raffinerie verknüpfte. Die Minol, die begehrt war, sollte nur jemand bekommen, der auch bereit war, eine neue Raffinerie zu errichten. Und das war Elf Aquitaine, die in Deutschland ein kleiner Wettbewerber waren und sich davon versprachen, groß oder jedenfalls im Verhältnis zu ihren Wettbewerbern deutlich größer zu werden. Es war auch ein politisches Interesse der französischen Regierung von Präsident Mitterrand, dass die französische Industrie bei der Privatisierung der ostdeutschen Industrie einen stärkeren Fußabdruck hinterlässt.

**Wie blicken Sie heute auf die Privatisierung von Leuna-Minol?**
Wenn man von Leuna-Minol erzählt, dann sind das meiner Meinung nach drei Phasen. Die erste Phase war die Privatisierungsphase um 1992. Da waren alle sehr froh und dankbar, dass man Elf Aquitaine gefunden hatte und sie bereit waren, diese neue Raffinerie zu errichten. Die zweite Phase war ein Meinungsumschwung bei Elf Aquitaine: Es gab einen Wechsel in der Führung, und der neue Präsident von Elf Aquitaine war der Meinung, eine neue Raffinerie in Mitteldeutschland zu bauen ist wirtschaftlich Wahnsinn. Er wollte es nicht machen und sich aus der Verpflichtung zurückziehen. Die Franzosen wollten trotzdem die Minol behalten, und das war für die Treuhand und für die Bundesregierung inakzeptabel. Deshalb wurde auch Helmut Kohl persönlich eingeschaltet, und das Ergebnis war ein Kompromiss, dass die Treuhand ein Drittel der neuen Raffinerie übernehmen würde, mit dem Ziel, es dann später weiterzuverkaufen oder an Elf weiterzugeben. Aber zunächst mal sollte das Risiko von Elf Aquitaine reduziert werden, indem nicht mehr 100 Prozent, sondern nur noch 66 Prozent bei Elf lagen und das übrige Drittel dann beim deutschen Staat. Doch dieser Kompromiss ist nie exekutiert worden: Es war einfach ein Vorvertrag, ein Memorandum of Understanding. Was aber Elf dann bewogen hat, vielleicht auch unter dem Einfluss der französischen Regierung, sich auf der Grundlage des Privatisierungsvertrages dann an die Verwirklichung der Raffinerie-Investitionen zu machen. Sie haben diese neue Raffinerie errichtet, und sie ist heute eine der modernsten und besten Raffinerien in Deutschland. In der dritten Phase haben wir uns dann mit Elf über diese Beteiligungen, die wir hätten übernehmen sollen, auseinandergesetzt. Da gab es Kontroversen, was das Investitionsvolumen und die Berechnung usw. anging. Diese Meinungsverschiedenheiten haben dazu geführt, dass Elf dann gesagt hat, dass sie es alleine übernehmen würden. Und der deutsche

Staat war dann Gott sei Dank raus aus diesem Engagement, was für ihn eigentlich auf Dauer ja wenig Sinn gemacht hätte.

**Wurde bei dieser Privatisierung gemauschelt? Gab es dazu nicht auch Berichte in der Öffentlichkeit?**

Was Ihnen in Erinnerung ist, ist der Skandal, der in Frankreich seinen Ursprung hatte. Dort hatte sich Ende der neunziger Jahre herausgestellt, dass auf der Seite des Elf-Managements größere Beträge veruntreut worden und in schwarze Kassen geflossen sind. Einige Gelder sind offenbar auch nach Deutschland geflossen, aber sicherlich nicht bei der Treuhandanstalt angekommen, denn da bedurfte es keinerlei Bestechungsgelder, weil die Elf Aquitaine damals der ideale Käufer war und dieser Deal ein super Konzept darstellte. Am Ende gab es nie klare Befunde, ob und wieweit diese schwarzen Kassen auch in Deutschland dann an irgendwelche Politiker oder Entscheidungsträger oder so abgeflossen sind. Es gab da einen Berater namens Holzer. Das war ein deutscher Berater, der nie bei der Treuhand aufgeschlagen ist, aber offenbar in Bonn und in den Parteien unterwegs war und da Leute kannte. Aber ich kann nicht sagen, ob überhaupt jemals ein handfester Beleg dafür gefunden worden ist, dass diese Gelder, die im Rahmen von Elf Aquitaine veruntreut worden sind, in Deutschland gelandet sind.

**Aber wie das konkret ausgegangen ist, wissen Sie nicht?**

Das kann ich nicht sagen. Es führte zumindest dazu, dass im Bundeskanzleramt die Akten durch Burkhard Hirsch als unabhängigem Beauftragten durchgesehen wurden und es in Frankreich ein Gerichtsverfahren gegen Elf-Manager gab. Ich glaube, auch gegen diesen Holzer gab es Ermittlungen, aber mir ist nicht bekannt, dass da konkrete Nachweise erbracht worden sind oder Unregelmäßigkeiten in Zahlungen gefunden wurden. Wie gesagt, aus Sicht der Treuhand schließe ich das mal aus, weil ich die handelnden Personen dort kannte und da gar keine Notwendigkeit für solche Interventionen bestand.

**Zu Ihren Schwerpunkten gehörte auch die Energiewirtschaft und der Bergbau. Wie kamen Sie dazu?**
Das ergab sich dann. Ab 1993 gab es immer mehr erfolgreich abgeschlossene Privatisierungsverträge, um die sich aber jemand kümmern musste, weil man sich gegenüber der Treuhand verpflichtet hatte, zum Beispiel Arbeitsplätze zu schaffen, zu investieren und Kaufpreise zu zahlen. Das stand alles in diesen Verträgen, die häufig relativ umfangreich waren, und es brauchte Leute, die sich darum kümmerten, dass die Interessen des Bundes und der Betriebe gegenüber den Erwerbern weiterhin wahrgenommen wurden. Deshalb bildete man das Vertragsmanagement unter Führung des Vorstands Hero Brahms, und mein Vertragsmanagement-Direktorat kümmerte sich um alle Themen aus dem Bereich von Klaus Schucht, also Bergbau, Energie und Chemie. Dieses Direktorat habe ich dann mit anderen gemeinsam aufgebaut, und die Besonderheit lag darin, dass die Privatisierungen in der Chemie sehr komplex waren, so dass vieles noch im Fluss war. Ich war demnach nicht nur Vertragsmanager, sondern auch noch Privatisierer.

**Hatten Sie dann auch mit Kali und Salz und Bischofferode zu tun?**
Mit Bischofferode hatte ich nichts zu tun, aber die Kali und Salz waren insofern etwas Besonderes, als die Treuhand am Unternehmen beteiligt blieb. Das heißt, die ostdeutsche Kali-Industrie wurde in das westdeutsche Unternehmen Kali und Salz eingebracht. Mit der BASF als Eigentümerin wurde verhandelt, und man hat ein Gemeinschaftsunternehmen gegründet, das zur Hälfte noch dem Bund gehörte, zu 49 Prozent, und zu 51 Prozent mit der unternehmerischen Führung bei Kali und Salz lag. Für fünf Jahre haben wir da – vertreten durch meinen Bereich – die Bundesbeteiligung gehalten und mussten erhebliche Finanzierungen tätigen und Verluste ausgleichen. Um da reinzuschauen, hatten wir diese Mitwirkungsmöglichkeiten als Gesellschafter im Gesellschafterkreis.

**Hatten Sie mit dem Berliner Wärmeanlagen-Bau zu tun?**

Der Wärmeanlagen-Bau ist insofern ein interessantes Stichwort, als dass das ein Fall war, wo eine Firma komplett von den Erwerbern ausgeplündert worden ist. Das war eine ganz frühe Privatisierung und spielte sich 1990/91 ab: Irgendwelche Leute haben das gekauft, die Firma relativ schnell runtergefahren und stattdessen Grundstücksgeschäfte gemacht. Deshalb hatte die Rechtsabteilung, in der ich damals noch war, dann vor allen Dingen die Aufgabe, dazu beizutragen, dass so etwas in Zukunft nicht mehr möglich war. Die Treuhand hat eben ständig aus Fehlern nach dem Trial-and-Error-Prinzip gelernt. Alle Prozesse wurden neu aufgesetzt, und ständig lernte man aus Fehlern, weil Sachen noch unvollkommen waren. Auch durch die hohe Geschwindigkeit passierten Fehler, und zu den frühen Fehlern gehörte auch das, was bei dem Wärmeanlagen-Bau passierte. Man hatte sich dort nicht genügend gegen die Aushöhlung geschützt. Im Anschluss war es das Ziel, die Privatisierungsverträge so zu konstruieren, dass die Investoren sich verpflichteten, bestimmte Summen zu investieren, bestimmte Arbeitsplätze für eine bestimmte Zahl von Jahren zu erhalten und auch Vertragsstrafen zu zahlen, wenn sie ihren Versprechen nicht gerecht wurden.

**Gab es solche Vertragsstrafen tatsächlich?**

Das war Standard. Ab dem ersten Halbjahr 1991 hatte jeder Privatisierungsvertrag Klauseln, die Arbeitsplatz- und Investitionszusagen enthielten, und auch ganz wichtig Mehrerlös-Klauseln. Das heißt, wenn Grundstücke aus dem Firmenvermögen verkauft wurden, musste der Erlös oder ein wesentlicher Teil, den das Unternehmen oder der Investor erzielte, ausgeschüttet werden, weil man auf diese Weise auch versucht hat, die Spekulation mit dem Grundvermögen zu vermeiden. Und ein weiterer wichtiger Punkt war, dass die Treuhand den Grundsatz entwickelte, dass das nicht betriebsnotwendige Grundvermögen ausgegliedert wird, bevor die Firma überhaupt verkauft werden kann, so dass eine Firma mit einem hohen Grundstücksbestand nicht dadurch ihre Attraktivität gewinnt, sondern aus dem operativen Geschäft heraus attraktiv ist. Die nicht betriebsnotwendigen Grundstücke wurden herausgenommen und in der TLG (Treuhand Liegenschaftsgesellschaft mbH), die eine eigene Liegenschaftsgesellschaft war, zusammengefasst. Das zeigt ganz gut, wie diese lernende Organisation sich schnell auf festgestellte Fehler, Schwächen oder Missbrauchsmöglichkeiten eingestellt und zumindest den Versuch unternommen hat, so etwas in der Zukunft zu verhindern. Ganz ist das nicht gelungen, weil es immer wieder Leute gab, die versucht haben, Umwege zu finden oder auch schlicht und einfach Verträge gebrochen wurden. Aber soweit es möglich war, hat man versucht, dem vorzubeugen.

**Können Sie sich erinnern, wie oft Investoren Vertragsstrafen zahlen mussten?**
Das kam eher weniger vor, weil die Investoren sich in der Regel vertragstreu verhielten. Und wenn sie nicht vertragstreu waren oder nicht in der Lage waren, die Arbeitsplatzzahlen zu erhalten, dann wurde darüber nachverhandelt.

**Warum brauchte es diese Nachverhandlungen?**
Damit sind wir eigentlich bei einem ganz zentralen Aspekt des Vertragsmanagements. Denn wie bei der Privatisierung war es auch beim Vertragsmanagement nicht so einfach, wie man sich das zunächst mal gedacht hatte, weil die Realität sehr viel mehr Probleme bringt, als man erwarten konnte. Im Vertragsmanagement kam es sehr bald dazu, dass die Investoren privatisierter Unternehmen kamen und sagten: „Wir sind gar nicht in der Lage, unsere Verpflichtungen einzuhalten. Wir können nicht in dem Maße investieren, wie wir das uns vorgenommen haben. Wir können nicht dieselbe Zahl von Arbeitsplätzen erhalten, wie wir uns das vorgenommen haben, weil die wirtschaftliche Lage sich deutlich schlechter entwickelt, als das in unserer Unternehmensplanung vorgesehen war." Manchmal veränderten sich

auch die Rahmenbedingungen, und die Investitionen konnten nicht schnell genug vorgenommen werden, oder der Markt brach weg und Produkte konnten nicht so verkauft werden wie erwartet.

Kurz: Privatisierte Unternehmen gerieten in wirtschaftliche Schwierigkeiten und waren möglicherweise insolvenzbedroht.

**Wie liefen die Nachverhandlungen dann ab?**
Die Geschäftsleitung der Unternehmen und die Betriebsräte und Gewerkschaftsvertreter kamen dann zur Treuhand und sagten: „Ihr müsst uns helfen, ihr könnt uns nicht jetzt allein lassen, ihr habt uns privatisiert." Aber die Privatisierung läuft nicht, aus diesen oder jenen Gründen. Die Gründe waren sehr vielfältig. Deshalb stellte sich die Frage, ob die Treuhand und später die BvS als ihre Nachfolgeeinrichtung, noch mal nachhelfen durfte, indem sie noch mal Geld gab und Subventionen leistete. Es widersprach dem Grundsatz, dass mit der Privatisierung die Fürsorgepflicht endet und das privatisierte Unternehmen jetzt allein schwimmen muss. Das ist ja sozusagen ein marktwirtschaftliches Prinzip, dass ohne staatliche Subventionen man sich im Wettbewerb stellen muss. Und aber dieses, sagen wir mal, diese Regel, dass man nicht mehr fürsorgepflichtig ist und keine Subventionen, keine Dauersubventionen gewährt, dieses Prinzip ließ sich so in Reinkultur nicht durchhalten, denn in der Tat gab es Fälle, bei denen man entweder in der Privatisierung zu kurz gesprungen war, also das heißt dem Unternehmen zu wenig Möglichkeiten auch finanziell eröffnet hatte. Oder das Unternehmen mit zu großen Altschuldenlasten zum Beispiel noch verkauft hatte. Oder es hatten sich wirklich fundamentale Rahmenbedingungen verändert, was keiner vorhersehen konnte. Und wenn das dann eben auch eine große Zahl von Arbeitsplätzen betraf und so weiter. Dann musste man damit pragmatisch umgehen und flexibel auch sein, ohne jetzt den Grundsatz, dass es keine Dauersubventionen geben durfte, zu verraten.

Zum Ende der Treuhandanstalt und zu Beginn der BvS-Zeit entwickelte sich dann eine Linie, wie man versucht hat, diesem Zielkonflikt gerecht zu werden. Einerseits wurde versucht, Prinzipien zu entwickeln, wie man im Rahmen von konzertierten Aktionen, wo jede Seite Beiträge leistet, privatisierte Unternehmen noch einmal stabilisieren kann. Andererseits hat man nachträglich Altschulden erlassen, also auf Rückzahlungen verzichtet, oder man hat Grundstücke aus dem Grundstücksbestand des privatisierten Unternehmens übernommen. Manchmal haben wir auch gesagt, dass wir einverstanden sind, wenn die Zahl der Arbeitsplätze unter das Maß reduziert wurde, was ursprünglich geplant war, oder wenn Investitionen über mehrere Jahre gestreckt wurden. Da war man einfach konstruktiv, um nicht das Porzellan zu zerschlagen, was man gerade mühsam gekittet und verkauft hatte.

**Es ist schon eine sehr komplexe Geschichte. Was haben denn eigentlich damals Ihre Freunde, Ihre Familie, Ihre Bekannten zu Ihrer Arbeit bei der Treuhand gesagt?**
Ich glaube, dass mich da schon einige um die Möglichkeiten und die spannenden Erlebnisse, die ich da hatte, beneidet haben. Ich habe da eigentlich nur positive Rückmeldungen bekommen, und ich selber habe über meine Tätigkeit eigentlich auch nur positiv gesprochen. Das hat natürlich dann auch in meinem Freundeskreis das Bild bestimmt. Unter normalen Bedingungen wäre ich wahrscheinlich in der Justiz oder im öffentlichen Dienst Ministerialbeamter geblieben, aber auch in der Wirtschaft hätte ich mit Mitte bis Ende dreißig nicht einen so umfangreichen Verantwortungsbereich übernehmen können wie während meiner Zeit bei der Treuhand.

**Haben Sie einen Überblick, für wie viele Unternehmen und wie viele Mitarbeiter Sie letzten Endes zuständig waren?**
Ich kann nur sagen, dass sich mein Aufgabenbereich in den Jahren bis 2000 ständig erweitert hat, weil wir im Vertragsmanagement am Anfang fünf Direktorate hatten, und am Ende gab es nur noch meins. Die Aufgaben wurden nach und nach abgearbeitet, aber auf der ande-

ren Seite haben sich die Reste dann immer weiter konzentriert. Insofern hatte ich am Ende schon einige hundert Mitarbeiter und Berater und natürlich eine große Zahl von Unternehmen, für die der Bereich verantwortlich war.

**Ich komme noch mal kurz zum Vertragsmanagement zurück. Wie lange können solche Verträge gelten?**

Das ist sehr unterschiedlich gewesen und hing davon ab, für wie viele Jahre sich jemand zum Beispiel verpflichtet hat, Arbeitsplätze zu erhalten, oder in welchem Zeitraum er sich verpflichtet hat zu investieren. Bei großen Betrieben und größeren Investitionsvorhaben konnten das fünf Jahre sein. Und bei kleineren Betrieben waren die Verpflichtungen vielleicht schon nach drei Jahren erledigt. Unter Umständen konnte es auch noch über fünf Jahre hinausgehen, aber vielleicht weniger, was Arbeitsplatz- und Investitionszusagen angeht, denn so weit können Sie sich unternehmerisch kaum festlegen. Das konnte man dann nicht verlangen. Aber dass zum Beispiel Grundstücke nicht für bestimmte Zwecke verwendet werden durften oder Tilgungsverpflichtungen von irgendwelchen Altschulden – das konnte schon auch noch über einen längeren Zeitraum sein.

**Inwieweit waren Altschulden ein Hemmnis für den Staat und die Marktwirtschaft?**

In der Tat war es so, dass die Betriebe für die Altschulden eigentlich wenig konnten und im Übrigen völlig andere Verhältnisse herrschten. Außerdem hatten wir den Wunsch, diese Betriebe wettbewerbsfähig zu machen. Da war es dann ein gewisser Widerspruch, Altschulden auch aus vorvergangener Zeit stehen zu lassen.

**Ist Ihnen bei der Privatisierung von Leuna noch gegenwärtig, um wie viele Arbeitsplätze da verhandelt wurde? Wie war die Ausgangssituation und die Endsituation?**
Wenn ich da Zahlen nennen würde, wäre es nicht seriös. Aber Leuna war eines der größten Kombinate in der ehemaligen DDR, und das waren natürlich zehntausende Beschäftigte. Damit war Leuna nicht privatisierungsfähig, und es war klar, dass kleinere Einheiten gebildet werden mussten. Das führte natürlich wiederum dazu, dass diese personell weit überbesetzten Betriebe kleiner wurden und dass viele Menschen ihre Arbeitsplätze verloren haben. Das war sozusagen die erste Welle, bevor überhaupt Investoren kamen und einen Betrieb übernahmen und dann sanierten. Schon davor gingen ganz viele Arbeitsplätze verloren.

**Bereits bei der Gründung der GmbH?**
Nicht automatisch. Dass die VEBs GmbHs und die Kombinate Aktiengesellschaften wurden, hat erstmal noch nichts auf der personellen Seite ausgelöst. Aber als man dann hingegangen ist und gesagt hat: „Wir müssen mal die Aufgaben neu sortieren: Was ist eigentlich eine staatliche, eine kommunale, und was ist eine unternehmerische Aufgabe? Und wie machen wir aus einem Kombinat, das viele verschiedene Dinge herstellt, privatisierungsfähige Einheiten?" Das war ein längerer Prozess, aber dass diese Riesenbetriebe Personal abbauen mussten, setzte im Grunde genommen auch schon vor der Wiedervereinigung ein.

**Hatten Sie auch direkt mit den Betroffenen zu tun?**
Ich bin sehr häufig an den Chemie-Standorten gewesen und später dann auch in anderen Firmen. Wenn ich als Vertragsmanagement-Direktor Firmen besucht habe, waren das natürlich bereits privatisierte Firmen, und die Situation war ein bisschen anders. Aber wenn ich an den Chemie-Standorten war, wurden uns die Auswirkungen der Privatisierung auf den Standort auch gespiegelt. Man hatte Kon-

takt mit dem Management des Unternehmens, das die Interessen des eigenen Unternehmens vertreten hat. Das konnte unter Umständen auch ein Interessengegensatz zu dem sein, was die Treuhand vorhatte, weil das Management natürlich das Unternehmen erhalten wollte, vielleicht auch eine Wachstumsvision hatte und daran glaubte, während die Treuhand und ihre Sachverständigen die Sanierungsfähigkeit verneint hatten. Insofern bekam man schon mal eine Rückmeldung, wie sie das sehen und ob sie den Prozess positiv begleiten oder eher kritisch sehen.

**Wie ist das, wenn man in so einer Situation vor Ort ist und mit den Leuten direkt in Berührung kommt?**
Man konnte dem gar nicht entgehen. Die Situation war so stark politisch, und es war immer klar, dass es hier um Arbeitsplätze ging. Aber der Auftrag der Treuhandanstalt war nicht, möglichst viel Geld für den Fiskus zu verdienen oder möglichst wenig auszugeben, sondern der Auftrag war, wettbewerbsfähige Unternehmen durch Privatisierung zu schaffen und dadurch Arbeitsplätze zu erhalten. Es lag in der Natur der Sache, dass ich in erster Linie über die Vermittler, also Betriebsräte oder Gewerkschafter oder unter Umständen Politiker, mit den Konsequenzen konfrontiert worden bin. In der eigenen Familie habe ich es aber auch erlebt: Bei meinen Verwandten wurde mein Onkel relativ schnell abgewickelt und hat seinen Arbeitsplatz verloren. Auch die Cousinen und ihre Männer mussten sich zum Teil neue Arbeit suchen und waren zeitweise arbeitslos. Einer wurde dann selbstständig. Mir waren diese Umwälzungen schon klar, und ich wusste, was das für Menschen bedeuten kann, aber es war im Grunde unvermeidlich, dass dieser Umbau von einer Planwirtschaft in eine Marktwirtschaft damit verbunden sein würde, dass viele ihre Arbeitsplätze verlieren. Parallel dazu hat sich der Staat auch bemüht, zumindest dieses persönliche schwere Schicksal über Beschäftigungsgesellschaften sozial abzufedern. Das Konzept wurde auch bei der Treuhand entwickelt. Es war einem natürlich bewusst, dass der Verlust des Arbeitsplatzes im

Einzelfall wirklich ein Schicksalsschlag ist, dass die Umstände beim Systemwechsel besonders schwierig waren und dass Jobalternativen auch nicht auf der Straße lagen. Das war uns bewusst, und deswegen hatte es so einen hohen Stellenwert, möglichst viele Unternehmen zu privatisieren und damit möglichst viele Arbeitsplätze zu erhalten sowie später im Vertragsmanagement zu schauen, ob es Gründe gibt, ein, sagen wir mal, nach der Privatisierung notleidend gewordenes Unternehmen noch mal zu stabilisieren. Ich denke, auch vonseiten der Politik war das der klare Wille, dass man möglichst viele Arbeitsplätze erhält. Es war auch genauso klar, dass sie in den Strukturen, die bestanden, die dort bestehenden Arbeitsplätze in dem Umfang nicht erhalten konnten.

**Was hat Sie denn veranlasst, nachdem Frau Breuel am 31. Dezember 1994 das Bild von der Treuhand abschraubte und sich die BvS gündete, ab dann noch länger dabeizubleiben?**
In meinem Aufgabengebiet hat sich von der Aufgabenstellung her praktisch nichts verändert. Es gab zwar einen kleineren Vorstand mit einem neuen Präsidenten, weil das Bundesfinanzministerium stärkere Aufsicht machen wollte. Weshalb sich die Rahmenbedingungen leicht verändert haben. Aber meine Aufgaben, insbesondere im Bereich der Chemie und des Vertragsmanagements allgemein, gingen weiter wie bisher.

**Warum hat man aus der Treuhand die BvS gemacht?**
Ich glaube, das war als politisches Signal gemeint. Man wollte sagen, dass der Auftrag der Treuhand etwas Einmaliges war. 1994 sollte alles fertig sein, und man wollte zeigen, dass es jetzt noch nachlaufende administrative Aufgaben gibt. Das war so ein bisschen als politische Botschaft gemeint. Natürlich waren die Zeiten nach 1994 insofern anders als 1990/91, als ein großer Teil der Unternehmen tatsächlich privatisiert war. Aber auch im Vertragsmanagement war man mit den Problemen einer Privatisierung, aber ebenso mit dem Unter-

nehmenserfolg der privatisierten Unternehmen nach wie vor konfrontiert und musste damit umgehen. Im Bereich der Chemie waren außerdem viele Unternehmen oder Unternehmensteile noch lange nicht privatisiert, und es standen noch jahrelange Verhandlungen und auch Herausforderungen bevor. Außerdem gab es noch die Abwicklung von Firmen, die keine Zukunft hatten, und die Reprivatisierung von Firmen, die an ihre früheren Eigentümer zurückgegeben werden mussten. Es gab vor allen Dingen auch den großen Bereich der Altlasten, die ein großes Privatisierungshindernis darstellten. Die Umweltsünden im Sozialismus sind vielfach bekannt, und es gab ein großes Direktorat, das mit Spezialisten daran arbeitete, genau diese Altlastenthemen zu bewältigen. Demnach mussten viele andere Aspekte weiterhin bearbeitet werden, weshalb es die BvS noch bis über das Jahr 2000 hinaus gab.

**Was haben Sie nach dem Jahr 2000 gemacht?**
Ich habe im Jahr 2000 aufgehört und bin in die Energiewirtschaft gewechselt. Dort war ich bei der Bewag in Berlin als Leiter der Betriebswirtschaft für alle kaufmännischen Funktionen verantwortlich. Die Bewag ging dann in Vattenfall auf, und dort wurde ich Finanzvorstand und war einige Jahre lang Mitglied des deutschen und europäischen Vorstands.

**Hat Ihnen Ihre Zeit bei der Treuhand/BvS Netzwerke beschert, auf die Sie später zurückgreifen konnten?**
Ich bin jetzt nicht Teil eines Netzwerks oder in irgendeiner Organisation, aber ich habe in den Jahren bei der Treuhand viele Menschen kennengelernt, denen ich auch später im Beruf wieder begegnet bin, weil ich in ähnlichen Branchen zu tun hatte. Es gibt natürlich auch noch persönliche Kontakte und frühere Kollegen, mit denen ich in Kontakt geblieben bin. Aber es ist nicht so seilschaftsmäßig, dass da einer dem anderen hilft oder so.

**Insgesamt gab es 2.000 Fälle, die strafrechtswürdig waren. War Ihnen auch bewusst, dass diese Zeit ein Eldorado für Wirtschaftskriminelle war?**
Ich glaube, das konnte keinen überraschen. Wenn eine Gesellschaftsordnung zusammenbricht und das, was die Gesellschaft im Inneren zusammengehalten hat, verschwindet, müssen neue Strukturen erst entstehen. Dass das dazu führt, dass manche Leute einfach die Regeln verletzen und für sich Abkürzungen suchen und sich bereichern wollen, ist klar. Insbesondere bei einem Prozess, wo irrsinnig viel Geld in den Kreislauf gebracht wurde. Nicht zuletzt deshalb, weil diese ganzen Unternehmen mit einem Mal am Tropf des Staates hingen. Natürlich muss man da vor Glücksrittern und Schnäppchenjägern auf der Hut sein, und das war von Anfang an auch jedem bewusst. Deswegen ist diese Stabsstelle von Dr. Hans Richter eingerichtet worden, und man hat die Ressourcen dort im Laufe der Zeit verstärkt, um sich um solche Themen kümmern zu können.

**Waren die neun Jahre bei der Treuhand für Sie eine gute Zeit? Und aus heutiger Sicht: Denken Sie, dass die Arbeit der Treuhand alternativlos war?**
Ich persönlich habe die Tätigkeit für die Treuhand und auch für die BvS als eine ganz große persönliche Bereicherung empfunden. Und es hat mir sehr viel Spaß gemacht und hat mich auch weitergebracht. Das ist eine sehr persönliche Sicht.
Was die Wirkung der Treuhand und der BvS angeht oder überhaupt den Weg, den Deutschland dort eingeschlagen hat, um mit der Transformation von der sozialistischen Planwirtschaft zur Marktwirtschaft umzugehen, würde ich sagen, dass es der richtige Weg war.

**Wieso sind Sie der Meinung, dass es richtig war?**
1990 gab es keinen Plan, wie man mit so einer Situation umgeht. Wir sahen uns alle plötzlich in die Situation gestellt und mussten irgendeinen Weg einschlagen. Da konnte man nicht lange über Konzepte

reden, sondern musste handeln. Dieser Handlungsdruck war in Deutschland deswegen natürlich so enorm, weil wir wieder ein Land hatten und jemand, der in Halle lebte, jederzeit nach Stuttgart umziehen und dort einen neuen Arbeitsplatz annehmen konnte. Das heißt, der Abwanderungsdruck von Ost nach West war enorm und sowohl die Bundesregierung als auch dann später die Treuhand mussten vor allen Dingen auch schnell sein, weil ihnen sonst die Entwicklung komplett entglitten wäre. Das ist ein großer Unterschied zu den anderen ehemaligen Ostblockstaaten, die natürlich alle schon mal dadurch mehr Zeit hatten, dass die Menschen stärker ortsgebunden waren und sich auch nicht in demselben Maße wie die Ostdeutschen mit ihren Angehörigen und Bekannten im Westen vergleichen konnten. Für den Polen gab es eben nur Polen. Das heißt, der Handlungsdruck war in Deutschland besonders groß und die Möglichkeit, die ostdeutsche Wirtschaft noch in einen Schutzraum zu bringen, wo andere Verhältnisse walteten als im Westteil des Landes, gab es nicht. Sie haben den Währungswechsel, also die Westmark, eingeführt und die Löhne neu ausgerichtet. Die Tarifparteien haben sich auf neue Tarifverträge verständigt, die eine erhebliche Kostenbelastung der Firmen darstellten, und je mehr Menschen man an Bord hatte, desto größer war diese Kostenbelastung. Die Märkte waren komplett weg: Keiner wollte, grob gesagt, die Produkte kaufen, und deshalb liefen hohe Verluste auf. Deswegen glaube ich, dass der Weg der richtige war. Der Staat ist kein guter Unternehmer. Der Staat kann erst recht nicht 8.500 ehemalige volkseigene Betriebe oder nach Restrukturierung vielleicht über 14.000 volkseigene Betriebe managen. Der Berliner Flughafen zeigt, wohin das führt, wenn der Staat Unternehmer ist. Es brauchte eine private Initiative und ein privates Unternehmertum, das die Geschicke von einer Firma in die Hand nimmt. Da hat es ganz viele Persönlichkeiten gegeben mit einem entweder westdeutschen oder ostdeutschen Hintergrund oder auch gemischte Managementteams, die diese Firmen vorangebracht haben, und das hätte der Staat so nicht geschafft. Und wenn man die Unternehmen länger in staatlicher

Hand behalten hätte, hätte das sehr viel mehr Geld gekostet und die Anpassung der Unternehmen an den Markt hätte viel länger gedauert. Viel mehr Unternehmen wären am Ende gescheitert, weil diese Anpassung nicht im Rahmen einer staatlichen Bürokratie mit einer ähnlichen Kreativität und unternehmerischen Schlagkraft wie in einem privatisierten Unternehmen hätte vorangetrieben werden können.

**Wie nehmen Sie den noch aktuellen gegenwärtigen öffentlichen Diskurs über die Tätigkeit der Treuhandanstalt wahr?**
Bereits in den neunziger Jahren geriet die Treuhand vor allem im Osten in zunehmendem Maße in schiefes Licht, weil so viele Menschen aufgrund von Entscheidungen der Treuhandanstalt ihre Arbeitsplätze verloren haben und ihre gesamte persönliche Existenz infrage gestellt sahen. Viele Menschen haben den Weg in eine befriedigende neue Arbeitssituation nicht mehr gefunden, und dieses schwere persönliche Schicksal hat man vielfach der Treuhandanstalt angelastet, obwohl die Ursachen dafür eben in der Vergangenheit zu suchen sind – im Sozialismus. Die Treuhandanstalt war sozusagen der Nachlassverwalter des Sozialismus und hat versucht, die Brücke von der sozialistischen Misswirtschaft zur sozialen Marktwirtschaft zu schlagen. In der Phase sind dann die Dinge hervorgetreten, die vorher durch die Subventionen, die sich die DDR geleistet hat, kaschiert worden waren. Aber die Folgen waren in ihrer ganzen Wucht für den Einzelnen erst spürbar, als die Transformation unter Führung und in der Verantwortung der Treuhand begann. Für die Politiker war es in den neunziger Jahren durchaus erwünscht, dass sie nicht alle Pfeile auf sich zogen, sondern diese Pfeile bei der Treuhand landeten. Insofern war die Treuhand ein bisschen ein Sündenbock.

**Und wie empfinden Sie den Diskurs heute?**
Wenn man heute etwas über die Treuhand hört, ist es häufig Kritik. Der Ruf ist eher schlecht, so nehme ich es wahr und führe es darauf zurück, dass wir immer wieder eine Diskussion erleben, die einen

Gegensatz zwischen Ost und West postuliert. Man spricht davon, dass das Zusammenwachsen in Deutschland nicht gelungen ist, und es wird sehr schnell gesagt, dass der Westen mit der Treuhandanstalt alles plattgemacht hätte und man damit im Grunde genommen dafür gesorgt hätte, dass wir heute immer noch nicht zusammengewachsen sind. Ich halte das für eine übertriebene Darstellung, denn wir sind heute viel weiter, und die Überlagerung von Ost und West ist weitergegangen, als dass man das so einfach noch behaupten kann. Zweitens glaube ich, dass viele da auch an Legenden stricken, weil sie ihren Frieden mit der Wiedervereinigung unter den Vorzeichen der freiheitlich demokratischen Grundordnung der Bundesrepublik Deutschland noch nicht gemacht haben, sondern entweder dem alten Staat nachtrauern oder sich einen dritten Weg gewünscht hätten. Deshalb stehen die Probleme des Wiedervereinigungsprozesses, bei dem die Treuhand zentral war, auch heute noch manchmal eher im Vordergrund als die Erfolge, die damals erzielt worden sind.

# Hartmut Maaßen

„Für mich ist die Art der Wiedervereinigung eigentlich ein schwarzer Fleck auf der bundesdeutschen Politik damals."

Dr. Hartmut Maaßen ist 1955 in Homberg geboren. Nach einer Ausbildung schloss er ein Wirtschaftsingenieursstudium in Karlsruhe ab und promovierte in Betriebswirtschaftslehre in München. Von Juni 1991 bis 1994 war er Leiter der Unternehmensentwicklung im Präsidialbereich der Treuhandanstalt. Nach der Zeit in der Treuhand arbeitete Maaßen als Senior Principal bei der Unternehmensberatung Kearney.

**Herr Maaßen, Sie waren von 1991 bis 1994 Leiter der Unternehmensentwicklung im Präsidialbereich der Treuhandanstalt. Was für ein Verhältnis hatten Sie vorher zur DDR? Gab es irgendwelche Berührungspunkte?**

Ich bin in einer christlichen Gemeinde groß geworden und war dort Jugendleiter bis weit ins Studium hinein. Aus der Gemeinde heraus haben wir Care-Pakete an Familien von evangelischen Gemeinden im Osten geschickt, mit Kaffee und was damals üblich war. Familiäre oder persönliche Kontakte gab es im Osten darüber hinaus nicht. Aber meine Frau und ich waren direkt nach der Wende mit einem Wohnmobil in den neuen Ländern unterwegs, von ganz im Süden bis ganz nach oben. Wir waren auch in Ostberlin und haben dann gesagt: „Westberlin brauchen wir nicht. Wir sind sicherlich demnächst noch mal hier." Genau ein Jahr später habe ich dann bei der Treuhand angefangen.

**Vorher haben Sie als Fachreferent bei Siemens zum Thema Logistik- und Produktions-Management in der internen Beratung gearbeitet und sollten dann in den USA die Beratung für die US-Gesellschaften aufbauen. Sind Sie dann von Siemens für Ihre Tätigkeit bei der Treuhand freigestellt worden, obwohl alles auf die USA ausgerichtet war?**
Ja, das war eigentlich die zweite große Neuorientierung nach den Wechseln vom Projektmanager für Industrieanlagen zur Promotion an der LMU in München und danach zu Siemens. Es wäre der klassische Karriereschritt gewesen, für Siemens in die USA zu gehen. Vorher wollte ich Peter Bachsleitner, der Assistent von Rohwedder war und bei mir studiert hatte, trotzdem mal anrufen und fragen, wie es bei der Treuhand aussieht. Dann kam die Ermordung Rohwedders dazwischen. Ich habe damals gedacht, dass es falsch wäre, zu diesem Zeitpunkt anzurufen: „Sie haben alles Mögliche im Kopf, aber bestimmt nicht, jetzt mit mir darüber zu sprechen, ob es was Interessantes für mich gibt im Mai."
Doch dann hat mich Herr Urban angerufen, der von Siemens aus zur Treuhand gegangen war und dort die Unternehmensplanung machte, und gefragt, ob ich Interesse am Thema Unternehmensentwicklung hätte und am nächsten Tag in Berlin sein könnte. In Berlin habe ich dann ein eher kurzes Gespräch mit ihm über meine potenziellen Aufgaben im Bereich der Unternehmens-/Organisationsentwicklung geführt. Er hat mich dann gebeten, mit einem Berater eine Präsentation für ein Projekt „Miteinander. Arbeiten für die soziale Marktwirtschaft" zu erstellen, das mein erstes Projekt bei der Treuhand wäre. Ich habe das am nächsten Morgen Frau Breuel präsentiert, und sie hat gefragt, wann ich anfangen kann. Anfang Juni bin ich zur Treuhand gekommen.

**Was hat Sie dazu veranlasst, statt nach New York zur Treuhand zu gehen?**

Heute würde man sagen eine Once-in-a-Lifetime-Experience. New York steht zwei Jahre später auch noch. Die Überlegung war damals: „Das wird zwei Jahre dauern." Nicht die gesamte Arbeit der Treuhand, aber meine Zeit etwa. Bis das Ganze von der Organisationsentwicklung her fertiggestellt werden kann.

**Sie waren damals Mitte dreißig – waren die friedliche Revolution und der Mauerfall etwas, was Sie interessiert oder emotional berührt hat?**

Interesse war auf jeden Fall da, weil ich mich von Haus aus mit Politik beschäftigt habe. Während meines Studiums in Karlsruhe habe ich die RAF-Zeit mit ihren Anschlägen hautnah erlebt und damit eine extrem aufgeladene politische Zeit. Von daher gab es entsprechendes Interesse, an einer gesellschaftlichen Entwicklung mitzuwirken.

**Haben Sie die Wiedervereinigung mit Wohlwollen betrachtet, oder gab es Skepsis?**

Meine einzige Skepsis war, dass sich bei dieser Situation plötzlich ein Lagerwahlkampf aufgetan hat zwischen Lafontaine und Kohl. Wenn es irgendwann mal einen Grund für eine große Koalition gegeben hätte, um die Gesellschaft nach vorne zu treiben, dann wäre das der Zeitpunkt gewesen. Das habe ich damals schon nicht verstanden, dass man lieber einen Lagerkampf führt. Und diese blühenden Landschaften, da konnte ich dann nachher in Unterlagen reingucken und sehen, dass es keine geben konnte. Das war völlig undenkbar.

**Wofür waren Sie als Leiter Unternehmensentwicklung im Präsidialbereich der Treuhand zuständig?**

Meine Basisaufgaben waren alles, was mit Reorganisation zu tun hat, Organigramme machen und mit den Direktoraten bzw. mit den Vorstandsbereichen zu sprechen, welche Entwicklungen nicht nur von der Organisation selber benötigt werden, sondern auch, welche Anzahl von Personal gebraucht wird. Ich habe also sehr eng mit dem Personalvorstand zusammengearbeitet.

**Gab es da Schwierigkeiten?**
Die Problematik für den Personalbereich war, dass man zu Anfang 70 Mitarbeiter aus dem Osten und null aus dem Westen hatte. Dann hat man, als Rohwedder da war, im November etwa 400 Mitarbeiter gehabt, und dann ging das hoch auf 1.500, 2.000, als ich angefangen habe.
In der Zeit, in der ich da war, haben wir ungefähr 25 Reorganisationen gemacht. Frau Breuel hat mal gesagt, ein Jahr bei der Treuhand sind vier Jahre im normalen Unternehmen, auch von der Arbeitszeit her. Im Endeffekt bin ich den ganzen Tag rumgelaufen und hatte ein Doppel-Sekretariat. Nicht, weil ich so wichtig war, sondern weil die Zeit von morgens halb acht bis abends um zehn, elf, zwölf Uhr ging. Man traf sich dann häufig am Kudamm 195 in der Currywurstbude. Da konnte man nachts um ein Uhr immer Treuhänder treffen und Sachen besprechen, die man tagsüber nicht geschafft hatte. Ansonsten hatte ich noch fünf Mitarbeiter, wie ein kleiner Thinktank. Der Assistent von Herrn Beitz (Vertrauter von Frau Breuel und Vorsitzender der Alfred Krupp Stiftung) war auch bei mir in der Gruppe. Wenn man was gemacht hat, dann immer sofort, von null auf hundert. Es gab Projekte ohne Ende. Das erste große war das Miteinander. Alle Mitarbeiter der Treuhand sollten Ende 91 noch einmal auf die gesamte Thematik der Privatisierung, Sanierung und Stilllegung und die gemeinsame Aktion eingeschworen werden. Das war praktisch vom ersten Tag an ein Projekt, was wirklich sehr, sehr aufwändig war.

**Gab es für Sie besonders emotionale Projekte oder Situationen?**
Es gab häufiger emotionale Aspekte. Ich war zum Beispiel bei einer Vorstandssitzung dabei, als die Nachricht reinkam, dass der Hungerstreik unter Tage bei den Salzbergwerken in Bischofferode stattfand.

Es wurde eine Stunde darüber diskutiert: Wie geht man damit um? Was macht man damit? Wer kümmert sich vor Ort darum? Man konnte aus wirtschaftlicher Sicht nicht darauf eingehen, dass das Unternehmen weiter Bestand haben sollte. Aber das war einer der für mich emotionalsten Momente: Zu sehen, wie ein Vorstand mit so einer dramatischen Situation umgeht.

Ich war relativ häufig in Vorstandssitzungen, weil ja dauernd Reorganisationen durchgeführt wurden. Es wurde unglaublich viel dort besprochen und entschieden. Jeden Dienstag lagen da zwei bis drei große Aktenstapel, und die Sitzungen fingen morgens um 8 Uhr an und gingen bis abends um 22 Uhr. Es gab eine sehr positive Atmosphäre, das habe ich nachher in meinem Job als Berater in keinem Unternehmen mehr gesehen. Frau Breuel war im Vorstand die ganz klare Führungsfigur. Van Scherpenberg, mein direkter Vorgesetzter als Generalbevollmächtigter, testete für Breuel immer aus, was geht und was geht nicht an Veränderungen. In dieser Zeit habe ich auch gelernt, dass jemand, der Unternehmensentwicklung macht, die wenigste Zeit am Schreibtisch sitzt, sondern im Haus herumläuft.

**Wie muss man sich das so vorstellen? Was war denn das für eine Arbeitsatmosphäre? War das noch ziemlich chaotisch?**
Als ich angefangen habe, waren im Wesentlichen die meisten Sachen vorhanden. Das war das größte Bürogebäude der Welt damals. Die chaotische Phase war im Wesentlichen schon vorbei. Die Urtreuhand hat am 1. März 1990 angefangen. Davor haben die Unternehmen von 1989 bis zum 1. März 1990 weitergearbeitet. 1,4 Millionen Menschen hatten ihre Arbeit schon verloren, bevor die eigentliche Treuhand überhaupt angefangen hat.

**Können Sie das erklären?**
Die Unternehmen haben natürlich gewusst, dass sie zu viele Leute haben. Und ab 1. Juli 1990 war Währungs- und Wirtschaftsunion. Das heißt, ab dem Zeitpunkt galten alle Wirtschaftsgesetze, Aktiengesetz,

GmbH-Gesetz. Der DDR-Staat hatte nur sechs Prozent Verschuldung gehabt. Deshalb hatten sie den Eindruck, dass sie sich selbst als eine der führenden Wirtschaften sahen, extern immerhin noch als zehntgrößte. Die Unternehmen hatten aber 60 Prozent Verschuldung. Durch die Planwirtschaft haben die die Schulden in die Unternehmen reingepackt. Deshalb wären alle Unternehmen, wenn man eine Eröffnungsbilanz gemacht hätte, sofort überschuldet gewesen und hätten nach dem Aktien- oder GmbH-Gesetz liquidiert werden müssen. Das heißt, die Unternehmen wussten, dass sie zu viele Leute haben. Also haben sie angefangen, ihre Bereiche schon seit 1989 zu sanieren.

**Von der friedlichen Revolution bis zum September 1990 wurden bereits 1,4 Millionen Menschen arbeitslos – das ist interessant. Woher kommen die Zahlen?**
Basierend auf Veröffentlichungen des Statistischen Bundesamtes, Recherchen zum Buch „Treuhandanstalt. Das Unmögliche wagen", meinen eigenen Recherchen zur Habilitation, der großen THA-Dokumentation und auch in der ISUD, in der Unternehmens-Datenbank der Treuhand, in der alle Unternehmen detailliert gelistet waren. Die Urtreuhand war eine reine Verwaltungstreuhand, das heißt, da ging es darum, die Betriebe auf dem Weg der Sanierung zu begleiten.

**Bei dem neuen Treuhandgesetz hat dann auch ein Unternehmensberater von Roland Berger mitgearbeitet – war das eine gute Idee?**
Das war eher zufällig, da es aus seiner Sicht bei einem Treffen mit Volkskammerabgeordneten eigentlich um das Thema Sanierung ging und er dann zur Ausgestaltung des Treuhandgesetzes befragt wurde. Es passierte so unglaublich viel und kurzfristig, dass erst mal nicht die Beraterthematik im Vordergrund stand: „Wie viel Geld kann ich damit verdienen?" Sondern man hat gesagt, dass man an dem Umbruch beteiligt sein möchte. In welcher Form auch immer. Trotzdem waren wir später auch ein Ausbildungsbetrieb für Berater, auch für junge Studienabsolventen. Ich habe nachher das Berater-Controlling

gemacht, um die Tagessätze zu deckeln, aber ohne Berater wäre es auch nicht gegangen, weil einfach so viele Experten nicht da waren. Die Externen – die klassischen: McKinsey, Roland Berger und Kearney, zu dem ich nachher gegangen bin –, das waren die großen drei, die sehr viele Berater bei uns untergebracht haben und auch sehr viele Projekte in der Zentrale gemacht haben.

**Wie ging es dann ab September 1990, also zu Beginn der Treuhand, weiter?**

Im September 1990 war Gohlke noch Präsident, und das war ein totales Chaos, von dem, was ich selber nachlesen konnte und was ich mit Leuten besprochen habe. Da ging es nicht ums Strukturieren, sondern man musste sich um die Betriebe kümmern. Dann gab es einen Fernsehauftritt von Gohlke, wo er sagte, wenn das so weiterginge, dann trete er zurück. Rohwedder hat dann wohl den Kanzler angerufen und gesagt, er hätte den Rücktritt von Gohlke angenommen. Er ist als Verwaltungsratspräsident sozusagen eine Ebene runtergegangen und dann Präsident der Treuhand geworden. Es gab dann eine Reihe von Überlegungen, wie die Treuhand organisiert werden soll, erst nach Aktiengesellschaften, dann nach funktionalen Kriterien. Im Mai 1991 gab es das erste Organigramm mit der Aufteilung nach Industriebereichen. Damit gingen die Schienen, die zu Anfang irgendwie kreuz und quer lagen, plötzlich auf ein Gleis. Die Weichen waren gestellt.
Es gab die Niederlassungen als Bereich, die die meisten Unternehmen bis zu einer bestimmten Größenordnung hatten, plus die Unternehmensbereiche Maschinenbau, Chemie usw. Es ist auch eine ganze Reihe Leute ausgetauscht worden: Brahms ist gekommen für Halm, Klinz ist für jemanden gekommen. Rexrodt ist gekommen. Das war dann aus meiner Sicht, wenn man das so sagen will, die eigentliche Treuhand. Die Urtreuhand war die Phase null, von der heute keiner mehr spricht, denn da weiß man auch nichts darüber, obwohl man alles nachlesen könnte.

**Von wann bis wann ging diese Phase der Urtreuhand Ihrer Auffassung nach, und was passierte danach?**
Die Nullphase verläuft für mich von der Gründung der Urtreuhand bis zum September 1990, also praktisch vom 1. März bis zum September 1990. Von 1990 bis Mai 1991 ist dann Phase eins. Im Wissenschaftlichen würde man das „Muddling Through" nennen, auf gut Deutsch „durchwursteln" oder „den Weg finden". Es gab zwei Präsentationen von McKinsey und Roland Berger, wie man die Organisation gestalten sollte. Die sind denen mehr diktiert worden, als dass sie es selber recherchiert haben – zumindest von dem, was ich nachher mit Breuel und van Scherpenberg besprochen habe. Die Treuhänder hatten eine Vorstellung und wollten das, was Unternehmen halt typischerweise auch heute noch machen: sich über Berater absichern lassen. Aber wenn alle Sanierungen in einem Bereich sind, dann platzen die zugehörigen Abteilungen vor Überlastung. Es blieb die Frage: Wer gibt wann ein Sanierungsobjekt in die Privatisierung? Das hat alles nicht funktioniert. Deshalb wurden die Branchenbereiche gemacht.

**Wenn ich mir so einen typischen Arbeitsalltag von Ihnen vorstelle, wie sah er aus?**
In der Regel ging es um 7.30 Uhr los. Das hing damit zusammen, dass Frau Breuel um 7.30 Uhr oder spätestens um 8.00 Uhr da war. Dann war es geschickt, wenn man da auch da war. Die ersten anderthalb, zwei Jahre, würde ich sagen, endete der Tag abends zwischen neun und zwölf. Neun war so die Standardzeit. Und wenn dann noch ein Anruf von van Scherpenberg, dem Generalbevollmächtigten, oder von Breuel kam, ging es bis zwölf. Die Wochenenden wurden, wenn es irgendwie ging, freigehalten, und die Struktur der Wochentage war relativ gleich: Dienstags waren die Vorstandssitzungen, und am Mittwoch haben die Vorstände sich mit ihren Direktoren und Beteiligten morgens zum Wrap-Up getroffen und Entscheidungen bekanntgegeben. Bis Donnerstag mussten dann die Vorstandsvorlagen geschrieben werden. Breuel war, glaube ich, die Einzige, die das immer ge-

schafft hat. Es gab einige, die das erst am nächsten Dienstag machten. Am Montag wurden dann Vorgespräche in den einzelnen Vorstandsbereichen und im Präsidialbereich zu den Vorlagen geführt, es sei denn, Breuel wollte vorher noch Erklärungen. Dann ging es wieder in den Vorstand rein, und so lief das quasi vom Wochenablauf her.

**Und Ihr persönlicher Arbeitsalltag?**
Wenn ich an Vorstandsvorlagen beteiligt war, lief das so. Ansonsten waren es dann im Wesentlichen Projekte, alles, was mit Organisation zu tun hat. Ein Projekt war zum Beispiel das Vertragsmanagement mit McKinsey.

**Wann ist das Vertragsmanagement entstanden?**
Das gab es nicht von Anfang an. Zu Anfang haben kaufmännische Direktorate das Controlling gemacht. Anfang 1992 hat das Projekt Vertragsmanagement begonnen, und das ging relativ schnell. Das war innerhalb von zwei Monaten so weit fertig.

**Vertragsmanagement beinhaltet sozusagen die Kontrolle der abgeschlossenen Verträge mit Investoren, mit Käufern, nach einem bestimmten Zeitraum, ob wirklich die Verpflichtungen, die sie eingegangen sind, und die Dinge, die verabredet worden sind, eingehalten worden sind. Also Arbeitsplatzgarantien, Investitionen und so weiter und so fort?**
Ja, es wurde erst 1991 im Laufe des Jahres eingeführt, dass in den Verträgen auch Arbeitsplatz- und Investitionszusagen mit Vertragsstrafen bei Nichteinhaltung der Zusagen vereinbart wurden. Nach einem bestimmten Prinzip wurde das mit einer entsprechenden Datenbank eingeführt, so dass man es langfristig nachvollziehen konnte. Teilweise waren das Sachen bis zu zehn Jahren – insgesamt eines der kritischsten Themen, denn es ist nie über die Verträge kommuniziert worden, die waren immer geheim.

Die sind auch nie in den Treuhandausschuss bzw. Untersuchungsausschuss reingekommen, weil die kaufenden Unternehmen ihr eigenes Wettbewerbskonzept offenlegen mussten. So war es vor allem bei großen Unternehmen. Die mussten darlegen, warum das Unternehmen XY zu ihnen passt, warum sie investieren, wie viel und was zukünftig geplant ist. Man hat natürlich die Gefahr gesehen, dass sie Wettbewerber plattmachen.

**Man darf auch nicht vergessen, dass die bundesdeutsche Wirtschaft damals nicht komplett ausgelastet war. Es gab eine hohe Arbeitslosigkeit, und man brauchte nicht ein einziges Unternehmen im Osten dieses wiedervereinigten Deutschlands.**

Ja, das war ein Aufschwung für die deutsche Wirtschaft, sonst wäre sie in die Rezession geraten. Das vergisst man heute. Auch die Zahlen in den Bilanzen der DDR-Unternehmen waren mit großer Vorsicht zu genießen. Offiziell war eine Mark Ost eine Mark West. Es gab allerdings einen Richtungskoeffizienten, der die realen Verhältnisse zwischen Mark Ost und DM beschrieb. Der Faktor lag 1990 bei 1:4, d.h. der reale Wert von 4 Mark Ost entsprach 1 DM. Zusätzlich haben die ersten Untersuchungen – auch von Roland Berger und dem Leitungsausschuss, der die Unternehmen einstufte – gezeigt, dass das Produktivitätsverhältnis der Unternehmen zwischen 1:4 und 1:6 gegenüber den Wettbewerbern bzw. dem globalen Markt lag und zusätzlich den Richtungskoeffizienten noch negativ beeinflusste. Das heißt, es gab keine wettbewerbsfähigen Produkte. Technologisch ausgereift, aber viel zu teuer. Auch hatten die Kombinate keine eigenen Vertriebsabteilungen, der gesamte Vertrieb lief über die staatlichen Außenhandelsbetriebe. Da sind viele, viele Punkte, die dazu geführt haben, warum die Privatisierung so abgelaufen ist, wie sie nachher abgelaufen ist.

**Ist das eher eine Legendenbildung, dieser Konflikt zwischen Rohwedder, der angeblich mehr Wert auf Sanierung legte, und Frau**

**Breuel, die eilfertig war, die dann schneller privatisierte? Ist da was dran, oder ist es dummes Zeug?**

Ich glaube, es ist dummes Zeug. Aber man musste eins sehen: Rohwedder war Sanierer bei Hoesch. Das ist der Grund, weshalb er vom Kanzler den Verwaltungsratsvorsitz und dann den Präsidentenjob bekommen hat. Breuel war vor der Treuhand Finanzministerin in Niedersachsen. So wie ich Frau Breuel kennengelernt habe, war sie sehr strukturiert, entscheidungsorientiert und extrem gut vorbereitet bei den Vorstandssitzungen. Als Rohwedder ermordet worden ist, war völlig klar, dass Breuel die Nachfolgerin wird. Breuel war sehr gut vernetzt. So war Beitz – einer der Granden der westdeutschen Wirtschaft – einer ihrer Ratgeber, und ich glaube, sie hat früh genug erkannt, dass das Thema Sanierung mit Treuhandkapazitäten überhaupt nicht geht, sondern dass die Sanierung nur in den privatisierten Unternehmen funktionieren kann.

Krämer, Vorstand für Eisen-/Stahlerzeugung, Bauindustrie u. a., hat mal einen schönen Satz gesagt, als man ihn gefragt hat, warum man nicht einfach hätte sanieren können. Seine Antwort war: „Kein Problem, wir hätten nur 1.000 Sanierer gebraucht für die 6.000 bzw. 12.000 Unternehmen, die wir hatten." Es gibt keine 1.000 Sanierer in Deutschland, heute nicht und damals erst recht nicht.

Bei meinen Gesprächen mit Vorständen hat es sich eher so dargestellt, dass Rohwedder wohl bei einzelnen Kombinaten eine Sanierung unter Führung der Treuhand versuchen wollte und Breuel der Meinung war, dass das einen unglaublichen Sanierungssog nach sich gezogen hätte, dem die Treuhand nicht gewachsen gewesen wäre.

Aber es gab natürlich auch Fehler, z. B. die sogenannten 1-DM-Privatisierungen waren sicherlich einer der größten medientechnischen Fehler. Man hätte von vornherein sagen müssen, dass es ein Schweinegeld kostet, weil die Investitionen seit zwanzig Jahren nicht mehr gemacht worden sind und nachgeholt werden mussten.

In der Regel gab es negative Kaufpreise, wobei der Käufer auch eigenes Geld investieren musste.

Auch die Aussage von Rohwedder in der Volkskammer, in der er geschätzt hat, dass der Wert der DDR-Unternehmen 600 Milliarden sei, war aus meiner Sicht ein Fehler. Das war eine Zusammenfassung der Bilanzen der DDR-Unternehmen, und ich weiß nicht, warum er das gesagt hat. Denn diese 600 Milliarden schwirrten ab dem Zeitpunkt natürlich permanent rum.

**Es ist schon interessant, wie so eine Zahl dann zur Geschichte und zum Narrativ wird. Dass man sich immer fragt, wo die 600 Milliarden sind. Und die 1-DM-Verkäufe waren öffentlichkeitswirksam betrachtet wirklich eine Fünf. Da hätte man sich was Schlaueres einfallen lassen sollen. Noch mal zurück zu Ihren Aufgaben und Aktivitäten.**

Neben den einzelnen Projekten, wie ein zweiter Mitarbeitertag, hatte ich viele Kontakte zum BMF und BMWi, bei allen Fragen, die die Organisationentwicklung angingen, und ab und an Kontakte zu Bundestagsabgeordneten in der parlamentarischen Gesellschaft. Dazu kamen die gesamten Themen zu industriellen Kernen, in den Branchen, die aus Sicht der Länder und des Bundes erhalten werden müssten. Das Thema wurde auf einer Verwaltungsratssitzung ganz konkret, und van Scherpenberg wollte eine Liste mit den Unternehmen, die als industrielle Kerne anzusehen wären. Aber es gab gar kein großes Unternehmen zu diesem Zeitpunkt mehr. Ich habe dann trotzdem einen One-Pager mit möglichen noch vorhandenen Unternehmen geschrieben und in die Sitzung reingereicht – dann war das okay. Aber es wurde permanent weiterdiskutiert in der Politik.

An der Ausgestaltung der Management-KGs war ich auch indirekt über die ISUD beteiligt. In unserem Bereich haben wir ferner Kleinbetriebe privatisiert. Also, diese kleine Werkstatt oder diese kleine Schreinerei von großen Betrieben. Die haben wir rausgezogen, damit sie nicht untergehen.

**Was war dann mit den 25.000 Apotheken und Gaststätten und Hotels?**

Die waren fast alle bei den Niederlassungen, weil sie eigenständig waren. Insgesamt sind die meisten Privatisierungen natürlich bei den Niederlassungen gelaufen. Insgesamt hatten wir 78.000 Privatisierungen, also Verträge von 12.500 Betrieben.

**Weil die Kombinate in einzelne GmbHs aufgespalten worden sind.**

Insgesamt gab es 12.500, also 12.315 habe ich aus der Datenbank im Kopf. Denn jedes Unternehmen, das Geld von der Treuhand haben wollte, musste den ersten Bogen ausfüllen. Das letzte Unternehmen kam 1994 dazu, weil es vorher kein Geld gebraucht hatte.

**Welches war das?**

Ich meine, es war eine Brauerei. Ich bin aber nicht ganz sicher. Die haben weiterhin ihre Sachen verkauft, und dann brauchen sie 1994 plötzlich Geld für Investitionen. Generell bekam kein Unternehmen Geld, das nicht den aufwändigen Katalog ausgefüllt hat, darüber, was sie machen und wie die aktuelle Bilanz ist. Das war alles in den Informationssystem-Unternehmensdaten gespeichert, und dafür war Herr Goldschmidt zuständig.

**Apropos Geld. Wie haben Sie denn das Bonussystem damals entwickelt? Stimmt es, dass der Abteilungsleiter 88.000 Euro für Privatisierung, Direktoren 40.000, Referenten drei Monatsgehälter bekamen?**

Zunächst, das Bonussystem galt nur für Direktoren und Abteilungsleiter der Zentrale sowie Leiter und Direktoren der Niederlassungen. Es waren 274 Leute im Bonussystem. 1992 wurde es mit einer Unternehmensberatung – Hay-Management – aufgesetzt, die darauf spezialisiert war. Die haben dann für jedes Direktorat ein eigenes Zielsystem aufgebaut.

Bei der Vorstellung eines Zwischenfazits wurde das sofort eingestampft, weil überhaupt nichts vergleichbar war. Man hätte praktisch alle Direktorate ganz konkret bewerten müssen. Das wäre viel zu aufwändig gewesen, und es wurde überhaupt kein Bezug zu den Treuhandzielen, also Privatisieren, Sanieren, Stilllegen, gemacht. Dann hat van Scherpenberg das Konzept entwickelt, und ich bin mit reingekommen. Es war relativ schnell klar: Es gibt einmal drei Treuhandziele, die bilden 30 Prozent der Bonussumme. Und dann gibt es für jedes Direktorat die entsprechenden Ziele. Also für diejenigen, die Unternehmen betreuen, gab es Privatisierungsziele, Investitionszusagen usw. und für die Nicht-Unternehmensbereiche wurden individuelle Ziele vereinbart, die in der Regel auf die Fertigstellung ihrer Aufgaben im Zeitablauf bezogen waren.

Ich persönlich sollte Projekte vernünftig abwickeln, die Dokumentation davon sicherstellen, und dazu kamen die Vorbereitung und Durchführung von Mitarbeitertagen für alle Mitarbeiter. Bei mir waren es weiche Ziele, weil ich nichts zum Privatisieren hatte. Vom Vorstand bin ich dann gebeten worden, bei Abschlussgesprächen zwischen Vorstand und Direktoren dabei zu sein. Auf meine Nachfrage hat Hero Brahms dann sinngemäß gesagt: „Meine Direktoren glauben alle, dass sie ihre Ziele mehr als erfüllt haben, obwohl die Zahlen das vielleicht nicht hergeben. Als Verantwortlicher für die ISUD können Sie das klarstellen. Und wenn es weniger Bonus gibt als erwartet, sind Sie dafür verantwortlich und nicht ich."

**Wie hat sich das Bonussystem genau gestaffelt? Was war das Maximum?**

Das war gestaffelt nach Plus Plus bis Minus Minus, und das Maximum waren 30 Prozent vom Jahresgehalt. Die Jahresgehälter lagen klassisch für Abteilungsleiter der Zentrale und Direktoren der Niederlassungen bei 180.000 DM und gingen bis knapp 200.000 DM. Bei den Direktoren der Zentrale und den Niederlassungsleitern gab es Gehälter von 265.000 bis etwa 310.000 DM. Und es gab unabhängig vom Bonussystem Prämien für Referenten: Wenn man jetzt drei oder vier Jahre da war, hätte man normalerweise eine Gehaltserhöhung kriegen können. Das wollte man aber auf jeden Fall verhindern, weil man dann praktisch das gesamte Personalsystem überfordert hätte. Wie lange ist jetzt jemand da? Ein Jahr? Anderthalb Jahre? Deshalb hat man mit Prämien gearbeitet. Eine Einmalzahlung bringt auch deutlich mehr fürs Ego, als wenn ich jetzt fünf Prozent Gehaltserhöhung kriege. Wie das bei den einzelnen Niederlassungen und den Direktoren gehandhabt wurde, das weiß ich nicht, das war Sache des Personalbereichs.

Bei dem Bonussystem ging es um Folgendes: Wie kann die Treuhand verhindern, dass die Führungskräfte, also die Direktoren und Abteilungsleiter, langsamer arbeiten, obwohl klar war, dass es keinen Nachfolgejob in der Treuhand gibt. Man musste sicherstellen, dass das Tempo beibehalten wird, weil 1991 zusätzlich die Sowjetunion zusammengebrochen war und die gesamte Industrieproduktion der DDR um 80 Prozent einbrach. Es sollte also auch verhindert werden, dass sich Einzelne an Aufgaben oder Unternehmen festhielten, um länger bei der Treuhand bleiben zu können. Im Nachhinein war es aber wichtiger, dass das Tempo für Privatisierungen hochgehalten wurde.

**Gab es in den Projekten, die Sie betreut haben, Situationen, die besonders emotional oder herausfordernd für Sie persönlich waren?**
Das Schreiben des Treuhand-Auflösung-Gesetzes, was zum Schluss Treuhandaufgabenerfüllung-Gesetz hieß, war irrsinnig aufwändig. Drei Monate haben wir mit BMF und BMWi daran gearbeitet, und bei der ersten umfassenden Ressortrunde wurde der Entwurf praktisch von denjenigen aus dem Justizministerium zerrissen, und zwar im wörtlichen Sinne. Die Idee war, dass die Länder nicht mitbestimmen dürfen, demnach durfte im Gesetz nichts drinstehen, was zustimmungspflichtig war. Der Bund hatte wohl Angst, dass dann Forderungen aus den Ländern kommen. Und dann hat der vom Justizministerium gesagt: „Da sind so viele zustimmungspflichtige

Sachen drin, das kann man nicht heilen." Da war ich wirklich enttäuscht. Es wurden dann nur die absolut notwendigen Passagen geändert, so dass es bis heute noch weite Teile des ursprünglichen Treuhand-Gesetzes gibt.

**Ist es nicht auch absurd, dass Sie als Wirtschaftsingenieur so eine Gesetzesvorlage schreiben sollten?**
Nein, im Wesentlichen war es ja Aufgabe des BMF und BMWi. Mein Thema war, die verschiedenen Nachfolgeorganisationen im Gesetz zu verankern. Die Treuhand hatte ja damals ein Auflösungskonzept vorgeschlagen, bei dem die einzelnen verbleibenden Aufgaben von speziellen Unternehmen wirtschaftlich übernommen werden, z. B. Vertragsmanagement, Liquidation, die Nachfolgeorganisation. Das war auch alles schon fertig, die Geschäftsführer waren schon benannt, die jeweils benötigten Mitarbeiter, bis hin zum Druck des jeweiligen Briefpapiers. Das war mein emotionalster Moment, dass die Politik das aus parteipolitischem Kalkül gekippt hat.
Was mir noch eingefallen ist, was auch ein emotionaler Punkt war. Die Managementtagungen und die Vorstandsklausuren. Wir hatten zum Schluss die Vorstandsklausur in Potsdam, als es darum ging, wie die Treuhand abschließt. Dazu hatte ich noch ein strategisches Rahmenkonzept und auch was Wissenschaftliches erarbeitet. Es ging darum, wie man die Nachfolgeorganisation benennt. Und die Aussage war: Wir müssen einen Namen finden, den sich keiner merken kann. Weil wenn die Treuhand erledigt ist, muss der Name Treuhand verschwinden. Das ist eine Episode, ein Sonderregime, und Schöde kam dann auf den glorreichen Namen Bundesanstalt für vereinigungsbedingte Sonderaufgaben.

**Was haben Sie denn nach der Treuhand gemacht?**
Ich habe damals überlegt, ob ich habilitieren und ein wissenschaftliches Buch über die Treuhand schreiben soll, habe mir dann Zeit genommen und bin mit 60 Kilo Büchern, Drucker und PC auf eine

einsame Insel gefahren. Im wahrsten Sinne des Wortes. Dort habe ich den Entwurf gemacht. Ich hatte damals auch die Möglichkeit, zu Siemens zurückzukehren. Die zweite Variante wäre eine Universitätskarriere gewesen und die dritte Variante war Kearney. Ich hatte die ganze Zeit über ab und zu Kontakt zu denen, die mir vor Siemens schon mal ein Angebot gemacht hatten. Dafür habe ich mich dann entschieden, nachdem ich ein wissenschaftliches Buch „Transformation der Treuhandanstalt" geschrieben habe, quasi als Ergänzung zum Buch „Treuhandanstalt. Das Unmögliche wagen", dessen Entstehung mit 17 Professoren ich bei der Treuhand betreut habe.

**Und was wurde aus Ihrem Buch?**
Wie das an deutschen Universitäten so üblich ist, hat es noch bis 2000 gedauert, bis die Habilitation durch war. Mich hat es insofern massiv geärgert, weil die Arbeit 1996 noch aktuell gewesen wäre. 2000 war die Treuhand kein Thema mehr. Das finde ich schade, weil da wirklich alles aufbereitet worden ist, auch die unterschiedlichen Phasen der Treuhand und die Frage, wann sie kompetent geführt wurde. Ich habe zum Beispiel die letzte Phase der Treuhand, also die Auflösungsphase, als erfolgreich gescheitert beschrieben. Das ist eigentlich ein Begriff, der von meinem Habilvater Wolfgang Seibel stammt, aus seinem Buch zu NGOs.

**Warum erfolgreich gescheitert?**
Erfolgreich, weil die Treuhand weg war, und gescheitert, weil sie sich nicht auflösen konnte. Meine Schlussfolgerung zeigt, dass es politisches Missmanagement war. Ein paar Mal habe ich auf Veranstaltungen mitbekommen, wie die Abgeordneten reagiert haben, teilweise auch in Gesprächen mit mir. So nach dem Motto: „Also das, was die Treuhand zur Auflösung vorgeschlagen hat, das lassen wir, das passt nicht." Dann haben sie eben auch ein Gutachten machen lassen, in dem Fall von Kienbaum. In einer Sitzung, da war ich nicht dabei, aber da kam van Scherpenberg mit den Abgeordneten der Länder zusam-

men, hat van Scherpenberg gesagt: „Oh, die finden das, was wir vorhaben, nicht besonders gut." Denn die Grundüberlegung der Treuhand war, alles, was irgendwie mit Vertragsmanagement zu tun hat, möglichst weiter unternehmerisch und nicht ministerial bzw. bürokratisch zu begleiten. Das ist natürlich nicht passiert, weil die FDP in der letzten Sitzung des Haushaltsausschusses, bevor das Treuhandgesetz verabschiedet werden sollte, gesagt hat: „Das machen wir nicht."
Es gibt ein berühmtes Schreiben von den Ministern, die für die Treuhand zuständig waren, an Frau Breuel. Dass man das Konzept der Treuhand nicht nachvollziehen wird. Und dann gibt es einen spektakulären Brief von Frau Breuel und Herrn Balz an die drei Minister, in dem drinsteht, dass es ein Fehler ist. Sehr elaboriert, sehr dezidiert und sehr präzise aufgeschlüsselt. Gemeinsam mit Wolfgang Seibel habe ich im Beitrag „Die Scheinauflösung der Treuhandanstalt 1994" im Buch „Verwaltete Illusionen" von 2005 die Frage diskutiert, ob politisches Missmanagement oder etablierte Systemstrukturen dazu geführt haben, dass eine „echte" Auflösung der Treuhand verhindert wurde. Bis heute haben wir dazu unterschiedliche Ansichten.

**Wie war das in Ihrem Freundeskreis, Bekanntenkreis und Ihrer Familie – was haben sie zu Ihrer Tätigkeit gesagt?**
Meine Familie war ganz angetan. Mein Vater ist mal mit einem Bundestagsabgeordneten von der FDP nach Berlin gekommen und hat sich dann gefreut, dass ich etwas über die Treuhand erzählen konnte. Also, das war sehr positiv. Der Kreis der Lehrstuhlleute, die im Arbeitskreis zusammen waren, waren interessiert, aber typischerweise vorurteils- und mediengesteuert. Also nicht als Person, sondern immer nach dem Motto: „Was macht ihr da bei der Treuhand?"

**Wie haben Sie selbst das wahrgenommen? Ich meine, das war nicht Ihr Job, das war nicht Ihre Aufgabe. Aber wie haben Sie das Standing der Treuhand in der Öffentlichkeit, die „Skandale", betrachtet?**

Also, die Skandale, die hochkamen, fast immer war es Halle. Bei dem Thema mit den Grundstücken, mit den nicht betriebsnotwendigen Grundstücken, gab es viele Versuche, Grundstücke unter Wert zu kaufen. Es gab insgesamt Betrugsversuche in der Größenordnung von 3 Milliarden DM, und ein realer Schaden ist entstanden von einer Milliarde.

Aber wie viele Fälle fallen Ihnen konkret ein, die Sie benennen können? Ich wette, dass Sie nicht auf mehr als fünf kommen, und es sind immer die gleichen.

Die Treuhand war verrufen, völlig klar, aber die meisten meiner Freunde fanden es interessant, Informationen aus erster Hand zu bekommen. Von denen war aber nie einer in der DDR oder danach in den neuen Ländern. Wahrscheinlich bis heute nicht. Nach dem Motto: „Die kosten nur Geld und die wollen nicht arbeiten." Dass „die Ossis" de facto durch den Wirtschaftsaufschwung „die Wessis" durchgefüttert haben, wollten die meisten nicht hören. Und mein Interesse war dann eher, sie zu fragen, wie viel Prozent privatisiert und wie viel liquidiert worden sind. Die meiste Antwort war 20 Prozent privatisiert und 80 Prozent liquidiert. Und es ist genau umgekehrt: 80 Prozent privatisiert, 20 Prozent liquidiert.

Und von den Liquidationen sind sehr viel sogenannte Mantelliquidationen. Man hat aus dem Geschäft heraus Assets privatisiert und dann nur noch einen Mantel übrig gehabt, also einen GmbH-Mantel, den man teilweise verkauft hat. Es gibt relativ wenige wirklich große Stilllegungen, wo man gar nichts privatisieren konnte. Deshalb kommen aus den ursprünglich 6.000 Unternehmen mit den Kombinaten diese 12.000 oder 15.000, wie immer man es zählen mag, insgesamt mehr als 78.000 Verträge. Ich bin mir nicht ganz sicher bei den Zahlen, aber in der Größenordnung stimmt es auf jeden Fall, weil viele Sachen nicht komplett privatisiert worden sind und auch nicht erst herausgelöst worden sind als GmbH, sondern direkt Asset-Deals gemacht worden sind.

**Und wie viele Arbeitsplätze sind verlorengegangen?**
Das müsste ich nachgucken. Das habe ich nicht nachgelesen. Aber es ist einiges an Arbeitsplätzen verlorengegangen. Das ist ohne Frage im Millionenbereich.

**Wenn Sie auf diese Zeit schauen und das mit dem furchtbar klügeren Blick 30 Jahre später – Was denken Sie über die Treuhand? Haben Sie ihren Blick revidiert?**
Ich fange mal mit persönlichen Sachen an: Es war für mich die interessanteste und spannendste Aufgabe meines ganzen Berufslebens. Und es ist, als wäre es in einem anderen Leben gewesen. Es ist eine in sich geschlossene Episode. Heute würde man vielleicht Blase sagen. Das ist vielleicht auch der Grund, weshalb das Alumni-Netzwerk nicht funktioniert hat. Jeder ist aus einer ganz anderen Umwelt gekommen, wurde in die Treuhand hineingeworfen und ist in eine völlig andere Umwelt wieder rausgegangen. Am deutlichsten hat es Frau Breuel gemacht: Hornef war nachher Präsident von der BvS, also der Nachfolgegeneration, und hat ihr zum Abschluss den Bericht geschickt. Sie hat ihn ungelesen zurückgeschickt, nach dem Motto: Für sie war es völlig klar, der Abschluss war für sie Ende 1994. Ich habe mich zuerst gewundert, warum sie das macht, aber dann verstanden, dass es für sie eine abgeschlossene Sache war, wie wohl für alle anderen auch. In der es nichts Uninteressantes gab. Man hatte mit diesen Themen vorher noch nie was zu tun gehabt. 25 Reorganisationen in dreieinhalb Jahren – so was gibt es normalerweise nicht.
Was für mich interessant war: Glaube nichts ohne Check, an dem du nicht selber beteiligt warst. Beispielhaft waren Zeitungsartikel, deren Inhalte nichts mit dem zu tun hatten, was auf der zugehörigen Pressekonferenz am Tag zuvor gesagt wurde.

Was ich persönlich mitgenommen habe: Die eigenen Entscheidungen zu hinterfragen mit Bezug darauf: „Welche Annahmen habe ich eigentlich getroffen?" Gerade bei dem Auflösungsgesetz habe ich die Annahme getroffen, dass die Juristen im BMF wüssten, was sie tun. Das taten sie offensichtlich nicht. Sie haben bei dem Entwurf des Gesetzes auch keine Kontakte zum Justizministerium genutzt. Das ist wohl heute noch so, die Ressorts müssen erst selber einen Vorschlag machen. Es gibt keine übergreifenden Projekte, was Gesetze angeht, und erst zum Schluss kommt z. B. das Justizministerium „dazu".

Das, was ich nachher in der Beratung, also rauf und runter gemacht und gelernt habe: Betrachte Probleme aus möglichst vielen Perspektiven, so dass die Interessen aller Stakeholder mit dabei sind. Das ist auch das, was ich nachher viel, viel mehr im Change-Management gemacht habe, Kommunikationsberatung, Coaching, usw.

Was ich in der Treuhand natürlich gelernt habe: Entscheide, wenn es erforderlich ist, entschuldigen kann man sich später. Und es gab viele Entscheidungen, bei denen man sagen musste, ob es passt, und wo dann eine Entscheidung zu treffen war. Basierend auf vorhandenen, unvollständigen Fakten, plus Erfahrung, plus Recherche. Da sind sicher auch bei mir ein paar danebengegangen. Mein erster Entwurf für das Bonussystem beispielsweise war viel zu kompliziert. Als ich es mal ausgerechnet habe, hab ich gesagt: „Vergiss es. So hat das keinen Sinn."

Was ich auch festgestellt habe: Falsche Entscheidungen basieren auch extrem häufig auf fehlender oder falscher Kommunikation. Das war mit den 1-DM-Privatisierungen so oder auch mit der gescheiterten Auflösung, weil falsch oder zu wenig kommuniziert worden ist.

Das habe ich nachher in der Beratung erlebt: 80 Prozent der Probleme, die Unternehmen haben, könnten durch geschickte und richtige Kommunikation gelöst werden.

Und die letzte persönliche, und das war, glaube ich, die wesentlichste Erkenntnis: Unterschätze nicht oder erkenne die interessengeleiteten Hidden Agendas. Was hat jemand für Interessen, die er aber nicht offen zugibt oder offen in den Raum stellt, nicht transparent macht, sondern bewusst intransparent hält? Hidden Agendas können alles in jede Richtung drehen, wenn man sie nicht frühzeitig entdeckt. Das waren meine persönlichen Learnings.

**Und wie sieht es mit den anderen, weniger persönlichen Gedanken dazu aus?**
Historisch betrachtet, war das Erste und Wichtigste eine befriedete Umsetzung einer friedlichen Revolution. Mit Ausnahme der Ermordung Rohwedders. Der Präsident der damals wichtigsten Organisation des größten Unternehmens der Welt wird ermordet. Ich glaube, das ist bis heute gesellschaftlich noch nicht aufgearbeitet.
Als Zweites war die Treuhand selbst ein Vorbild für andere Länder. Es gab die Treuhand-Osteuropa-Beratung, und da ist jemand in osteuropäische Länder gegangen, hat praktisch nach dem gleichen Prinzip wie die Treuhand privatisiert.
Als Drittes ist die Wahrnehmung der Treuhand im Ausland deutlich anerkannter als im Inland. Ich war 1993 auf einer Tagung von CEOs in Washington – interessanterweise mit Lafontaine, der natürlich ein Gegner der Treuhand und des Beitritts war – und habe dort einen Vortrag zur Treuhand gehalten. Generell haben sie dort überhaupt nicht verstanden, wieso das so negativ gesehen wurde. Es gibt keine vergleichbare Arbeit auf der Welt. Man hat mal gesagt: „Ihr privatisiert so wie Thatcher." Und Breuel sagte darauf, dass wir dann zehn Jahre bräuchten, wenn das so langsam ginge. Also im Ausland wurde der friedliche Beitritt plus die Umsetzung eines gesamten Wirtschaftsumbaus auch wirtschaftlich positiv gesehen. Wenn man es von außen betrachtet. Aus der Binnenperspektive der Bürger der ehemaligen DDR gab es zwangsläufig ein nachhaltiges Unverständnis, dass ihre Unternehmen nicht wettbewerbsfähig waren. Für mich ist die Art der Wiedervereinigung eigentlich ein schwarzer Fleck auf der bundesdeutschen Politik damals.

**Wieso schwarzer Fleck?**

Man kann einer Gesellschaft nicht etwas versprechen, von dem man weiß, dass es nicht stattfinden wird, das war in Papieren der DDR in 1989 bereits deutlich zu erkennen. Der parteipolitische Konflikt vor der Wahl 1991 zwischen Lafontaine und Kohl hat völlig überdeckt, das nur durch ein gemeinsames Handeln der wirtschaftliche und gesellschaftliche Umbruch mit einem noch nie dagewesenen Aufwand hätte gestemmt werden können. Und ich denke, das trägt bis heute nach. Es war halt von vornherein klar, dass es die blühenden Landschaften nicht geben kann. Kohl war wie Waigel nur einmal in der Treuhand. Nähe zur Treuhand war nicht opportun.

Das Thema war, dass die Politik mit der Treuhand nichts zu tun haben wollte. Das Verständnis der Treuhand war auch: In Bayern würde man sagen, die Treuhand war der Watschnbaum der Nation. Das war akzeptiert in der Treuhand, denn man wusste, man kriegt jeden Tag eine Watschn. Wir kriegten jeden Tag zwei Pressespiegel, in denen man regelmäßig lesen konnte, was angeblich alles falsch lief. Ich habe auch Anrufe bekommen, wo Abgeordnete mit Beleidigungen angerufen haben. Das hat man wirklich abgeschüttelt, denn es war klar, wir sind diejenigen, die „Das Unmögliche wagen", aber die Transformation eines ganzen Staates kann nicht gut ausgehen, sie kann eher erfolgreich scheitern. Ein Satz von van Scherpenberg verdeutlicht das trefflich: „Bei der nächsten Wiedervereinigung machen wir die anderen Fehler."

# Alexander
# Graf Matuschka

*„Es war meine Aufgabe, realistische Perspektiven zu entwickeln, aufzuzeigen und umzusetzen. Auch bei der Jobsuche nach Jobverlust."*

Alexander Graf Matuschka ist 1960 in Bückeburg geboren. Nach der Banklehre hat er BWL an der privaten Hochschule EBS in Rheingau studiert. Von 1987 bis 1990 hat er für eine Investmentbank im Ausland und dann in Frankfurt am Main gearbeitet. Von Herbst 1990 bis 1995 war er bei der Treuhand zunächst für die Privatisierung des Kombinats Berliner Dienstleistungen zuständig und später als Abteilungsleiter im Direktorat Dienstleistung tätig. Heute arbeitet Graf Matuschka als Executive Agent für Führungskräfte und vermittelt diese in neuen Aufgaben.

### Graf Matuschka, wie kommen Sie zu Ihrem Titel?

Der „Titel" ist seit 1924 Namensbestandteil, aber was Sie meinen, ist viele Jahre her: Die Matuschkas kommen ursprünglich aus Nitra bei Pressburg, dem heutigen Bratislava in der Slowakei. Von dort aus ging die Familie über die Nordslowakei nach Topoľčany, was sich auch in unserem Nachnamen bis heute wiederfindet und von dort nach Schlesien. Fast alle Matuschkas, die bis zum Ende des Zweiten Weltkriegs in Schlesien lebten, leben heute über die Welt verteilt, ganz überwiegend aber in Deutschland.

**Was haben Sie aus Ihrer Kindheit mitgenommen?**
Im Wesentlichen habe ich mitgenommen, dass Leistung, mit wohlwollender, fördernder Unterstützung und Druck, besonders wichtig sind: Anständig sein und gut miteinander umgehen, nach dem Motto „Man sieht sich immer mindestens zweimal im Leben" – das war so eine der prägenden Einstellung im Elternhaus und wurde vorgelebt. Außerdem waren mein Großvater mütterlicherseits, mein Urgroßvater väterlicherseits und sind meine beiden Schwäger heute beim Militär, insofern war auch die Landesverteidigung, das Militär, für mich positiv besetzt.

**Welche Beziehung hatten Sie früher zur DDR?**
Mein Vater, Norbert Matuschka, der 2014 verstorben ist, kam aus Ober-Schlesien (Oppeln), meine Großmutter aus Breslau. Vater war auf dem Internat – Klosterschule Roßleben – bis zum 1. Oktober 1945. Dort wurde er also erst Monate nach Kriegsende als 16-Jähriger festgenommen, verhört, gefoltert und nach Haft im Roten Ochsen in Halle und einiger Zeit in zwei Konzentrationslagern in sowjetischer Gefangenschaft deportiert, aus der er im Oktober 1953 zurückkehrte. Seine Erlebnisse und Lebensenergie haben mich damals und bis heute (ich bin Jahrgang 1960) sehr geprägt und begleitet. So erinnere ich mich gern an einen gemeinsamen Besuch bei seinem besten Freund aus der Gefangenschaft, Herrn Lothar Hornuf aus Weixdorf bei Dresden im Jahre 1987. Mit der Familie waren wir also schon vor der „Wende" in Ostdeutschland zu Besuch, besonders in Dresden und Ost-Berlin, so dass die Wiedervereinigung für mich etwas ganz, ganz besonderes war. Insgesamt war die politische Entwicklung von Ost- und Westdeutschland seit den frühen siebziger Jahren immer wieder sehr prägend aufgrund vielfältiger Diskussionen daheim über den Ost-West-Konflikt der z. T. sehr beängstigend war – die Politik von Bahr, Brandt, Wehner und Strauß u. v. a. m. boten viel Gesprächsstoff. Seit den frühen achtziger Jahren waren Veranstaltungen zum Gedenken der Opfer des 20. Juli 1944 für mich von großem Interesse. Mein

Großonkel Michael, der Bruder meines Großvaters Gabriel, war im Zusammenhang mit dem Hitler-Attentat als einer der „Verschwörer" hingerichtet worden.

**Was hat Ihr Vater später gemacht?**
Unser Vater studierte Architektur, nachdem er mit 24 Jahren aus der Kriegsgefangenschaft zurückgekommen war, und arbeitete bis zu seinem 75. Lebensjahr als Architekt. Erst in und um Bückeburg im Weserbergland und seit 1991, nach Übergabe des Büros an zwei Nachfolger, in Köthen bei Halle (Saale) für sein altes Büro weiter. Durch meinen Vater war daher der Aufbau Ost für mich sehr emotional und positiv besetzt. Wir sind vier Kinder, von denen ich das älteste bin.

**Gab es noch weitere Verbindungen von Ihrer Seite oder von der Seite Ihrer Familie zur DDR?**
In der Schulzeit gab es die Abiturfahrt nach Berlin mit Besuchen in Ost-Berlin und eben später der Besuch in Dresden: „Vater, was dürfen wir sagen, was dürfen wir gar nicht sagen?" Mein Vater, der seinen „Bruder in Freundschaft" nach 44 Jahren das erste Mal wiedersah, sagte: „Ich muss erst mit Lothar alleine sprechen – sehen und verstehen, ob er der Alte geblieben ist." Er hat uns dann nach einem kurzen Gespräch „Entwarnung" gegeben und gesagt: „Lothar ist völlig in Ordnung, er ist der Alte geblieben. Kinder, hier können wir über alles reden, nur niemals in der Öffentlichkeit. Um Gottes willen kein einziges Wort über irgendwas in der Öffentlichkeit."
Lothar Hornuf war selbstständiger Unternehmer und hatte ein Betonwerk in Weixdorf bei Dresden von seinem Vater übernommen, mit ca. 10 Mitarbeitern. Ihm ging es wirtschaftlich sehr gut, besser als den meisten Westdeutschen, die wir so kannten. Vom Schwimmbad über ein Pferd und Ferienhaus mit Motorboot – es mangelte an nichts. Das war für mich überaus überraschend und prägend.
Im öffentlichen Raum, z. B. dem Besuch der Innenstadt von Dresden, gingen wir nur angespannt und mit latenter Angst herum, denn hier

war die Staatsmacht und die mögliche Überwachung allgegenwärtig, das war damals mein Bauchgefühl

Als dann 1989/90 die Wiedervereinigung vor der Tür stand, saß ich mit Tränen vor dem Fernseher in Frankfurt, wo ich seinerzeit für Salomon Brothers Inc. M&A arbeitete. Die Angst war weg, und die Erleichterung machte sich Raum, dass alles so überaus friedlich verlaufen war – insbesondere aus heutiger Sicht.

**War Ihnen das damals auch schon klar, dass die Wiedervereinigung ein historischer Moment war?**

Ja, das war mir total klar. Ich habe mich aus heutiger Sicht bedauerlicherweise nicht sofort ins Auto gesetzt, um vor Ort an den Grenzen dabei zu sein. Ich dachte, dass es nur überall Staus geben und es wohl nicht klappen würde. Deshalb kenne ich die Atmosphäre an der Grenze mit Jubel und Begrüßung nur aus dem Fernsehen. Aber die Erleichterung war riesig. Im Frühjahr 1990 verließ ich dann meinen Job als Associate bei Lazard Frères, um nach Ost-Berlin zu gehen, in die frühe Treuhandanstalt, in der noch Herr Gohlke als Chef amtierte. An diesen historischen Entwicklungen wollte ich ganz persönlich teilhaben und gab mir dafür drei bis sechs Monate Zeit und Budget. Das Ziel: Mitmachen und Erfolg haben, wie und wo auch immer, natürlich gerne auch für länger.

**Wie sind Sie zur Treuhand gekommen?**

Ich war von 1987 bis 1990 für eine Investmentbank tätig, erst in New York und London und dann in Frankfurt. Dort fand ich es auch äußerst interessant, bis dann über Nacht die Grenze aufging. Zu diesem Zeitpunkt hatte die Treuhandanstalt ihren Sitz noch im „Haus der Ministerien" am Alexanderplatz. Dort stellte ich mich fröhlich vor und lernte eine Stunde später den Abteilungsleiter für Gewerbe und Dienstleistungen der Treuhandanstalt „THA" (im späteren Direktorat U4 DL – Vorstandsbereich Dr. Wolf Klinz und ab 1992 zu U4 FB Fahrzeugbau), Herrn Dr. Peter Mittelstädt, kennen. Ich hatte mich einfach durchgefragt und erzählt, dass ich mich recht gut mit der Bewertung und dem Kauf und Verkauf von Unternehmen auskennen würde – und dafür wäre es ja jetzt vielleicht der richtige Zeitpunkt, das würde wohl gebraucht werden können. So wurde ich nach einem Kennenlerngespräch und der Vorlage von Zeugnissen (Abitur an der Evangelischen Landesschule zur Pforte in Meinerzhagen usw.) zu dem zu reprivatisierenden Kleinbetrieb VEB Berliner Strickmoden des ehemaligen Eigentümers und damaligen Betriebsdirektors, Herr Schliemann, am Prenzlauer Berg gesandt.

Der Betrieb, welcher fast die ganze DDR-Zeit über im Privatbesitz der Familie Schliemann gewesen war, produzierte Pullover und andere Strickwaren mit ca. 12 Mitarbeitern. Der Herr Dr. Mittelstädt vermittelte mich dorthin, mit den Worten: „Gehen Sie da mal hin und gucken Sie mal, ob und wie sie den Leuten dort helfen können", denn so recht viel konnte der Herr mit meiner Vita nicht anfangen – aber New York und Auslandsstudium klangen für ihn sicherlich ganz gut, und ich machte wohl einen ordentlichen Eindruck. Aus heutiger Sicht habe ich ihm meinen guten Start in Berlin maßgeblich mitzuverdanken.

**Was genau war dort Ihre Aufgabe?**

Ich sollte reprivatisieren, also dem Betrieb die Marktwirtschaft, und hier insbesondere den Vertrieb, den Marktauftritt und Kontakte, bringen. Das aber war gegenüber der Konkurrenz aus dem Westen und Asien völlig unmöglich, die Produkte verkauften sich überhaupt nicht mehr. Ich sehe das Geschäft noch vor mir: Schönhauser Allee, rechts. Sie hatten überhaupt gar keine Chance, es klappte nichts am Markt. Nach zwei bis drei Wochen ging ich zurück zur Herrn Mittelstädt in der THA und sagte, dass Herr Schliemann zwar weitermachen wolle, ich aber auch über keinerlei nützliche Erfahrungen im Bereich Strickmoden verfügen würde und mich die Aufgabe, dort wirtschaftlich mitzuhelfen, ganz und gar nicht auslasten könne. Und so bat ich um eine andere Aufgabe.

**Mit welchem Aufgabenbereich sind Sie dann vertraut gemacht worden?**
Im Herbst 1990 etablierte sich die Treuhandanstalt dann mehr und mehr. Herr Dr. Mittelstädt empfahl mich dann weiter an den Kombinatsdirektor, Herrn Manfred Häßner, den Vorstandsvorsitzenden des Kombinates Berliner Dienstleistungen mit Sitz der Holding im EG der Willi-Bredel-Straße 55 im Prenzlauer Berg. Bei meiner Ankunft Mitte Frühjahr 1990 zählte das Kombinat 6.000 Mitarbeiter – verteilt auf 21 in GmbHs umgewandelte Gesellschaften, darunter die FKL Friseur-Kosmetik-Line, drei Textilbetriebe sowie die handwerklichen/haushaltsnahen Dienstleistungen und Metallbaubetriebe. Ferner gab es aus dem ehemaligen Stasibereich einen Schlüsseldienst und eine Radio/ TV- und Technik-Firma, die Abhörtechnik in Besprechungszimmern und Hotels besorgen konnte. Einige Bereiche waren aus heutiger Sicht bereits sehr nachhaltig aufgestellt: Laufmaschen- und Schirmreparatur etc. Die Gesellschaften mit jeweils zwei Geschäftsführern galt es nun zu privatisieren. Diese Aufgabe habe ich dann für die kommenden 15 Monate übernommen. Erst als Sonderbeauftragter dann als stellvertretendes Vorstandsmitglied neben Herrn Häßner.

**Wie muss man sich Ihren Job vorstellen?**
Als junger Mann (ich war damals gerade 30 Jahre alt) kam ich in das Ladenlokal im EG – umgewandelt zur „Holding" – und lernte den Vorstand und das Tagesgeschäft kennen. Herr Häßner (damals Mitte 50) und ich entwickelten schnell eine gewisse Sympathie füreinander, wobei ich ja für das Gegenmodell seines Lebenswerks stand. Er forderte mich dann auf, die angeschlossenen ca. 21 Betriebe zu besuchen. Und so kam ich zu den einzelnen Gesellschaften, die Interesse an dem Thema Privatisierung hatten. Dort habe ich mich mit den Geschäftsführern immer wieder zum Austausch über alle denkbaren Themen rund um das Tagesgeschäft, die nahe Zukunft und eine mögliche Kooperation/Verkauf getroffen und ausgetauscht. Es ging dabei um das Personal, die Mietverträge, die Auftragseingänge

und um das Anlagevermögen, alles, was zu privatisieren wäre. Interessenten aus ganz Europa, im Wesentlichen aber aus Westdeutschland, meldeten sich bei der THA und bei den Unternehmen direkt. So erstellten wir Wirtschaftspläne, bewerteten das UV und AV neu und – ganz wichtig – versuchten, die Übernahme von möglichst vielen Mitarbeitern abzusichern. Bei der Handelsgruppe HADI, die über zahlreiche große Ladenmietverträge in Ost-Berlin verfügte, ging u. a. die DROSPA-Drogeriekette ein und aus. Beim Berliner Kunsthandel stöberten Glücksritter und Kunsthändler herum, beim Edelflohmarkt in der Wilhelm-Pieck-Straße wurden vor der „Wende" Antiquitäten zum Weiterverkauf gegen Devisen für den Westen gesammelt. Auch der neue Vorstand um Herrn Häßner ging mit der Zeit und hatte stolz eine Partnervermittlung neu gegründet.

**Wie war es damals, als Sie dort mit Ihrer Arbeit begonnen haben? Wie war die Situation des Nachfolgeunternehmens dieses Kombinats?**

Herr Häßner war natürlich weiterhin der Herrscher im Haus, der Kaufmann, Herr W., hatte sich schon gleich Anfang 1990 einen gebrauchten weißen Mercedes im Westen organisiert. Ich hatte als Firmenwagen einen wackeligen kleinen roten Lada auf FIAT-124-Basis, dann einen hellblauen Lada 2000, und wenn es mal schnell zur THA gehen musste, ohne Parkplatzsuche, durfte ich auf den Fahrer von Herrn Häßner zurückgreifen, den ehemaligen Chauffeur von Alexander Schalck-Golodkowski, der ihn wohl zu seiner neuen Heimat am Tegernsee nicht mitgenommen hatte.

Die Gespräche, allein oder zusammen mit Herrn Häßner, waren eigentlich immer gleich: „Was ist euer Plan? Wie könnt ihr euch vorstellen, die Firma fortzuführen? Wie sind die Zahlen, braucht ihr Liquidität?" Es waren ganz „normale" Holding-Arbeiten, aber alle mit der Zielsetzung der Privatisierung der Gesellschaften – dachte ich zumindest! Im Verlauf des Jahres 1990/91 berichtete ich mehr und mehr an U4 DL, den Direktor Dr. Eberhard Sinnecker und anderen im Vorstandsbereich von Dr. Wolf Klinz. Später an Dr. Ken-Peter Paulin U4 FB – Fahrzeugbau.

**Im Grunde genommen waren es vorher Staatsbetriebe, und als Sie dann dazu kamen, wurden sie gerade umgewandelt. Haben Sie das erfolgreich hinbekommen?**

Das zog sich alles etwas hin. Es dauerte knapp ein Jahr, die gut zwei Drittel der überwiegend Kleinfirmen zu privatisieren. Bei Friseur und Kosmetik wurden einfach die Läden inklusive Mietvertrag an die jeweiligen Friseure etc. übergeben. In den Textilproduktionsunternehmen hat das jedoch nur sehr reduziert funktioniert, zu groß war der Investitionsbedarf, zu gering der verbleibende Umsatz. Der kleine handwerkliche Metallbaubetrieb wurde von den Mitarbeitern übernommen. Bei der Schuhreparaturkette „Schusterjunge" wurde vereinzelt die Übergabe an den Leiter und die Übernahme des Inventars gegen weiterzubeschäftigende Mitarbeiter abgewogen. Das Ziel: Privatisierung für eine symbolische D-Mark.

**Haben Sie noch eine Kenntnis davon, wie viele Arbeitsplätze erhalten oder geschaffen werden konnten?**

Nein, die Zahlen weiß ich leider nicht genau. Es waren ursprünglich 6.000 Mitarbeiter, wovon aber etwa 66 bis 75 Prozent mitprivatisiert wurden. Das hieß, keine Kündigung innerhalb des ersten Jahres. Die Formel lautete also Mitarbeiterübernahme gegen Inventar und Warenlager sowie Mietvertrag. Immobilien wurden dabei nie mitverkauft. In den seltensten Fällen waren Immobilien vorhanden, so bei der Textilfirma MOM, dann wurde die TLG Treuhand Liegenschaftsgesellschaft mit einer Bewertungsanfrage eingeschaltet. Nicht selten tauchten in diesem Zusammenhang dann jüdische Restitutionsansprüche auf, was zum sofortigen Erliegen jeder weiteren Aktivität führte, zu groß war die Gefahr, hier etwas „falsch" zu machen.

**Aber haben sich nicht trotzdem auch viele für die Immobilien interessiert?**
Natürlich, aber sie standen quasi nicht zur Disposition. Ich habe bei diesen ca. 100 Klein- und Kleinstverkäufen, soweit ich weiß, keine einzige Immobilie mitverkauft.

**Wie muss man sich denn Ihren Arbeitsalltag vorstellen?**
Der fand in der Willy-Bredel-Straße am Prenzlauer Berg statt. Eigentlich ist das ein kleines Ladenlokal gewesen, das in der Zeit vor 1990 umfunktioniert worden war. Dort fand in mehreren zusammengelegten Wohnungen im Erdgeschoss der Arbeitsalltag statt, also die Arbeit der Holding mit gefühlten ca. 15 Mitarbeitern für das Sekretariat, die Buchhaltung und das Personalwesen. Für mich ging es schwerpunktmäßig um das Thema Privatisierung und Verselbstständigung und nur am Rande um das Dauerthema Sicherstellung der Liquidität der Betriebe – denn alle Betriebe waren defizitär und verbrauchten monatlich Millionen D-Mark, der Absatz war eingebrochen und die Belegschaft groß und verunsichert.

**Wie lange war so ein Arbeitstag?**
Ein Arbeitstag dauerte regelmäßig zwölf Stunden und mehr. Vielleicht noch eine Ergänzung: Herr Joachim Wöge, ein Vorstandsassistent im Bereich von Dr. Klinz, hatte damals gerade sein Studium in München bei Prof. Dr. Werner Kirsch, Professor an der LMU für Strategische Unternehmensplanung, abgeschlossen. Und so konnte dann Professor Dr. Kirsch als Aufsichtsratsvorsitzender der BEDAG Aktiengesellschaft von der Treuhandanstalt gewonnen und eingesetzt werden. Als Aufsichtsratsvorsitzender war er insb. Kontrolleur und Berater des Vorstands und wunderte sich alsbald darüber, was denn dieser junge 30-jährige „Wessi" nun bei diesem Kombinat macht.
Zu dieser Zeit war mein Familienname „Matuschka" in Ostdeutschland nicht unbekannt, weil mein Onkel, Albrecht Matuschka, öffentlich im TV vorgetragen hatte, man könnte ja jedem ostdeutschen

Bürger eine Aktie geben, also ein Sechzehnmillionstel von Ostdeutschland, womit er auf viel Interesse und Aufmerksamkeit stieß. Wenig überraschend fragte mich Professor Kirsch dann beim ersten Kennenlernen „Sagen Sie mal, was wollen Sie denn hier? Sie kommen aus einer international renommierten Investmentbank, aus Frankfurt. Was wollen Sie hier? Sie wollen hier Immobilien kaufen, oder?" Ich habe genauso offen geantwortet: „Nein, hier findet Geschichte statt, und das finde ich viel spannender, als in Frankfurt im Büroturm zu sitzen. Ich möchte dabei sein, und zwar mittendrin." Das war meine Motivation, und die konnte ich ehrlich, wie es gemeint war, auch vermitteln.

Bis zum Abschluss der Privatisierungen der BEDAG war ich der einzige Westdeutsche, von dem ich weiß, der so früh vor Ort in einem Unternehmen in Ostdeutschland dabei war. Mein Anfangsgehalt in Höhe von 2.000 DM, das Herr Häßner vorgab, entsprach dem der anderen Geschäftsführer. Professor Kirsch fragte mich, wie ich denn davon leben könne, zumal ich noch eine Wohnung in Frankfurt zu bezahlen hatte. Professor Kirsch berief mich dann recht bald, im November 1990, zum stellvertretenden Vorstand der BEDAG – zuständig für die Privatisierungen. Tagsüber war ich dann viel in den Gesellschaften unterwegs, im Frühjahr 1991 bekam ich noch eine Generalbevollmächtigtenaufgabe bei der DEWAG dazu, um den Alleinvorstand Herrn Dr. Böttcher, zu kontrollieren/begleiten. Ein außerordentlich angenehmer und kultivierter Herr. Bei den Firmen handelte es sich z. B. um die Pro Arte Werbeagentur und die ICW Werbung. Abends stimmte ich mich dann regelmäßig mit den Vertretern von U4 DL ab. Das Ziel: Liquiditätssicherung und Fortgang der Privatisierungen unter Sicherung möglichst vieler Mitarbeiter.

**Wie war denn damals die Atmosphäre?**
Ich habe die Atmosphäre als ganz überwiegend positiv, aufgeschlossen und unvoreingenommen erlebt und mich menschlich willkommen geheißen gefühlt. Es herrschte eine durchweg positive Aufbruch-

stimmung, und ja, natürlich gab es auch Ängste und Sorgen, aber es überwog bei Weitem die Zuversicht. Ich bin mit einigen Mitarbeitern der BEDAG und der THA aus dieser Zeit bis heute noch freundschaftlich verbunden und glaube, dass ich jeden, den ich privatisieren konnte, gerne morgen wieder treffen kann, und das mit gutem Gewissen. Die Aufbruchstimmung von 1990 und folgend erlebe ich in meinen Gesprächen heute mit meinen ostdeutschen Freunden und Kontakten wieder in dieser schwierigen Zeit.

**Würden Sie es als Aufbruchszeit beschreiben?**
Oh ja, es herrschte eine große und kraftvolle Aufbruchstimmung in den Betrieben, aber mit der Sorge: Wie geht das weiter? Natürlich gingen auch Betriebe und Betriebsteile in die Arbeitslosigkeit hinein. Das war mir ja völlig klar, aber alles weit entfernt von einem Zusammenbruch. Mitarbeiter, die kündigten oder gekündigt wurden, empfanden deutlich, dass es so nicht weitergehen konnte wie bisher, litten aber natürlich unter den persönlichen Konsequenzen. Es war meine Aufgabe, realistische Perspektiven zu entwickeln, aufzuzeigen und umzusetzen. Auch bei der Jobsuche nach Jobverlust. Dieser Berufung gehe ich bis heute nach. Mit meiner Sonderfunktion bei der BEDAG und DEWAG, als junger Mann mit gerade 30 Jahren aus dem Investmentbanking, war ich da schon so ein bisschen ein „weißer Elefant". So etwas gab es da sonst nicht, und das war mir bekannt.

**Wie haben Sie die Belegschaften in den Betrieben aus Ostdeutschland wahrgenommen?**
Die Aufgeschlossenheit und Neugier auf das „Neue" der Ostdeutschen in diesem Kombinat war außerordentlich groß. Ich erinnere mich wie gestern an eine Zusammenkunft aller 42 Geschäftsführer auf Einladung des Vorstands der BEDAG. Ich hatte mit Herrn Häßner unsere Vorträge abgestimmt – er referierte dann zu meiner großen Verwunderung ganz anders als abgesprochen und schob eine

mögliche Privatisierung in weite Ferne. Danach legte ich zum einen dar, was wir abgestimmt hatten, was im Gegensatz zu seinen Ausführungen stand und zum anderen, an welchen Privatisierungen wir konkret arbeiteten. Ich fuhr sachlich fort, sehr unterstützt insbesondere von Frau Karin Hartmann, Geschäftsführerin der MOM GmbH. Zum Schluss meines vielleicht zehnminütigen Vortrags bot ich den Anwesenden dann an, über das Vorgehen abzustimmen: Option A, weiter wie bisher, oder Option B, Vollgas bei den Privatisierungen. Ein „Spiel" mit hohem Risiko für mich! Doch bis auf vielleicht zwei Enthaltungen oder Gegenstimmen stimmten alle Geschäftsführer meinem Vorschlag zu – welch eine Bestätigung meiner Arbeit in enger Abstimmung mit den selbstbewussten Geschäftsführern, unvergesslich für mich.

Es gab aber auch viele Überraschungen, zum Beispiel den Betrieb Schlüsseldienst („Horch und Guck"). Diese GmbH wurde im Rahmen der Wende sehr schnell in das Dienstleistungskombinat eingegliedert, weil er woanders aufgefallen wäre. Denn diese Firma hatte zuvor auch für die Stasi gearbeitet und war u. a. für das Verkabeln von Hotelzimmern zuständig, um z. B. Interhotel-Zimmer abzuhören. Das erfuhr ich erst im Laufe des Jahres 1991. Die Belegschaft dort war deutlich wacher und aufgeschlossener, aber mir gegenüber auch reservierter und skeptischer als die Belegschaften in den anderen Firmen. Der Schlüsseldienst war sehr schnell besser vernetzt auch mit westlichen Firmen, aber blieb ein Fremdkörper im Kombinat – skeptisch beäugt von den anderen Geschäftsführern.

**Wofür waren Sie bis 1995 noch zuständig für die Treuhand?**
Im ersten Jahr, 1990/91, als ich in der BEDAG arbeitete und mit der Treuhand nur als Externer zu tun hatte, kam das zuständige Direktorat U4 DL Treuhand auf mich zu und übertrug mir zusätzlich die Verantwortung als eine Art Generalbevollmächtigter der THA für die Deutsche Werbe- und Anzeigengesellschaft (DEWAG) aufsicht-

führend aktiv zu werden. Der Standort war in Berlin Mitte, und Herr Dr. Böttcher war dabei, als Alleinvorstand die unter der DEWAG Holding befindlichen Firmen zu privatisieren. Ich wurde ihm zugeteilt, mit den Worten: „Tauscht euch aus, wie die Zusammenarbeit gehen kann – gemeinsam seid ihr besser." Herr Dr. Böttcher, Ende 50, mit einer gemütlichen Pfeife, war ein außerordentlich angenehmer und kompetenter, im ganzen Kombinat geschätzter Mann – ich hatte zu jeder Zeit ihm gegenüber ein sehr angenehmes Bauchgefühl. Auch das war eine Erinnerung an dieses erste Jahr.

In der BEDAG wurden Ende 1991, als das wohl erste der großen Kombinate, die machbaren Privatisierungen abgeschlossen und die Bereiche, die perspektivlos waren, in die Abwicklungsabteilung unter Leitung von Herr Tränkner gegeben. Diese Firmen wurden dann überwiegend liquidiert.

Ende 1991 kam dann das Direktorat Dienstleistung U4 von Dr. Eberhard Sinnecker unter dem Vorstand Dr. Wolf Klinz auf mich zu und bot mir an, ob ich nicht in das Direktorat Fahrzeugbau wechseln wolle. Und so wurde ich dann für das kommende Jahr 1992 Abteilungsleiter im Direktorat Fahrzeugbau. Da sich die Treuhand zu der Zeit schon einigermaßen etabliert hatte, habe ich den Bereich übernommen, der übrig geblieben ist. Der Rest, wie zum Beispiel Babelsberg, war verteilt. Die Zeitungen, die Presse, die Verlage, die großen Privatisierungen waren dort. Für mich war der Bereich von Forschungseinrichtungen übrig, den ich bearbeitet und verwaltet, aber im Wesentlichen privatisiert habe. Zu Beispiel waren es eine Schweißtechnische Lehr- und Versuchsanstalt für Hochelektrizitätstechnologie und eine weitere Forschungseinrichtung. Ich hatte außerdem das große Vergnügen, den Staatszirkus der DDR zu privatisieren.

**Wenn Sie zunächst für die Privatisierung der Strickmoden, der Friseur-Kosmetik-Linie und dann der DEWAG zuständig waren, wie sind Sie an die neue Herausforderung per Januar 1992 im Direk-**

torat Dienstleistungen U4 DL herangegangen, Forschungseinrichtungen und den Staatszirkus zu privatisieren?
Zu den Forschungseinrichtungen gab dazu immer ein Pendant im Westen, wie bei der Schweißtechnischen Lehr- und Versuchsanstalt, wobei das westliche Pendant gewöhnlich größer und etablierter auf dem europäischen Markt war. Es ging im Wesentlichen um die Verhandlung mit den westlichen Partnern, die dafür die logischen Partner waren. Die Institute kannten sich bereits aus der Vorwendezeit und wurden dann wie eine Niederlassung angegliedert und integriert. Das waren ausnahmslos sehr angenehme und professionelle Verhandlungen.

**Das hat funktioniert?**
In so ziemlich allen Fällen war das recht unproblematisch und im besten Sinne zielgerichtet. Das Innovationszentrum Ceramik Meißen (ICM) sowie die Schweißtechnische Lehr- und Versuchsanstalt (SLV) gehörten aber auch noch dazu. Dieser Art waren es etwa zehn Institute, die privatisiert wurden und überwiegend dadurch als selbstständige Niederlassungen westdeutscher Pendants übernommen wurden. Die Übernahme der Mitarbeiter war dort überhaupt kein Problem. Ich kann mich nicht daran erinnern, dass Immobilien zu privatisieren waren.

**Wie hat sich die Privatisierung beim Staatszirkus dargestellt?**
Es gab bis zur „Wende" drei Staatszirkusse, von denen aber nur noch einer nach Zusammenlegung mit den anderen per 1992 übrig geblieben war (Zirkus Busch-Berolina mit Winterquartier in Berlin-Hoppegarten), als ich die Betreuung als Abteilungsleiter in U4 DL übernahm. Der Staatszirkus aber wurde jeden Tag „weniger", weil immer wieder irgendein Lebenskünstler mit einem der zwölf recht neuen LIAZ-Lkws und einem Anhänger und vielleicht ein paar traurigen Elefanten auf Reisen ging und nie wieder gesehen wurde. Um die Reste zu sichern, initiierte ich z. B. Verhandlungen mit Bernhard

Paul von Roncalli, mit dem ich den Staatszirkus zusammen besichtigte. Wir organisierten eine Sondervorführung besonders mit Uschi Böttcher – der einzigen Dompteurin von zwölf Eisbären weltweit. Aber die einzelnen Artistengruppen sind dann doch eigenständig losgezogen, haben mit freien Zirkusbetrieben in Europa verhandelt, und sich selbstständig zu machen.

Bedauerlicherweise hatte der Staatszirkus keine ordentliche Buchhaltung, eher drei Schuhkartons (Soll – Haben – Weiß nicht), so dass Sozialabgaben nicht gezahlt wurden und eines Tages vom Sozialträger pressewirksam ein Elefant gepfändet wurde, der auf der Titelseite der BILD landete. Dadurch hatte ich das Vergnügen, innerhalb einer Stunde bei dem Vorstand Dr. Wolf Klinz zu sitzen und bekam die Gelder für die Sozialabgaben aber auch sehr schnell zur Verfügung gestellt. Da man sich beim Staatszirkus der DDR aber nun sehr schwertat mit der Buchhaltung, kam zu dieser Zeit ein langjähriger Vorstand der TUI, der in den Ruhestand gegangen war und nach einem halben Jahr Golfspielen Interesse hatte, doch wieder tätig zu werden, zu einer neuen Aufgabe. Herr Dr. Helmut Gohr war Steuerberater und sowohl kaufmännisch als auch in der IT ein Profi, menschlich mein großes Vorbild und später ein väterlicher Freund, der heute in Wien lebt. Dr. Gohr hat dann einen Zirkuswagen zugewiesen bekommen, in dem er die Buchhaltung und alle kaufmännischen Belange erledigte und sich darüber hinaus hervorragend mit dem Zirkusdirektor und allen anderen Mitarbeitern verstand.

**Für welche Unternehmen waren Sie noch zuständig, nachdem die größte Arbeit beim Dienstleistungskombinat getan war?**
Mit Aufgabenerfüllung im Direktorat Dienstleistungen, bereits gegen Ende 1991, wechselte ich innerhalb des Vorstandsbereich von Dr. Wolf Klinz zum Direktorat Fahrzeugbau U4 FB. Dieses wurde von dem Direktor Dr. Ken-Peter Paulin geleitet mit dem Assistenten Dr. Ralph Steger. Dort standen Firmen wie Fortschritt-Erntemaschinen, die Trabiwerke, Traktorenwerke und Dieselmotorwerke zur Sanierung

und Privatisierung an. Dort privatisierte ich die Schiffselektronik Rostock, das Dieselmotorenwerk Leipzig, das Zahnradwerk Pritzwalk u. v. a. m. rund um Kfz- und Mobilitätsbetriebe.

**Wie war denn in dem Bereich die Situation Anfang der neunziger Jahre? Ging es dort auch um Anlagevermögen?**
Diese Betriebe produzierten auf eigenen Grund und Boden und waren bei meiner Ankunft längst in engem Austausch mit westdeutschen, westeuropäischen Firmen, so aus Kanada, aus England, Frankreich, aber ganz vordringlich mit deutschen Industriebetrieben aus dem Maschinen- und Anlagenbau. Ich entsinne mich nicht, dass wir Betriebe mit hohem Anlagevermögen nach Ostdeutschland privatisiert haben. Immer wieder kamen die ehemaligen Kombinate bereits mit Interessenten, mit denen sie sich ein gutes Zusammengehen vorstellen konnten, zu uns in die THA. Wir haben dann die Verhandlungen mit beiden Seiten geführt und auch da im Wesentlichen den Kaufpreis von einer D-Mark angestrebt, um möglichst lange Arbeitsvertragslaufzeiten für die Mitarbeiter zu erlangen. Wir erarbeiteten dafür die Vorstandsvorlagen inklusive diverser Gutachten für den Maschinenpark und das Umlaufvermögen, den Immobilienschätzwert etc.

**Sind Sie auch mal in eine Situation hineingeraten, wo Leute gesagt haben, wir hätten gerne dies und das und jenes, und es soll Ihr Schaden nicht sein?**
Es gab Interessenten, welche mit uns Essen gehen wollten und vielleicht mehr angeboten hätten, aber sowohl wir in der Abteilung als auch auf Käuferseite waren eigentlich immer zu mindestens zwei Personen involviert, und das unter Einbeziehung des Bereichs Controlling.

**Bei der Treuhand gab es einerseits die jungen Kollegen, so wie sie, die wahrscheinlich richtig Lust hatten am Arbeiten, aber es gab auch viele, die aus den Bonner Ministerien kamen, schon ein biss-**

chen älter und vielleicht nicht so motiviert waren. Gab es da Differenzen?

Das habe ich nicht erlebt, Bonner Ministerialbeamte hatte ich nicht im Team. Im Bereich Dienstleistungen gab es drei ostdeutsche Referenten, ganz hervorragende Sachbearbeiter, mit denen ich noch vor wenigen Jahren auf einem Wiedersehen in Berlin zusammentraf. Diese Herren waren überaus fleißig, sehr loyal und waren für mich, als damals Anfang-30-Jähriger, eine große, verlässliche Stütze aufgrund der Kenntnisse um die Betriebe.

Lediglich im Rahmen der Privatisierung des Staatszirkus gab es Kontakt nach Bonn, wo ein Abteilungsleiter, Herr von Köckritz, ein Theatermusical des Staatszirkus finanziell unterstützte – unter Einbeziehung des ehemaligen Leiters der Royal Shakespeare Company, Terry Hands. Die etwas höheren Positionen in der THA, wie Abteilungsleiter und Direktoren, die 35 Jahre und älter waren, kamen meist aus Westdeutschland und waren z. T. von Firmen freigestellt worden oder kamen über Headhunter wie Heiner Thorborg und Dieter Rickert in Scharen zur THA. Aber auch Unternehmensberater wie A. T. Kearney lieferten zahllose engagierte, meist junge Berater in das Team Fahrzeugbau hinein. So konnten wir auch sicherstellen, dass wir vonseiten der THA nicht mit den Emissären von Mercedes, Siemens, BMW und Co. „quasi intern" verhandelten.

Die Motivation und die Aufbruchstimmung älteren Kollegen, also den über 45-jährigen Abteilungsleitern und Direktoren, habe ich durchaus vergleichbar als großes Interesse an der „Sache" wahrgenommen. Sicherlich aber hat es der eine oder andere, es waren ja im wesentlichen Männer, sehr genossen, so frei in Berlin leben zu können und fernab der Heimat zu arbeiten. So gab es auch manche „Treuhandehe". Aber das Interesse am großen Ganzen, hier etwas zu schaffen und gestalten zu können, raus aus dem Moloch des alten Großkonzerns zu kommen, das war omnipräsent. Aus meiner Sicht klingt es vielleicht etwas verklärt heute, nach 30 Jahren, aber es war eine außerordentlich positive Aufbruchstimmung.

**Sind Sie auch mal in eine Situation gekommen, wo Sie Leute einfach entlassen und die Ansprache machen mussten?**

Immer wieder kam es vor, dass das neue, frisch privatisierte Unternehmen sich entschieden hatte, nicht alle Mitarbeiter zu übernehmen. Die Firmen hatten manche Kollegen „auf dem Kicker", vermuteten bei anderen Kollegen, alte Zuträger des Systems Mielke zu sein, und sahen für wieder andere keine ausreichende wirtschaftliche Basis der Weiterbeschäftigung – und dann stand ich mit dem Übernehmer den betroffenen Mitarbeitern Rede und Antwort, z. T. wurde nachverhandelt, aber es ging auch mal in die Arbeitslosigkeit. Ja selbstverständlich, das gab es auch.

**Haben Sie ein unvergessliches Ereignis, welches Sie hier nennen möchten?**

Es gab eine sehr denkwürdige Situation mit Herrn Manfred Häßner, dem gerissenen Kombinatsdirektor des Dienstleistungskombinates BEDAG. Recht zeitnah am Anfang meiner Zeit im Kombinat, im Frühjahr 1991, fand eine große Versammlung statt. Herr Häßner als Chef, Herr W. als Kaufmann, eine Frau von der Personalabteilung und ich saßen vorne im Komitee, hinten saßen die 40 Geschäftsführer. Ich habe mit Herrn Häßner vorher abgestimmt, was wir den Geschäftsführern vortragen würden. Nämlich, dass wir den Firmen bei der Privatisierung uneingeschränkt helfen würden und wie wir das Vorgehen zur Erreichung der erfolgreichen Privatisierung vorantreiben wollten. Das wollte er in etwa zehn Minuten darlegen. Danach sollte ich vor der versammelten Mannschaft über die Privatisierung sprechen, wie das gehen kann, was wir machen, welchen Zeitplan es gibt, und was wir als realistisch erwarteten. Dann sollte es einen Bericht aus dem Personalbereich und einen Bericht aus dem Finanzbereich geben. Doch die Sitzung verlief völlig anders. Der „alte" Kombinatsdirektor Manfred Häßner lebte wieder auf und sprach für eine Dreiviertelstunde in gewohnter Manier, was er sich alles vorstellt und dass seine Firma noch ganz lange als Kombinat erhalten bleiben soll und alles eben genau so bleiben soll. Aber nichts dergleichen hatten wir abgestimmt. Ich folgte ihm dann mit meinem verabredeten Beitrag, der wäre auch zehn Minuten gewesen. So stand ich dann als ganz junger Mann vor der versammelten Mannschaft, vor lauter gestandenen Erwachsenen, die alle älter waren als ich, eben Geschäftsführer dieser Firmen, und sagte: „Lieber Herr Häßner, das, was Sie gesagt haben, war nicht abgestimmt. Aber ich sage jetzt mal, was wir abgestimmt haben und was mein Teil war: Wir privatisieren, wir geben Gas, um die Firmen so schnell wie möglich in die existenzielle Selbstständigkeit zu versetzen und die Privatisierung mit Partnern voranzutreiben."

Kurz nach meinen ersten Worten zupfte Herr Häßner sehr kräftig an meinem Jackett und gab mir auf das Deutlichste zu verstehen, ich solle mich hinsetzen und lieber nichts mehr sagen. Aber wir hatten es anders abgestimmt, und mir saßen einige der Geschäftsführer gegenüber, die ich kannte, die ich im Rahmen Privatisierung besucht hatte. Ich wundere mich noch heute, dass ich, nachdem ich 15 Minuten diesen kleinen Ausflug und Vortrag gehalten habe, in die Runde fragte, im Beisein des großen, viel älteren Vorstands- und Kombinatsdirektors und sagte: „Das ist der Weg, den ich für richtig halte. Und ich bitte sie hiermit, jetzt abzustimmen, welchen Weg wir gehen wollen. Den ersten Vorschlag von Herrn Häßner, dass hier alles so bleibt, wie es ist, noch auf längere Zeit, oder meinen Vorschlag, wir geben Gas und privatisieren?" Und dann haben mehr als zwei Drittel der Geschäftsführer im Beisein des Kombinatsdirektors zugestimmt, meinem Weg der zügigen Privatisierung zu folgen. Ich war mir nicht so ganz sicher, ob ich an dem Tag noch heil nach Hause kommen würde, aber heute weiß ich ja, es ist alles nochmal gutgegangen. Ich hatte keinen Autounfall, und die Privatisierungen ging weiter. Zu meiner Überraschung war sogar das Verhältnis zu Herrn Häßner, möglicherweise in Anerkennung der Realität, nicht unangenehm belastet. Ich habe es zumindest nicht gespürt. Wir fuhren sogar kurz danach zusammen in den Westen, nach West-Berlin, er wollte so gerne mal ein

„Donald-Duck-Brötchen" essen – so landeten wir bester Laune bei McDonald's wie Lausbuben. Bedauerlicherweise ist er vor vielen Jahren verstorben.

**Gut, er war jetzt Vorstand der BEDAG und zuvor der Generaldirektor, er wollte verständlicherweise die alten Strukturen erhalten.**
Er wollte sich selbst und die alten Strukturen erhalten, was ich ja auch durchaus verstehen konnte, nur die waren seit der „Wende" überholt.

**Genau, denn er hätte sich sonst überflüssig gemacht. Aber Sie haben dann weiterhin einen guten professionellen Umgang miteinander haben können?**
Ohne Ausnahme. Er war dafür bekannt, dass er im Zorn Telefonhörer kaputt schreien konnte – wie mir Mitarbeiter sagten. Dieses Erlebnis mit ihm hatte ich allerdings nicht. Er ist mit mir sehr kooperativ und immer fair umgegangen, der Umgang war zielführend und konstruktiv.

**Wie lief es bei der Deponie in Schöneberg ab?**
Noch aus dem Jahr 1991 kannte ich einen Herrn Gerhard Habermann, der neben seiner Funktion als Geschäftsführer der INTRAC (KoKo-Betrieb) und der AWUS (Deponie Schönberg) ein begeisterter Zirkusfan war, und die Einblicke in den Staatszirkus und die Logistik rundherum faszinierten ihn, und ich öffnete ihm dazu die Tür. Herr Habermann hatte 1992 einen Kreislaufkollaps, von dem er nach Genesung etwa Anfang 1993 zur INTRAC zurückkehrte. Zu diesem Zeitpunkt bestand der zuständige Treuhandvorstand Klaus-Peter Wild darauf, dass Herrn Habermann einen zweiten Geschäftsführer an seine Seite gestellt bekam. Herr Habermann aber wollte das nicht, und so suchte man einen Kompromiss. Herr Habermann muss mich dann vorgeschlagen und akzeptiert haben und sah in mir wohl eher

seinen sympathischen „Edelassistenten" als einen Geschäftsführer auf Augenhöhe.

Ich war Ende 1992 noch mitten in der Arbeit im Bereich U4 FB-Fahrzeugbau, hatte zwischendurch geheiratet, als wiederum die THA-Personalabteilung unter Leitung von Dr. Alexander Koch und den Rechtsanwälten Joachim Linder, Ulrich Jung-Lindemann und Dr. Karin Stammer auf mich zukamen. Herr Habermann habe im Rahmen der Suche nach einem zweiten Mann neben ihm gesagt: „Ich habe den Matuschka kennengelernt, der ist okay, kann ich nicht mit dem an meiner Seite zusammenarbeiten – zusammen haben wir vier Augen." Und so habe ich den Bereich Fahrzeugbau Anfang 1993 verlassen und bin in die Büros in die Pestalozzistraße in Berlin-Pankow zur INTRAC und AWUS umgezogen. In den zwei Gesellschaften lagen u. a. Teile der liquiden Mittel der „KoKo – Kommerzielle Koordinierung", die Vermögen der Deutsch-Sowjetischen Freundschaft, dutzende Immobilien, Auslandsvermögen in Panama und Vaduz/Liechtenstein. Umgerechnet viele hundert Millionen, die wöchentlich disponiert wurden.

**Na gut, das geht ja noch mal ein Krimi los ...**

Ja, das war insbesondere zu Beginn ein kleiner Krimi, denn im Rahmen meiner Berufung zum Geschäftsführer ließ mich der Vorstand des Mitgesellschafters, der Deutschen Handelsbank (seinerzeit mit Sitz in Berlin am Gendarmenmarkt), Herr Dr. Michael Haarmann, wissen, dass man bei der INTRAC zwar nur eine Minderheitsposition halte, aber strikt gegen meine Bestellung sei – und man wollte mich in meiner Funktion und auch darüber hinaus in mein Privatvermögen verfolgen und verklagen, bei allem was ich tun und lassen würde. Etwas verwundert über diese mir zugemessene Bedeutung berichtete ich das der THA und bekam daraufhin eine Haftungsfreistellungsgarantie (ausgenommen grobe Fahrlässigkeit). Da ich zu der Zeit als junger Mann außer meinem Auto kaum etwas besaß, nahm ich die

Aufgabe trotzdem sehr gern an – und hörte von dem Herrn nie wieder etwas.

Die dann begonnene gute Zweisamkeit mit Herrn Habermann und Reisen zu den Beteiligungen der INTRAC so z. B. nach Vaduz/Lichtenstein, fanden aber nach wenigen Monaten ein jähes Ende, weil Herr Gerhard Habermann im Sommer 1993 verstarb. Vorübergehend war ich dann der Alleingeschäftsführer der Gesellschaften INTRAC und AWUS und war aber nach der Kürze der ersten Einarbeitung arg gefordert mit der hochkomplexen Materie. Die THA und ich suchten also sofort wieder einen gestandenen kaufmännischen Profi. Und so begab es sich, dass ich mich schnell an den brillanten Kopf aus dem Staatszirkus (zuvor TUI-Vorstand), Herrn Dr. Helmut Gohr, erinnerte, mit dem ich kontinuierlich in gutem Kontakt gestanden hatte, und ihn fragte, ob er nicht zu mir in die INTRAC/AWUS einsteigen könne. Die THA war einverstanden, und ich war begeistert. Dr. Gohr war natürlich derjenige, der maßgeblich die großen strategischen Entscheidungen traf und die Millionenbeträge verwaltete in enger Absprache mit der Treuhandanstalt, der mich aber bei allen Entscheidungen eng mit einbezog, und so wurden es zwei unvergessliche und lehrreiche Jahre.

**Wie ging es dann für Sie nach 1995 weiter?**
Anfang 1995 wurden bei der INTRAC die Aufgaben weniger, die Geldbeträge waren bei der THA gelandet, Grundstücke und die Treuhand Liegenschaftsgesellschaft TLG übertragen, und für mich war es Zeit zu gehen. Ich habe mich dann u. a. bei einer Tochtergesellschaft der Bahn beworben, der BSG – Bahnschutz & Service GmbH in Frankfurt. Die BSG erbrachte Sicherheitsdienstleistungen für die Bahn mit ca. 2.000 Mitarbeitern unter der DVM Service Holding. Was ich anfänglich nicht wusste, war, dass dort als DB-Cargo-Vorstand auch Dr. Eberhard Sinnecker (ehemals THA U4 DL) kürzlich begonnen hatte, nachdem er als Generalbevollmächtigter der THA 1995 ausgeschieden war. Dr. Sinnecker muss man bahnintern um eine Referenz

für mich angefragt haben, und so kam ich zu einem neuen Arbeitsvertrag bei der BSG in Frankfurt. Hier möchte ich ergänzen, dass ich höchste Achtung und Respekt für Dr. Sinnecker aus meiner Zeit als Abteilungsleiter in seinem Dienstleistungsdirektorat empfand. Ich habe nie wieder einen derart brillanten und anständigen Vorgesetzen und Kollegen erleben dürfen – und es waren viele gute dabei. Als ich mich Ende 1991 nach Aufgabenerledigung von ihm Richtung U4 FB verabschiedete, sagte ich ihm sinngemäß: „Wo immer Sie hingehen, wenn es für Sie Sinn macht, gehe ich mit – es wäre mir eine Ehre und Freude." Aber dazu kam es dann nicht.

Bei der BSG bin ich dann aber nach zwei Jahren mit dem gelernten Schildermaler und Gewerkschaftsfunktionär der Bahn, Herrn Wilfried Geitz, nicht gut klargekommen und habe die Firma sehr erleichtert 1997 verlassen. Ich hatte das Ziel, die BSG wie vorgegeben wettbewerbsfähig aufzustellen, wohl etwas zu ernst genommen und die Bahnwelt unterschätzt. Statt zur Bahn zu gehen, hätte ich wohl das Angebot von Herrn Günther Fielmann in Hamburg annehmen sollen – ich hätte direkt an ihn als sein Assistent berichtet.

**Dann waren Sie aber trotzdem immer noch ein sehr junger Mann, der ja auch noch weiterarbeiten wollte?**

Ja, ich war 1997 erst 37 Jahre alt und inzwischen zweifacher Vater. Ich habe mich dann verschiedentlich beworben und bin zu einem Handelshaus für Holzbearbeitungsmaschinen gekommen – der Wehrmann GmbH in Barntrup. Dort war ich wieder der kaufmännische Geschäftsführer, wechselte später zur Horstmann Gruppe in Bielefeld, mit Aufgaben in Pirna bei Dresden und Villingen-Schwenningen, bevor ich 2005 in die Personalberatung wechselte.

**Und was machen Sie heute?**

2005 bin ich über einen persönlichen Kontakt in die Personalberatung von Eberhard von Rundstedt mit dem Schwerpunkt Karriereberatung gewechselt, die ich seit 2002 immer wieder als Netzwerkpartner unterstützt hatte. Im Jahr 2015, nach fünf Jahren bei Kienbaum, habe ich die Kienbaum-Karriereberatung aufgrund eines Generationswechsels an der Spitze verlassen und arbeite seitdem als Personalberater mit Büros in Deutschland und der Schweiz als „Executive Agent" für Führungskräfte, die sich beruflich verändern wollen und sowohl einen Springpartner als auch einen Kontaktnetzpartner suchen.

**Wenn Sie heute mit dem zeitlichen Abstand auf die Treuhand schauen: Meinen Sie, dass damals mit dem Wechsel von Rohwedder, bzw. nach dem Attentat auf Rohwedder, zu Frau Breuel als neuer Chefin eine Turboprivatisierung stattgefunden hat?**

Ich habe Dr. Rohwedder nur einmal persönlich getroffen, weil ich an ihm vorbeifuhr, anhielt und zu ihm sagte: „Wissen Sie, was hier alles auch im Großen und Kleinen passiert?" Er fragte mich, was ich denn meinte. Ich erzählte, mit welchen Verwerfungen ich im Kleinen, im Tagesgeschäft, zu tun hätte – mit welcher Einflussnahme von Gewerkschaften, mit welcher Unruhe in den Belegschaften, die immer mal wieder da waren und welche in „mein" Kombinat hineingespült wurden, die damit aber eigentlich gar nichts zu tun hatten. Das alles trieb mich ja durchaus um. Da guckte er zu mir in meinen kleinen Dienst-Lada ganz müde und belastet herunter und sagte: „Wem, glauben Sie, sagen Sie das?" Das war für mich sehr denkwürdig – diese Petitesse am Rande. Dr. Karsten Rohwedder habe ich in dieser Zeit als jemanden empfunden, der weit über den Tellerrand hinausgucken konnte, der das große Ganze gesehen hat, sowohl menschlich als auch gesamtwirtschaftlich, als große Persönlichkeit – zu einem seiner persönlichen Assistenten bestand damals und darüber hinaus ein guter Kontakt.

Als Frau Breuel übernahm, habe ich das überhaupt nicht als Turbokapitalismus empfunden. Die Strategie hatte sich auch unter Frau Breuel aus meiner Sicht nicht verändert. Es ging einfach nur noch Richtung Privatisierung. Frau Breuel, so habe ich es empfunden, hat dann einfach einen harten Job zu Ende gemacht.

**Haben Sie mit Frau Breuel auch mal persönlich zu tun gehabt?**
Nein, nur bei einigen Meetings, bei denen wir in einem größeren Kreis saßen. Ihren Assistenten Hermann Graf von der Schulenburg kannte ich natürlich und war mit ihm und den anderen persönlichen Assistenten immer mal wieder zu Sachthemen und privat im Austausch.

**Haben Sie denn damals als junger Mann oder auch mit dem Blick von heute eine Alternative zu der Treuhand gesehen? Hätte die Privatisierung anders laufen können?**
Ich glaube heute und glaubte damals, dass es überhaupt keine Alternative zu den Privatisierungen gab, um im nationalen und internationalen Wettbewerb mithalten zu können. Eine andere wirtschaftlich sinnvolle Option hielt und halte ich für ausgeschlossen. Denken Sie an die Bauvorhaben Elbphilharmonie, Stuttgart 21 und den Berliner Flughafen – nein, danke. Die Gesundheitsämter waren 2021 zur Coronakrise nur über das Fax zu erreichen.
Aber es gab ja damals den bedeutenden Satz: „Kommt die D-Mark nicht zu mir, gehen wir zu ihr." Insofern hielt und halte ich den eingeschlagenen Weg für richtig.

**Und wenn Sie auch noch mal mit dem Abstand von heute auf die Zeit von damals blicken. War es eine gute Zeit für Sie? Eine interessante Zeit? Hat sie das weitergebracht?**
Es war die beruflich und emotional vielleicht wichtigste Zeit in meinem Berufsleben. Dr. Eberhard Sinnecker war menschlich und fachlich die beeindruckendste Persönlichkeit, gefolgt von Dr. Helmut Gohr, in meiner Vita. Ich habe sehr gern mehrfach THA-Alumni-Veranstaltungen mit ehemaligen Treuhändern initiiert und durchgeführt. Es gibt mehrere gute private Kontakte zu wundervollen Menschen aus der damaligen Zeit bis heute. So kam es 2019 auch zu einer Lesung der Memoiren von und bei Dr. Wolf Klinz mit ca. 40 ehemaligen Kollegen aus dem Vorstandsresort U4 und darüber hinaus. Auch

Dr. Matthias Buchholz, der Leiter des Archivs der Bundesstiftung Aufarbeitung, war auf meine Einladung hin dabei und hat es, denke ich, genossen und konnte viele ehemalige THA-Mitarbeiter, auch für dieses wertvolle Buchprojekt, persönlich kennenlernen.

**Aber wenn Sie auf Ihr Tun damals schauen, sind das nur positive Erinnerungen?**
Aus meiner Sicht ja. Ich wüsste nicht, wem ich heute nicht mit gutem Gewissen in die Augen schauen könnte. Insofern war diese Zeit auch menschlich gesehen überaus wertvoll. Ich habe mit den Geschäftsführern, mit den Mitarbeitern, mit den West- und den Ostdeutschen ganz viele offene, anständige, geradlinige Persönlichkeiten getroffen und Aufgeschlossenheit, Freundschaft bis freundschaftliche Verhältnisse gesehen. Es gab sicher auch Ausnahmen, aber die verblassen vielleicht etwas mit der Zeit. Und ist das nicht auch gut so?

# Wolf Schöde

*„Die Treuhand war der richtige Versuch, der partiell erfolgreich war, partiell gescheitert und partiell im Unterholz stecken geblieben ist."*

Wolf Schöde wurde im Februar 1942 in Gelsenkirchen geboren. Er studierte Physik und Mathematik auf Lehramt in Köln. Durch sein politisches Engagement für die FDP wurde er danach als junger Lehrer ins Bundesbildungsministerium geholt. Später wurde Schöde für vier Jahre erst Pressesprecher im Wirtschafts- und Verkehrsministerium NRW, ab 1984 Gruppenleiter für Technologie- und Industriepolitik. 1990 holte ihn Detlev Rohwedder als Pressesprecher zur Treuhand, wo er bis 1994 blieb. Nach seiner Zeit bei der Treuhand war er u.a. Pressesprecher des Sparkassenverbandes, bevor er sich selbstständig machte. Schließlich wurde er Gründungsgeschäftsführer der Berlin-Brandenburg-Aerospace-Association und half in dieser Funktion, Berlin-Brandenburg als dritten Luft- und Raumfahrt-Standort in Deutschland zu etablieren.

**Herr Schöde, zunächst möchte ich schlicht von Ihnen wissen: Wo sind Sie geboren und wie sind Sie aufgewachsen?**
Ich bin ein Kriegskind. Ich wurde im Februar 1942 in Gelsenkirchen geboren. Mein Vater war Eisenbahner, mein Großvater ebenfalls. Der andere Großvater war bei der Sparkasse. Ich war also ein richtiges Beamtenkind, ein behütetes Einzelkind. 1945 war ich drei Jahre alt, ich habe also keine schlechten Bilder im Kopf aus der Zeit des Krie-

ges. Meine ersten Erinnerungen stammen aus einer Zeit, als der Krieg schon vorbei war.

**Welche prägenden Erinnerungen gibt es denn für Sie aus Ihrer Kindheit und Jugend im Ruhrpott?**
Na ja, eine prägende Erinnerung ist natürlich die Eisenbahn. Wir wohnten in der Nähe des Bahnhofs, und der Vater kam zum Mittagessen mit der großen Dampflok. Er sprang den Bahndamm runter, und ich saß dann immer schon am Fenster und rief: „Der Papa kommt, der Papa kommt!" Und einen Großvater zu haben, der so ein richtig preußischer Bahnhofsvorsteher war, mit so einer Uniform mit goldenen Knöpfen, das war schon ein prägender Eindruck. Auch die Gespräche, die man dann so mitkriegte, wenn man hörte, dass was passiert war und der Großvater wieder mal nachts um zwei raus und eine Entscheidung treffen musste. Oder der Vater musste irgendwie auf ein Signal klettern. Das fand ich alles sehr beeindruckend. Also jedenfalls in der frühen Kindheit. Die Bergleute und die Zechen nicht zu vergessen. Wir wohnten ja immer gleich nebenan.

**Um im Bild zu bleiben: Sind denn da Dinge auch für Sie schon irgendwie aufs Gleis gesetzt worden – beruflich gesehen?**
Mein Vater war Ingenieur, und ab 1948 hat er sich sehr stark mit Innovationen bei der Eisenbahn beschäftigt. Er hat gegen Widerstände und das Althergebrachte gekämpft. Er war das, was man heute einen Innovator nennen würde, und das habe ich als Kind voll mitgekriegt. Meine ersten Kinderzeichnungen waren Vorschläge, wie der Papa das hätte noch besser machen können. Meine Mutter hat das alles ganz stolz gesammelt. Und als ich dann älter wurde, war klar: Naturwissenschaften, Technik, das ist mein Ding.
Aber es gab auch noch andere prägende Einflüsse. Meine Eltern waren überzeugt von den Segnungen des Nationalsozialismus. Man versprach sich davon das Ende der Verkrustungen des Kaiserreichs, dass endlich mehr Gerechtigkeit in die Gesellschaft kommt. Das war

dann natürlich bitter enttäuscht worden, und meine Kindheit war daher auch davon gekennzeichnet, dass meine Eltern um den Verlust ihrer Utopie getrauert haben. Dieses Trauern hat sie nie verlassen. Sie sind auch nie in eine andere politische Richtung gegangen, sondern sie haben sich sozusagen in sich zurückgezogen, was es mir durchaus schwergemacht hat, mich zu orientieren.

**Das heißt, Ihre Eltern haben sich nach dem Krieg nicht mit der Zeit des Nationalsozialismus auseinandergesetzt?**
Nein, ganz im Gegenteil. Mein Vater war eigentlich Antisemit und ist das bis fast an sein Lebensende geblieben. Und wenn er wieder mal seine Bemerkungen machte, bin ich rausgegangen. Als Kind kann man sich nicht wehren, man hat ja keine Möglichkeit zu argumentieren.

**Und später?**
Meine Mutter hat das Thema vermieden, und mein Vater hat, als er sah, dass ich nicht drauf einging, auch damit aufgehört. Also, provozieren konnte er mich damit nicht. Ich hatte eine klare Position, und ich habe auch gesagt: „Wenn du wieder damit anfängst, verlasse ich den Raum."

**Wie schwierig war es für Sie als Heranwachsender, das so zu ertragen? Sie wollten ja auch keine Diskussion und keine Auseinandersetzung ...**
Ich war auch nicht stark genug dazu. Mein Elternhaus war sehr streng und disziplinorientiert, ich hatte nur einen sehr kleinen Bewegungsspielraum in Bezug darauf, was ich durfte und was nicht. Das hat sich bei mir dann später entladen. Nach meinem Abitur mit 19 war das Erste, was ich gemacht habe, nach Köln zu gehen und zu studieren. Von da an war ich ein freier Mensch, und dann platzte sozusagen alles auf. Ich habe all diese Beklemmungen abgeworfen, aber trotzdem immer wieder versucht, ein halbwegs vernünftiges Verhältnis zu meinen Eltern zu bewahren.

**Was haben Sie in Köln studiert?**
Physik und Mathematik.

**Lehramt?**
Später auf Lehramt. Erst wollte ich nur Physik machen. Das hängt damit zusammen, dass ich mich mit 16, 17 in der Jugendbewegung bei den Wandervögeln und Pfadfindern engagiert habe. Den Bund gibt es auch heute noch, heißt Deutsche Freischar. Wenn man das Wort hört, ist man erst mal erschrocken und denkt, das ist irgendwas Rechtsradikales. Es ist aber ein sehr liberaler, kritischer, manchmal sogar linksorientierter Bund. Und da bin ich so langsam in die Jugendarbeit reingerutscht. Das habe ich dann gemacht, bis ich so 23 war, das Studium lief eher so ein bisschen nebenher. Aber irgendwann hat sich der Schalter umgelegt, und dann habe ich das Lehrerexamen gemacht, mit großer Begeisterung.

**Jetzt mach ich mal einen Schnitt und springe zur DDR. Was war Ihre Beziehung zur DDR?**
Also eine persönliche Beziehung hatte ich nicht. Ich hatte keine Verwandten, ich bin nicht nach drüben gefahren, weder als Tourist noch in Ferienlager oder so was. Aber ich hatte eine Sozialisationsgeschichte. Der Oberstudiendirektor unseres Gymnasiums in Wuppertal, Ernst Eichelbaum, war in der Ost-CDU, war sogar kurz Bürgermeister von Leipzig, ist dann ausgewiesen worden oder emigriert und bei uns in Wuppertal Oberstudiendirektor geworden. Der hat das Thema DDR immer stark transportiert. Wir haben also jedes Jahr des 17. Junis gedacht, am Ende wurde die dritte Strophe des Deutschlandliedes gesungen. Es gab an unserer Schule einen Sonderkurs für DDR-Abiturienten, deren Abitur nicht anerkannt wurde. Die mussten dann noch mal zwei Jahre auf die Schulbank.

Dann gab es eine Begebenheit, die dann schon sehr einschneidend war. Wir diskutierten 1957 die Wiederbewaffnung, da war ich 15. Ein Freund von mir, der in einer anderen Jugendgruppe mit kommunistischen Verbindungen war, hatte die kluge Idee, wir schreiben einen Brief an Chruschtschow, Albert Schweitzer und den Papst und sprechen uns als Untersekunda gegen die Wiederbewaffnung aus. Ich fand die Idee richtig, aber ich habe nicht unterschrieben, weil ich so ein Bauchgefühl hatte, dass das irgendwie instrumentalisiert werden könnte.

Und nach den Ferien gab es einen Riesenbohei in der Schule. Was war geschehen? Dieser Brief war in einer Ost-Berliner Zeitung erschienen, auf der Titelseite. Und für den Oberstudiendirektor, der damals für die CDU für den Bundestag kandidierte, war es ein Riesenproblem, dass an seiner Schule so etwas passiert war. Der Schüler, der den Brief entworfen hatte, musste die Schule verlassen. Der Studienassessor, bei dem wir Geschichte hatten und der uns angeblich angestiftet hatte, musste auch die Schule verlassen. Für mich war das ganz schrecklich. So sehr ich gegen jede Art von Kommunismus war in meinem jugendlichen Überschwang, so sehr war ich aber auch entsetzt und empört darüber, wie dieses Thema behandelt wurde.

Ich hatte dann immer Freunde, die nach drüben fuhren, wie wir damals sagten, Lieder mitbrachten, Texte mitbrachten, Literatur mitbrachten. Also, ich hatte immer Verbindung zu dem Thema. Und ich habe so langsam meine eigene politische Position entwickelt, auch wenn es sehr lange gedauert hat, bis sich diese Position gefestigt hatte. Der CDU habe ich nie angehangen, aber bei der SPD hatte ich auch meine Probleme. Und die FDP, das war weit, weit weg.

Als Studenten haben wir uns dann regelmäßig mit politischen Themen befasst, eines davon waren die „Risse im Ostblock". 1964 waren wir in Ost-Berlin. Das war auch ein sehr einschneidendes Erlebnis für mich. Und eins habe ich noch vergessen zu sagen: Unser Deutschlehrer, der ein durchaus konservativer Mann war, hat mit uns Brecht gelesen, ohne Ende. Es gab also eine sehr intensive Auseinandersetzung auch mit alternativen politischen Entwürfen. Da wurde ich sozusagen reingezogen, wie in einen Trichter. Das hat bei mir aber nie dazu geführt, dass ich mich mit heißem Herzen zur kommunistischen Ideo-

logie hätte bekennen können, weil ich immer ein Störgefühl hatte. Das Störgefühl hing natürlich auch mit dem Einfluss von meinen Großeltern und Eltern zusammen. Also, es klingt jetzt so pathetisch, aber der Freiheitsbegriff spielte da eine große Rolle für mich.
1972 bin ich dann ins Bundesbildungsministerium gekommen als ganz junger Lehrer.

**Wie kommt man denn als Lehrer an so einen Job?**
Na ja, ich hatte mich 1968 in die Kölner FDP verirrt und bin dann sehr schnell in die Bildungspolitik eingestiegen. So habe ich Hildegard Hamm-Brücher kennengelernt, damals große Bildungspolitikerin. Die hat mich ins Ministerium geholt, wo sie Staatssekretärin war. Und wie das so ist, wenn man da jung ankommt, da muss man all das machen, wozu die anderen keine Lust haben. Also musste ich immer in den Bundestag und dort bei Besuchergruppen Referate über den Bildungsgesamtplan halten. Die Besuchergruppen interessierten sich aber auch für die neue Ostpolitik von Willy Brandt. Also musste ich mich da wohl oder übel einarbeiten. Deswegen wusste ich 1972 bis 1974 relativ gut Bescheid, was da so lief.
Die nächste Berührung war dann sehr intensiv: 1977 wurde mein damaliger Chef Peter Glotz Wissenschaftssenator in Berlin. Also bin ich mit ihm als Leiter des Senatoren-Büros nach Berlin gegangen. Das war dann zwei Jahre wirklich die Hölle. 1977 war der berühmte Deutsche Herbst, wo die drei Morde stattgefunden haben. An der Freien Universität war der Teufel los. Gewaltige Auseinandersetzungen. Und Glotz vertrat die Politik des Dialogs, was in der Berliner SPD mit größter Skepsis gesehen und in der CDU mit Ablehnung bestraft wurde. Alle sagten: „Um Gottes willen, jetzt will dieser Mensch auch noch reden mit diesen Halbterroristen. Wohin soll das führen?"
In dieser Situation hatten wir einen Staatssekretär, Hartmut Jäckel, Professor an der FU. Und Hartmut Jäckel hatte Kontakte zu Wolf Biermann und Robert Havemann und erzählte auch immer davon. Da kriegte ich das also hautnah mit. Und die spätere Kulturdezernen-

tin von Frankfurt, Linda Reisch, meine Mitarbeiterin, schmuggelte Havemanns Manuskripte in den Westen. Also ich war mittendrin in diesem Hexenkessel.

Die nächste Berührung mit der DDR hatte ich dann im Jahre 88, und die war, wenn man so will, schicksalhaft. Ich hatte mich mit dem Herausgeber einer Publikation namens „Innovatio" angefreundet und ihm erzählt, was wir in NRW so machen, dass Strukturwandel unser eigentliches Thema ist und dass wir dazu auf Zukunftstechnologien setzen und unter anderem Technologiezentren als Instrument entwickelt haben.

Das fand er spannend und forderte mich auf, doch mal einen Artikel zu schreiben. Habe ich gemacht, und dieser junge Mann ist dann auf der Leipziger Messe gewesen und hat diese Zeitschrift ausgelegt. Als er zurückkam, erzählte er, dass die das dort sehr interessiert habe, das mit den Technologiezentren. Das konnte ich kaum glauben. Im Sommer 89 hat mir dieser junge Mann dann erzählt, dass es im Osten kriselt und bröckelt. Er hatte Kontakte. Jedenfalls rief er mich eines Tages im Herbst 1989 an und sprach von einem Professor aus Dresden, dem er von unseren Technologiezentren erzählt hatte und der mich in Düsseldorf besuchen wollte.

Ich habe geantwortet, dass ich das unserem Geheimschutzbeauftragten mitteilen würde. Der Professor hat es wohl ebenso gemacht. Also, mir war sehr wohl bewusst, dass solche Gespräche nicht privater Natur sein konnten. Ich war schließlich Gruppenleiter und stellvertretender Abteilungsleiter im Wirtschaftsministerium. Der Professor hieß Albert Jugel, eine historische Figur inzwischen.

Wir führten also das Gespräch. Ich erzählte ihm, was wir so treiben. „Ja", sagt er, „finde ich unheimlich spannend", und erzählte, was in der DDR alles schiefgeht. Was sich da alles ändern muss, dass es so nicht weitergehen kann. Und ich kriegte ehrlich gesagt ganz heiße Ohren. Ich sagte ihm: „Reden Sie sich nicht um Kopf und Kragen." – „Nein, nein", sagt er, „jetzt tut mir keiner mehr was. Vor einem Jahr hätte das vielleicht noch anders ausgesehen."

Wieder etwas später ruft mich dieser Freund, der Zeitungsherausgeber, an und fragt nach einem Kontakt zu Rohwedder, weil der Professor Jugel den gern mal kennenlernen würde. Hab ich gesagt: „Warum nicht." Also habe ich Dr. Rohwedder angerufen und dem das alles erzählt. Der sagt: „Ist gut, kommen Sie mal, zwanzig Minuten, dann schmeiße ich Sie aber wieder raus." Das war so typisch Rohwedder. Wir sind also nach Dortmund gefahren. Das Gespräch hat dreieinhalb Stunden gedauert. Beim Rausgehen sagte Rohwedder: „Wir werden morgen eine Arbeitsgruppe Deutschlandpolitik gründen." Das war der 16. November 1989. Vier Wochen später haben wir in Dresden ein Technologiezentrum gegründet als Gemeinschaftseinrichtung der Industrie- und Handelskammer Dortmund und der Stadt Dresden, zusammen mit der TU Dresden. Das Technologiezentrum existiert heute noch.

**Wie sind Sie denn zur Treuhand gekommen?**
Dr. Rohwedder rief mich an irgendeinem Freitagnachmittag im Juni 1990 an und sagte: „Kommen Sie mit nach Berlin!" Und ich wusste bereits, dass er Präsident der Treuhandanstalt wurde. Und ich habe da ein bisschen gestottert und gesagt: „Ja …", und dann machte es klick, und er hat den Hörer aufgelegt. Am nächsten Tag habe ich mich ins Flugzeug gesetzt. So kam ich zur Treuhand.

**War auch gleich klar, dass Sie Pressesprecher der Treuhand werden?**
Ja, das war leider gleich klar. Also, er hat es nicht gesagt. Aber mir war klar: „Der will nichts anderes von dir, als dass du den Pressesprecher machst." Nur muss man dazu wissen: Ich war 1979 im Wissenschaftsministerium in NRW ein Jahr lang Pressesprecher gewesen. Dann wurde mein Minister Wirtschaftsminister und nahm mich mit. Daraufhin war ich vier Jahre lang Pressesprecher im Wirtschafts- und Verkehrsministerium NRW. Alles, was man sich überhaupt nur vorstellen kann an großen Themen, war in diesem Ministerium versam-

melt, und da habe ich richtig geknechtet. Da habe ich mich in alles einarbeiten müssen, ob ich wollte oder nicht.

**Was haben Sie damals so gedacht über die Treuhand, als Sie diesen neuen Job angetreten haben?**
Also, eins war mir klar: Die Ossis wollten nicht mehr, dass die SED den Daumen auf der Wirtschaft hat. Es war aber auch klar, dass diese Art von Staatswirtschaft, die da existierte, keine Zukunft hatte. Wie der Übergang stattfinden sollte, war mir überhaupt nicht klar, aber auch keinem anderen. Auf Sicht fahren, war die Parole. In der ersten Zeit habe ich sehr lange gearbeitet. Mir war relativ schnell klar, was die Wessis nicht wollten und was die Ossis auch nicht wollten: nämlich, dass diese Art von zentralisierter Staatswirtschaft weitergeführt wird. Nun muss man dazu wissen, dass wir im Westen in den achtziger Jahren auch eine starke Privatisierungsdiskussion hatten. Die Bahn war noch nicht privatisiert, die Post war noch nicht privatisiert, es gab noch einen großen Staatssektor, auch in der alten Bundesrepublik. Und die Diskussion über die Privatisierung lief auf Hochtouren. Ich war zum Beispiel stellvertretender Vorsitzender des Bund-Länder-Arbeitskreises Postreform. Die Diskussion, die dann ab Sommer 1990 in Ostberlin zu führen war, ist also nicht über uns hereingebrochen, sondern die hatte durchaus ihre Vorläufer.

Bei dem krampfhaften Versuch, jetzt an Informationen zu kommen, gab es ein einziges kleines Büchlein, das mir dabei geholfen hat: das Fischer-Taschenbuch „DDR-Wirtschaft", herausgegeben vom Deutschen Institut für Wirtschaftsforschung in Berlin.

**Wie war denn Ihre Haltung zu diesen Privatisierungen, von denen Sie gerade gesprochen haben, auch im alten Westen?**
Ich mache das mal wieder am Thema der Postreform fest: Dass aus der Beamten-Post eine Unternehmens-Post werden musste, war klar. Dass die gelbe Post und die graue Post, also Telefon und Brief und Paket, getrennt werden mussten, war aufgrund der technologischen

Entwicklung ebenfalls klar. Das galt auch für andere Bereiche: Es musste mehr unternehmerische Selbstständigkeit in diese großen Konzerne kommen, sonst wäre der Strukturwandel überhaupt nicht denkbar gewesen. Die Übergangsprozesse, an die wir uns im Westen herangetastet hatten, liefen aber über Jahre. Das heißt, dass so etwas mal erdrutschartig passieren würde, das war unvorstellbar. Ich habe damals gesagt: „Es kommt mir so vor, als hätte man eine Talsperre gesprengt, und das Wasser fließt ab. Da kann man machen, was man will. Man kriegt das Loch nicht gestopft, man muss warten, bis das alles abgeflossen ist." Das machte eben deutlich, dass wir es jetzt mit gleichen und doch fundamental anderen Vorgängen zu tun hatten – zumindest was die Zeitachse und die quantitative Dimension anging

**Wie muss man sich denn Ihren Arbeitsalltag vorstellen als Pressesprecher?**
So wie man sich den bei jedem Pressesprecher vorstellt. Man liest und liest und liest und liest, man versucht alles in sich hineinzulesen, morgens von sieben bis etwa neun. Also mein Alltag war eigentlich davon bestimmt zu lernen, wie die DDR überhaupt funktionierte. Weil ich mir immer gesagt habe, wenn ich nicht verstehe, wie die hier ticken, dann bin ich sowieso verloren. Also hatte ich sozusagen immer drei Hauptprobleme: Das eine war zu lesen, was an Informationen hineinströmt. Dann mit den Kollegen reden, damit die mir erklären, was hier überhaupt abgeht. Und das Dritte war die Erklärung nach außen. Die Beratungsfunktion nicht zu vergessen.
So ein Pressesprecher ist ja auch dazu da, seinen Chef zu informieren, wie so die Diskussionen laufen, welche Meinungen gerade im Umlauf sind und was man jetzt wohl machen sollte. Man muss Vorschläge machen, man muss Texte erstellen, und man muss an allen Reden mitwirken. Wenn man das so beschreibt, denkt man, das kann doch einer gar nicht bewältigen. Kann man auch nicht, aber man muss es trotzdem machen.

**Und ein halbes Jahr nachdem Sie begonnen haben, dort zu arbeiten, ist Ihr Chef ermordet worden.**
Nicht ein halbes Jahr. Ich habe Ende Juni 1990 angefangen, und am 1. April 1991 ist er ermordet worden. Also das waren neun bis zehn Monate. Das war schon eine lange Zeit.

**Was war das für ein Einschnitt für Sie damals?**
Na ja, ich habe damit gerechnet, dass ich in acht Tagen wieder in NRW bin, also dass sie mich jetzt nach Hause schicken. Wenn ein neuer Chef kommt, holt er sich eine neue Mannschaft. Und der Sprecher ist eine der persönlichsten Vertrauenspositionen, die ein Chef normalerweise hat.

**War Detlev Rohwedder dann für Sie auch ein persönlicher Verlust?**
Ja sicher. Rohwedder war eine Identifikationsfigur – nicht nur für mich, für viele andere auch. Und wir standen ganz gut miteinander – das klingt jetzt angesichts des Altersunterschiedes ein bisschen pathetisch, aber Rohwedder war ein sehr lockerer Typ. Er sah in mir einen jungen Kollegen. Ich machte Dinge, die er im Bundeswirtschaftsministerium auch gemacht hat: Wirtschaftsförderung, schlug mich mit der EU rum, mit Richtlinien, mit Gesetzen. Der Handlungsrahmen war immer zu eng. Man wollte immer mehr, konnte aber nicht – der typische Leidensdruck eines Beamten. Und den hat er ja auch erlebt. Also, wir hatten zehn Jahre lang ein gutes Verhältnis, wir haben geflachst, wir haben ironisiert, wir haben auch gelästert.
Dazu kommt noch, dass Nordrhein-Westfalen, das Ruhrgebiet, ja nicht so homogen ist, wie man meint. Da gab es in Duisburg Thyssen, in Dortmund Hoesch, und in der Mitte, in Essen, das war Krupp. Und die hatten alle eine unterschiedliche politische Affinität. Diese großen Unternehmen hatten eine politische Wirksamkeit in Nordrhein-Westfalen, das kann man sich heute gar nicht mehr vorstellen. Die Landesregierung versuchte Hoesch in Dortmund, den eigentlichen Todeskandidaten der Stahlindustrie, als Nukleus für Neues zu halten.

Das hing auch damit zusammen, dass Hoesch auf dem Weg war, ein diversifizierter Industriekonzern zu werden. Hoesch löste sich langsam vom Stahl und ging in die industrielle, automatisierte Entwicklung. Die Universität Dortmund spielte dabei eine große Rolle, und dass das erste Technologiezentrum dann in Dortmund entstand, hat auch mit Hoesch zu tun gehabt.

**Zurück zum Anschlag auf Rohwedder ...**
Ja, ich muss zu dem Anschlag noch was sagen. Der Anschlag fand statt am Ostermontag. In der Woche zuvor hatte der „Spiegel" eine große Geschichte über die Treuhandanstalt gebracht, vom damaligen Berliner Korrespondenten Gabor Steingart. Und der hatte alles zusammengeschrieben, was man Kritisches über die Treuhand zu sagen wusste. Man muss sich erinnern, es gab riesige Demonstrationen, Rohwedder wurde als Puppe am Galgen geführt, „Treuhenker" stand auf den Transparenten. Die Gewerkschaften hatten sich voll gegen die Treuhand gestellt und in diesem „Spiegel"-Artikel stand unter anderem der Satz: „Rohwedder ist der bestgehasste Mann in Ostdeutschland."
Der Spiegel erschien am Montagvormittag. Und Rohwedder holte mich und noch einen Kollegen zu sich und sagte: „Was machen wir denn jetzt? Das kann man doch so nicht stehen lassen." Also nicht nur das mit dem bestgehassten Mann. Das hat ihn nicht gestört. Aber die Kritik, die Treuhand mache zu wenig Industriepolitik. Das waren alles anonyme Stimmen, aber die kamen mit einer Massivität, dass Rohwedder, der ja ein politisches Gespür hatte, sagte: „Das können wir so nicht stehen lassen." Dazu muss man wissen, dass es seit dem Sommer 1990 ein Spannungsverhältnis zwischen den Aufgaben Privatisierung und Sanierung gab. Beide Aufgaben standen im Treuhand-Gesetz. Aber es war im Gesetz nicht geregelt, in welcher Rangfolge diese Aufgaben stehen. Daher war völlig offen, ob man jetzt erst sanieren und dann privatisieren sollte oder andersherum.

Die Politik in Bonn war hin- und hergerissen. Sie wollte keinem wehtun, aber sie wollte auch nicht zu viel Geld ausgeben. Gleichzeitig war Bonn weit weg und erschöpft von der Bundestagswahl und der ganzen Wiedervereinigung. Und auf die Treuhand prasselte das nun alles herunter. Birgit Breuel vertrat klar die Linie vom Vorrang der Privatisierung, und Rohwedder wusste, wenn man nicht saniert, dann passiert gar nichts. Und er wusste auch, wie schwer das ist, wie teuer so was wird und wie viele Arbeitsplätze es kostet und dass man dafür unterschiedliche Aktivitäten brauchte. Also sagte Rohwedder: „Das ist eine sehr grundsätzliche Frage. Das brechen wir jetzt nicht übers Knie. Wir machen heute Abend eine Sondersitzung des Vorstands. Verteilen Sie den Artikel mal in allen Vorstandsbüros. Die sollen sich das gut durchlesen."

Die Sitzung fand statt. Ab 18 Uhr gab es Schnittchen. Gegen 22 Uhr sagte Rohwedder: „Also, wir müssen das Verhältnis zwischen Privatisierung und Sanierung klären. That's the name of the game. Frau Breuel, schreiben Sie doch mal auf, wie wir weiter vorgehen sollen." Daraus entstand der berühmte Osterbrief vom Mittwoch vor Ostern: „Schnell privatisieren. Entschlossen sanieren. Behutsam stilllegen." In diesem Brief wurde sozusagen die Gleichrangigkeit der Aufgaben erklärt. Und durch Rohwedders Tod bekam dieser Brief einen Stellenwert, den er als solcher vielleicht nie gekriegt hätte. Das heißt, er wurde plötzlich zu einem Manifest, hinter dem sich die gesamte Bundesrepublik Deutschland versammelte.

Mit Rohwedder ist der Träger einer entschlossenen Politik gestorben. Und der Schock war enorm. Andererseits lag aber sein Manifest auf dem Tisch. So hat der Tod dieses Mannes seinen politischen Willen in die höchsten Höhen katapultiert.

Wir haben damals gesagt, wir meißeln das jetzt in seinen Grabstein. Insofern war der Schock über den Tod gepaart mit einem unbändigen Willen, dieses Vermächtnis zu erfüllen. Ich kann mich erinnern, ich habe überhaupt keine Zeit gehabt zu trauern, weil die Prozesse eine derartige Geschwindigkeit erreicht hatten. Es gab vielleicht zwei

Tage Stillstand, wo alle entsetzt waren, aber danach lief das auf hohem Tempo weiter.

**Was hat eigentlich Ihr persönliches Umfeld zu Ihrer Arbeit als Pressesprecher der Treuhand gesagt?**

Da muss man unterscheiden. Meine engere Familie konnte sich darunter überhaupt nichts vorstellen. Die haben gesagt: „Ja, ja, Papa macht mal wieder wilde Sachen. Sieht ihm ähnlich, dass man alles stehen und liegen lässt und nach Berlin geht." Negative Reaktionen habe ich aus meinem Freundeskreis und aus der Jugendbewegung bekommen. Die waren alle linksliberal eingestellt und fanden das nun ganz schrecklich, dass da der Kapitalismus siegt und der Sozialismus verloren hat.

Es war ganz schwierig für mich, da meine Position zu behaupten und denen zu erklären, warum, weshalb, wieso. Positive Rückmeldungen bekam ich von den Kollegen aus dem Wirtschaftsministerium. Die haben gesagt: „Mensch toll, dass du den Mut hast." Also nach dem Motto: „Es geht sowieso schief, aber dass du den Mut hast, das zu machen, mit dem Rohwedder zusammen, das finden wir toll!" Das änderte sich dann 92/93, als die allgemeine Berichterstattung von den Treuhand-Skandalen überflügelt wurde. Da habe ich auch in Düsseldorf eher Schwierigkeiten gehabt, mich zu rechtfertigen. Sie haben gefragt: „Bist du auch so einer, der sich die Taschen vollstopft? Hast du auch schon eine Datsche an der Ostsee?" Da war ich aber dann schon gestählt genug von der hiesigen Kritik in Berlin, dass mich die Kritik in Düsseldorf dann nicht mehr groß irritiert hat.

**Ihre heutige Frau ist ja eine „Ostfrau". Sie haben sich in der Treuhand kennengelernt. Hat Ihnen das auch nochmal eine neue Perspektive eröffnet?**

Ja, natürlich. Ich habe mich vom ersten Tag an den Einflüssen ausgesetzt. Ich habe mich nicht abgeschottet nach dem Motto: „Ich bin Wessi, ich bin jetzt kurzfristig hier, und dann gehe ich wieder. Und mit euren kulturellen, politischen, ideologischen und sonstigen Problemen will ich gar nichts zu tun haben."

Aber in dem Augenblick, wo sich eine persönliche Beziehung entwickelt, wird das natürlich alles sehr viel intensiver. Da kriegt man dann die Enttäuschungen mit, die Frustrationen. Man kriegt mit, wie sehr Menschen in der ehemaligen DDR gehofft hatten, das bessere Land zu sein, wie sehr sie gehofft hatten, den wahren Humanismus zu entwickeln. Man kriegt mit, wie sehr sie geglaubt hatten, eine Kulturnation zu sein.

Und man hat mitgekriegt, wie der Entwicklungsprozess in den siebziger und achtziger Jahren war. Der eine oder andere hat sich dann auch offenbart.

Und meine Frau und ich erlebten in unserer Beziehung all die deutsch-deutschen Konflikte. Man darf sich das nicht allzu harmonisch vorstellen. Meine Frau war Journalistin, Auslandskorrespondentin in Indien und Afghanistan und dann Redaktionsleiterin für die Auslandsarbeit bei ADN, der Nachrichtenagentur. Die hatte schon in der DDR jeden Tag die FAZ gelesen, den „Spiegel" und den „Stern". Die wusste alles, der musste ich nichts vormachen. Die konnte mir was vormachen, weil ich ja über den Osten nichts wusste. Und sie wusste über den Westen viel mehr, als ich über den Osten wusste. Wir haben uns viel gestritten, da ging es auch schon mal laut zur Sache. Und wir haben uns dann auch immer wieder annähern müssen.

**Was war denn Ihr innerer Anspruch, mit dem Sie an diesen Job herangegangen sind? Auch wenn man das noch mal in Beziehung setzt zu der doch turbulenten Wirklichkeit von damals.**

Das war der gleiche Anspruch, den ich auch in NRW im Wirtschaftsministerium hatte: Etwas zu verändern. Unser Leitmotiv im NRW der achtziger Jahre hieß Strukturwandel. Es kann nicht so bleiben, wie es ist. Einen Masterplan für Veränderungen hatten wir aber nicht. Wir gehen also ein Risiko ein. Und das geht nur, indem die Staatsbürokratie ein Bündnis mit kreativen Leuten schließt. Und wenn wir das nicht schaffen, dann geht alles den Bach runter. Um Veränderung möglich zu machen, muss man außerdem den Istzustand voll durchschauen, man darf sich nicht in die Utopie eines politischen Traums flüchten. Und dabei muss man die bürokratischen Regeln noch besser beherrschen als jeder andere. Also war mein Ansatz auch in Ostberlin, als ich bei der Treuhand anfing, alles so schnell wie möglich zu verstehen und zu lernen.

**Im Nachhinein hat man ja immer gesagt, dass viel zu wenig Ostdeutsche in der Treuhand beschäftigt waren. Was ja so nicht stimmt, an der Basis waren schließlich viele Ostdeutsche beteiligt. Aber nicht in den Vorständen.**

Na ja, dazu muss man sich klarmachen, wie die Situation war. Die erste und zweite Führungsebene in den Unternehmen und in der Politik war ja mit der SED und teilweise auch mit der Stasi verflochten. Dass diese erste und zweite Ebene ihre Reputation und ihre Vertrauensbasis bei der Bevölkerung und auch bei der Arbeiterschaft verloren hatte, war offensichtlich. Das heißt also, selbst wenn die Treuhand versucht hat, so viel wie möglich Spezialisten zu halten, haben Bürgerbewegungen und politische Kräfte immer wieder darauf gedrungen, dass die Treuhand sich von dem und dem trennt. Es gab eine Situation, da kamen die Bürgerbewegten mit einer Delegation, haben das Telefonbuch der Treuhand ergattert und haben überall Kreuzchen gemacht und gesagt: „Der, der, der, die müssen alle weg."

**Weil sie in der SED oder Stasi waren?**

Ja, das war die eine Seite der Medaille. Die zweite Seite der Medaille war, wie Bundeskanzler Kohl sehr klug gesagt hat: „Die Situation ist, wie sie ist. Die Leute haben das Vertrauen verloren." Man musste also ein Verfahren entwickeln, um eine Befriedung auch zwischen den ehemaligen Kadern und den neuen Kräften herzustellen. Deswegen wurden sogenannte Ombudsmänner ernannt. Das waren Richter aus obersten Bundesgerichten, die gerade pensioniert waren. Im Kreise dieser Menschen entwickelte sich dann eine Argumentationsfigur, die nannte sich „objektive Kompromittierung".

**Was ist denn das?**
Objektive Kompromittierung, das heißt, jemand, der Kombinatsdirektor oder Abteilungsdirektor war, also ein hohes Tier in einem Unternehmen und SED-Mitglied, und mit dem Parteisekretär zusammenarbeitete und der Stasi seine Berichte abliefern musste, der war durch die ganzen politischen Umstände im objektiven Sinne kompromittiert. Der mag ein anständiger Mensch gewesen sein, der mag einen ordentlichen Charakter haben und ein exzellenter Fachmann zugleich sein, aber davon kann er sich nicht reinwaschen. Und deswegen konnte er keine Verantwortung übernehmen. Ich muss sagen, ich habe das ganz schlimm gefunden. Es hat mich an die Diskussion der siebziger Jahre über Verfassungstreue erinnert, als auch erst nach dem Bundesverfassungsgerichtsurteil die Einzelfallprüfung eingerichtet wurde. Ich war damals der Auffassung: Das geht doch nicht, wir haben doch hier das Grundgesetz, das gilt doch jetzt auch in Ostdeutschland, und danach müssen wir auch entscheiden. Das heißt, wir müssen Einzelfallprüfungen machen, aber nicht so eine pauschale Geschichte. Das war auch die Politik der Treuhandanstalt, Einzelfallprüfungen zu machen. So wurden viele Kollegen dann davor bewahrt, durch diese Pauschalisierungsdebatte ausgeschlossen zu werden.

Ich sage das nicht, um zu beschönigen, dass die numerischen Verhältnisse ungünstig waren. Man hätte mehr ostdeutsche Kollegen einbauen müssen, auch auf den Führungsebenen. Ich sage das nur, um deutlich zu machen: Es war nicht allein in der Hoheit der Treuhandanstalt, darüber zu entscheiden. Die Treuhand war eingebettet in ein gesamtpolitisches Klima.

Andererseits darf man nicht vergessen, der Einfluss der ostdeutschen Kollegen auf der dritten und vierten Ebene war groß. Die Wessis haben sich sehr schnell mit den Leistungsträgern bei den Ossis verbündet und gemeinsame Teams gebildet. Wer das bestreitet, der widerspricht der historischen Wahrheit.

**Inwieweit hat sich denn die Politik geändert, als Birgit Breuel Treuhand-Präsidentin wurde? Es wurde ja gemunkelt, da wurde die Privatisierung vorangetrieben ...**
Also, Birgit Breuel hat sich von Anfang an fest auf den Boden dieses Manifests von Rohwedder gestellt. Sie hat aber auch keinen Zweifel daran gelassen, dass die Treuhand schneller werden muss und hat dann sozusagen für diese Beschleunigung gesorgt. Das hat dann in der öffentlichen Diskussion zu der irrigen Auffassung geführt, *nur* die Privatisierung würde beschleunigt. Sie hat aber auch die Sanierungsprozesse und die Abwicklungsprozesse beschleunigt. Und wie hat sie das gemacht? Indem sie der Mannschaft gezeigt hat: „Tut euer Bestes und wenn es nicht hundertprozentig ist, werdet ihr dafür auch nicht aufgehängt."

**Aber widerspricht nicht eigentlich dieses Herangehen genau dem, was Sie vorhin gesagt haben? Sie sagten, Rohwedder sei der Überzeugung gewesen, dass diese Prozesse keine Geschichte von drei, vier Jahren sind, sondern dass das durchaus eine Dekade oder länger gehen kann.**
Ja, da muss man sich natürlich überlegen, was ist Sanieren, was ist Privatisieren? Das sind ja zunächst zwei völlig verschiedene Dinge, die aber bei näherer Betrachtung verschmelzen. Die Treuhand hat dazu folgende Philosophie entwickelt: Immer, wenn es uns gelingt, einen neuen Eigentümer zu finden, der Märkte, Knowhow, Kapital, Kreativität und Innovation mitbringt, ist das die beste Voraussetzung für Sanierung. Dann kann man diesem neuen Eigentümer im Rahmen des Privatisierungsprozesses auch noch Geld als Sanierungsbeitrag mitgeben, damit er das Unternehmen wieder nach vorne bringt.
Immer dann, wenn es gelingt, einen unternehmerisch aktiven Eigentümer für die Privatisierung zu gewinnen, dann ist das die beste Form

der Sanierung. Aber was machen wir, wenn uns das nicht gelingt, einen neuen aktiven privatisierenden Unternehmer zu finden? Eine Meinung war: Dann wird das Unternehmen stillgelegt. Dieser Meinung hat sich Frau Breuel aber nicht angeschlossen. Sie fand, ob ein Unternehmen stillgelegt wird oder nicht, das entscheidet nicht die wirtschaftspolitische Theorie oder die Abwesenheit eines Interessenten, sondern die tatsächliche Verfassung des Unternehmens. Wenn das Unternehmen eine Chance hat, dann muss die Treuhand diesem Unternehmen auch beistehen.

Damit dieser Prozess nicht ideologisiert wurde, gab es ein unabhängiges Gremium von Wirtschaftsprüfern, den sogenannten Leitungsausschuss. Und dieses Gremium von Wirtschaftsprüfern hat ohne Schaum vorm Mund das Unternehmen bewertet. Welche Produkte haben die? Welche Maschinen? Welche Mitarbeiter? Welche Verträge bestehen? Welche Entwicklungschancen gibt es? Damit war eine unabhängige Expertise da, die nicht von Bonn oder der Treuhand gesteuert wurde.

**Wie sehr kommt in einem solchen Umfeld dann eigentlich noch der Betroffene vor? Im Osten hat der Arbeitnehmer noch einen anderen Stellenwert gehabt als in der Bundesrepublik. Wie präsent sind die noch bei so einem Tun?**

Ich hatte meinen Minister in der Stahlkrise in NRW zu vielen Diskussionen begleitet, mit Arbeitnehmern, Belegschaften, Betriebsräten, in emotional sehr aufgepeitschten Situationen. Das war mir vertraut. Und mir war natürlich auch vertraut, dass die Emotionen dann auf einen selbst überspringen, damit muss man ja fertigwerden.

Dr. Rohwedder hat immer das Gespräch mit Demonstranten gesucht, mit Delegationen, wenn die vor dem Haus demonstriert haben. Dann haben wir uns dort hingestellt, und er hat den Demonstranten noch Kaffee bringen lassen. Zu denen hat er dann gesagt: „Alle können sie nicht hochkommen, aber so zehn Leute passen in den Aufzug – also kommen Sie mal hoch und dann reden wir miteinander." Also das war eigentlich Bestandteil unserer Politik, nicht aus Kalkül, sondern aus menschlicher Überzeugung.

**Gab es denn eine Situation während Ihrer Arbeit als Pressesprecher, die Ihnen positiv in Erinnerung geblieben ist? Oder auch das Gegenteil: ein rabenschwarzer Tag? Etwas, was man so schnell nicht wieder losgeworden ist?**

Also, in diesen viereinhalb Jahren war das ja fast vom ersten bis zum letzten Tag so. Da waren dauernd Höhepunkte, dauernd Tiefpunkte. Ich habe mich sehr gefreut, als das Stahlwerk in Eisenhüttenstadt seine Warenbreitbandstraße kriegte. Und auch, dass die Mikroelektronik in Dresden erhalten geblieben ist. Ich meine, heute ist Dresden Europas wichtigster Mikroelektronikstandort. Da hat die Treuhand ihren Anteil dran.

Ein schwarzer Tag bei mir war die Bischofferode-Geschichte. Die Entscheidung, Bischofferode stillzulegen, ist aber auch nach meinem heutigen Wissensstand rational absolut richtig getroffen worden.

**Warum?**

Ich beschreibe erst mal nur den Prozess der Privatisierung des Kalibergbaus in Ostdeutschland. Es gab nach vielen erfolglosen internationalen Anläufen den Plan einer Vereinigung der west- und der ostdeutschen Kaliindustrie. Die Gewerkschaften haben zugestimmt. Es war ein rationaler Entscheidungsprozess. Es gab Gutachten. Man hat alle Kaligruben des Westens und alle Kaligruben des Ostens bewertet, hat eine Rangskala gemacht und entschieden, was man erhalten kann.

Also, der Prozess, der die Stilllegung Bischofferodes, des kleinsten Bergwerks in dem Gesamtkomplex, im Rahmen der Gesamtprivatisierung vorsah, hatte mich überzeugt. Dann kommt der Hungerstreik, dann kommt Gysi und fährt ein und übernachtet da. Dann politisiert sich das Ganze in einem ungeheuren Maße. David gegen Goliath sozusagen. Und es gelingt mir als Pressesprecher nicht mehr, den Journalisten, die dauernd anfragen: „Was ist da los?", zu erklären, dass die Gesamtprivatisierung in sich doch absolut logisch ist.

Das war für mich nicht nur ein schwarzer Tag, sondern eine schwarze Phase. Da habe ich, wenn man so will, objektiv versagt.

**Wie ist heute Ihr Blick auf die Treuhand der neunziger Jahre? Hat sich da was verändert?**

Ja, natürlich hat sich was verändert. Und zwar dramatisch. Mein Blick heute ist geprägt von 25 Jahren Nachdenken. Ich glaube, ich habe alle wichtigen wissenschaftlichen Veröffentlichungen über die Treuhand gelesen. Ich habe mich an vielen Diskussionen beteiligt und mich auch selbst immer wieder infrage gestellt. Ist doch logisch. Das muss ich aber mit mir selbst ausmachen.

Das ist das Problem jedes Zeitzeugen, er verändert sich ja auch in der Zeit. Gleichwohl ist die Frage legitim. Auch wenn sie für mich schwer zu beantworten ist. Aber wenn man sie schon beantworten muss, dann würde ich sagen: Ja, die Treuhand war der richtige Versuch, der partiell erfolgreich war, partiell gescheitert und partiell im Unterholz stecken geblieben ist. Ein Versuch, der sicherlich mehr Zeit gebraucht hätte, als man ihm zugestanden hat. Und mehr Kraft, als sozialpsychologisch und menschlich vorhanden war. Man darf ja nicht vergessen, die Wessis, die bei der Treuhand gearbeitet haben, kamen aus dem tiefsten Frieden. Und die Ossis, die sozusagen von der Treuhandarbeit betroffen waren, waren in einem chaotisch wilden Umbruchzustand. Fundamentaler können Gegensätze nicht sein. Aber insgesamt würde ich sagen, es war der richtige Weg zur Entbürokratisierung und Entstaatlichung der Unternehmen. Das war alternativlos. Die Sowjetunion brach ja zusammen.

Zweite Feststellung: Die Treuhand hat auch nach Rohwedders Einschätzung zu lange gebraucht, um in die Gänge zu kommen. Sie war eine Sturzgeburt. Es war unendlich schwierig, genügend Profis zu kriegen. Ich war 48, als ich zur Treuhand kam. Viele Kollegen waren 60 oder 65. Die hatten ihre berufliche Karriere hinter sich, haben aber gesagt: „Jetzt krempeln wir nochmal die Ärmel auf, mir kann keiner was." Das waren tolle Leute. Und dann hatten wir die 30- bis 35-jährigen Hochschulabsolventen, auch tolle Leute, aber ohne jede Erfahrung. Die Zwischengeneration fehlte weitgehend, weil die aus den westdeutschen Unternehmen und der westdeutschen Bürokratie gar nicht herauszulösen war. Die wenigen Beamten, die da waren, waren Paradiesvögel.

Das heißt also, das historische Urteil ist insofern gemischt, als es natürlich viele Dinge gibt, von denen man im Nachhinein sagt: „Da hätten wir schneller sein müssen." Aus damaliger Sicht war ein Monat eine Ewigkeit. Wenn ich heute sage, manches hätte schneller gehen müssen, dann heißt das, es hätte nicht sechs Wochen dauern dürfen, sondern nur zwei Wochen. Aber wenn man heute weiß, wie lange Prozesse dauern, dann sagt man sich: „Um Gottes willen, das ist ja rasend schnell gegangen damals."

**Was mich noch interessieren würde, die Betrugsfälle in der Treuhand, waren das aus Ihrer Sicht schwarze Schafe, die man eben in Kauf nehmen musste?**

Also Rohwedder hat ja schon im Herbst 90 von den alten neuen Seilschaften gesprochen. Er hat gesagt: „Alte Seilschaften sind schlimm, neue Seilschaften sind auch schlimm. Aber am schlimmsten ist, wenn sich neue Seilschaften aus dem Westen mit alten Seilschaften aus dem Osten verbünden." Also dass es Kriminalität geben würde, war von der ersten Sekunde an völlig klar. Ein schlimmes Erlebnis war dieses: Rohwedder wollte schnell eine Anti-Korruptions-Stelle aufbauen. Dann sollte ich in NRW anrufen, weil die in Bochum eine Schwerpunktstaatsanwaltschaft für Wirtschaftskriminalität hatten, um uns dort sozusagen den besten Mann zu holen. Ich rufe also den persönlichen Referenten des Justizministers in NRW an, da sagt der: „Sag mal spinnst du? Wir schicken doch nicht unsere besten Leute zu euch nach Berlin, das Problem müsst ihr schon selbst lösen."

Und die zweite Geschichte war: Natürlich gab es schwarze Schafe. Wobei sich immer die Frage stellt: „Haben die fahrlässig gehandelt? Haben die vorsätzlich gehandelt? War das schwere Kriminalität? Sind die hineingeschlittert oder verführt worden? War es systemisch? Oder war es menschlich? Da könnte ich für jede Kategorie einen typischen Fall nennen. Ich kann dazu nur sagen, das war alles schlimm und fatal. Aber die Insolvenzordnung war, wie sie war, und die Honorarordnung war, wie sie war. Der Bundestag hätte das ändern können. Aber das hat er nicht getan. Und wenn dann ein 35-jähriger junger Rechtsanwalt nach diesen Verordnungen plötzlich drei Millionen Honorar kassiert, weil er mehrere Firmen als Insolvenzverwalter betreuen muss, kann man zwar sagen, das ist unmoralisch, aber es war nicht unrecht. Also lange Rede, kurzer Sinn: Ich glaube nicht, dass es ein systemisches Problem gab. Es waren viel zu viele Einzelfälle. Und der Versuch der politischen Linken, diese hochzustilisieren als die große, korrupte Fratze des Kapitalismus, der ist meines Erachtens immer durchsichtig gewesen und hat ja auch nie durchgeschlagen.

**Letzte Frage: Wie ging es für Sie nach der Treuhand weiter?**
Also, ich hatte mir vorgenommen, mich nirgendwo zu bewerben, um bis zur letzten Sekunde meine innere Freiheit zu haben. Das war auch leicht, denn ich hatte eine Beurlaubung als Beamter des Landes Nordrhein-Westfalen. Ich konnte also sofort wieder zurück nach NRW. Da war ich privilegiert. Mich hat dann Ende November 1994 Frau Breuel angesprochen. Sie sollte Generalkommissarin der Weltausstellung Expo 2000 werden und wollte, dass ich mit in ihr Büro komme.
Ich habe so 14 Tage überlegt. Ich wäre eigentlich gern zurück ins alte NRW-Wirtschaftsministerium gegangen und hätte wieder Technologiepolitik gemacht. Dann habe ich aber zugesagt. Da spielte auch eine Rolle, dass sich die politischen Verhältnisse in NRW geändert hatten. Mein Minister war inzwischen Chef der Landeszentralbank geworden. Die neuen Führungspersonen vertraten auch andere Posi-

tionen. Ich hatte mich in NRW mit der WestLB angelegt, der damals großmächtigen Landesbank, weil die in Förderfragen der Meinung war, nur sie könne das und die Beamten müssten entmachtet werden. Ich hatte mich, wenn man so will, politisch zwischen alle Stühle gesetzt. Mir war also klar, wenn ich wiederkomme, stecken die mich in irgendein kleines Stübchen. Also habe ich mir gesagt: „Ist vielleicht besser, ich geh nicht zurück, sondern ich mach das mit der Expo." Die Weltausstellung hatte mit dem Thema „Umwelt und Nachhaltigkeit" ja auch ein ungeheuer spannendes Thema. Das habe ich dann eine Zeit lang gemacht. Dann erreichte mich eine Anfrage des damaligen Staatssekretärs Horst Köhler, des späteren Bundespräsidenten. Der war inzwischen Präsident des Sparkassenverbandes in Bonn geworden und suchte einen Pressesprecher. Das habe ich dann auch gemacht, bin nach Bonn gegangen, war Pressesprecher bei den Sparkassen. Da lief die Sanduhr aber auch ab, und ich schied dann ganz gut versorgt aus. Und dann habe ich gedacht: „So, ehe du dich jetzt irgendwo bewirbst, machst du dich selbstständig", und ich habe meine Beamtenrechte an den Nagel gehängt. Ich dachte mir, mein Thema war immer Mikroelektronik, also habe ich ein paar Leute abgeklappert, die ich noch kannte, und um Aufträge geworben. Ganz primitives Klinkenputzen.

Ich habe damals den Spruch geprägt: „Ein Mittelständler, ein Unternehmer kann keinen Auftrag ablehnen. Man darf sich für nichts zu schade sein." Ich habe dann auch Sachen gemacht, die ich ungern gemacht habe, also Förderberatung und solche Sachen. Ich wollte immer in die Physik, aber da wollten die keine Beratung, das konnten die alles selbst. Dann habe ich für die Messe Berlin Kongresse organisiert, verkehrspolitischer Art – die Verflechtung von Luft, Schiene und Straße. Dadurch habe ich die Unternehmen der Luftfahrtindustrie in Berlin-Brandenburg kennengelernt, die gerade dabei waren, einen Verein zu gründen, die Berlin-Brandenburg-Aerospace-Association, und mich fragten, ob ich da nicht der Gründungsgeschäftsführer werden wollte. Das habe ich gemacht, zehn Jahre lang. Es ging um die

Frage, ob Berlin-Brandenburg der dritte Luft- und Raumfahrtstandort in Deutschland wird oder nicht. Und das haben wir geschafft. Und dann bin ich irgendwann weit in meinen Siebzigern auch endlich in den Ruhestand gegangen.

# Maxie Böllert-Staunau

*„Ich denke, wir hatten alle ein bisschen Hochmut und glaubten, wir wüssten, wie es geht."*

Maxie Böllert-Staunau ist 1958 in Hamburg geboren und studierte Jura in München. Von September 1991 bis Dezember 1993 hat sie in der Personalabteilung der Treuhandanstalt gearbeitet und war für Personalentwicklung zuständig. Heute ist sie als selbstständige Rechtsanwältin tätig.

**Frau Böllert-Staunau, Sie sind Jahrgang 1958 und aus Hamburg. Wie sind Sie aufgewachsen, was hat Sie geprägt?**

Mein Großwerden war eigentlich geprägt von einer großen Toleranz und einer großen Offenheit anderen Menschen gegenüber. Durch meinen Vater, der mal Autos gebaut hat, dann Eismaschinen und später eine Ramme erfunden hat, habe ich gelernt, dass das Leben bunt ist, dass man immer, wenn man will, etwas erreichen kann und dafür auch kämpfen muss.

**Haben Sie oder Ihre Familie Kontakte zur DDR gehabt?**

Meine ganze mütterliche Familie kommt aus West-Berlin, bis auf die großmütterliche Linie. Die lebte in Thüringen. Für mich waren Berlin, Brandenburg und Thüringen deshalb nicht fremd. Wir haben aber, als es noch eine DDR gab, keinen dort besucht. Wir sind immer nur durch die DDR nach Berlin gefahren und ich fand diese Enge dort ein bisschen bedrückend, habe aber gesehen, dass die Berliner ganz cool damit umgehen. Das ist meine Beziehung zur DDR, wenn Sie so wollen.

**Wie haben Sie denn den Fall der Mauer und die Veränderungen, die es damals im Ostteil Deutschlands gegeben hat, wahrgenommen? Hat das für Sie eine Rolle gespielt?**
Ja, natürlich. Meine Kindheit war davon geprägt, dass wir oft die Verwandten in West-Berlin besuchten. Wenn wir durch die DDR fuhren, musste ich hinten im Auto diese Militärfahrzeuge sehen. Ich hatte immer Angst, weil ich eine richtige Berliner Großmutter mit einer frechen „Berliner Schnauze" hatte und dachte, wir werden gleich festgenommen. Also das Thema war etwas ganz Wichtiges für mich, und wir haben alle wahnsinnig gejubelt, als es dann am 9. November so weit war. Und ich weiß auch noch genau, was ich gemacht habe und wo ich war. Demnach war das nichts Beiläufiges. Ich hatte eher das Gefühl, dass es endlich wieder das gab, wovon ich in meiner Kindheit immer von meiner Mutter und Großmutter gehört habe. Endlich kann ich da auch mal hinfahren und es mir ansehen. Und endlich sind die, die wir in West-Berlin besucht haben, wieder … „frei".

**Wie sind Sie dann zur Treuhand gekommen?**
Damals bei der Bayerischen Hypotheken- und Wechsel-Bank AG musste man, wenn man in einer Führungsposition war – und das war ich eben, weil man sehr frauenfreundlich war, denke ich –, auch mal in den Filialbereich. Man musste wechseln, man durfte nicht so lange an dem Job „kleben", sondern musste auch mal ins richtige Bankgeschäft. Danach hätte man auch im Personalbereich weitermachen können. Daher war ich gerade praktisch auf einer Stufe der Veränderung und aus dem heiteren Himmel kam ein Personalberater und sagte: „Wir suchen Leute in Berlin bei der Treuhandanstalt, wollen Sie nicht kommen?" Das war mir gerade recht, denn in die Filiale bei der Bank wollte ich gar nicht. Ich durfte dann dort hinfahren, bei uns

war Fronleichnam: Es hatte keiner gemerkt, und ich musste keinen Urlaub nehmen. Als ich dann dorthin kam, habe ich gedacht: „Ich muss da hin!"

**Warum waren Sie davon so überzeugt?**
Es war so spannend. Sie gingen über den Potsdamer Platz, der heute völlig bebaut ist. Da war Schotter, sonst nichts. Sie kamen in das altehrwürdige Gebäude, da gab es so ein rotes Telefon an der Schnur. Damit konnte man telefonieren, wenn man Glück hatte. Es war eine unglaubliche Stimmung, das kannte ich nicht. Es war eine solche Imperfektion und gleichzeitig so ein Tatendrang und so eine Wuseligkeit dort. Da habe ich gedacht: „Da muss ich hin."

**Können Sie sich noch an Ihr Vorstellungsgespräch erinnern?**
Ich hatte erst mit einem der Kollegen ein Gespräch, in dem wir ein bisschen die Dinge besprochen haben, die ich im Personalbereich noch nicht kannte. Also zum Beispiel haben wir besprochen, dass man sich vorbeugt, wenn man jemandem zugewandt sein will, und wenn man lieber ein bisschen Abstand will, sich nach hinten lehnt und so etwas. Diese kleinen Feinheiten kannte ich nicht. Davor gab es aber auch ein richtiges Vorstellungsgespräch mit einem Abteilungsleiter.

**Im September 1991 haben Sie dann mit Ihrer Arbeit begonnen. Wofür waren Sie genau zuständig?**
Ich war für den Werkzeugmaschinenbau, für Holz und Papier zuständig und sollte dafür Geschäftsführer und Vorstände suchen, für die großen Gesellschaften beim Werkzeugmaschinenbau, zusätzlich die Aufsichtsratsmitglieder. Man hatte dann ein Netz von Personalberatern, die einen mit allen möglichen Informationen bedachten, musste Interviews führen und schließlich gucken, wer da vielleicht passen könnte.

**War es einfach, die passenden Leute zu finden?**

Nein, es war ganz schwierig. Das Problem war, dass es bis auf die Aufsichtsratsposten, die für qualifizierte Menschen waren, die sowieso schon irgendwo etwas gemacht haben und dann ganz glücklich waren, ihr Wissen noch einmal einem ostdeutschen Unternehmen zur Verfügung zu stellen, für das operative Geschäft eines Ortswechsels nach Osten bedurfte. Deshalb war es schwer, Geschäftsführer und Vorstandsmitglieder zu gewinnen, weil sie woanders leben mussten. Zum Beispiel als wir für die Tridelta AG, die in der Nähe von Hermsdorf in Thüringen ihren Sitz hatte, jemanden suchten: Dort wollte keiner wohnen, und die Manager, die wir dann gewannen, blieben maximal von Montagmittag bis Freitagvormittag vor Ort. Das war für die Unternehmen schlecht, und es war schwierig, denn keiner wusste, wie die Zukunft wird. Selbst wenn einer gesagt hätte, dass er es machen könnte, wusste damals niemand, ob er das Unternehmen überhaupt über Wasser halten könnte und ob es überhaupt ein langfristiger Job sein würde. Es war alles so wenig konkret und so wenig vorhersehbar. Deshalb war das so schwer.

**Wie sah so ein Arbeitstag bei Ihnen aus?**

Ich wusste, wie viele Personen ein Unternehmen braucht und wo es diese braucht, entweder in der Geschäftsführung oder im Aufsichtsrat. Dann hatte ich einen Haufen Bewerbungen, die musste ich selbst durchsehen und überlegen: Passt es, passt es nicht? Im Anschluss habe ich mit den Leuten telefoniert, die Leute eingeladen oder bin irgendwo hingefahren und habe mit ihnen gesprochen. Und dann musste man noch mal entscheiden, ob es passt oder nicht. Das war aber nicht nur eine reine Personalentscheidung, denn ich bin keine Fachfrau für den Werkzeugmaschinenbau, sondern man hatte dann immer noch einen, der aus der operativen Seite kam. Bei mir war es ein Dr. Charbonnier, der den Werkzeugmaschinenbau zu beurteilen hatte und dann sagen konnte, wer passt. Frauen waren eher selten, deshalb war es immer ein Mann. Bei Holz und Papier hatte ich dann eben auch jemanden, der den Bereich kannte und wusste, ob die Person auch für den Fachbereich und nicht nur als Persönlichkeit passt.

**War Ihnen bewusst, dass unter den Personen vielleicht auch ein paar Raubritter oder Westdeutsche aus der vierten Garnitur waren?**

Dass es nicht unbedingt die erste Garnitur gab, war mir bewusst. Die Raubritter waren eher die, die Unternehmen gekauft haben oder die meinten, sie würden irgendwie besonders viel wissen und uns ganz geschickt die Unternehmen abkaufen können. Das war sozusagen in der letzten Phase der Fall, in der ich dort etwas ganz anderes gemacht habe. Dort habe ich das gemerkt und war dann auch ehrlich gesagt froh, dass ich ab Januar 1994 nicht mehr dabei war, als es sich auf einmal gewandelt hatte. Also dieses erste große Engagement, nach dem Motto „Wir wollen helfen und gucken, wie man das besser kriegen oder wieder in Gang kriegen kann", das wandelte sich dann, und es gab mehr Menschen, die ihren Vorteil gesucht haben.

**Sie waren sehr jung, Anfang 30 – haben Sie intuitiv gemerkt, dass da Schaumschläger dabei waren?**

Ich glaube, ich bin jemand, der keine Scheu hat, mit wem auch immer zu verhandeln. Das hatte ich auch in meiner Zeit bei der Bank nicht. Ob ich da mit dem Vorstand gesprochen habe oder mit dem Vorstandsvorsitzenden – das war für mich nicht so aufregend wie das heutige Interview. Und deshalb glaube ich, dass ich dafür schon ein Gespür hatte. Ich habe mich nicht so schnell blenden lassen. Sicherlich gab es den einen oder anderen, der es schafft, einem zu vermitteln, dass das Engagement groß ist oder seine Fachkenntnis. Aber es gab auch viele, die sich damit schmücken wollten, dass sie dabei waren. Das war mir klar.

**Gibt es bei Ihnen Ereignisse, Situationen, die Ihnen bis heute auch noch aus dieser Zeit gegenwärtig sind?**
Ich erinnere mich natürlich an Situationen. Zum Beispiel an einen fantastischen Mann, der in Österreich lebte, der bei VW war, und ich weiß nicht, wo sonst. Also, wenn Sie meinen, dass ich da eindrucksvolle Persönlichkeiten kennengelernt habe: Das habe ich auf jeden Fall.

**Was war das damals für eine Atmosphäre, als Sie im September 1991 zur Treuhand kamen? War das ein Gefühl des Aufbruchs, oder haben Sie eher die Kritik an der Treuhand wahrgenommen?**
Es war eine Aufbruchstimmung. Wir haben dort auch nicht von „nine to five" gearbeitet, sondern hatten einen Zehn-, Zwölf-Stunden-Tag. Es wurde oft mit dem Personalvorstand zusammengesessen, und es wurde viel gefordert. Man reiste viel, und ich bin auch oft zu den Unternehmen gefahren. Für mich, gerade als Juristin, war es eine Entdeckung von Unternehmen, die ich nicht kannte. Die Kritik an der Treuhand gab es, aber davon war man während der Arbeit nicht wirklich beeinflusst. Es war immer absolute Aufbruchstimmung. Ich habe Ihnen beschrieben, wie der Potsdamer Platz aussah, und daran hat sich in der Zeit auch nichts geändert. Das Einzige, was es gab, war Bungee-Jumping, aber dort standen keine Gebäude. Man hat einfach so viele spannende Menschen kennengelernt und – heute sehe ich das ein bisschen kritischer, weil es mir eigentlich gar nicht zugestanden hat – man war auf einmal wahnsinnig wichtig. Man war halt dabei, wenn Frau Breuel da war und die anderen, und man fühlte sich wichtig. Heute würde ich sagen, dass wir uns vielleicht nicht alle hätten so wahnsinnig wichtig fühlen sollen, weil die Menschen, die aus dem Osten kamen, einfach ein ganz anderes Selbstbewusstsein hatten. Die haben ganz andere Qualitäten gehabt, waren unheimlich menschlich und zugewandt.

**Sie sagen, die Kritik habe während der Arbeit keine Rolle gespielt. Gab es da keine Momente, wo Sie gemerkt haben, wie viel Kritik es gab?**

Doch natürlich. Wir haben auch Eier und Tomaten an der Wand der Treuhand gesehen. Wir wurden von vielen total kritisiert und sind auch nicht immer im Osten auf offene Türen gestoßen. Das gilt jetzt nicht für die Unternehmensbesuche, aber bei dem, was ich später für die Schulungen gemacht habe – da wollte mich keiner sehen, und ich musste schon nochmal deutlich machen, dass ich nichts Böses will und dass ich wirklich Menschen unterstützen möchte. Zum Beispiel bei der Tridelta, diesem Keramikteil-Hersteller, hat man auch gemerkt, dass da eine Feindschaft in der Belegschaft uns gegenüber bestand. Aber man hat sich das immer damit erklärt, dass es eben aus deren Sicht so ist und wir es ganz anders wollten. Wenn man den Kopf eingezogen hätte, hätte man den Menschen recht gegeben. Das wäre auch blöd gewesen.

**Hat Ihnen diese Zeit bei der Treuhand den Osten nähergebracht? Gab es für Sie Überraschungen oder Bereicherungen, bei dem, was Sie erlebt haben?**

Das ist eine komplexe Frage. Ich sehe Ost und West keinesfalls schwarz-weiß. Erst mal war ich begeistert davon, wie landschaftlich schön es dort ist. Es gibt wunderschöne Teile, die ich überhaupt nicht kannte – woher auch. Ich habe später auch Seminarhotels aussuchen müssen, und das hatte etwas Liebevolles, schön zurückgeblieben noch, aber gar nicht negativ gemeint. Von den Menschen her war es sehr prägend, dass es doch eine unheimliche Herzlichkeit gab. Es gab von der Belegschaft oft Widerstand. Aber wenn man von jemandem akzeptiert wurde und der einen dort eingeladen hat, um sich das Unternehmen anschauen zu dürfen, dann waren es sehr menschliche, herzliche Begegnungen.

**Hatten Sie eine gewisse Skepsis gegenüber den ostdeutschen Geschäftsführern der Treuhand-Betriebe, wenn Sie ihnen begegnet sind, weil Sie wussten oder vermuteten, dass sie aus der Partei waren?**

Ja, aber die Skepsis oder dieses Unwohlsein waren bei mir vielleicht geringer, weil ich grundsätzlich ein offener Mensch bin und immer erst mal abwarte, was passiert und nicht gleich jemanden voller Vorurteile abstempeln würde. Es war eher eine Unsicherheit, und ich fragte mich: „Was ist das jetzt für eine, oder wie ist der?" Und diese Unsicherheit war auch wechselseitig vorhanden. Der andere war auch unsicher und hat sich gefragt, was ich jetzt für eine bin und was ich will. Bei *mir* war es zumindest nicht so, dass ich immer gleich an die Stasi-Vergangenheit dachte, sondern eher daran, dass derjenige gar nicht das will, was wir wollen, und dabei auch nicht mitmachen will. Ich dachte eher, dass es ihm alles irgendwie suspekt erscheint. Als ich dann in die Unternehmen fuhr – das war schon fast im Jahr 1992 –, waren die mit der Stasi-Vergangenheit alle schon weg. Manchmal purzelte dann noch jemand, aber die habe ich gar nicht kennengelernt. Die Geschäftsführer der Unternehmen, die ich kennenlernte, hatten keine Stempel, sondern waren fachlich unheimlich qualifizierte Leute, die aber eben nicht das Auftreten hatten, was wir uns vorstellten, wenn sie ihr Unternehmen repräsentieren sollten.

**Was ist da genau gemacht worden in der „Persönlichkeitsentwicklung"?**

In meiner Zeit hatte der damalige Personalvorstand Horst Föhr die Idee – das war nicht meine Idee –, wir müssten eigentlich die fachlich qualifizierten Geschäftsführer und Vorstände schulen, damit sie ein besseres Auftreten und ein größeres Selbstbewusstsein haben, so dass sie, wenn sie Vertrieb machen, auch wirklich wissen, was Verkaufen heißt. Denn das war schließlich ein Fremdwort in der DDR. Die Nachfrage war da, aber man musste sich nicht anstrengen. Ich habe dann zusammen mit einem Personalberater und einer anderen

Frau drei Seminarmodule konzipiert. Wir hatten auch tolle Trainer, nur das Problem war, die, die in ihrem Unternehmen gut waren und deren Unternehmen liefen, hatten natürlich keine Zeit. Für manche war es auch ein bisschen zu spät, weil sich in 1993 schon ein paar Jahre gezeigt hatte, ob das Unternehmen fähig ist, alleine zu überleben oder nicht. Ich habe da auch interessante Menschen kennengelernt. Zum Beispiel gab es in Leuna einen tollen Chemiker, der in seinem Auftreten aber so steif und unsicher war, wie man sich so einen Naturwissenschaftler vorstellt, der nie irgendwie durch sein Auftreten überzeugen musste. Es war ein sehr guter Ansatz, aber wir haben das Projekt nach einem Vierteljahr einstampfen müssen, denn es war teuer, diese ganzen Trainer zu bezahlen und leider nicht genügend Teilnehmer zu haben. Ich würde sagen, dass man das gleich am Anfang hätte machen müssen, aber man ist immer schlauer, wenn man aus dem Rathaus rauskommt.

**Was haben denn Ihre Freunde und Bekannten oder Ihre Familie dazu gesagt, dass Sie bei der Treuhand arbeiten?**
Meine Familie war natürlich super happy, dass ich endlich mal in Berlin, der Stadt meiner Vorfahren, war. Meine sonstigen Freunde fanden es eher komisch. Wenn man in München war, hatte man vom Fall der Mauer nicht viel mitbekommen, denn München hat sich nicht verändert. Das Einzige, was es gab, war, dass mal ein paar Trabis durch die Stadt fuhren. Ansonsten haben sie sich das so mit Interesse angehört, aber waren dem Thema einfach sehr fern. Aber in der Treuhand selbst waren auch viele, die ich vom Studium kannte. Das war teilweise fast wie an der Uni: Man traf sich zu Mittag wie in der Mensa. Es war wirklich eine ganz, ganz besondere Stimmung, und da hat man sich gut miteinander austauschen können.

**Wie haben Sie die restliche Belegschaft wahrgenommen? Gab es da aus Ihrer Sicht verschiedene Gruppen oder Typen?**

Wir waren sozusagen so Yuppies, nämlich diese Jungen, die alle losstarten wollten und was machen wollten, aber im Grunde genommen weder die DDR noch die Unternehmen besonders kannten. Dann gab es die etwas älteren westlichen Mitarbeiter, die für die Branchen zuständig waren und tatsächlich Ahnung hatten. Und dann gab es eben sehr viele, die aus der DDR kamen, die eben eher so administrative Dinge gemacht haben. Sie waren in den Sekretariaten tätig oder in der Verwaltung, wo es einen anderen Rhythmus oder eine andere Schnelligkeit gab. Aber ich hatte eine Sekretärin, eine junge Frau aus der DDR, die genau unser Tempo hatte und auch erstaunlich in ihren Äußerungen war. Ich habe sie am Anfang gefragt, wie sie es später mit der Arbeit mache, denn sie wollte heiraten und Kinder kriegen. Da hat sie gesagt: „Was? Wie soll ich das machen? Das Kind kommt in die Krippe." Da habe ich gemerkt, dass die Ostdeutschen doch in Teilen viel weiter waren als wir. Man hat von den anderen auch etwas lernen können. Aber bei den älteren ostdeutschen Kollegen war es zum Beispiel so, dass es immer eher darum ging, sich die Hand zu geben, erst einmal zu reden, was wiederum für uns oft hinderlich war, wenn wir schnell, „zack zack" etwas erledigen wollten. Wir dachten dann, dass das Tempo so nicht geht und was die denn haben, dass sie so arbeiten, aber eben auch, wie sie anders sein sollten.

**Hatten Sie das Gefühl, dass die Entscheidungswege sehr groß und die Hierarchien flach waren?**

Ja, auf jeden Fall. Ich war das erste Mal nur an den Bereichsvorstand und danach an den Personalvorstand angebunden, der entscheiden durfte, wer eingestellt wurde oder nicht. Zum Schluss, bei den Unternehmensverkäufen, waren wir eine kleine Gruppe von Senior-Experten. Da wurde ein Vorschlag gemacht, und alles ging durch. Das waren aber auch jetzt keine Riesenunternehmen, sondern kleinere.

Aber auch da ging es ja um etwas, da ging es um Mitarbeiter, um Produktion, um Geld.

**Sind Ihnen da noch bestimmte Unternehmen in Erinnerung geblieben?**
Bei den Kleinen, die wir verkauft haben, sind mir keine Erinnerungen geblieben. Die haben mir alle nichts gesagt. Nur bei den Großen, die ich früher im Rahmen des Werkzeugmaschinenbaus betreut hab, erinnere ich mich: Das waren die Umformtechnik Erfurt, die Tridelta und Leuna.

**Wie kamen Sie zum Werkzeugmaschinenbau und Leuna?**
Ich glaube, ich wurde dem zugeteilt, weil es darum ging, den Vorstand ein bisschen mehr zu betreuen. Die Aufgabe für Leuna wurde im Rahmen der Schulung erteilt. Die anderen kannte ich aufgrund der Suche für die Vorstände und Geschäftsführer und Leuna im Rahmen dieser Personalentwicklungsschulung.

**War Ihnen damals bewusst, dass es historisch gesehen eine einmalige Situation war?**
Ja, das war uns allen klar, denn das hat man gemerkt. Wenn ich mal ganz ehrlich bin, hat aber niemand genau gewusst, um was es geht. Es kamen natürlich auch wahnsinnig gescheite Unternehmensberater von den üblichen bekannten Firmen und haben ihre dicken Blätter, also dicke Zusammenfassungen der Situation und Analysen, vorgestellt. Aber es hatte keiner eine Ahnung, aber wir alle haben gespürt, dass es einmalig war.

**War denn auch immer klar, dass es letzten Endes immer um Menschen ging?**
Ja, mir schon. Diesen Raubrittern ging es nicht darum, aber mir ging es immer darum. Aber das ist grundsätzlich in meinem Leben und Job so, dass es mir um die Menschen geht.

**Ich meine nicht unbedingt die Raubritter. Haben Sie auch mal persönliche Gespräche mit Leuten erlebt, die durch die Treuhand arbeitslos wurden?**

Leider habe ich das nicht erlebt, und ich muss zugeben, dass ich erst später verstanden habe, was das damals für die Menschen bedeutet hat. Ich habe zwar gewusst, dass die Leute ein anderes Leben im Betrieb haben, zum Beispiel gab es Betriebsfeiern, und das Persönliche und das Händeschütteln waren dort ganz wichtig. Und dass die Arbeit für die Menschen dort einfach viel wichtiger war als für uns, ist mir schon aufgefallen, das zeigten sie uns auch nicht nur durch mentale, sondern auch durch körperliche Nähe. Aber dass das so viel ausmacht, war mir damals nicht klar. Man hat immer gedacht: „Na ja, dann haben die keinen Job. Das ist schade. Es tut uns leid, aber es ist schwierig."

**War die Treuhand eine gute, sinnvolle Einrichtung? Hätte man behutsamer privatisieren müssen?**

Ich denke, wir hatten alle ein bisschen Hochmut und glaubten, wir wüssten, wie es geht. Das ist eines meiner Resümees. Aber das ist dieser Unerfahrenheit mit der Situation geschuldet. Ich denke, es war eine gute Idee oder zumindest mit guten Absichten begonnen, aber in der Umsetzung war es vielleicht einfach zu schwierig und zu unübersichtlich und zu viel, so dass man nicht saniert, sondern zu schnell privatisiert hat. Das ist auch das, was ich vorhin meinte, als ich darüber sprach, dass man aus meiner Sicht hätte die Schulungen früher machen müssen. Klar, man wollte keinen haben, der da im „Rote-Socken-Kabinett" irgendwo mit der Akte lag. Aber wenn er in dem Unternehmen gut war, dann würde ich das heute etwas anders sehen. Ich hätte heute gesagt, sie hätten sich einen Westlichen dazustellen sollen und hätten von dem lernen sollen. Die eine Verbindung zu den Mitarbeitern haben, die eine Verbindung zu dem Ort hatten, waren eigentlich wichtiger, denn dadurch haben die Leute dann auch motivierter arbeiten können. Dass das alles zunichte gemacht wurde mit

Menschen, die weder die Mentalität dort kannten noch die Gegend noch da richtig gelebt haben. Heute würde ich sagen, es hätte vieles natürlich behutsamer und vorsichtiger und nicht mit diesem Hochmut laufen können. Man hätte vielleicht auch mal vermitteln dürfen: „Wir wissen es nicht, aber wir wollen es mit euch zusammen versuchen." Ich glaube, dieses „zusammen", das hat immer so ein bisschen gefehlt.

**Haben Sie dann im Nachhinein auch nochmal Kontakt zu ehemaligen Leuten gehalten? Gab es Netzwerke, auf die Sie im besten Sinne „zugreifen" konnten?**
Sie haben Netzwerke im besten Sinne gesagt, weil sie an die DDR dachten – da war das negativ besetzt. Wir haben es in der Bank positiv besetzt: Da gab es richtige Seminare, um Netzwerke zu bilden. Deshalb sehe ich das nicht negativ. Ja, wir hatten am Anfang solche Versuche, an die ich mich noch erinnere. Da lebte ich aber schon weit weg in Portugal. Ich habe mit ein, zwei, also sagen wir mal mit dreien von damals noch Kontakt, aber bin nie wieder bei diesen Veranstaltungen gewesen. Vielleicht weil ich es hinterher auch kritischer gesehen habe. Ich weiß es gar nicht so genau.

**Hatten Sie das Gefühl, dass andere Leute, die bei der Treuhand waren, das nicht so kritisch gesehen haben?**
Die, mit denen ich Kontakt habe, sehen es eigentlich genauso wie ich. Aber die, mit denen ich keinen Kontakt habe, sehen es, glaube ich, nicht so kritisch. Das ist meine Vermutung, als Juristin geht das überhaupt nicht.

**Wenn Sie auf diese Zeit damals schauen: Wie haben Sie es für sich selbst abgespeichert?**
Für mich war es auf jeden Fall was ganz Besonderes, weil ein Anwalt sonst normalerweise seine Akten hat, am Schreibtisch sitzt und zum Gericht geht. Das ist alles. Ich habe auf einmal Unternehmen gese-

hen und verstanden, dass es eine ganz andere Begeisterung für eine Materie geben kann, wenn sich da etwas bewegt, wenn da Riesenmaschinen sind, wenn da Leute sind, die da arbeiten. Das war für mich so faszinierend, das hat mir sonst total gefehlt. In meiner vorherigen beruflichen Tätigkeit und heute habe ich davon mitgenommen, dass ich eine größere Affinität zu Unternehmen habe als zu Menschen, die nur mit einem Problem hierherkommen, wo ich mir nichts angucken kann.

**Fanden Sie im Nachhinein auch, dass die Treuhand im öffentlichen Diskurs zu Unrecht angefeindet wurde? Und finden Sie die heutige Darstellung in Dokumentationen und Büchern angemessen?**
Also, ich habe Filme darüber gesehen. Bücher habe ich nicht darüber gelesen. Ich fand die Darstellung immer sehr einseitig, und ich habe es selbst auch nicht so einseitig erlebt. Ich habe zwar gewusst, dass es in der Zeit, in der ich da war, Anfeindungen gab, aber ich habe durch das, was ich gemacht habe, nie bestätigt gesehen, dass sie richtig sind. Weil, wenn Sie Menschen suchen, die die operativen Unternehmen weiterbringen oder die als Aufsichtsorgan gucken sollen, ob die anderen das richtig machen, ist das nicht das, was eigentlich an der Treuhand kritisiert wurde. Ich habe das eigentlich nur ganz zum Schluss erlebt, als ich ein halbes Jahr im Unternehmensverkauf war. Da habe ich erlebt, dass Menschen die Werte von Unternehmen sehr schnell bestimmt haben und zu schnell etwas verkauft haben. Es gab zu schnell irgendjemanden, der so tat, als wüsste er, worum es geht.
Die Kritik an der Treuhand war oft, dass es zu sehr darum ging, schnell zu Geld zu kommen oder darum, es den Falschen zu geben. Wenn ich immer im Unternehmensverkauf gewesen wäre, hätte ich das vielleicht ganz anders gesehen. Aber dadurch, dass ich in einem ganz anderen Bereich war, habe ich es dann erst zum Schluss wahrgenommen. Und dann war ich eigentlich froh, dass ich 1994 ging, denn es hat mir nicht mehr gefallen. Dann gab es 1995 auf einmal quasi nur noch die TLG (Treuhand Liegenschaftsgesellschaft), und man merkte,

es ging jetzt eigentlich nur noch um die Liegenschaften, und der Rest war mehr oder weniger schon abgewickelt.

**Waren Sie Teil des Bonussystems?**
Nein, das gab es nur für die Verkäufe. Das Einzige, was wir bekommen haben, und da würde ich auch heute sagen, dass es überdimensioniert ist, ist eine Rente. Es sind nur 100 Euro – damals waren es 200 Mark.

**Gab es einen Wettkampf zwischen den Mitarbeitern?**
Ich fand die Sitzungen immer spannend, weil sie mit dem Bereichsleiter stattfanden, der sich sozusagen mit dem operativen Geschäft auskannte, was wir als Juristen und Personaler überhaupt nicht taten. Deshalb fand ich sie nie nervig, sondern immer bereichernd. Ich habe nicht stundenlang dagesessen, wenn über Finanzen beraten wurde oder darüber, welches Unternehmen wohin soll. Es ging immer darum: Wie besetzen wir das Unternehmen? Können wir das noch halten? Einmal gab es eine lange Sitzung im Unternehmen, bei der wir versucht haben, denen mit einem Sozialplan und anderen das Unternehmen betreffende Entscheidungen zu helfen. Auch das habe ich nie als nervig empfunden. Intrigen habe ich nicht so mitbekommen, und ich war auch nicht betroffen. Es gab vielleicht mal irgendjemanden, der mich nicht mochte. Aber keine Intrige.

# Hans Richter

*„An dem Tag, an dem ich in Berlin ankam und das erste Gespräch mit Rohwedder führte, sagte dieser: ‚Wissen Sie, Herr Richter, wenn das rum ist, da werden Sie uns alle hängen und da werden Sie mit hängen.'"*

Dr. jur., Dipl.-Betriebswirt Hans Richter ist 1947 in Plochingen geboren und in Wendlingen aufgewachsen. Er hat Betriebswirtschaft und Rechtswissenschaft in Pforzheim und Freiburg studiert und war anschließend als Richter und dann als Staatsanwalt bei der (Schwerpunkt-)Staatsanwaltschaft für Wirtschaftsstrafsachen in Stuttgart tätig, die er dann bis zu seiner Pensionierung leitete. 1991/92 war er Leiter der für ihn und seine Mitarbeiter neu eingerichteten Stabsstelle Recht bei der Treuhand.

**Herr Dr. Richter, was hat Sie in Ihrer Kindheit geprägt?**
Prägend war für mich zum einen, dass meine Eltern „zwischen den Fronten" waren: Meine Mutter evangelisch und schwäbisch, mein Vater katholisch und „Flüchtling", und Wendlingen, wo ich aufwuchs, ist eine Kleinstadt, die aus zwei Orten besteht, nämlich aus Wendlingen und Unterboihingen. In der Nazizeit wurden beide Orte zusammengelegt, obwohl sie völlig unterschiedlich strukturiert waren: Wendlingen war schon vor dem Krieg eher sozialdemokratisch geprägt, während Unterboihingen bäuerlich-konservativ orientiert war. Die Kämpfe zwischen beiden Ortsteilen haben mich als Jugendlicher

geprägt. Weiter hat bestimmend auf meine Entwicklung eingewirkt, dass meine Eltern eine Verkaufsstelle für Fleisch und Wurstwaren geführt hatten, in der vor allem an den Samstagen eine „Zentrale" des Ortes für den „Tratsch" entstand, in dem die verschiedenen Strukturen (Wendlingen/Unterboihingen, evangelisch/katholisch, Eingeborene/Flüchtlinge) zusammengekommen sind. Ich denke, dass diese und auch die Gespräche, die meine Eltern am Esstisch über die Kundschaft und die unterschiedlichen Meinungen geführt haben, die kommunikative Seite bei mir geweckt haben. Meine Eltern haben sich sehr gut vertragen mit ihren ganz unterschiedlichen Wegen und auch Prägungen. Diesen unterschiedlichen Blick auf unterschiedliche Leute einerseits, aber auch die Notwendigkeit, sich darüber auszutauschen, konnte ich mitnehmen.

**Wie kamen Sie denn zu Ihrem Beruf?**
Meine Idee war, ich muss den kleinen mittelständischen Unternehmen helfen, juristisch helfen, um gegen die „große Wirtschaft" bestehen zu können. Meine Diplomarbeit hatte sich mit Kooperationsformen der mittelständischen Industrie in Baden-Württemberg beschäftigt.

**Was hatten Sie denn für eine Beziehung zur DDR?**
Ich hatte gar keine Beziehung zur DDR. Meine Frau hatte Verwandte dort, war auch ab und zu bei denen und hat darüber erzählt. Aber das ist bei mir – ländlich-schwäbisch – nicht angekommen. In der Zeit meiner AStA-Tätigkeit hatte ich mich etwas mehr damit beschäftigt, auch als Zukunftsvision. Wir sind dann sogar mal eingeladen worden: eine Gruppe von Studenten von der Fachhochschule Pforzheim, aber auch von anderen Fachhochschulen, die von der SED nach Dresden eingeladen wurden.
Ich erwähne das deshalb, weil es bei meiner Bewerbung zur Justiz Baden-Württemberg in meinen Akten vermerkt war. Mich hat das damals erstaunt, dass ich auf Einladung der SED und unter Vermittlung der DFU, damals abfällig „Die Freunde Ulbrichts" genannt, dorthin

kam. Dieser war ein interessanter Verband, überwiegend aus Lehrern bestehend, idealistisch ausgerichtet, der die beiden Welten zusammenbringen wollte. Allerdings ist dieser Aufenthalt schiefgegangen: Einige aus der Gruppe haben sich den Weisungen der SED dort, also der regional zuständigen Parteigliederung in Dresden, nicht unterworfen, haben Ausflüge gemacht und sind dann auch sofort abgeschoben worden. Auch ich bin später wegen defätistischer Äußerungen in diesen Diskussionsrunden abgeschoben worden.

**Was haben Sie da gesagt?**
Das weiß ich auch nicht mehr. Vermutlich, was mir nicht gefällt am real existierenden Sozialismus, so wie ich ihn dort erlebt hatte, obwohl ich kaum Beziehungen oder Wissen dazu hatte.

**Wie haben Sie die Zeit der friedlichen Revolution und den Mauerfall 1989 erlebt?**
Eine Reihe von Kollegen und Freunden hatte mehr Beziehung dazu. Sie haben die Aufbruchstimmung erlebt und sind losgefahren, als die Mauer geöffnet wurde, um das zu spüren und zu fühlen. Darüber haben wir auch diskutiert; aber ich hatte großen Abstand dazu. Das hing auch damit zusammen, dass ich in der Zeit ganz besonders intensiv gearbeitet habe. Damals ging es um den Aufbau der Strukturen zur Bekämpfung der Wirtschaftskriminalität in Westdeutschland. Ich habe es mir zur Aufgabe gemacht, dass die einzelnen Schwerpunktabteilungen in den einzelnen Bundesländern, die jetzt im Entstehen waren, zu einem kommunikativen Pool mit regelmäßigem Austausch zusammenfinden.

**Wie kamen Sie zur Treuhand?**
Ja, das war völlig überraschend. Es war ein Anruf Anfang Dezember 1990 von Rohwedder, mit dem diese Zeit begann. Natürlich hatte ich mitbekommen, dass es bei der Treuhand Probleme gab: Es war eigentlich eine Institution der DDR, die von Kräften der Ministerien

der DDR besetzt worden war, aber dann „vom Westen" übernommen wurde. Rohwedder war zunächst Verwaltungsrat und hat diese Treuhand dann übernommen und ihr Führungsstrukturen wie einer Aktiengesellschaft gegeben; ähnlich wie ein Vorsitzender, der sich in einer Aktiengesellschaft selbst etabliert hat. Ich hatte auch mitbekommen, dass die Privatisierung massiv verstärkt werden sollte, und für uns im Kollegenkreis der Staatsanwaltschaft war es völlig klar, dass dies wie ein Magnet für alle Betrüger, die wir hier im Westen hatten, sein musste – und es wurde zum „goldenen Land" für die Betrüger. Nicht nur durch die Privatisierung, sondern auch ganz allgemein, weil auch die Kleinkriminellen die relativ unerfahrenen Bürger der DDR abkassiert haben.

**Was wollte Rohwedder genau von Ihnen?**
Er hat gesagt, dass im Zusammenhang mit der Privatisierung mit Kriminalität zu rechnen sei. Von außen gegen die Treuhand und von innen durch Mitarbeiter. Er wollte eine strafrechtlich kompetente Unterstützung haben. Und da habe ich gesagt, dass er sich einen Anwalt nehmen müsse. Damals gab es diese Fachrichtung „Compliance", die jetzt sehr verbreitet ist, noch nicht. So etwas wollte ich nicht machen. Ich war kein Anwalt, ich war Staatsanwalt.

**Was hat Sie doch noch überzeugt?**
Die nachfolgenden Gespräche. Die Zeitspanne war für mich zunächst völlig irreal. Ich hatte große Verfahren mit meinen Kollegen in meiner damaligen Abteilung zu betreuen. Dann rief mich Herr Balz, Referent im Bundesjustizministerium und damals der „Vater" der deutschen Insolvenzreform, an. Er sagte mit, er habe Rohwedder die Idee eines „Strafrechtsberaters" schon ausgeredet, aber man brauche unbedingt jemanden, der als „Bindeglied" zwischen der Treuhand und der Justiz – vor allem der Justiz in den neuen Bundesländern – tätig werde. Denn die Strafverfolgung werde ganz großen Schaden erleiden, weil die Staatsanwaltschaften in der DDR kein Fachpersonal für Wirt-

schaftsstrafrecht im Sinne unseres Wirtschaftsstrafrechts hatten. Aus der Sicht dieser Kollegen, wie ich dann später erfahren musste, war ein Wirtschaftsstraftäter einer, der mit dem großen Wagen rumfährt. Nach dem Motto: „Das kann man doch erkennen." So war dies eine interessante Aufgabe für mich.

Ich war damals der Auffassung, wir müssten unbedingt eine zentrale Wirtschaftsstaatsanwaltschaft für die Bundesrepublik einführen und in Berlin aufbauen. Eine solche Staatsanwaltschaft (mit dem entsprechenden polizeilichen Unterbau) ist dann auch eingerichtet worden – aber für *Regierungskriminalität* im Zusammenhang mit der DDR-Regierung. Natürlich gab es dabei Felder, die sich mit meiner Aufgabe bei der Treuhand (THA) überschnitten. Bei „KoKo" (Bereich Kommerzielle Koordinierung in der DDR) zum Beispiel, war ich der Auffassung, dass das Treuhand-Kriminalität sei, soweit der Verdacht wirtschaftskriminellen Handels „nach der DDR" aufzuklären war. Andererseits war die Leitung der in Berlin eingerichteten „Spezialstaatsanwaltschaft für die Vereinigungskriminalität" der Auffassung, das sei *Vereinigungskriminalität*. Solche Bereiche, in denen wir zusammengearbeitet und kontrovers diskutiert haben, gab es zwar auch. Zu meinem Bedauern ist es aber hier zu keiner Partnerschaft gekommen.

Ich sagte schließlich Herrn Rohwedder zu, die mir zugedachte Arbeit für zwei Jahre zu übernehmen. Voraussetzung war aber, dass mir vollständige Unabhängigkeit gegenüber der Führung der THA eingeräumt werden würde.

Das bedeutete: Ich musste aus dem Landesdienst Baden-Württemberg ausscheiden und Bediensteter der Treuhandanstalt werden. Als solcher wäre ich den Weisungen des Vorstandes, dem ich unterstellt war, unterworfen gewesen; „berichtspflichtig" und dergleichen. Balz, der nun „Direktor Recht" der THA war, und ich waren uns aber einig, dass die mir zugedachte Arbeit so nicht zu bewältigen war. Denn ich konnte nicht mit den Staatsanwälten der (alten und neuen) Bundesländer kommunizieren, wenn diese Staatsanwälte sich nicht darauf verlassen konnten, dass ich interne Justizinformationen nicht weitergeben werde. Danach wurde mir keine „Beraterfunktion des Vorstandes" übertragen, sondern mir eingeräumt, eine „eigenständige, nicht weisungsgebundene Einheit" mit von mir auszuwählenden und mir verpflichteten Polizeibeamten aufzubauen.

**Wie groß war die Einheit, in der Sie gearbeitet haben?**
Die Arbeitsgruppe bestand aus sieben Personen und war – wie die THA insgesamt – dem Finanzministerium unterstellt, hatte aber weitgehende Handlungsfreiheit. Da gab es auch immer mal Reibereien zwischendrin, denn andere Verantwortliche oder Mitarbeiter der THA hatten nicht begriffen, was ich und meine Leute dort eigentlich machen. Und ja, da war dann das Ansinnen des (Finanz-)Ministeriums, das würde ja „sehr gut laufen", was „wir da machen", aber wir müssten mehr Leute sein. Das Ministerium dachte daran, eine Arbeitsgruppe mit hundert Leuten aufzubauen, also mit Polizeibeamten, die mir unterstellt gewesen wären. Aber ich wollte das nicht, denn es war nicht Aufgabe der Treuhand, die von meiner Einheit aufgegriffenen Fälle aufzuarbeiten, sondern es war Aufgabe der Justiz. Und die Justiz bedient sich der Polizei. Wobei die Verantwortung zur Aufklärung von Straftaten bei der Justiz bzw. beim Staatsanwalt liegt und nicht bei der Polizeihierarchie. Das ist unser Rechtssystem, und dieses kann und sollte aus meiner Sicht nicht durchbrochen werden.

**Sie waren sozusagen nicht weisungsgebunden und unabhängig. Wie hat denn der Vorstand der Treuhand darauf reagiert?**
Ich konnte und musste meine Entscheidungen selbstständig treffen und umsetzen und durfte nur eines nicht: Ich durfte ohne Genehmigung des THA-Vorstandes, des Direktors Recht, keine Pressearbeit machen. Nur dabei musste alles abgesprochen und genehmigt sein. Pressearbeit habe ich dann wenig bis gar nicht gemacht. Das hätte auch meine Arbeit mit der Justiz der Länder gestört. Das war mir bewusst. Da gehört Fingerspitzengefühl dazu, denn man weiß, welche

Apparate im Hintergrund laufen, und man muss gucken, wie man das zusammenhält.

**Das ist mir bewusst. Da gehört Fingerspitzengefühl dazu, denn man weiß, welche Apparate im Hintergrund laufen, und man muss gucken, wie man das zusammenhält. Aber gab es seitens des Vorstandes keine Bitten, ob Sie hin und wieder etwas berichten könnten?**

Natürlich gab es insofern die Frage und von mir auch Berichte, in welche Richtung es *mengenmäßig* läuft. Wir hatten in diesen zwei Jahren mit dieser kleinen Mannschaft 2.000 Fälle bearbeitet, und „bearbeitet" heißt, wir haben die Informationen aus der Belegschaft von Unternehmen, Mitarbeitern bei der Treuhand oder von deren Außenstellen aufgegriffen. Später hatte die THA dann auch ein „Ombudsleute-System" eingerichtet, die an meine Stelle geleiteten Informationen der Ombudsleute bekamen eigene Akten.

Förmlich angelegte und geführte „Akten" waren bei der Treuhand anfangs nicht selbstverständlich – es gab kaum Organisationsstrukturen. Für einen, der nicht nur in der Wirtschaft, sondern in der Justiz beruflich aufgewachsen ist, wo alles sehr detailliert festgehalten werden muss, war das erstaunlich.

**Wie haben Sie den Osten damals im frisch wiedervereinigten Land vorgefunden?**

Ich war damals wiederholt in Unternehmen, weil wir von der Belegschaft gerufen wurden oder Anhaltspunkte dafür hatten, dass es ein strafwürdiges Delikt geben könnte. Wir hatten keine wirtschaftlichen Überprüfungen vorzunehmen und haben die auch nicht vorgenommen, sondern stellten lediglich die Frage: Ist das strafrechtlich relevant, was irgendjemand gemacht haben könnte? Inwiefern hat das mit der Treuhand zu tun? Zum Beispiel gab es die pflichtwidrige Veräußerung von Vermögen der Treuhand zum Nachteil ihres Vermögens. Das könnte zum Beispiel eine Straftat der Untreue (§ 266 StGB) sein.

Meist bestand aber der Verdacht des Betruges (§ 263 StGB). Manchmal war es auch gemischt: Zum Beispiel wollten „Kader" (ehemalige Führungskräfte) der zu privatisierenden Unternehmen diese Unternehmungen auch selbst übernehmen – ein Vorgang, den die THA ja grundsätzlich zur Schaffung eines „Mittelstandes" in den neuen Bundesländern fördern sollte. Der Verkauf von Unternehmen lief dann typischerweise so ab, dass der Käufer Geld dafür gekriegt hat, dass er kauft. Natürlich schafft dies – unabhängig davon, wer als Käufer auftritt – kriminellen Anreiz. Der Leistung der THA – Übertragung eines Unternehmens mit Anlauffinanzierung – stand das Versprechen des Käufers gegenüber, das Unternehmen modernisiert fortzuführen und an die (gesamtdeutschen/europäischen oder weltweiten) Märkte zu bringen, vor allen Dingen aber Arbeitsplätze zu sichern.

**Wie war die Stimmung, als Sie bei der Treuhand anfingen?**
In den zwei Jahren, die ich dort war, habe ich ein sehr starkes Aufbruchsgefühl empfunden in der THA und bei ihren Mitarbeitern gespürt. Obwohl es nicht mein Arbeitsfeld war, habe ich mitbekommen, dass es bei der Treuhand große Probleme gab. Die Produkte, die in der DDR-Wirtschaft hergestellt worden waren, wurden von der eigenen Bevölkerung weitgehend abgelehnt. Es ist aller „West-Kruscht" gekauft worden. Das sage ich jetzt als Schwabe, der aus dem Westen kam, und das hat der ehemaligen DDR-Wirtschaft ganz große Probleme gemacht. Ich habe mich bei der Privatisierung der größeren Industrieunternehmen, insbesondere auch des Maschinenbaus, umgeschaut – auf diesen Bereich hatte man bei der Treuhand große Hoffnungen gesetzt, insbesondere dass die personalen Verbindungen in die „Ostblockstaaten", vor allem auch in die Sowjetunion, zum Aufbau dieser Industrie, die ja teilweise hochwertige Produkte produzierte, beitragen werde. Auch die Abnehmer in diesen Staaten wollten aber damals die DDR-Produkte, die „Bruderprodukte", nicht mehr haben. Dabei waren es zum Teil Produkte, die schon vor der Wiedervereinigung in der DDR produziert und damals dann mit einem

westdeutschen Schild weiterverkauft worden waren. Diese „Produktverweigerung" war ein ganz großes Problem für die ehemalige DDR-Wirtschaft, also für die Treuhandanstalt.

Insgesamt hatten meine Mitarbeiter und ich zu Beginn unserer Arbeit in der THA eine große Zuversicht bei unserer Arbeit. Doch bald, schon Frühjahr/Mitte 1991, gab es einen Umschwung: Immer mehr Mitarbeiter und Führungskräfte der THA-Unternehmen sahen plötzlich in den (potenziellen) Investoren „Betrüger" und die Gefahr der Übernahme durch Betrüger und meldeten diese Annahme an meine Stelle. Das führte dazu, dass wir viel mehr Arbeit bekamen, weil die Investoren aus Sicht vieler Mitarbeiter der ehemaligen DDR-Unternehmen „per se Betrüger" waren und sich das Volksvermögen „unter den Nagel reißen" und „Arbeitsplätze gezielt kaputt" machen wollten.

**Wie sah damals Ihr Arbeitsalltag bei der Treuhand aus?**
Ich hatte ein wunderbares Team, und wir hatten am Wochenende frei. Aber insgesamt war es ein harter Job für alle, die dort gearbeitet haben. Ich habe auch darauf geachtet, dass sich „meine Polizeibeamten" nicht „drücken" und auf die Arbeitszeit achten. Diese hat meistens damit begonnen, dass mir vorgelegt wurde, was am vergangenen Tag in unserem Büro an Informationen eingegangen ist. Diese habe ich dann bewertet und zur Nachforschung an kleine Teams verteilt. Diese sollten zum Beispiel feststellen, ob bereits Ermittlungen bei Justiz/Polizei geführt wurden. Sehr häufig beginnen Ermittlungen nicht bei der Justiz, sondern bei der Polizei. Demnach war es wichtig, unsere Kanäle zur Polizei und zur Justiz offen zu halten und zu klären, ob schon ermittelt wurde, weil wir dann unsere Erkenntnisse weitergegeben haben.

Die übrigen „Fälle" habe ich dann auf die Polizeibeamten und auf mich „zugeteilt" und eine entsprechende Akte angelegt. Die vorliegenden Informationen mussten dann „abgearbeitet" werden, was häufig zu Besuchen in Unternehmen oder einzelnen Bereichen der Treuhand geführt hat.

Bestätigten solche Erkundigungen den Verdacht von Straftaten, wurden unsere Akten als „Anzeige der THA" zur Einleitung entsprechende Ermittlungsverfahren an die zuständige Staatsanwaltschaft weitergeleitet. Sehr schnell wurde uns klar, dass diese Ermittlungsverfahren die neu entstehenden Staatsanwaltschaften der neuen Bundesländer, die keine Spezialkräfte für Wirtschaftskriminalität hatten, überlasten. Diese waren ja schon froh, wenn sie überhaupt noch „Kräfte" hatten. Ein Teil der Staatsanwälte und Staatsanwältinnen wurde von den Länder-Justizministerien als „nicht tragbar" aus dem Dienst entlassen. Ein relativ kleiner Teil waren „Newcomer" von den alten Bundesländern, meist keine Spezialisten aus dem Bereich des Wirtschaftsstrafrechts. In der alten BRD gab es diese sowieso viel zu wenig.

**Wie erklären Sie diesen Personalmangel?**
Die Anreize, in die ehemalige DDR zu gehen, waren nicht groß genug für jemanden, der in diesem Bereich tätig war. Die Ersten, die dann in der Mitte meiner zweiten Periode angefangen haben, waren Kollegen aus Bayern. Diese haben Sachsen „betreut" – wir bekamen dann das Gefühl, dort wird nun „verfolgt". In dieser Situation musste ich versuchen, möglichst viele Fälle Staatsanwaltschaften der alten Bundesländer zuzuleiten. Dabei war es schwierig, deren Zuständigkeit zu begründen. Eigentlich wäre meist Berlin zuständig gewesen, weil ja das Vermögen der THA betroffen war. Berlin hatte zudem eine ausgebildete und „taffe" Mannschaft, die aber – wie fast alle Schwerpunktstaatsanwaltschaften – mit ihren eigenen Fällen vollständig überlastet war. Dort konnten wir also kaum „unsere" Fälle unterbringen.

**Wie sind Ihnen die Menschen in der Treuhand begegnet, wenn Sie Ermittlungen nachgingen?**
In der Treuhand selbst war es schwierig, Kontakte aufzunehmen. Die Direktorenposten waren zunächst noch besetzt von Ministerialbeamten der DDR – mit diesen war die Kommunikation für uns nicht immer leicht. Ich habe auch bemerkt, wie der Unterbau der THA, die

Hausmeister, die Putzfrauen u. a., sich regelmäßig zu Aussprachen getroffen haben, von denen „die Wessis" nichts mitbekommen haben; es war eine verschworene Gemeinschaft. Wie ich später herausgefunden habe, war einer der Verwalter die „oberste Instanz" in dieser Gruppe und verbreitete, dass wir, die Stabsstelle, die „Stasi des Westens" seien. Und weil wir alle Schwaben waren, habe ich dann gesagt: „Das ist die Spätzle-Stasi." Später fanden wir heraus, dass dieser Verwalter früher selbst Mitarbeiter der Stasi war. Dies macht deutlich, dass es uns gegenüber ein großes Misstrauen schon in der THA, aber auch in den Unternehmen, gab. In der THA hat sich das gelegt, als ich für die Stabsstelle einen Tresor benötigte. Niemand von „den Westlern" hatte einen Tresor oder auch nur das Bedürfnis hierfür – auch Rohwedder oder Balz nicht. Balz war Chef-Justitiar und hatte für die THA die zentrale Rechtsabteilung der THA mit Juristen, meist jungen Anwälten, aufgebaut. Er war mein wichtigster Ansprechpartner, aber nicht mein Vorgesetzter. Er stellte das Bindeglied zwischen mir und dem Vorstand dar, wenn ein unmittelbares Gespräch aus meiner/seiner Sicht nicht erforderlich war, was vor allen Dingen später, als Frau Breuel Vorstandsvorsitzende geworden war, vermehrt notwendig wurde. Unser Verhältnis war aber – im Gegensatz zu Rohwedder – deutlicher distanziert.

**Wodurch ist das erklärbar, dass Frau Breuel eine größere Distanz zu Ihnen hatte?**
Das weiß ich nicht. Ich denke, sie hatte in der Zeit ihre ganze Kraft aufwenden müssen, um die Zügel im Vorstand, der sehr männerdominiert war, fest in der Hand zu halten. Da war der Kontakt zu mir eher untergeordnet. Dem damaligen Bundespräsidenten hat sie mich einmal als „Polizist der Treuhand" vorgestellt. Das hat mir nicht so gefallen, und es hat auch nicht gestimmt, aber wir haben nach meinem Ausscheiden ein gutes Verhältnis zueinander gefunden, und sie hat mir ein paar sehr liebenswürdige Briefe geschrieben.

**Inwiefern waren sie zuständig für kriminelle Machenschaften innerhalb der Treuhand?**

Ich war nur für das, was strafrechtlich relevant ist, zuständig. Heute versteht man eine solche Zuständigkeit als „Rechts-Compliance". Ich habe (strafrechtliche) Aufklärungsarbeit für den „Vertrieb" – also die zuständigen Mitarbeiter für die Privatisierung der Unternehmen – übernommen und habe die betroffenen Direktorate auf kriminogene Punkte hingewiesen, die zur Schulung und Aufklärung an deren Mitarbeiter weiterzugeben waren. Es gab in allen Direktoraten Vertragsjuristen und zudem das – bereits erwähnte – zentrale Direktorat Recht, das von Herrn Balz stark ausgebaut worden ist.

Hierzu ist ganz allgemein die Frage zu stellen, wer damals „das Personal" der Treuhand war – wer „ging" zur Treuhand? Das waren nicht die Experten aus den westdeutschen Unternehmen, denn es war von vornherein klar, dass die Treuhand eine Einbahnstraße ist und nur eine relativ kurze Zeit existieren wird.

Aus diesem Grund waren es überwiegend Personen, die Schwierigkeiten im Unternehmen hatten oder die gerade ihren Universitätsabschluss erlangt und die bei der Treuhand ein relativ gutes Gehalt erwartet haben. Aber wirkliche Fachleute hat man den westdeutschen Unternehmen nicht abwerben können. Im Übrigen war das gerade eine boomende Wirtschaftszeit, in der sowieso Arbeitskräfte im Bereich der Unternehmensberatung gesucht waren.

**Wie würden Sie die Unternehmensberater damals beschreiben?**

Ich muss sagen, dass es bei den „Verkäufern" in Anführungszeichen viel Unwissen über strafrechtliche Risiken gab. Rohwedder selbst war noch der Auffassung, die Treuhand sei eigentlich ein privatwirtschaftliches Unternehmen, das er leitet, weil hier – im Unterschied zur „Verwaltung" – „richtig und viel" gearbeitet werden müsse. Er selbst kam ja ursprünglich „aus der Wirtschaft", hatte aber viele Berufsjahre in der „Verwaltung" der Bundesrepublik zugebracht hat und dort vielleicht den Eindruck gewonnen, es werde nur „auf dem Sessel gesessen und nichts getan". Das war wohl seine Idee, und deswegen könne die Treuhand gar keine Behörde sein, weil dort gearbeitet werde. Mich wiederum hat diese Ansicht stutzig gemacht, denn strafrechtlich gesehen sind die Mitarbeiter der Treuhandanstalt solche des öffentlichen Dienstes und dadurch auch dem besonderen Strafrecht des öffentlichen Dienstes unterworfen.

**Was haben Sie den Vertrieblern in Ihren Schulungen zum Strafrecht beigebracht?**
Zunächst einmal habe ich erklärt, dass Sie nicht irgendwelche Zuwendungen entgegennehmen dürfen. Daraufhin gab es großes Erstaunen, weil es im öffentlichen Dienst hierauf einen anderen Blick als in der Privatwirtschaft gibt. Ich war nach meiner Ausbildung als Industriekaufmann in der Unternehmung, in der ich ausgebildet worden bin, stellvertretender Einkaufsleiter. Der Einkaufsleiter, mein Chef, hat die Vertreter alle selber empfangen und ich konnte sehen, dass diese – jedenfalls vor Weihnachten – große Taschen mitbrachten. Im öffentlichen Dienst haben wir gewusst, dass man nicht mal einen Kugelschreiber oder eine Verköstigung annehmen darf. Das war ein wichtiger Punkt. Auch umgekehrt gibt es den Aspekt der Untreue, der besagt, dass man nichts verschleudern und von sich aus nicht ohne triftigen Grund auf Kosten der öffentlichen Hand einladen darf. Ich habe erklärt, dass solche Handlungen regelmäßig der Genehmigung bedürfen und auch dokumentiert werden müssen.

**Wie ging es im Laufe der Zeit weiter hinsichtlich dieser Themen?**
In der zweiten Hälfte meiner Tätigkeit gab es schwierige Gespräche in den Treuhand-Unternehmungen. Das will ich plastisch an einem Beispiel zeigen, mit dem ich konfrontiert wurde: Mich hat damals ein Betriebsratsvorsitzender angerufen und gesagt, sein Unternehmen sei an einen Betrüger verkauft worden. Dieser wolle das Unternehmen „plattmachen" – ich müsse einschreiten. In dieser Zeit war es nicht selbstverständlich, dass sich solche Mitarbeiter an unsere Dienststelle

gewandt haben. Denn wir hatten ja einen gewissen Ruf – „Spätzle-Stasi". Ich habe dann einen Termin für unser Treffen in seinem Unternehmen für die nächste Woche vereinbart. Bereits am Wochenende ging dann durch die Presse, dass die Belegschaft des Unternehmens die nahe Autobahn besetzt hat, um den „Betrug" zu verhindern. In der Zwischenzeit hatte ich bereits festgestellt, welches Unternehmen der Erwerber des Treuhandunternehmens war.

**Wissen Sie noch, welches Unternehmen es war?**
Das kann ich Ihnen nicht mehr sagen, aber ich würde es auch ungern sagen, weil dieses Unternehmen aus meiner Heimat kam und aus meiner Sicht eher ein biederes schwäbisches Mittelständler-Unternehmen war. Und was wurde erworben? Eine Saftproduktion in Sachsen; ein ehemaliger VEB, der mit 1.800 Mitarbeitern auf eigenen Immobilien (auch viele Obstwiesen) etwa so viele Säfte produzierte, wie das schwäbische Unternehmen mit 300 Mitarbeitern. Der Erwerber verpflichtete sich, im übernommenen Unternehmen mindestens fünf Jahre mindestens 800 Mitarbeiter zu beschäftigen. Das waren zwar 1.000 Mitarbeiter weniger, aber nahezu dreimal so viel, wie sein schwäbisches Unternehmen für etwa dieselbe Menge Saft beschäftigt hat. Wie kann das sein? Die von der Entlassung bedrohten Mitarbeiter jedenfalls waren der Ansicht, dass hier ein Betrüger am Werk sei.

**Was kam zum Schluss dabei raus?**
Bevor ich zum Schluss komme, möchte ich noch erwähnen, dass der Betriebsrat mir vorhielt, man müsse die Menschen weiterbeschäftigen. Ich habe ihn gefragt, wie diese bezahlt werden sollen – die 1.800 könnten dann insgesamt wohl kaum mehr als die 300 im Westen bekommen und könnten davon wohl kaum leben. Dann müssen eben die Produkte verteuert werden, war die Antwort. Zudem war das Problem, dass genau diese Säfte in den ehemaligen Verkaufsläden der DDR trotz sehr guter Qualität nicht mehr gefragt waren. Die neuen

Anbieter, Lidl, Aldi u. a. haben darauf reagiert und Coca-Cola oder schwäbischen Saft angeboten.

Nach der Schlichtung hat der Erwerber die versprochenen Investitionen getätigt und Mitarbeiter beschäftigt und dann auch auf diese Flaschen das schwäbische Etikett geklebt. Erst Jahre später wurden die alten Produkte wieder geschätzt. Damals konnten wir uns mit diesem Investor und den Vertretern der Unternehmung zusammensetzen, aber das war nach meiner Erfahrung eher eine Ausnahme. Viele „Erwerber" haben die Immobilien versilbert, ihre Versprechen nicht eingehalten und sich aus dem Staub gemacht oder sich durch Prozesse „durchschlawienert". Insgesamt gab es bei unseren vielen Anzeigen aber relativ wenig Verurteilungen.

**Warum hat es nur wenige Verurteilungen gegeben?**

Weil die Prozesse einfach verschleppt worden sind, weil die Staatsanwaltschaft nicht in der Lage war, die Ermittlungen in einer überschaubaren Zeit durchzuführen und die Gerichte es dann nicht rasch verhandeln konnten. Es gab in den alten Bundesländern Staatsanwaltschaften, die eher widerwillig Verfahren übernommen haben, wenn ich dann doch eine mögliche Zuständigkeit aufzeigen konnte – z. B. weil ein Erwerber aus diesem Bereich kam. Wenn die Kollegen dann die Führung der Ermittlungen nicht ablehnen konnten, habe ich bei diesen meist wenig Verständnis gefunden. Am meisten „gelitten" hat die Staatsanwaltschaft Stuttgart, die viele Verfahren übernommen hat. Die betroffenen Kollegen und Kolleginnen waren über meine Tätigkeit bei der Treuhand wenig erfreut – dennoch sind alle Verfahren dort ernsthaft und sachkundig verfolgt worden. Diese Fälle betrafen hauptsächlich Fälle, gegen in Württemberg ansässige betrügerische Erwerber. Aber es gab auch Mitarbeiter der Treuhand, die sich in Verbindung mit Beratern/Erwerbern aus dem Westen strafbar gemacht haben. Und auch solche Verfahren hat Stuttgart übernommen.

**Können Sie ungefähr sagen, welche Arten von Straffällen es prozentual gesehen bei den insgesamt 2.000 Fällen gab?**
Da waren einerseits die ganz untechnischen „Betrüger", Erwerber, die überwiegend aus dem Westen kamen. Die hatten gelegentlich auch schon eine (beratende) Funktion in dem Unternehmen oder haben sich, ohne Kapital zu besitzen, aber unter dem Versprechen, Arbeitsplätze zu sichern und das Unternehmen und den Absatzmarkt zu kennen, beworben. Es waren aber auch Unternehmensverantwortliche aus DDR-Zeiten, die für die Vermögensaufstellung der jeweiligen Unternehmen zuständig waren. Dazu muss man wissen, dass das Rechnungswesen der sozialistischen Wirtschaft anders als unser Rechnungswesen strukturiert war. So mussten die Unternehmen „Übernahmebilanzen" erstellen, die das Vermögen realistisch auswiesen. Diese Bewertung wurde zunächst unabhängig vom Verkauf vorgenommen, und wer als Verantwortlicher eines solchen Unternehmens die Idee hatte, dass er den Betrieb vielleicht erwerben würde, der konnte eine desaströse Bilanz darstellen. Das hatten wir treuhandintern anzuschauen, weil es Treuhandunternehmen waren. Wir haben diese Fälle aber unter dem Privatisierungsgesichtspunkt eher als treuhandextern verbucht. Dahinter standen auch Karriereideen: Mitarbeiter wurden daran gemessen, wie sich ihr Bereich entwickelt. Und je schlechter er anfangs war, desto eher sah es nachher aus, als sei der Phönix aus der Asche gestiegen – das ist etwas, was wir in den Schwerpunktstaatsanwaltschaften von unseren westdeutschen Unternehmen kannten; es war ein wichtiger Teil unserer Arbeit.
Es gab also einerseits den internen Bereich. Damit sind die Verkäufer bis hin zu Direktoren und Mitgliedern des Vorstandes (die meistens in politische Verwicklungen verstrickt waren) gemeint. Das waren schwierige Verhältnisse, und es gab auch viele Beziehungen zur KoKo, was ja grundsätzlich nicht zu unserem Bereich gehört hat. Aber man täuscht das Publikum eher mit so einer Prozentzahl. Sicher waren es sehr wenige Fälle, die sich auf den ganz internen Bereich der Treu-

hand bezogen haben. Aber das waren wiederum auch sehr komplexe Fälle, die sehr viel Arbeit gemacht haben, bis wir die Staatsanwaltschaften einschalten konnten. Das Gros der Fälle waren Erwerber, und zwar westdeutsche oder internationale Erwerber. Im Mittelfeld lagen strafrechtlich relevante Vorgänge, die einerseits Erwerb durch Nomenklatura oder aber Täuschungshandlungen mit der Folge von Vermögensabflüssen sein konnten. Im weitesten Sinne würde man dazu Diebstahl sagen, aber nicht von Gegenständen, sondern von Rechten und Werten aus den Unternehmen heraus.

**Warum gehörte die KoKo nicht zu Ihren Aufgaben?**
Weil sie zur Vereinigungskriminalität gehört hat, aber einen Bereich von Unternehmen betraf, die letztlich auch bei der Treuhand waren. Da gab es Überschneidungen, und ich habe z. B. dafür gesorgt, dass die Schweizer, die die Gelder dann nach Österreich, zur KPÖ, weitergeleitet haben, diese Millionen zurückzahlen mussten.

**Wohin floss das Geld zunächst?**
Das ging nicht unmittelbar an das Vermögen der KPÖ, wie eben auch sehr viel Vermögen nicht in die SED oder Nachfolgepartei ging, sondern zu einzelnen Menschen und von ihnen neu gegründeten Gesellschaften floss, die das Waschen dieser Gelder übernommen hatten. Von daher war das Geld weg.

**Gibt es da einen spektakulären Fall, der hängengeblieben ist?**
Ja, da gibt es eine Reihe, die ich ungern publiziert haben möchte. Ein Fall, der zum Beispiel unter dieses *Beiseiteschaffen* von Vermögensgegenständen fällt, war ein Unternehmen, das Immobilien im größeren Umfang verwaltete. Diese Wohnimmobilien sind nach der Übernahme „verschwunden".
Dann gab es den Fall mit dem *Rubeltauschgeschäft*, Kategorie *Nomenklatura*. Das war ein Grenzfall zur Vereinigungskriminalität, in dem wir auch betroffen waren, weil das Unternehmen zwar zum KoKo-

Bereich gehörte und deshalb Treuhandvermögen betroffen war, aber eben auch parteinahe Personen betroffen waren.

Dann gab es einen Fall, bei dem fast die ganze ostdeutsche Bauwirtschaft an einen Mann privatisiert werden sollte. Die Vorverträge waren schon geschlossen, als ich davon gehört habe. Ich wusste, dass der potenzielle Erwerber ein ausgewiesener Westkrimineller war. So konnte ich den Verkauf im letzten Moment stoppen.

**Was war denn das Problem mit der Bremer Vulkan AG?**
Im Kern war es ein Problem des „Cash-Poolings". Die Bremer Werft, ein Staatsunternehmen des Landes Bremen, dessen Vorstandsvorsitzender der Finanzminister Bremens war, hielt eine Vielzahl von Tochtergesellschaften für das operative Geschäft. In „seinem" Cash-Pool, also in der gemeinsamen Verwaltung aller Liquidität des Konzerns, waren nach meiner Erinnerung 32 Gesellschaften zusammengefasst. Diese Bremer Vulkan, also die Muttergesellschaft des Konzerns, hat den Zuschlag für den Erwerb der zwei Werft-GmbHs, die von der Treuhand gegründet wurden und die Werften der DDR betrafen, bekommen. Dafür hat die Bremer Vulkan 200 Millionen DM Subventionen bekommen, die in den Cash-Pool eingezahlt wurden. Diese Gelder waren für die notwendige Grundsanierung der erworbenen Ost-Werften bestimmt, um dort die Arbeitsplätze zu erhalten. Was die Treuhand jedoch nicht wusste und auch die Geschäftsführer dieser neuen GmbHs (der beiden Ost-Werften) nicht wussten, war, dass fast alle der am Cash-Pool beteiligten Tochtergesellschaften der Bremer Vulkan AG und so auch deren Muttergesellschaft höchst defizitär gearbeitet haben. Eigentlich hätten die Verantwortlichen dieser Privatisierung bei der THA das wissen können. Im Endeffekt hatte das zur Folge, dass die 200 Millionen DM in den zwei Jahren der Planung der Sanierung der beiden DDR-Werften im Cash-Pool „verbraten" wurden. Wer handelte da kriminell? Ganz klar die Geschäftsführer der neu gegründeten GmbHs, denn diese waren verantwortlich für die Mittel, die ihnen zur Verfügung gestellt worden sind. Aber auch die

Verantwortlichen der Erwerbergesellschaft, die wussten, dass die Subventionsmittel für die Ost-Werften jedenfalls zu erheblichen Teilen für die West-Werften des Landes Bremen verwendet werden würden. Die Bremer Staatsanwaltschaft hat 14 Jahre in diesem Fall ermittelt. Das Ergebnis war, dass niemand in „dieser Geschichte" verurteilt worden ist.

**Ging es bei dem Verlag der früheren SED nicht darum, dass die gesagt haben, sie hätten ein oder zwei Jahre zuvor, also noch zu DDR-Zeiten, einen DDR-Kredit aufnehmen müssen und nun wollten sie die Rückzahlung des Betrages im Verhältnis eins zu zwei?**

Ich meine, es wäre der Verlag der Jugendorganisation FDJ gewesen, den wir bearbeitet haben – aber ich weiß es nicht mehr sicher. Ich weiß jedoch, dass wir damals selber in die Geschäftsräume des Verlages gehen mussten, um sicherzustellen, dass die Unterlagen nicht wegkommen, weil schon gefälschte Unterlagen vorgelegt wurden. Wir sind dann in dieses Unternehmen reingegangen, fanden aber die gesuchten Unterlagen nicht im Bereich des Rechnungswesens. Dazu muss man sagen: Wir sind nicht als „Justiz", sondern als „Eigentümer" in diese Räume gegangen. Zu dieser Zeit hatte die Treuhand gerade selbst ein Rechnungswesen und eine Revisionsabteilung aufgebaut, mit der wir dann auch eng zusammengearbeitet haben. Die war damals noch sehr im Aufbau, und wir und die Mitarbeiter der THA-Revision wunderten uns, dass wir keine Buchhaltungsunterlagen vorfanden. Als wir aber einen (auffälligen) Schrank zur Seite geschoben haben, sind wir dahinter in ein anderes Zimmer gelangt. Es war ein verstecktes Zimmer, und dort waren dann auch die notwendigen Unterlagen. Dann hat die THA diesen Privatisierungsprozess zunächst abgebrochen, später aber doch durchgeführt, aber dann (angeblich) zu richtigen Konditionen.

**Welche unterschiedlichen Arten von Mitarbeitern gab es denn zu Ihrer Zeit bei der Treuhand? Stellten manche aus Ihrer Sicht ein besonderes Risiko dar?**

Es waren in meiner Anfangszeit sehr wenige hochqualifizierte Mitarbeiter bei der THA beschäftigt. Was wir aber hatten, waren die sogenannten „One-Dollar-Men". Das waren sehr hoch qualifizierte Mitarbeiter großer West-Konzerne, die von diesen weiterbezahlt wurden, oder schon in Pension waren oder aber davorstanden, demnächst in Pension zu gehen. Diese Mitarbeiter waren sehr wichtig und hilfreich und hatten auch einen großen Überblick. Sie kamen teilweise früher, vor langer Zeit, aus der DDR, und sie hatten ein hohes Interesse daran, dass „zusammenwächst, was zusammengehört". Aber da war natürlich auch ein Problem für die Privatisierung: Diese Mitarbeiter hatten ja auch eine Kommunikation mit den alten Konzernen und/ oder deren Interessen „im Hinterkopf". Daraus resultierte die Frage, inwiefern man sein Engagement für die Firma, in der man groß geworden ist, sachlich zurückhalten kann.

**Gab es da auch Mitarbeiter aus der älteren Ministerialbürokratie, die die sechzig überschritten hatten?**

Zu Beginn meiner Tätigkeit waren das noch relativ viele. Als Rohwedder den Vorstand übernommen hatte, waren 33 Westkräfte in der THA. Als ich angefangen habe, waren es, glaube ich, 300 von damals 7.000 Mitarbeitern. Das war also überwiegend die Mannschaft. Es gab auch Wirtschaftsfachleute der ehemaligen DDR, die ernsthaft am Erfolg der Privatisierung interessiert waren. Die zum Teil vom „Runden Tisch" benannt worden waren, teils aber auch direkt von den Ministerien gekommen sind. Es hat dann eine Zeit gebraucht, bis ich herausgefunden habe, mit wem ich eigentlich auch vertraulich arbeiten und reden kann und mit wem nicht. Einige sind schon im ersten Halbjahr meiner Tätigkeit gegangen, und die, die noch übriggeblieben sind, wurden wohl wegen ihres Fachwissens behalten und weil man den

Eindruck hatte, sie arbeiten engagiert an dem Gedanken der Treuhand mit.

**Wie haben Ihre Familie, Freunde und Bekannte auf Ihren Job reagiert?**
Meine Frau und mein Sohn haben unisono gesagt, dass ich sowieso nur für meinen Beruf lebe. Im Nachhinein hat meine Frau aber gesagt, ich sei in der Zeit mehr bei der Familie gewesen, weil ich die Arbeit am Wochenende abhaken konnte. Im Freundeskreis ist es auf Interesse gestoßen, aber sie wussten, dass ich auch sonst nicht über meine Fälle reden konnte. Mir wurde das Schweigen nach außen auch als Kind schon beigebracht, wie ich anfangs erzählt habe.

**Was hat Sie veranlasst, die Treuhand 1992 zu verlassen und zurückzugehen?**
Diese Überlegung hat vor dem Hintergrund stattgefunden, dass ich befürchtete, dass meine Einheit (in dieser Form) aufgelöst wird und in eine „Compliance-Richtung" kommt, also eine organisatorische Unterstützung der Treuhand bzw. ihres Vorstandes wird. Die andere Überlegung war, dass ich Freude an dieser Arbeit gefunden habe, mir allerdings auch klar war, dass ich ein neues Team hätte aufbauen müssen, weil meine Mitarbeiter nicht bereit waren, länger zu bleiben. Ich hatte Sorge, ob das funktioniert. Außerdem war mir auch bewusst, dass, wenn ich jetzt noch länger weg gewesen wäre, ich ein Problem gehabt hätte, wieder in die Wirtschaftsstaatsanwaltschaft zurückzukommen. Die baden-württembergische Justiz war nachhaltig sauer über meinen Weggang und dass ich dann auch noch Polizisten, von denen wir viel zu wenig hatten, mitgenommen habe. Teilweise hat man nicht eingesehen, warum Baden-Württemberg hier ein Sonderopfer bringen musste. Zudem war klar, dass ich dann aus dieser „Staatsanwaltschaftsmaterie" weit weg war und die Hoffnung, vielleicht mal Behördenleiter einer größeren Staatsanwaltschaft zu werden, dann aufgeben war.

**Haben Sie dann weiter für die Staatsanwaltschaft gearbeitet?**
Ich habe dann einen Nachfolger gefunden, weiterhin zum Ärger der baden-württembergischen Justiz, denn er kam ebenfalls von dort. Erst sein Nachfolger wurde dann „Compliance-Berater" im vorerwähnten Sinn. Er hat danach nur noch eine Übergangsarbeit geleistet.

**Ihnen war es im Gegensatz dazu damals wichtig, autark zu arbeiten?**
Ja, ganz genau. Das heißt, dass ich das, was ich ohne staatliche Gewalt an Informationen bei der Treuhand selbst sammeln kann, zusammentragen und strafrechtlich bewerten kann. Wohin muss man dann schauen, um das abzuklären? Ist es beweisbar oder nicht? Welche Strafnorm wird es erfüllen?

**Welcher Staatsanwaltschaft wurde das dann übergeben?**
Wir haben natürlich klare Zuständigkeitsregeln. Die Justiz ist Ländersache, das heißt, es ist die jeweilige Staatsanwaltschaft, die für den Tatort zuständig ist. Im Wirtschaftsstrafrecht ist es ein weiter Raum. Es hat auch immer wieder Fälle gegeben, wo ein „Ossi" als Erwerber vorgeschoben wurde und dahinter ein „krimineller Wessi" stand. Ansonsten kann man auch an den Ort der Tathandlung anknüpfen, je nachdem, wo der Schwerpunkt der Tathandlung liegt, gibt es da Spielräume. Wir haben deshalb immer wieder Streit gehabt, weil die von mir angenommene Zuständigkeit einer „West-StA" dort nicht akzeptiert worden ist. So ist mir (sowohl vorher als auch nach der Treuhandanstalt) vorgeworfen worden, ich würde die Fälle im Bundesgebiet nach Stuttgart ziehen, weil ich mich profilieren wollte. Auch anderen Staatsanwälten ist das vorgeworfen worden. Das ist völliger Unsinn. In Stuttgart ist man relativ großzügig mit Geldern umgegangen, die man für externe Gutachten brauchte. Das ist in der klammen Justiz immer eine Schwierigkeit. Ich habe sehr häufig externe Sachverständige, die „sauteuer" sind, durch die THA eingeschaltet. Die

Treuhand hat dann – um Gutachten auf die Bahn zu bringen – die Kosten getragen.

**Können Sie sich erinnern, wie Ihr Blick damals auf die Treuhand als Institution war? Fanden Sie das okay, fanden Sie das richtig?**
An dem Tag, an dem ich in Berlin ankam und das erste Gespräch mit Rohwedder führte, sagte dieser: „Wissen Sie, Herr Richter, wenn das rum ist, da werden Sie uns alle hängen und da werden Sie mit hängen." Ich dachte, was das wohl für ein „Spruch" sei. Bald musste ich feststellen, dass die Treuhand eine „unmögliche" Organisation hatte: Auf dem Gang standen die Leute und kritzelten irgendwas auf einen Zettel – eine völlige Desorganisation. Das kann im Leben niemals gut gehen, dachte ich. Aber diese zwei Jahre haben meinen Blick auf Organisation sehr geprägt. Auch wenn der Apparat sehr groß geworden ist, langsam Strukturen eingeführt worden sind und ich die Information aus dem Haus leichter bekommen habe, weil ich einen „Freund" gefunden hatte, weil ich „Tresore wollte". Es war dennoch völlig chaotisch, eine tödliche Organisation. Und ich dachte, ich kann das Schlimmste verhüten; aber das ging nicht, weil das ja auch gar nicht meine Fähigkeit und meine Aufgaben waren. Im Nachhinein betrachtet und auch jetzt in den letzten Jahren, seit die Vorwürfe gegen die Treuhand immer härter wurden, frage ich mich, was man hätte anders machen können. Auch das ist damals diskutiert worden. Zum Beispiel, indem man solche Inseln wie später mit „Jena Optik" gebaut hat. Aber wenn Sie sich anschauen, was der Arbeitsplatz dort gekostet hat, hätte es einen Volksaufstand gegeben, hätte man dieses „Modell" in der Breite angewandt. Das wäre finanziell für den Steuerzahler nicht tragbar gewesen – das ist das eine. Das andere ist, dass der Staat als Arbeitgeber keinen Strukturwandel hätte herbeiführen können. Ich habe auch mehrere „Aufstände" gegen die Treuhand miterlebt, wenn die Arbeitnehmer mit berechtigter Wut zur Treuhand gestürmt kamen. Die Menschen der DDR waren nicht vorbereitet auf

einen Strukturwandel und überwiegend auch nicht bereit, einen solchen Strukturwandel mitzutragen. Es hätten keine auskömmlichen Löhne gezahlt werden können, wenn alle in der „alten" Arbeit verblieben wären. Und der Wandel war „ein Todesurteil" für viele Familien, für Lebensträume und Lebenswirklichkeiten. Das sehe ich schon so, aber ich sehe bis heute keine Alternative.

# Petra Wiedmann

„*Wir haben von Tag eins an nach dem Grundsatz gearbeitet: Jeder Tag bei der Treuhandanstalt ist ein verlorener Tag für das jeweilige zu privatisierende Unternehmen.*"

Petra Wiedmann, geb. Krause, ist am 9. Januar 1964 im hessischen Bensheim an der Bergstraße als ältestes von drei Kindern geboren. Nach dem Abitur 1983 und einem Au-pair-Sommer in Frankreich studiert sie Rechtswissenschaften in Heidelberg, einschließlich Auslandsjahr in Dijon (Frankreich), und Mainz. Im Jahr Ihres Abschlusses fiel im Herbst 1989 die Mauer, und sie traf die Entscheidung, beim Aufbau Ost dabei zu sein. Von Anfang 1991 bis Ende September 1992 war sie Referentin in der Treuhandniederlassung Halle (Saale) und hat dort branchenübergreifend mehr als zwanzig Unternehmen privatisiert. Nach der Schließung der Niederlassung wechselte sie in die Treuhandzentrale nach Berlin und war dort bis Ende 1994 im Bereich Energie für die Privatisierung von Gasversorgungsunternehmen zuständig. Nach ihrer Treuhandzeit wechselte Sie von der Unternehmens- in die Personalberatung und war bei einer der weltweit führenden amerikanischen Personalberatungsfirmen tätig. 2005 wurde Sie mit dem eigenen Unternehmen PW Consulting International selbstständig. Daneben ist sie ehrenamtlich tätig.

**Wann und wo und wie sind Sie geboren? Und welche Dinge gibt es, die Sie in Ihrer Kindheit und Jugend geprägt haben?**
Also, ich finde es sehr schön, dass wir das Interview hier führen. In Bensheim an der Bergstraße, in dem Drei-Generationen-Haus, wo ich geboren und aufgewachsen bin und wo wir inzwischen in der fünften Generation leben. Das ist, glaube ich, auch das, was mich am meisten geprägt hat: Ich habe sehr früh mit meinen Großeltern zusammengelebt und bin durch das Miteinander dieser drei Generationen sowohl politisch als auch in der persönlichen Meinungsbildung sehr stark geprägt worden.

**Darf ich Sie fragen, welcher Jahrgang Sie sind?**
Der interessanteste und geburtenstärkste Jahrgang, 1964.

**Ihre Mutter stammt aus Frankfurt/Oder, aus der damaligen DDR. Gab es so Kontakte in die andere Republik?**
Ja, meine Mutter ist mit ihrer Familie, den Schwestern Ute und Hanne und der Mutter Hilde, kurz vor dem Mauerbau 1960 gemeinsam mit ihrer Familie aus der DDR geflüchtet.
Eines Nachts um drei standen zwei Männer vor der Tür ihres Hauses in Frankfurt/Oder und klingelten an der Haustür und wollten den Vater zum Verhör mitzunehmen. Er war jedoch nicht zu Hause, sondern beruflich auf der Leipziger Messe. In diesem Moment war allen klar, dass der Vater nicht mehr von der Leipziger Messe zurückkehren durfte (sein bester Freund Jungheim versteckte ihn in seinem Haus in Berlin) und dass der Rest der Familie mit den wenigen verbliebenen Vertrauten den einzig möglichen Weg zur Flucht wagen musste.
Dieser Weg wurde wenige Wochen später in die Tat umgesetzt dank eines Kollegen aus dem Hygieneinstitut der jüngsten Schwester Hanne. Er hatte einen vertraulichen Kontakt an der Grenze, der für eine monetäre Gegenleistung die Augen bei der Ankunft des verkleideten Autos zudrücken würde, um den Frauen beim Weg in die Freiheit im wahrsten Sinne des Wortes nicht im Wege zu stehen.

Opa Heino wartete in West-Berlin auf sie voller Angst und Zweifel. Den Moment, als die Frauen ihm auf der Straße entgegenkamen, schilderte er immer wieder als einen der bewegendsten Momente seines Lebens.

**Gab es noch andere Dinge, die Sie in Ihrer Kindheit geprägt, vielleicht spätere Entwicklungen angestoßen haben? Wie war das zum Beispiel mit Ihrer beruflichen Findung, als Sie ein junges Mädchen waren?**

Also wenn ich zwei Dinge aus meiner Kindheit heraussuchen würde, die mich sicherlich geprägt haben, dann ist das ganz klar die große Liebe meiner Eltern. Beide waren geprägt vom Thema Heimatlosigkeit – meine Mutter als Flüchtling aus der DDR und mein Vater als Vertriebener aus Pommern. Mein Vater hat sich jeden Abend zu meinen zwei Brüdern und mir ans Bett gesetzt und uns Geschichten aus Pommern erzählt. Und dann sind da noch die Erinnerungen daran, wie wir als Drei-Generationen-Haus an einem großen Tisch saßen – bei uns ging es immer sehr hoch her. Da haben wir viel politisch diskutiert, und da hat mich sicherlich auch die Gebrochenheit und Zerrissenheit, die mein Großvater mit seiner Fluchtgeschichte an den Küchentisch gebracht hat, geprägt. So was nehmen Sie wie die Muttermilch auf. Das ist etwas, was Sie nie vergessen.

**Und beruflich, mit 15, 16?**

Ich hatte einen wunderbaren Vater, der gleichzeitig mein Mentor war. Er war mit Leib und Seele Richter und für die Familie der Fels in der Brandung. Selbst ohne seinen Vater Ottokar aufzuwachsen, der in den letzten Kriegstagen gefallen ist, hat ihn sehr geprägt. Er wollte uns Kindern das geben, was er selbst schmerzlich vermisst hat. Daher hat er uns von Anfang an sehr nahe und intensiv auf dem Weg der Ausbildungsfindung begleitet. Nachdem er mich davon überzeugt hatte, anders als meine Klassenkameradinnen aus der Grundschule nicht auf die Europaschule, sondern auf das humanistische Gymnasium

AKG zu gehen, hat er sich selbst hingesetzt und mit mir zusammen Latein gebüffelt. Allerdings konnte er mich nicht dabei unterstützen, dass die Lateinklasse drei Mädels und ansonsten nur Jungs hatte. Da musste ich mich als Schwester von zwei Brüdern allein durchbeißen. Meine Schüchternheit musste ich da erst mal wegsperren.

Später dann, als es Richtung Abitur ging, hat sich mein Vater auf die Erfahrungen meiner Mutter berufen und gesagt, es wäre doch besser, ich würde kein Abitur, sondern eine Ausbildung machen. Meine Mutter hatte mehrere Semester Medizin in Berlin studiert, aber zugunsten der Familie die Entscheidung getroffen, sich auf die Familie zu fokussieren. Aber da haben sich meine Lehrer meinen Vater zur Brust genommen und gesagt, er solle mich mal weiter bis zum Abitur machen lassen.

Wer mich in dieser Zeit dann stark geprägt hat, war mein Gemeinschaftskunde-Leistungskurslehrer, weil mein Interesse immer schon im Bereich Geschichte, Politik und Wirtschaft lag. Der kam rein in die Klasse und sagte: „Ah, hier sind zwanzig Jungen, zwei Mädchen. Euch Mädels kriege ich hier auch noch raus." Da habe ich die Ärmel hochgekrempelt und gesagt: „Dir zeige ich es."

**Hat er das wirklich gesagt?**
Wortwörtlich. Kurz vor dem Abitur ging es dann darum, wer was studiert. Und ich hatte mich, sehr zur Überraschung meines Vaters, für das lange Studium Jura entschieden. Keine Entscheidung, die mein Lehrer befürwortete.

Als ich mein Examen in der Tasche hatte, bin ich als Erstes nicht zu meinen Eltern, sondern zu diesem Lehrer in den Odenwald gefahren und habe ihm das Zeugnis als Beweis vor die Nase gehalten. Damit er sehen konnte, dass er mit seiner Einschätzung von mir als Schülerin danebenlag. Ich war nie eine Top-Schülerin, war aber allgemein sehr interessiert mit einer Stärke für die Sprachen.

**Das muss Sie sehr gekränkt haben.**
Ja, aber es geht ja auch um eine Art von Widerstandsfähigkeit. Und Sie haben mich nach meiner Prägung gefragt, und genau diese Erlebnisse haben mich als junge Heranwachsende damals herausgefordert. Und mein Vater war stets mein Sparringspartner in den Fragen der Ausbildung und stand mir immer mit Rat und Tat zur Seite. Meine Mutter natürlich auch, aber eher in den emotionalen Themen. Sie waren als Eltern ein Team.

**Dann bleibt noch die Frage: Was hat er denn dazu gesagt, der Lehrer?**
Der war erst mal fassungslos, weil er das in dieser Art und Weise noch nicht erlebt hatte. Dann hat er mich aber hereingebeten, hat sich hingesetzt und hat sich bei mir entschuldigt. Und das ist natürlich auch etwas, was ich mitgenommen habe.

**Wo sind Sie gelandet nach dem Studium?**
Mein Studium endete mit dem mündlichen Examen am Morgen, und am Abend saß ich dann im Flieger in die USA.
Ich hatte kurz vor dem Examen Muffensausen gekriegt und mich für einen Job in den USA beworben, ein Motivationsfaktor, um in die Klausuren zu gehen. Die USA waren ein echter Kontrast zu dem Büffeln vor dem Examen, endlich wieder raus unter Menschen. Ich betreute Incentive-Gruppen aus Europa in den USA, immer vom Hauptquartier in Los Angeles ausgehend. Als dann während eines Urlaubs im Oktober 1989 die Mauer fiel, was keiner in unserer Großfamilie über die Jahre je für möglich gehalten hätte, stand für mich fest, dass ich nach Deutschland zurückkehre.
Zu dem Zeitpunkt war mein zwei Jahre jüngerer Bruder Frank, auch Jurastudent, der erste Praktikant der „Leipziger Volkszeitung". Mein Vater hat sich vorzeitig pensionieren lassen, um für den Senior Experten Service der Bundesregierung im Osten Wiederaufbauunterstützung bei Juristen zu leisten.

Ich wollte nach Frankfurt/Oder gehen, wo meine Mutter und ihre Familie gelebt hatten. Aber dort war ich zu dem frühen Zeitpunkt direkt nach dem Mauerfall noch unerwünscht. Aber durch mein ständiges Interesse für Stellenanzeigen wurde ich fündig. Am schwarzen Brett meiner Uni Mainz las ich Anfang 1991 die kurze Anzeige auf der Suche nach jungen flexiblen Studenten beziehungsweise wissenschaftlichen Mitarbeitern, die offen und flexibel für einen Arbeitseinsatz in den neuen Bundesländern seien. Nach einem kurzen Telefonat mit dem amtierenden Privatisierungsleiter habe ich spontan meine Sachen gepackt und bin früh am nächsten Morgen von Mainz Richtung Halle (Saale) aufgebrochen. Das Nachtquartier schlug ich bei meinem Bruder Frank in Leipzig auf, der bereits mitten im Praktikum für die „Leipziger Volkszeitung" war.

Am nächsten Morgen brach ich früh zu meinem Bewerbungsgespräch auf. Leider kam ich nicht pünktlich, denn die Volkspolizei hielt meinen westlichen VW an, und ich musste erst mal die Gebühr für Geschwindigkeitsüberschreitung zahlen.

Trotz der Verspätung hatten wir ein gutes Gespräch am Küchentisch, der als Besprechungstisch diente. Ich war ja eine der ersten Bewerbungen, von daher war großer Gesprächsbedarf auf beiden Seiten. Das Gespräch endete mit den Worten: „Können Sie morgen anfangen? Wir haben viel zu tun."

**Haben Sie dann wirklich gleich am nächsten Tag begonnen?**

Ich habe gesagt: „Ich muss das mit meinen Eltern abstimmen." Und dann haben wir es so gemacht, wie es unserem Familienritual entspricht. Erst habe ich meinen Bruder eingepackt, mit dem ich die ganze Nacht nach Bensheim durchgefahren bin.

Dort haben wir Brötchen geholt und uns mit unseren Eltern auf den Balkon zum Diskutieren zurückgezogen. Es ging wie immer heiß her, aber am Ende sagt mein Vater: „Diese Arbeit kannst du nur jetzt machen, wenn du dich engagieren willst, dann unterstützen wir dich." Dann habe ich in Halle angerufen, dass ich komme.

**Wie war denn die Atmosphäre, als Sie in Halle bei der Treuhand begonnen haben?**

Ich schildere mal den allerersten Tag: Angereist am Abend, traf ich mich um 8 Uhr vor dem Eingang der THA in Halle-Neustadt – im Volksmund auch Ha-Neu oder Neustadt genannt; das war zu DDR-Zeiten eine Stadt im Bezirk Halle und bezeichnete nach der Wende den Stadtteil Neustadt der Stadt Halle (Saale) – mit meiner neuen Kollegin Elfie, die schon ein paar Tage vor mir angefangen hatte, im Bereich Privatisierung zu arbeiten. Sie führte mich in unser gemeinsames Büro. Da standen drei leere Schreibtische. Und auf meinem Schreibtisch, gegenüber von Elfies, standen zehn Aktenordner. Darauf standen Namen von Unternehmen aus ganz Sachsen-Anhalt wie zum Beispiel Anhaltiner Damenmoden (vormals VEB Dessauer Bekleidungswerk), Köthener Druck (VEB Druckhaus Köthen), Watis Bau (VEB Meliorationsbau Halle) und Kösener Spielzeug (VEB Kösener Spielzeug).

Ich hatte das große Glück, einen tollen Chef zu haben, der aus Halle (Saale) kam und uns viel auch aus der Historie der Unternehmen vor der Wende weitergeben konnte. Davon habe ich die ersten zwölf Wochen profitiert, bis er dann leider das Unternehmen verlassen musste.

Von Tag eins an war das Miteinander das zentrale Thema. Fragen, sich austauschen, zuhören, lernen. Und strukturiertes Arbeiten war immens wichtig, denn es galt, operativ die Privatisierung der Unternehmen voranzutreiben, aber gleichzeitig das Handbuch der Privatisierung mitzugestalten, denn zu diesem frühen Zeitpunkt fehlten einfach die Erfahrungswerte als Grundlage für das Handwerk der Privatisierung.

Unser Tagesrhythmus bestand daraus, frühmorgens gleich loszulegen und die ersten drei Monate vor allem die einem zugeteilten Unternehmen kennenzulernen. In der Regel haben wir von morgens um acht bis abends um acht operativ gearbeitet, und abends ab acht haben wir uns als Team zusammengesetzt, um die Tagesergebnisse zu besprechen, offene Fragen in der Runde gegenseitig zu stellen und vor allem zu versuchen, sich gegenseitig mit den gemachten Erfahrungen zu informieren und daraus auch die Lehren zu ziehen. Am Anfang war die Arbeit rein auf die Privatisierung fokussiert, daher gab es nur Privatisierungsabteilungen, und nach den ersten drei Monaten war es so, dass im Prinzip alle drei Monate bis zum Ende der Niederlassungstätigkeit immer wieder umstrukturiert wurde, da permanent neue Themen dazukamen, die im Rahmen des Privatisierungsprozesses berücksichtigt werden mussten: Reprivatisierung, Liquidation, Altlasten. Dafür wurden dann neue Bereiche gebildet. Aber wir als die ersten Privatisierer waren die Ureinheiten Privatisierung und haben dann abends von acht bis Mitternacht das Handbuch der Privatisierung mitgeschrieben und unsere persönlichen Erfahrungen eingebracht.

Das Thema Telefon war auch so eine Sache: Wir hatten ein Telefon pro Abteilung, aber wann immer wir am Anfang versucht hatten, ein Unternehmen anzurufen, dann waren zehn andere auch in diesem Telefonat. Und dann hat jeder von uns die ganze Zeit versucht, während des Telefonats die Priorität eins zu bekommen, zu sagen: „Ich möchte aber, ich bin der und der, ich möchte mit dem und dem telefonieren." Und meistens hat man irgendwann entnervt den Hörer auf die Gabel geschmissen (Handy gab es 1991 noch nicht), hat sich ins Auto gesetzt und sein Anliegen persönlich an seine Unternehmen weitergegeben. Was echt viel Zeit gekostet hat, die man lieber am Schreibtisch verbracht hätte. Zumal es als Kommunikationsmittel auch noch keine E-Mails gab. Und wir hatten am Anfang auch keine Computer, alles wurde handschriftlich in den Akten festgehalten.

Meinen allerersten Tag habe ich noch gut in Erinnerung. Gleich morgens um zehn bekam ich meinen ersten internen Anruf (das interne Netz funktionierte).

„Guten Tag, hier ist die Abteilung Finanzen. Sind Sie zuständig für das Unternehmen Anhaltiner Damenmoden?" Der Ordner war auf meinem Schreibtisch, den ich eine Stunde vorher übernommen hatte.

Ich möchte bitte nach oben in die Finanzabteilung kommen, es ginge um die Genehmigung des Kredits für die nächsten drei Monate. „Wir müssen entscheiden, ob es weitergeht." Ich hatte gerade erst die ersten zwei Stunden bei der Treuhand gearbeitet. In dem Moment, während ich die Treppe raufging in diesen Finanzbereich, ist mir klar geworden, welche Verantwortung diese Position innerhalb der Privatisierung hatte. Und ich habe gedacht: „Du bist 25, du hast nicht viel Erfahrung. Alles, was du hast, ist deine Motivation. Du musst offen und ehrlich sein." Und dann mache ich die Tür auf. Und dann saß rechts der Leiter Finanzen, auch aus dem Westen kommend mit langjähriger Berufserfahrung im Bereich Finanzen. Zu seiner Linken saßen drei Geschäftsführer, eine Frau, zwei Männer. Alle schauten mich erwartungsvoll an. Und dann habe ich das getan, was ich dann immer während meiner Tätigkeit getan habe. Ich war offen und ehrlich und habe gesagt: „Es ist mein erster Tag. Dieser Aktenordner ist leer. Es sind keinerlei Unterlagen da. Ich kann im Moment als Verantwortliche für die Privatisierung ihres Unternehmens heute, hier und jetzt keine Entscheidung treffen, denn mir fehlt die Entscheidungsgrundlage. Ich bin sehr daran interessiert, Ihr Unternehmen persönlich kennenzulernen. Daher möchte ich gerne vorschlagen, umgehend einen Termin zur Betriebsbesichtigung in Ihrem Unternehmen zu machen. Ich schaue mir Ihr Unternehmen an, und danach setzen wir uns zusammen, um Schritt für Schritt einen Projektplan auszuarbeiten, was Woche für Woche zu tun ist."

**Wie macht man das? Ich versuche, mir das gerade vorzustellen. Sie haben Jura studiert. Das heißt, Sie haben eigentlich keine Expertise zur Beurteilung betriebswirtschaftlicher Dinge. Konnten Sie eine Bilanz lesen?**

Ich hatte im Studium generale der ersten zwei Jahre an der Uni Heidelberg Grundkurse auch in Betriebswirtschaftslehre belegt, von daher konnte ich eine Bilanz lesen. Aber Sie haben Recht, es war nicht meine Kernkompetenz wie das Recht, deswegen habe ich zum einen alle meine offenen Fragen jeden Abend in unserer Abteilungsfragerunde angebracht und mir für jede Besprechung mit meinen Unternehmen einen Wirtschaftler mit an meine Seite geholt, der dann für die wirtschaftlichen Fragestellungen zuständig war.

**Wie waren denn damals im Frühjahr 1991 die Vorgaben zum Umgang mit diesen Firmen?**

Das war bei jedem Einzelnen von unserem Bereich eine sehr persönliche Herangehensweise. Letztendlich hat es ganz stark davon abgehangen, in welchem Team man gearbeitet hat und welche Führungspersönlichkeit einen geprägt hat. Ich war sehr dankbar dafür, dass ich am Anfang den einzigen Leiter Privatisierung hatte, der mit sehr viel Vorwendeerfahrung aus den Unternehmen Sachsen-Anhalts kam und der letztendlich in unseren abendlichen Besprechungen immer wieder seine Erfahrungen und Perspektiven mit uns geteilt hat.

Auf meiner ersten Betriebsbesichtigung bei den Anhaltiner Damenmoden in Dessau war mir aufgefallen, dass sehr neugierig beäugt wurde, mit welchem Auto ich vorgefahren kam. Nun komme ich aus einer Familie, wo Auto so gar kein Statussymbol ist. Wir haben meistens Volkswagen gefahren, sowohl der Opa wie auch der Vater.

Das war bei mir nicht anders, ein gebrauchter Golf, zehn Jahre alt, jeder Kratzer konnte eine Geschichte erzählen. In jedem Falle war mein Auto ein Mini-Symphatiepünktchen, wie mir meine Geschäftsführer später anvertrauten. Danach versuchte ich aber, wann immer möglich, zu den Betriebsbesichtigungen mit dem Trabi oder Wartburg zu fahren. Ich persönlich fühlte mich damit einfach wohler, und das Autothema war damit, jedenfalls in meinen Unternehmen, vom Tisch.

**Was haben Sie denn vorgefunden, als Sie bei diesem Damenmode-Werk waren? Wie sind Ihnen die Leute begegnet?**

Es war in jedem Falle zunächst einmal eine größere Herausforderung als erwartet, die Unterlagen zusammenzustellen. Zu diesem frühen Zeitpunkt der Privatisierung waren die DM-Eröffnungsbilanzen noch nicht für die Unternehmen erstellt, auch nicht für mein Unternehmen Anhaltiner Damenmoden.

Daher haben wir gemeinsam einen Termin vor Ort in der Niederlassung gemacht, an dem wir gemeinsam eine Unternehmensberatung ausgesucht haben, die kurzfristig Zeit hatte, schnellstmöglich die DM-Eröffnungsbilanz als eine der wichtigsten Unterlagen für die Bewertung des Unternehmens zu erstellen.

Aber neben den Unterlagen war natürlich das Wichtigste, die Mitarbeiter, im Falle der Damenmoden die Führungsmitarbeiter (da es ein größeres mittelständisches Unternehmen mit um die 500 Mitarbeitern war), im persönlichen Gespräch kennenzulernen und aus der Perspektive jedes einzelnen Bereichs zu verstehen, wo die kritischen Punkte des jeweiligen Bereichs lagen.

Für den ersten Besuch und die ersten Gespräche habe ich mir in der Regel einen Tag Zeit genommen, denn für mich waren diese Besichtigungen meiner Unternehmen essenziell, um zu verstehen, wie die Menschen in dem jeweiligen Unternehmen ticken und wo die Stärken des Unternehmens liegen, aber natürlich auch, wo Unterstützungsbedarf ist.

**Noch mal zu meiner Frage zurück: Wie sind die Leute Ihnen gegenüber aufgetreten, wenn Sie ein solches Unternehmen aufgesucht haben?**

Distanziert, abwartend, zurückhaltend – auf den ersten Blick. Es gab keinerlei Vertrauensvorschuss, im Gegenteil. Ich musste hart daran arbeiten, mir Schritt für Schritt ihr Vertrauen zu verdienen. Ich habe am Anfang vor allem zugehört, zugehört, zugehört. Und dann versucht, aus dem Gehörten gemeinsam mit den Teams der Unternehmen eine Lösung für das jeweilige Unternehmen zu bauen.

**Noch mal zur Atmosphäre in der Treuhand in Halle: War es ein Stück Aufbruch? War es eine Atmosphäre, die einem Kräfte gegeben hat?**

Vom ersten Tag an, als ich in der Niederlassung Halle angefangen habe zu arbeiten, war es mit den anderen Kollegen eine Atmosphäre des Ärmelhochkrempelns und Miteinanders. Es gab am Anfang keine Zeit für Kaffeepausen oder Machtspielchen, wie in anderen Unternehmen durchaus gängig. Wir haben uns durch die Arbeit kennengelernt und uns gegenseitig vertraut. Ausnahmslos. Zu anderem war einfach keine Zeit. Dieses Miteinander hat echt Kräfte freigesetzt.

Ich erinnere mich, dass ich nach drei Monaten öfters müde war, weil man einfach öfter über seine Kraftgrenzen gegangen ist. Dann gab es immer einen der Kollegen, der einen aufgemuntert hat, was bei mir eigentlich immer mit Haribo und Halloren-Kugeln aus der ältesten Schokoladenfabrik Deutschlands geklappt hat.

Später, in meinen beruflichen Tätigkeiten nach der Treuhandanstaltszeit, habe ich nie wieder diese Form des kollegialen Zusammenhalts erlebt, vor allem ohne jegliche Ellenbogen.

**Sie haben in einer WG gelebt?**

Zu Beginn unserer Tätigkeit gab es für uns Mitarbeiter noch nicht ausreichend frei verfügbaren Wohnraum in Halle. Daher haben wir uns zusammengetan und als Wohngemeinschaften Wohnungen gemietet. In meiner Wohnung in der Dölauer Heide haben neben mir sechs weitere THA-Mitarbeiter gewohnt, darunter der Personalchef.

**Wie viele Mitarbeiter hat denn eigentlich die Treuhand in Halle gehabt?**

Wir haben zu Höchstzeiten um die 200 Mitarbeiter gehabt.

**Und wenn man das jetzt mal herunterbricht auf westdeutsch-ostdeutsch?**
Anfang 1991, als ich bei der Niederlassung Halle anfing, war es fast ausgeglichen. Meine Abteilung: Am Anfang war es durch unseren Abteilungsleiter eine ostdeutschgeprägte Abteilung. Je länger die Privatisierung andauerte, umso mehr Zuwachs bekam wir an westdeutschen Mitarbeitern, und ehrlicherweise hat auch der eine oder andere ostdeutsche Mitarbeiter die THA verlassen.

**Nun kamen Sie aus Bensheim an der Bergstraße nach Halle an der Saale – eine Stadt, die auch jeder Ostler furchtbar fand. Wie war das für Sie?**
Meine Mutter und ihre Familie kommen aus Frankfurt an der Oder, einer Stadt an der polnischen Grenze, die auch viele Ostler nicht gerade lieben.
Ich mochte Halle von Anfang an. Ich erinnere mich daran, wie ich das erste Mal durch Halle gelaufen bin. Viele interessante Fassaden. Dann die Geschichte der Burg Giebichenstein, eines der Ausbildungszentren für Kunst. Und nicht zuletzt die Salinen (das Salz von Halle) und die Halloren-Kugeln, die Lieblingssüßigkeit von Genscher, die er während seiner Zeit als Außenminister als Gastgeschenk in alle Welt getragen hat. Dann gab es gleich eine Ausstellung mit den Halle-Bildern von Lyonel Feininger an meinem ersten Hallenser Ostern. Und nicht zuletzt mein Zuhause in der Dölauer Heide, auch die Architektur in Halle-Neustadt, die vor der Wende mit einem Architekturpreis ausgezeichnet wurde.
Ich mag Halle. Nur der Geruch, der am Anfang in der Luft lag, war bei jedem Ankommen gewöhnungsbedürftig.

**Lassen Sie uns zwei, drei Beispiele, bei denen Sie aktiv an der Privatisierung gearbeitet haben, Revue passieren lassen. Wie ist es zum Beispiel mit diesem Damenmode-Unternehmen in Dessau ausgegangen?**

Das Unternehmen Anhaltiner Damenmoden war mein erstes Unternehmen, das ich zum Privatisieren in meine Verantwortung übernommen habe, viel Zeit und Engagement hineingesteckt habe. Und doch musste ich am Ende der drei Monate, als wir alle Unterlagen, auch die DM-Eröffnungsbilanz, zusammengestellt und wieder und wieder die monatlichen Umsätze berechnet hatten, schweren Herzens die gemeinsame Entscheidung mit meinem Wirtschaftskollegen treffen, die Begründung vorzubereiten und schlussendlich unserem Chef vorzulegen mit der Entscheidung, das Unternehmen zu liquidieren.

Der Grund für die Liquidation des Unternehmens lag unter anderem darin begründet, dass die Textilindustrie insgesamt zum Zeitpunkt der Wende bereits nicht mehr wettbewerbsfähig mit den Produktionsländern Indien und China war, wie im Vergleich dazu auch diverse osteuropäische Länder. Zum anderen hatte das Unternehmen die persönliche Herausforderung, dass es über eine Vielzahl an Immobilien, auch Ferienimmobilien an der Ostsee, verfügte, die es durch den dadurch deutlich erhöhten Kaufpreis für einen potenziellen Investor unattraktiv machte.

Diese Faktoren zusammengenommen haben unsere Entscheidung nachhaltig beeinflusst. Die Liquidation des Unternehmens war daher leider unausweichlich.

**Das heißt, sie sind auch in Dessau gewesen und haben erklärt, wie es jetzt ausgehen wird. Was war das für eine Situation?**

Der Tag, an dem ich vor Ort in Dessau bei dem Unternehmen Anhaltiner Damenmoden war, um gemeinsam mit den Geschäftsführern den Mitarbeitern in einer eigens einberufenen Mitarbeiterversammlung die abschließende Entscheidung mitzuteilen, war die schlimmste Situation, die sie sich als Mitarbeiter der Privatisierung vorstellen können. Drei Monate mit harten Bandagen gekämpft und doch verloren. Die Momente, in denen ich den Mitarbeitern in die Augen geblickt habe und dem ungläubigen Blick standhalten musste. Und die Runde nach der Verkündung, in der wir gemeinsam, Geschäftsführung und Treuhandmitarbeiter, versucht haben, alle Fragen, die auf der Seele der Mitarbeiter gebrannt haben, zu beantworten, Das war für mich nicht nur eine harte, sondern eine sehr harte Situation. Das ist auch nicht spurlos an mir vorübergegangen.

**Aber es gibt ja hoffentlich auch gute Beispiele.**
Ich bin froh, dass es auch in meinem Privatisierungsbereich gute Beispiele einer Privatisierung gibt, die nachhaltig bis heute anhält. Eines dieser guten Beispiele ist die Privatisierung des Unternehmens VEB Kösener Spielzeug. Die Kösener Spielzeug Vertriebs GmbH (heute Kösener Spielzeug Manufaktur) ist ein Spielzeugunternehmen in Bad Kösen, einer der Modellstädte der neuen Bundesländer, und damals wie heute ein kleines mittelständisches Unternehmen mit um die 50 Mitarbeiter. Hier eröffnete Käthe Kruse 1912 ihre erste Puppenwerkstatt.

Anfang Dezember 1991 bekam ich eines Morgens von einem Kollegen aus der inzwischen errichteten Abteilung Liquidation Unterlagen für ein Unternehmen namens Kösener Spielzeug. Der Kollege zeigte mir den Beschluss des wöchentlichen Entscheidungsgremiums, dass aufgrund der Zahlenlage (fehlende Liquidität) eine Liquidation unausweichlich sei. Bei Durchsicht der Unterlagen stellte ich fest, dass ein großer westdeutscher Mitwettbewerber auf dem Spielzeugmarkt über einen längeren Zeitraum Kaufinteresse geäußert hatte, sich schlussendlich aber mit Gesellschafterbeschluss gegen einen Kauf der Kösener Spielzeug gewandt hatte. Mein Interesse war geweckt, denn ich wollte die Zusammenhänge verstehen, außerdem der historischen Bedeutung der Persönlichkeit der Stadt – Käthe Kruse – näherkommen. Ich nutzte das Wochenende, um mit dem engagierten Bürgermeister der Stadt, dem Unternehmer Helmut Schache, die gemeinsame Betriebsbesichtigung zu machen. Beim Rundgang durch die Produktion zupfte mich mit einem Mal ein junges Mädchen am Arm du fragte, ob ich nicht mit ihr mitkommen könnte. Also habe ich mich unter einem Vorwand von der Gruppe entschuldigt und mich mit dieser jungen Dame, die sich später als Designerin vorstellte, in einer Ecke auf dem Hof unterhalten. Die junge Frau hatte als Designerin der Plüschtiere eine ganz besondere Gabe – neben dem handwerklichen Geschick verfügte sie über die Fähigkeit, den Plüschtieren eine Seele einzuhauchen, vom Design her was ganz Besonderes. Und die junge Frau erzählte mir dann, dass Vertreter des westdeutschen Spielzeugunternehmens sie – nachdem sie schon öfter im Betrieb waren – zum Essen eingeladen und erklärt hatten, dass sie das Unternehmen gar nicht kaufen müssten. Stattdessen hätten sie Interesse, die junge Designerin ausschließlich in ihrem Unternehmen anzustellen. Das hatte sie aber im Hinblick auf ihre persönliche Bindung an das Unternehmen und die Heimatstadt Bad Kösen nachdrücklich und bestimmt abgelehnt.

Dieser Vertrauensbeweis hat es mir ermöglicht, die komplexen Zusammenhänge hinter der Entwicklung der Kösener Spielzeug zu verstehen und entsprechend zu handeln.

Und das tat ich dann auch. Ich lud mit ihrer Hilfe mein Auto voller Plüschtiere, u. a. das unvergleichliche sitzende Nilpferd. Diese stellte ich gemeinsam mit Kollegen in allen Besprechungszimmern der THA auf zusammen mit einer Bestellliste. Und unser Bemühen trug tatsächlich Früchte, die Plüschtiere haben Kandidaten, Kunden und auch Mitarbeiter spontan so angesprochen, dass Kösener Spielzeug sein Lager leeren konnte. Und kurz vor Weihnachten hatten wir so viele Plüschtiere verkauft (jeder THA-Mitarbeiter bezahlte seine eigene Bestellung) dass die Anschubfinanzierung, insbesondere das laufende Gehalt für die Mitarbeiter, gesichert war. Damit hatten wir die nötige Zeit gewonnen, damit wir den Privatisierungsplan in die Tat umsetzen konnten.

**Die Firma ist dann privatisiert worden. War das ein Management-Buy-out?**

Nach gründlicher Prüfung wurde das Unternehmen Kösener Spielzeug an den Bad Kösener Unternehmer Schache verkauft. Und der hat gemeinsam mit seiner Tochter, die das Unternehmen inzwischen übernommen hat, das Unternehmen zu einem echten Schmuckstück entwickelt. Heute ist das Unternehmen Wettbewerber des ehemaligen Interessenten und hat als Spielzeugmanufaktur eingebettet in die Geschichte von Käthe Kruse ein echtes Alleinstellungsmerkmal im internationalen Spielzeugmarkt.

**Thema Bestechlichkeit. Wir haben von anderen gehört, dass ihnen einige Aussagen immer wieder begegnet sind: „Es soll Ihr Schaden nicht sein." „Wir kennen Helmut Kohl persönlich." Wolfgang Schäuble, der gesagt haben soll: „Wenn Sie das und das nicht machen, werden Sie ab Montag nur noch Hausmeister in der Treuhand." Als Privatisierungsmensch, haben Sie auch solche Angebote erhalten?**

Auch ich bin ein einziges Mal mit einem solchen Angebot konfrontiert worden im Zusammenhang mit der Privatisierung des mittelständischen Unternehmens Watis Bau, das aufgrund seines zentralen Standorts in Teutschenthal mehrere hochrangige Kaufinteressenten aus der internationalen Bauwirtschaft hatte.

Die Privatisierungsverhandlung fanden im Jahr 1992 statt, also zu einem Zeitpunkt, als ich schon einige Privatisierungen persönlich abgewickelt hatte und daher den Prozess der Privatisierung schon einige Male mit meinen Unternehmen persönlich durchlaufen hatte. An meiner Seite war ein erfahrener Geschäftsführer, der verantwortlich für die fast 500 Mitarbeiter war, geachtet als schlauer Fuchs in seiner Branche.

**Das war ein Ostdeutscher?**
Der ostdeutsche Geschäftsführer war bereits vor der Wende in dem Unternehmen und der Branche tätig und allseits sehr geachtet und anerkannt.

Ich war damals sehr dankbar, dass ich mir in anderen Fällen schon einiges an Erfahrung angeeignet hatte, denn es war auch ein sehr männlicher Markt. Ich war die einzige Frau inmitten dieser Gruppen von Männern, und das hat mich schon ziemlich gefordert. Zwischen diesen drei Interessenten fand also ein anonymes Bieterverfahren statt wie bei der Treuhandanstalt allgemein Usus. Über Weihnachten sollten dann alle Bieter abschließend ihre letzten Angebote mit den üblichen Rahmengebieten schriftlich einreichen: Kaufpreis, Mitarbeitergarantie (wie viele Jahre, Vertragsstrafe bei Nichteinhaltung), Investitionsgarantie (wie viele Jahre, Vertragsstrafe bei Nichteinhaltung). Die abschließende Entscheidung über das beste Bieterangebot war für Anfang Januar 1992 terminiert.

Statt die Feiertage zur Entspannung nutzen zu können, wurde ich in meinem privaten Umfeld von einem Insider einer der Bieter angesprochen mit einem konkreten Angebot für den Falle einer Entscheidung im anonymen Bieterverfahren für diesen Bieter.

Nach erster Rücksprache mit meinem Juristenvater nahm ich direkt nach meiner Rückkehr ins Büro am 2. Januar Kontakt zu meinem Niederlassungsleiter auf, um ihn von diesem Sachverhalt umfassend in Kenntnis zu setzen. Er stärkte mir für das vor mir liegende Bieterverfahren den Rücken, in dem er selbst als stiller Beobachter an den kommenden Verhandlungen teilnahm. Zudem beraumte er wegen des Sachverhalts einen Termin bei seiner Chefin in der Treuhandzentrale ein, um auch sie umfassend zu informieren.

Die Entscheidung zur Privatisierung der Watis Bau wurde wie geplant getroffen und umgesetzt innerhalb des für diesen Prozess vorgesehenen Zeitplans.

**Sie haben dann gewechselt. Wann ist die Niederlassung in Halle genau geschlossen worden?**
Die Niederlassung Halle ist mit Abschluss der Privatisierungen Ende September 1992 geschlossen worden.

**Sie sind dann 1992 nach Berlin empfohlen worden und haben dort in der Treuhandzentrale gearbeitet. Wenig später, im Frühjahr 93, wurde publik, dass es gerade in der Niederlassung Halle doch zu erheblichen Verwerfungen gekommen ist. Es gab eine ganze Reihe von Betrugsfällen, die aufgeflogen und dann auch juristisch aufgeklärt worden sind. Wie bewerten Sie das im Nachhinein? Hat man sich dann möglicherweise mit früheren Mitarbeitern in Halle dazu ausgetauscht?**
Während meiner Tätigkeit als Referentin Privatisierung bei der Niederlassung Halle von 1991 bis Ende 1992 hatte ich keinerlei Kenntnis von den Betrugsfällen.

Als es später zu Ermittlungen kam, wurde ich auch nicht geladen, aber mir bekannte Kollegen aus Halle wurden geladen, mit denen ich mich dann zu den Sachverhalten ausgetauscht habe. Wir waren gemeinsam schockiert und betroffen.

**Kommen wir noch mal zurück zu Ihrer Zeit bei der Treuhand in Berlin. Sie waren dort zuständig für die Privatisierung von Gasversorgern. Wie muss ich mir das vorstellen?**
Im Oktober 1992 wurde ich durch unseren Niederlassungsleiter von Halle in die Zentrale Berlin, Direktorat Energie bei Dr. Schucht empfohlen.

Der erste Eindruck am ersten Tag war, dass die Atmosphäre ganz anders war, ich habe mich gefühlt, als säße ich in einem Elfenbeinturm, weit weg von meinen Unternehmen. Erst langsam habe ich mich auch mit der veränderten Arbeitsweise angefreundet, denn es ging dort deutlich bürokratischer zu.

Aber auch hier fing es am Anfang mit Betriebsbesichtigungen der Gasversorgungsgesellschaften an und dem Kennenlernen der Konsortien, die für die jeweiligen Regionen Interesse an dem Kauf der Gasversorgungsgesellschaften hatten.

Gleich am ersten Tag war das Kennenlernen mit den Ansprechpartnern für die thüringische Gasversorgung anberaumt. Wie immer fand ich mich ein paar Minuten früher im Besprechungsraum an, um ein erstes Gespür für die Gesprächspartner zu bekommen.

Anders als in Halle beachtete mich keiner, als ich durch die Tür trat. Die ausschließlich von Herren besetzte Zehnerrunde um den langen Besprechungstisch war beschäftigt. Mit einem Mal schnippte einer der Herren aufgeregt mit seiner rechten Hand. „Mädelchen", schallte es aufgeregt durch den Raum, „wir brauchen dringend einen Kaffee, bitte einschenken." Mein Unbehagen versuchte ich mir nicht anmerken zu lassen. So ruhig wie möglich schenkte ich der Herrenrunde den Kaffee ein, gelernt ist schließlich gelernt. Kaum hatte ich die Runde gemacht, wurde es wieder unruhig im Raum. „Wo bleibt denn unser Ansprechpartner von der Treuhandanstalt?"

Das war mein Moment. Gelassenen Schrittes lief ich zum Kopf des langen Besprechungstischs: „Meine Herren, die Ansprechpartnerin für die Privatisierung der thüringischen Gasversorgung bin ich, darf ich mich Ihnen vorstellen, mein Name ist Petra Krause." Die Reaktionen der anwesenden Herren habe ich damals so schnell nicht vergessen, und noch heute muss ich schmunzeln, wenn ich an diesen Moment denke.

**Es wurde ja auch immer viel von der Turboprivatisierung gesprochen. Wie ist da Ihre Haltung zu?**

Wir haben von Tag eins an nach dem Grundsatz gearbeitet: Jeder Tag bei der Treuhandanstalt ist ein verlorener Tag für das jeweilige zu privatisierende Unternehmen.

Von daher standen sowohl ich wie auch meine Kollegen hinter der Maßgabe, dass so schnell wie möglich eine Entscheidung vonseiten der Treuhandanstalt, ob eine Privatisierung in dem jeweiligen Falle möglich ist, bei Vorlage aller sachdienlichen und erforderlichen Informationen erfolgen sollte. Hinter dieser Haltung stehe ich noch heute wie auch zahlreiche meiner Exkollegen.

**Wie haben denn Freunde und Bekannte darauf reagiert, als Sie damals erzählt haben, Sie arbeiten für die Treuhand?**
Die haben alle gesagt: „Wir verstehen dich nicht." Trotz zahlreicher Ansprachen in meinen privaten und beruflichen Netzwerken habe ich lediglich eine Person für eine Tätigkeit bei der Treuhandanstalt gewinnen können.

**Wie ging es denn im Anschluss für Sie weiter, und inwiefern konnten Sie möglicherweise auch auf Netzwerke zurückgreifen, die sich in der Zeit der Treuhand gebildet hatten?**
Im Anschluss an die Treuhandanstalt bin ich der Beratung treu geblieben, habe aber die Personalberatung als zweites Standbein durch eine Trainee-Ausbildung nochmal fundiert. Allerdings war gerade meine berufliche Erfahrung, die Gasversorgung der neuen Bundesländer zu privatisieren, die entscheidende Brücke, um in der Personalberatung Energiethemen als Projekte zu bearbeiten.
Insofern konnte ich mein Treuhand-Netzwerk für meine berufliche Weiterentwicklung stets nutzen, aber auch privat sind wir durch den Treuhand Alumni Verein und persönliche Kontakte nach wie vor eng und wertschätzend miteinander verbunden.
Neben meiner Ausbildung als Personalberater habe ich auch noch eine Weiterbildung als Coach und als Interim Manager gemacht. Da geht es auch immer wieder um Anpassungsfähigkeit, Teamfähigkeit und Empathie. Ich glaube schon, dass ich da meine besonderen Stärken habe. Diese Stärken setze ich besonders gerne im ehrenamtlichen Umfeld mit Flüchtlingen und sozialen Initiativen ein wie Joblinge und startsocial. Und echte Frauenpower erlebe ich in meinem internationalen Frauennetzwerk Soroptimist International.

# Martin Ahrens

*„Wir sind wie in einem Flugzeug geflogen, das noch im Bau war."*

Martin Ahrens wurde 1953 in Kiel geboren. Nach seinem BWL-Studium stieg er für sieben Jahre ins Unternehmen des Vaters, einen Holzhandel und Fenster- und Fassadenbaubetrieb, ein. Er bewarb sich 1990 aus der Motivation, das geeinte Deutschland mitzugestalten, bei der Treuhandanstalt und wurde so mit Ende dreißig Direktor für Finanzen und Beteiligungen der Schweriner Niederlassung. 1993 wurde er dort Geschäftsstellenleiter, im September 1994 ging er nach Berlin, um Leiter des Vorstandsstabs der Nachfolgeeinrichtung der Treuhand zu werden, der Bundesanstalt für vereinigungsbedingte Sonderaufgaben (BvS). Im Februar 1995 verließ er diese. Ahrens blieb aber noch zwölf weitere Jahre in Ostdeutschland als Geschäftsführer eines Bauunternehmens in Leipzig.

**Herr Ahrens, wo sind Sie geboren, und wie sind Sie aufgewachsen?**
Geboren bin ich 1953 in Kiel, in eine Familie mit fünf Kindern, ein Unternehmerhaushalt. Ich bin dann in Kiel aufs Gymnasium gegangen und habe danach in Hamburg und Zürich BWL studiert.

**Haben Sie prägende Erinnerungen aus Ihrer Kindheit oder aus der Zeit des Heranwachsens? Welche Dinge sind Ihnen bis heute präsent geblieben?**
Die Gemeinschaft mit den Geschwistern, die tollen Dinge, die ich mit meinem Bruder zusammen gemacht habe: Fahrräder zusammengeschraubt, Tandems gebaut, gesegelt. Ich hatte ein sehr schönes Elternhaus, viel Freiheit, die unsere Eltern uns gegeben haben. Ja, es war, glaube ich, eine sehr privilegierte Jugend- und Kinderzeit.

**Das hört sich an wie ein sehr liberales Elternhaus.**
Sehr, sehr liberal.

**Was hat Ihr Vater unternehmerisch getan?**
Der hatte einen Holzhandel in der vierten Generation und einen Fenster- und Fassadenbau-Betrieb. Der Hauptbetrieb war in Kiel, und eine Niederlassung war in Hamburg.

**Also ein mittelständischer Unternehmer.**
Ja, ein richtig schönes mittelständisches Unternehmen, wo man Fleiß lernt, und wo man eine gute Vorbereitung fürs Leben bekommt.

**Wie kam es überhaupt dazu, dass Sie sich entschlossen haben, BWL zu studieren?**
Meine Eltern haben da eigentlich nicht viel Einfluss genommen. Ich fand, dass BWL eine gute Grundausbildung ist, die einem eine Vielzahl von beruflichen Perspektiven bietet. Und insofern war für mich eigentlich schon zu Schulzeiten klar: BWL ist mein Studium. Ein gutes Abitur brauchte ich nicht, da konnte ich viel Musik machen und Segeln und Sport treiben.

**Gab es da auch schon Überlegungen, möglicherweise in den väterlichen Betrieb mit einzusteigen?**
Ja, ich bin auch eine Weile in dem Betrieb gewesen. Mein Vater hatte mich so ein bisschen überredet. Mein Bruder ist Ingenieur, und dann habe ich gesagt: „Wir brauchen da jetzt einen Kaufmann." Aber das sind am Ende dann in Anführungsstrichen „nur" sieben Jahre gewesen. Und es sollte eigentlich auch gar nicht so lange sein, weil für uns beide, meinen Bruder und mich, war diese Firma zu klein.

**Welchen Bezug hatten Sie denn zur DDR?**
Zur DDR hatte ich eigentlich nur dahingehend eine Beziehung, dass mein Vater und ich zweimal auf der Leipziger Messe waren. Diese Fahrten hatten eigentlich nichts mit der Messe zu tun, sondern es gab eine Bekanntschaft und dann auch Freundschaft zu einer Familie, die dort in Delitzsch wohnte. Und die Leipziger Messe war immer ein Anlass, diese Familie zu besuchen. Und nach dem Abitur habe ich in Berlin einen Schulfreund besucht – es gingen damals einige fürs Studium nach West-Berlin, damit sie nicht zur Bundeswehr mussten –, und diese Fahrt durch die DDR war schon äußerst bedrückend.

**Wie haben Sie die Zeit der friedlichen Revolution und des Mauerfalls in Erinnerung?**
Also ich habe den Abend, als die Mauer aufging, irgendwie verpasst. Ich habe das am nächsten Tag erfahren und dann eben verfolgt – mit großer Begeisterung und Genugtuung, dass dieses System sich da jetzt irgendwie langsam überlebt.

**War Ihnen damals klar, dass es wirklich auch ein historischer Moment ist?**
Doch, das war mir schon klar, es wurde ja von der Politik auch so lange darauf hingearbeitet. Und ich hatte schon das Gefühl, dass sich jetzt sozusagen im Auge des Sturms eine unglaubliche Chance bietet, die Kohl dann ja auch konsequent ergriffen hat.

**Wie kam es dann dazu, dass Sie zur Treuhand kamen?**
Ich wollte auf keinen Fall die Gelegenheit verpassen, bei der Restrukturierung der DDR-Wirtschaft dabei zu sein. Ich hatte sofort das Gefühl, das ist eine einmalige Chance für jemanden, der 36, 37 Jahre alt ist. Deswegen habe ich mich bei der Treuhand beworben.

**Und sind sogleich Chef der Schweriner Treuhand geworden ...**
Nein, ich war nicht der Chef. Die Niederlassung hatte einen Niederlassungsleiter und vier Direktoren. Und ich war Teil dieses Direktorenteams. Chef wurde ich erst, als die Niederlassung zu einer Geschäftsstelle wurde.

**Kannten Sie vorher schon Schwerin?**
Nein, Schwerin kannte ich nicht. Ich habe das aber ziemlich bewusst ausgesucht, weil es die kleinste Niederlassung war. Die größte war Chemnitz. Nach meiner Erinnerung hatte Schwerin 135 bis 140 Unternehmen, die wir betreuten, mit 55.000 Mitarbeitern. Das ist trotzdem eine Aufgabe, die nicht zu schaffen ist, aber besser als die in den ganz großen Niederlassungen.

**Also, Sie waren zunächst einer von vier Direktoren in der Niederlassung in Schwerin. Wann war das genau?**
Ich bin im November 1990 zur Treuhand gegangen. Geschäftsstellenleiter bin ich dann im Februar 1993 geworden. Danach bin ich noch mal nach Berlin gegangen, weil Dr. Honnef mich dort zum Leiter des Vorstandstabs der BvS machen wollte. Das war im September 94, und ausgeschieden bin ich dann im Februar 95.

**Und in welchem Arbeitsbereich waren Sie genau tätig und mit welchen konkreten Aufgaben?**
Meine Aufgabe hieß „Direktor Finanzen und Beteiligungen". Ich musste mich also um alle Gesellschaften kümmern, die in unserer Verantwortung waren. Das hieß zunächst, erst mal dafür sorgen, dass

sie liquide blieben, die DM-Eröffnungsbilanzen erstellen lassen, aber auch die Geschäftsführung zu besetzen und Menschen zu finden, die bereit waren, in den Beirat oder Aufsichtsrat dieser Unternehmen zu gehen. Aber ich habe auch die Vorbereitung des Hauptgeschäfts, nämlich des Verkaufs, betrieben. Das heißt, ich war eigentlich bei jeder Verkaufsverhandlung dabei, weil ich das Unternehmen bezüglich der Zahlen kannte. Ich habe auch maßgeblich daran mitgewirkt, mir einen Eindruck darüber zu verschaffen, ob der Käufer geeignet ist. Hat er die nötige Erfahrung? Welche Sachkenntnis bringt er mit in dem Markt, in dem das Unternehmen tätig ist?

**Was fanden Sie an Ihrer Arbeit besonders herausfordernd? Inwiefern war es auch spannend? In dieser ersten Zeit des Transformationsprozesses, da muss es ja drunter und drüber gegangen sein.**

Das Hauptproblem war, dass wir nur ganz wenig geeignetes Personal hatten. Die Mitarbeiter waren überwiegend Sekretärinnen, Heizer, Fahrer. Es gab vielleicht drei oder vier, die diese Unternehmen aus ihrer alten Tätigkeit in der DDR kannten. Und die Herausforderung der ersten Zeit war, die Unternehmen am Leben und am Laufen zu halten und überhaupt erst mal eine Organisation aufzubauen. Wir sind da wie in einem Flugzeug geflogen, das noch im Bau war. Und dabei hatten wir zwei Aufgaben: Wir mussten irgendwie sehen, dass das Flugzeug in der Luft bleibt und nicht abstürzt, und gleichzeitig mussten wir sehen, dass wir das Flugzeug so weit fertig bauen, dass wir damit sicher fliegen können.

Wenn ich durch Schwerin fuhr, habe ich bei jedem Unternehmensschild, was ich irgendwo sah, gedacht: „Da bist du jetzt auch für verantwortlich …" Das war schon eine Aufgabe, bei der ich das Gefühl hatte, die lässt sich eigentlich mit der Qualität, die man gerne liefern will, gar nicht leisten.

**Wie schwierig war das damals? Fangen wir an mit der Eröffnungsbilanz, die musste ja auch schon für den 1. Juli 1990 erstellt werden, oder?**

Ja, das war der Stichtag, für den die Bilanz galt. Aber sie war natürlich zum Teil erst 1991 fertig. Wir brauchten die Wirtschaftsprüfer, die diese Bilanzen dann prüften, und das war ja Handelsrecht. Das kannten die Unternehmen alle gar nicht. Die mussten erst mal lernen, wie sie überhaupt so eine Bilanz aufstellen müssen. Das war aber auch nicht das Wesentliche. Eigentlich ist eine Bilanz ja immer ein Blick in die Vergangenheit, und wir mussten ja irgendwie ein Gefühl dafür kriegen, ob dieses Unternehmen überlebensfähig ist. Das waren die schweren Entscheidungen der ersten Zeit. Ich erinnere mich an die Kleiderwerke Güstrow, da arbeiteten 600 Mitarbeiter, und die lieferten Herrenanzüge – aber nur in die Sowjetunion und vielleicht in die DDR. Die waren natürlich überhaupt nicht mehr wettbewerbsfähig. Von diesen Arbeitsplätzen haben wir, glaube ich, 34 gerettet. Das waren schon harte Entscheidungen. Was ich ganz gut hingekriegt habe: Ich habe dann meinen Vater angerufen, hab gesagt: „Trommel mal deine Freunde alle zusammen. Wir brauchen hier Beiräte und Aufsichtsräte, also ältere Herren, die vielleicht schon aus dem Job sind, Banker, Rechtsanwälte, erfahrene Unternehmer." Die sind dann nach Schwerin gekommen und haben mich in der ersten Zeit sehr unterstützt. Wir haben uns abends im Hotel getroffen, und die haben erzählt, was sie erlebt haben, und mir einen Eindruck gegeben, welche Unternehmen gut sind, ob das Management überhaupt qualifiziert ist.

**Ich habe mal gelesen, Sie hätten Ihren Vater und dessen Freunde protegiert und unterstützt. Wie haben Sie auf solche Anfeindungen damals reagiert?**

Ach, das musste an einem abperlen, weil diese Aufgabe eben nur mit Mut und mit Intuition zu leisten war. Also da ging es wirklich ums Bauchgefühl: Da kommt ein Investor, nein, dem traue ich irgendwie nicht, der macht einen komischen Eindruck. Gerade in der ersten

Zeit war das wirklich eine sehr wichtige Hilfe, um Entscheidungen zu treffen. Und es waren ja Entscheidungen über Entscheidungen über Entscheidungen.

Also mein Terminkalender, das ging morgens um acht los und hörte abends um acht auf. Der eine wollte einen neuen Lkw kaufen und brauchte die Zustimmung, dass er investieren konnte, und der Nächste kam mit seinem vorgesehenen Investor, und der Dritte hatte kein Geld mehr, um seine Kühe zu füttern. Und jede Entscheidung musste man ohne vernünftige Datengrundlage treffen. Aber das war auch irgendwie das Faszinierende und das Tolle an dem Job. Ich hatte wirklich das Gefühl, ich kann hier was Gutes bewirken.

**Die Treuhand hatte in dieser Zeit keinen leichten Stand gehabt. Hat es auch ein bisschen auf die Atmosphäre gedrückt, dass man Ihnen möglicherweise auch mit Misstrauen begegnet ist?**

Also klar ist uns mit großem Misstrauen begegnet worden. Wir hatten fast nur ostdeutsche Mitarbeiter, auch wenn die Direktoren alle aus Westdeutschland kamen. Und wir haben die Bereiche, die wir aufgebaut haben, dann auch mit Leuten aus Westdeutschland verstärkt. Aber der größte Teil der Mitarbeiter waren Ostdeutsche, und es ging auch darum, das Vertrauen dieser Mitarbeiter zu gewinnen. Und ich glaube, es ist uns ganz gut gelungen, das Gefühl zu transportieren, dass wir hier wirklich eine historische, aber irgendwo auch eine gute Aufgabe zusammen zu leisten haben. Aber natürlich war es so: Wenn wir dann eine Liquidationsentscheidung fällen mussten, standen die Mitarbeiter vor der Tür, haben protestiert und versucht, uns mit der Presse Druck zu machen. Und da kann man ja auch nicht sagen: „Nee, also wir haben keine Zeit zum Reden." Es war dann schon die Aufgabe der Niederlassungsleiter, auch solche Gespräche zu führen.

**Das galt auch für Sie?**

Ja, solche Gespräche habe ich auch geführt. Aber in der ersten Zeit hat vor allem der Niederlassungsleiter diese Öffentlichkeitsarbeit gemacht. Ich habe es dann gemacht, als ich Geschäftsstellenleiter wurde. Wir haben natürlich viele Anfeindungen bekommen. Es kam auch oft die Frage: „Warum sitzen Sie denn auf der Seite? Sie könnten doch mit Ihrem Wissen hier die interessantesten Unternehmen kaufen." Da habe ich gesagt: „Nee, ich habe diesen Job angenommen, der gefällt mir auch und den mache ich mit Herz und Seele."

**Wie haben Sie den Paradigmenwechsel von Rohwedder zu Breuel erlebt, als die Privatisierungen dann schneller gehen sollten? Das bedeutete ja auch, dass einfach mehr Unternehmen liquidiert wurden. Welche Haltung fanden Sie da richtig, auch wirtschaftlich gesehen?**
Wir haben Anfang 1991 mit Frau Breuel und Herrn Rohwedder in Schwerin zusammengesessen und genau über diese Fragen diskutiert. Es ging da zum Beispiel um das Stadtbad und um die Frage: Sollte man das an die Stadt zurückgeben, oder sollen wir es verkaufen? Und Frau Breuel war ganz klar der Meinung: verkaufen. Herr Rohwedder sagte: „Warum wollen Sie sich denn jetzt mit der Stadt streiten? Geben Sie das doch der Stadt wieder." Und Frau Breuel hat gesagt, wenn es der Stadt zurückgegeben wird, dann passiere da nichts. Aber wenn wir einen Investor finden, dann entstehe dort was. Und wir seien schließlich angetreten, um Arbeitsplätze zu schaffen und zu erhalten und irgendwie die Wirtschaft in eine neue Richtung zu steuern. Ich war also der Meinung von Frau Breuel, ich fand den Ansatz richtig. Wir haben immer gesagt, wir handeln mit verderblicher Ware. Je länger die Unternehmen bei der Treuhand waren, desto schwerer war es, sie zu retten.
Wir hatten in unserem Team auch ganz einfach nicht das Sachwissen, um für die ganze Bandbreite an Unternehmen – von Kurzwarenunternehmen über Bauunternehmen zu Kunststoffspritzguss und landwirtschaftlichen Betrieben – eine Sanierung zu leisten. Ich jedenfalls wäre nicht in der Lage gewesen, einem Kunststoffspritzguss-Unternehmen zu sagen, in welche Richtung es investieren sollte. Das konn-

te nur jemand machen, der diesen Markt und dieses Unternehmen und die Technologie kannte. Also ist die schnelle Privatisierung der einzig mögliche Weg gewesen, glaube ich.

**Gab es denn eine Situation, die besonders knifflig war oder wo die Dinge unglaublich gut oder auch unglaublich schlecht ausgegangen sind?**

Zu der Zeit, als ich Direktor Finanzen und Beteiligungen war, haben wir, ich glaube als erste Niederlassung, ein Vertragsmanagement aufgebaut. Das heißt, wir haben uns Juristen geholt, die überprüft haben, ob die Verträge, die wir geschlossen haben, auch eingehalten werden. Da hatte ich folgendes Erlebnis. Für ein verkauftes Unternehmen hatten wir eine Regelung getroffen, dass die Geschäftsführung erst neu besetzt werden konnte, wenn der Käufer seinen Kaufpreis bezahlt hatte. Und da habe ich immer wieder in Berlin angerufen und gefragt, ob der Käufer jetzt seinen Kaufpreis entrichtet hatte. Es war über vier Wochen nicht möglich, diese Antwort aus Berlin zu bekommen. Und daraufhin haben wir entschieden, dass wir ein eigenes Vertragsmanagement aufbauen. Es gab ja nicht nur den Kaufpreis, sondern immer auch die Investitionsverpflichtung und die Verpflichtung, Arbeitskräfte zu erhalten. Und dieses Vertragsmanagement haben wir dann zu einer Betreuungsabteilung ausgebaut, so dass wir aktiv auf Unternehmen zugegangen sind und gesagt haben: „Ihr seid jetzt ganz gut am Laufen, aber ihr müsst euch die Grundstücke noch zuordnen lassen." Die Grundstücke waren ja alle Volkseigentum und mussten den jeweiligen Unternehmen über einen Vermögenszuordnungbescheid zugeordnet werden.

Und da kam ich einmal in ein Bauunternehmen, bei dem ich das Gefühl hatte, dass alles in Ordnung war. Aber am nächsten Montag stand in der Bild-Zeitung, dass der Inhaber und Geschäftsführer sich das Leben genommen hatte. Da ging natürlich das Geschrei los: „Die Treuhand hat einen Investor in den Tod getrieben", mit unverhältnismäßig harten Vorgaben oder so. Ich konnte dann aber sofort offensiv auf die Presse zugehen und sagen: „Ich bin ja gerade hingefahren, um zu fragen, ob er ein Problem hat, ob wir irgendwo helfen können und ob die Zusagen, die er gegeben hat, noch realistisch waren." Da ist mir, glaube ich, der Presse gegenüber auch ein bisschen Überzeugungsarbeit gelungen, weil die dann gesehen haben, dass wir uns wirklich ernsthaft um die Unternehmen gekümmert haben. Aber das war schon ein sehr einschneidendes Erlebnis, so ein Schicksal mitzuerleben.

**Dieses Vertragsmanagement, von dem Sie eben gerade sprachen, ist das auch von anderen Geschäftsstellen übernommen worden?**
Ja, das war so eine skurrile Situation. Wir haben einfach damit angefangen. Und dann kam der Dr. van Scherpenberg, rief mich an und sagte: „Ich komme nach Schwerin, das geht nicht, was Sie da machen. Sie können da nicht einfach eine eigene Organisation bauen, das machen wir hier von Berlin aus." Und als er dann bei mir am Tisch saß, habe ich gesagt: „Herr Dr. van Scherpenberg, ich sitze hier nicht und warte auf den Intercity nach Berlin, und der kommt vielleicht nie. Ich bummle jetzt mit dem Bummelzug los. Und glauben Sie mir, wenn Sie mit einer guten Organisation kommen, dann steigen wir sofort um." Dann ist er wieder nach Berlin gefahren und rief mich gefühlt vier, sechs Wochen später an und sagte: „Sie haben die richtige Idee, wir machen das jetzt in allen Niederlassungen so, weil es gar nicht anders geht." Das zeigt so ein bisschen, wie wir vollkommen hemdsärmelig und mutig in der Niederlassung mit einem Problem umgegangen sind, das sich aufgetan hatte.
Mal noch ein anderes Beispiel: Es gab zunächst keine Regeln, wie jetzt die Rückgaben an die Alteigentümer zu organisieren waren. Die kamen aber natürlich und sagten: „Ich möchte das Unternehmen wiederhaben, das gehörte meinem Opa." Ja, was machen wir da jetzt? Dann haben wir gesagt, wir machen einfach einen Kaufvertrag mit dem Interessenten und stunden den Kaufpreis so lange, bis klar ist, dass er berechtigt ist, dann ist der Kaufpreis obsolet. Ist er nicht be-

rechtigt, dann muss er ihn bezahlen. Das ist einfach mal so ein Beispiel, wie wir da mitten im Wald standen und uns irgendeine Schneise geschlagen haben.

**Haben Sie auch mit Raubrittern zu tun gehabt?**
Ja, es gab einen ganz großen Raubritter, der die großen Bauunternehmen in Neubrandenburg, Rostock und Schwerin kaufen wollte. Der zeigte uns einen fetten Kontoauszug, wo über 100 Millionen drauf waren. Hinterher stellten wir fest, dass das alles Darlehen waren, die er sich aus den Unternehmen raus hatte gewähren lassen. Arm in Arm mit irgendeinem betrügerischen Notar. Wir haben aber nicht mit diesem Kaufinteressenten verhandelt, weil wir gesagt haben, ein so großes Bauunternehmen kann bei 1,8 Millionen Einwohnern in Mecklenburg-Vorpommern nie und nimmer überlebensfähig sein. Also wir fanden das Geschäftskonzept von diesem Mann vollkommen illusorisch. Und auch da hatten wir mit unserem Bauchgefühl vollkommen richtig gelegen, weil sich herausstellte, dass er ein ganz großer Betrüger war.

**Ich will nochmal auf Ihr Vertragsmanagement zurückkommen. Wie engmaschig und über welche Zeiträume lief dieses Controlling? Und haben die Investoren wirklich investiert und die Arbeitsplätze erhalten?**
Wir hatten sechs oder sieben Juristen, die sind einfach hingefahren und haben sich das nachweisen lassen. Die haben die Gehaltslisten kontrolliert und die Jahresabschlüsse angeguckt. Aber wir hatten natürlich auch Fälle, da war es so: Die Treuhand hat im Verkauf nicht nur nach dem Kaufpreis entschieden, sondern auch danach, ob einer viel investiert. Insofern war die Neigung der Investoren uns überoptimistische Arbeitsplatzzusagen und Investitionszusagen zu geben, in der Hoffnung, so das Unternehmen zu bekommen. Da mussten wir bisweilen nach intensiver Diskussion einfach zugestehen, dass die 125 Arbeitsplätze eben einfach zu viel waren. Dann haben wir ge-

sagt: „Gut, dann versuch es eben mit 80." Das war schon notwendig, aber alles andere wäre ja auch Schwachsinn gewesen – einem Unternehmen, das sowieso schwer darum kämpft zu überleben, dann auch noch mit einer Pönale zu drohen.

**Und für den ländlichen Raum war die Treuhand nur bedingt zuständig, oder? Viele der landwirtschaftlichen Betriebe waren ja Genossenschaften und mussten sich ja ohnehin neu aufstellen.**
Also erstens gab es eine Arbeitsteilung zwischen Berlin und der Niederlassung. Die großen Unternehmen, Kabelwerk und so weiter, wurden alle von Berlin betreut. Wir hatten die VEBs und dann hat sich die Treuhand sozusagen in drei Teile aufgeteilt. Die Treuhand hat sich mit den aktiven Unternehmen beschäftigt, die Treuhandliegenschaftsgesellschaft hat die nicht betriebsnotwendigen Grundstücke betreut und die BVVG, die Bodenverwertungs- und Verwaltungsgesellschaft, hat sich um den landwirtschaftlichen Teil gekümmert. Nur in der ganz ersten Zeit hatte ich schon damit zu tun, auch landwirtschaftliche Betriebe am Leben zu halten. Aber nachdem dann diese Struktur entstanden war, hatten wir mit der Landwirtschaft nichts mehr zu tun.

**Und Sie haben auch keine Anfeindungen erlebt?**
Also aus dem Freundeskreis überhaupt gar nicht. Natürlich aus der Bevölkerung der neuen Bundesländer und von den Unternehmen, die liquidiert wurden, auch von Management-Buy-out-Interessierten, denen wir nicht zugetraut haben, dass sie das Unternehmen wirklich über Wasser halten können, die dann gegen irgendeinen Investor, der aus Westdeutschland kam, den Kürzeren gezogen haben. Es gab sowieso so eine Stimmung, dass das alles Wessis sind, die dasitzen und Entscheidungen fällen. Und dass wir die Unternehmen alle nur nach Westdeutschland verticken wollen. Und dass die ostdeutsche Bevölkerung zu kurz kommt. Ich habe das nicht so empfunden. Wir haben uns schon immer sehr bemüht, auch Management-Buy-out-Konst-

ruktionen hinzukriegen. Wir haben Unternehmensteile abgespalten, die dann eine Größenordnung hatten, von der wir glaubten, dass das auch im Management-Buy-out gut funktionieren würde. Aber da haben wir natürlich viele Anfeindungen erlebt. Die Presse war voll von Bösartigkeiten gegen die Treuhand und deren Leitung.

**Wie fair und unfair ist die Presse mit Ihnen umgegangen, aus Ihrer Sicht?**
Ach, ich weiß ja, was die Aufgabe der Presse ist. Und ich weiß auch, dass sich eine schlechte Nachricht eher verkaufen lässt als eine gute Nachricht. Die Zusammenarbeit mit der Politik in Schwerin, mit dem Wirtschaftsminister, aber auch mit der Presse fand ich absolut okay. Ich hatte nicht das Gefühl, dass da irgendwie gegen uns polemisiert wurde. Es wurde kritisiert, aber irgendwie bin ich mit der kritischen Haltung der Presse immer gut zurechtgekommen.

**In welcher Rolle haben Sie sich bei dieser komplexen Aufgabe des postsozialistischen Wirtschaftsumbaus gesehen? Ist einem das so bewusst? Ein bisschen muss es Ihnen bewusst gewesen sein, Sie haben es zumindest vorhin so geschildert ...**
Ja, natürlich ist mir das bewusst gewesen. Aber was das für eine Aufgabe war, wie groß die Verantwortung war, das ist mir eigentlich erst richtig klar geworden, als ich da saß. Aber häufig ist es ja so, dass man bestimmte Sachen gar nicht machen würde, wenn man alle Rahmenbedingungen im Vorhinein kennen würde. Man kennt das eben zum Glück nicht, stürzt sich ins Abenteuer und wird irgendwie trotzdem damit fertig.

**Was war damals Ihr innerer Anspruch, und wie stand der im Verhältnis zu der sehr turbulenten Wirklichkeit von damals?**
Natürlich ist der Anspruch gewesen, die fairsten und bestmöglichen Lösungen zu finden. Und das Ganze moralisch und ethisch sauber für den Staat zu regeln. Also wenn die Leute meinten, ich könnte doch

mit dem Kaufpreis ein bisschen runtergehen, habe ich Ihnen gesagt: „Wissen Sie, wenn das mein Geld wäre, dann könnte ich das tun. Aber es ist Ihr Geld. Das ist nämlich Steuergeld, mit dem ich hier umgehe. Und mit anderer Leute Geld gehe ich sehr sorgfältig um, deswegen kann ich mich da leider nicht mehr zu ihnen hinbewegen. Das ist ein fairer Kaufpreis, und der bleibt jetzt so." Das ist mein Anspruch gewesen, mich da in keiner Weise durch die vielfältigen Verlockungen beeinflussen zu lassen.

**Gab's solche Verlockungen?**
Doch, ja. Angebote, mich zum Geschäftsführer zu machen, wenn ich das Unternehmen günstig verkaufe, zum Beispiel. Sowas ist passiert. Das war aber kein Problem für mich, weil ich in moralischen und ethischen Fragen immer einen klaren Kompass hatte, und den hat mir auch niemand verdreht.

**Und wie haben Sie damals die Rolle der Treuhand bewertet? Was ist Ihre heutige Einschätzung der Rolle der Treuhand und deren Folgen?**
Na ja, ich habe natürlich gesehen, dass an anderer Stelle nicht sauber gearbeitet worden ist. Das hat mich schon beschämt. Die Personalpolitik der Treuhand war auch ein Problem – in der ersten Zeit hatte man ja keine andere Möglichkeit, als jeden, der sich irgendwie anbot, auch anzustellen – aber nachdem dann sozusagen die erste Einstellungswelle vorbei war, hätte man erheblich stärker auf Qualitätsverbesserung achten müssen. Die Leute, die moralisch gesehen keine ordentliche Arbeit machten, hätte man austauschen müssen. Aber da war die Treuhand nicht konsequent genug.

**Wenn Sie heute mit zeitlichem Abstand auf Ihr Tun in der Treuhand schauen, welche historische Bilanz würden Sie ziehen?**
Ich würde eine positive Bilanz ziehen. Jedes Mal, wenn ich durch Ostdeutschland fahre, freue ich mich darüber, was da entstanden ist. Ich

habe das Gefühl, einen kleinen Beitrag habe ich dazu auch geleistet, und das macht mich ein bisschen stolz. Ich finde, dass unsere Niederlassung in Schwerin einen guten Job gemacht hat. Und insofern ziehe ich eine positive Bilanz. Auch für mich persönlich – ich habe unglaublich viel Menschenkenntnis gelernt, ich habe Entscheiden gelernt. Also für meinen weiteren beruflichen Weg ist die Treuhand auf jeden Fall ein großer Gewinn gewesen.

**Gibt es noch bis heute persönliche Kontakte von damals?**
Ich habe, als ich zuletzt in Schwerin war, unseren ehemaligen Leiter der Rechtsabteilung, der dann auch mein Nachfolger als Geschäftsstellenleiter wurde, getroffen. Das war sehr nett. Wir haben uns drei, vier Stunden unterhalten, sind die alten Wege gegangen, und der Kontakt ist wieder aufgelebt. Zu einem anderen ehemaligen Kollegen habe ich jetzt auch telefonisch wieder Kontakt. Das hat sich beruflich ergeben.

**Was mich noch interessieren würde: Wie war denn das Verhältnis zwischen der Zentrale in Berlin und den Niederlassungen? Wie viele Freiheiten hatten Sie?**
Also die Niederlassungen hatten schon sehr freie Hand, und ich muss sagen, unser Niederlassungsleiter war auch so ein Typ, der sich von niemandem hat einschränken lassen. Der hat einfach irgendwas gemacht, und das ist jetzt so. Aber das Beispiel mit dem Vertragsmanagement hat ja auch gezeigt, wie wichtig es war, dass wir diese Freiheit bekommen haben, weil niemand unsere Arbeit so gut beurteilen konnte wie wir vor Ort. Und in Berlin hatte ich immer das Gefühl, das war alles viel bürokratischer, da gab es viel mehr Regeln und auch viel mehr Hierarchie. Insofern war ich immer sehr froh, dass ich in der Niederlassung und nicht in der Zentrale gearbeitet habe. Und als Dr. Honnef mich anrief und sagte: „Ich würde Sie gerne für die BvS nach Berlin holen, als Leiter Vorstandstab." Da habe ich gesagt: „Ach,

Herr Dr. Honnef, ich gehöre an die Front." Also Front ist jetzt ein doofes Wort. Er wollte diese Vor-Ort-Erfahrung, jemanden, der das gesamte Spektrum der Aufgaben der Treuhandanstalt in der Niederlassung kennengelernt hat.

**Können wir zum Schluss das Ganze noch mit einer Zahl untermauern? Sie sprachen eingangs von knapp 140 Betrieben mit 55.000 Beschäftigten. Bei wie vielen konnten Sie dafür sorgen, dass die in Arbeit und Brot blieben?**
Also wir haben erheblich mehr Verträge gemacht, vielleicht 2.000 oder so. Das liegt daran, dass wir eben viele Unternehmen aufgeteilt und in Teilen verkauft haben. Ich habe die Zahlen nicht parat, wie viele Unternehmen wir insgesamt zunächst mal retten konnten. Man muss auch sagen, dass ein Teil der Betriebe selbst mit einem privaten Investor nicht überleben konnte.

**Andere Treuhand-Mitarbeiter haben uns erzählt, dass auch mal die Politik bei Ihnen vorbeigeschlendert ist und gesagt hat: „Kannst du nicht mal gucken ..."**
Doch, das passierte, also die Abstimmung im Wirtschaftsministerium war schon recht eng. Wir haben uns bei großen Entscheidungen schon mit der Politik abgestimmt. Was heißt abgestimmt? Wir haben unsere Vorstellungen dort vorgetragen und gehofft, dass wir dafür Unterstützung finden. Also ich habe die Zusammenarbeit mit dem Oberbürgermeister von Schwerin, dem Wirtschaftsministerium und dem Finanzministerium als sehr positiv in Erinnerung. Es war schon irgendwie alles getragen von dem gemeinsamen Wunsch, diese Transformation irgendwie gemeinsam zu bewältigen.

**Worauf ich eigentlich hinauswollte: Uns hat mal jemand erzählt, dass es vorkam, dass Leute meinten: „Wir kennen Helmut Kohl**

**persönlich, und können Sie nicht mal, und es soll Ihr Schaden nicht sein." Aber das war bei Ihnen nicht so?**
Es kann sein, dass solche Beeinflussungsversuche da waren. Aber wie gesagt, unser Niederlassungsleiter war da wirklich gut. Wenn solche Versuche kamen, hat er sofort abgeblockt. Da haben wir uns nicht beeinflussen lassen. Ich meine, einen guten Rat holt man sich immer ein. Wenn der Wirtschaftsminister sagt: „Mensch das Unternehmen ist da oben in der Region so wichtig. Gucken Sie doch mal, ob Sie es nicht irgendwie hinkriegen." Dann haben wir natürlich noch mal miteinander überlegt, ob das Unternehmen wirklich stillgelegt werden muss. Über einen guten Rat haben wir uns abgestimmt. Aber auf Druck – ich glaube, wir hatten so ein Team in der Niederlassung, bei dem die Leute sofort gemerkt haben, das braucht man gar nicht zu versuchen.

**Wie ging es dann für Sie weiter? Was war Ihr Lebensweg nach der Zeit bei der Treuhandanstalt?**
Es rief mich ein Personalberater an, den ich schon kannte, und fragte, ob ich denn Lust hätte, in Ostdeutschland zu bleiben. Und ich habe Ja gesagt. Und so bin ich dann in ein Bauunternehmen nach Leipzig gegangen und bin dort weitere zwölf Jahre in Ostdeutschland tätig gewesen.

**Was haben Sie gemacht in dem Bauunternehmen?**
Da bin ich kaufmännischer Geschäftsführer gewesen. Das war ein Unternehmen, das mal dem Jürgen Schneider gehörte. Und als er dann plötzlich weg war, war die Not groß, und da fand dieses Unternehmen zwei neue Gesellschafter.

**Was haben Sie denn mitnehmen können aus Ihrer Zeit bei der Treuhand?**
Wenn man so viele wichtige Entscheidungen gefällt hat, bekommt man einfach Gewissheit bzw. Sicherheit, dass das Bauchgefühl ganz

gut funktioniert und dass man im Zweifelsfall vorangehen sollte, weil eine Entscheidung, die nicht ganz so gut ist, meistens besser ist als keine Entscheidung. Bei der Treuhand waren wir auch extrem unternehmerisch tätig, das habe ich dort also auch gelernt – und Menschenkenntnis.

# Christian Böllhoff

„Wenn Sie unseren Prognos-Zukunftsatlas ansehen, muss ich sagen, dass es bestürzend ist, wie gut man die alte Grenze immer noch erkennen kann. Insofern beschäftigen mich viele der Themen aus den Treuhandanstaltszeiten noch immer."

Christian Böllhoff ist 1964 in Bielefeld geboren und studierte Volks- und Betriebswirtschaftslehre an der Ludwig-Maximilians-Universität München (LMU). Von März 1991 bis zum Sommer 1994 war er in der Treuhandanstalt der Vorstandsassistent von Wolf Klinz. Nach dieser Zeit folgten Stationen bei Bosch-Siemens-Hausgeräte sowie Gemini Consulting. Seit 2000 ist Christian Böllhoff für die Verlagsgruppe Georg von Holtzbrinck in verschiedenen Führungspositionen tätig, u.a. als Geschäftsführer des „Handelsblatts". 2003 wurde er zum CEO der Basler Prognos AG berufen.

**Herr Böllhoff, Sie sind in Westdeutschland geboren und aufgewachsen. Hatten Sie eine Beziehung zur DDR?**
Familiär gab es erstmal gar keine Beziehung: Meine Mutter stammt aus Bayern, mein Vater aus Ostwestfalen. Wir hatten keine Verwandten in den neuen Bundesländern oder in der DDR. Vor der Wiedervereinigung war ich zwar zweimal dort. Doch ich muss zugeben, dass ich mich in jungen Jahren nicht besonders für die DDR interessiert habe. Systeme, die unfrei und letztlich totalitär waren, fand ich allerdings immer schon spannend. Das ist auch heute noch so. Ich habe

mich schon sehr früh für den Ostblock interessiert und konnte das während meines Studiums ein wenig vertiefen. Ich habe erst Volkswirtschaft und dann Betriebswirtschaft studiert und konnte auch das Fach Politik belegen. So habe ich dann während des Hauptstudiums einige Zeit das Fach Osteuropawissenschaften belegt.

**Weshalb waren Sie vor der Wende zweimal in der DDR?**
Das waren zwei sehr unterschiedliche Reisen, die ich meinen Eltern zu verdanken habe. Die erste Reise war eine Kulturreise in die DDR, die meine Mutter organisiert hatte. Wir haben klassisch eine Tour durch Thüringen und Sachsen gemacht, Dresden, Leipzig, Weimar, die Wartburg und Buchenwald besucht. Von dieser Reise habe ich viel mitgenommen. Ich habe gespürt, dass sich in diesem Teil Deutschlands ein großer kultureller Kern des gesamten Landes befindet. Gleichzeitig hat mich der Zustand der Städte schockiert, das muss ich ehrlicherweise sagen. Weimar zum Beispiel habe ich als ein verfallendes, im Wald fast verschlucktes Städtchen in Erinnerung. Was ich zusätzlich noch mitgenommen habe, war ein ordentliches Maß an Unfreiheit, das mir dort begegnete. Einmal in Weimar wollten wir in einen Jugendclub im alten Stadtmauerturm gehen, weil dort etwas los war. Die haben direkt gesehen, dass wir Westdeutsche waren und meinten, es dürften aber nur Studenten hinein. Wir haben unsere Studentenausweise der LMU und anderer Unis gezückt, aber natürlich durften wir dennoch nicht hinein.

Die zweite Reise habe ich mit meinem Vater gemacht, der für unser Familienunternehmen in der DDR Schrauben kaufen wollte. In Chemnitz, damals Karl-Marx-Stadt, und in Finsterwalde gab es zwei große Schraubenfabriken. Dorthin ging unsere Reise. Ich war der Fahrer meines Vaters, durfte ihn aber auch zu seinen Gesprächen mit Geschäftspartnern begleiten und hatte Gelegenheit, die Unternehmen von innen zu sehen. Das war für mich im Nachhinein auch für meine Treuhanderfahrung sehr wertvoll. Denn durch die Gespräche mit der Kombinatsleitung oder Verkäuferinnen und Verkäufern bekam ich damals einen ganz guten Eindruck vom Zustand der Unternehmen in der DDR, auch wenn diese Firmen sehr spezifisch waren.

Mein Vater und ich haben während dieser Reise viel miteinander gesprochen. Er hatte ein großes Problem mit Menschen in Unfreiheit. Das war vollkommen gegen sein Selbstverständnis. Ich dagegen war noch jung und sagte in Diskussionen auch schon mal einen Satz wie: „Ist doch gar nicht so schlimm hier." Mein Vater sagte dann: „Wir dürfen nicht vergessen, dass die Menschen hier nicht sagen dürfen, was sie wollen. Sie dürfen nicht lesen, was sie wollen, sie gucken heimlich Westfernsehen." Es gab immer wieder Debatten zwischen mir, dem idealistischen und in der jetzigen Zeit orientierten Studenten, und meinem Vater, der als Jahrgang 1934 diese Genese der Unfreiheit ja miterlebt hatte.

**War die deutsch-deutsche Teilung bei Ihnen zu Hause ein Thema?**
Nein, gar nicht. Das muss ich klar sagen. Da gab es keine Verlusttrauer, denn niemand aus der Familie hatte flüchten müssen, und niemand hatte Vermögen verloren. Das war schon ein deutlicher Westblick bei uns zu Hause. Ich bin mit der inneren Verfasstheit groß geworden, dass es zwei deutsche Staaten gibt. Für mich war das damals normal und insofern kein Problem. Es stand nicht zur Debatte. Das sehe ich heute allerdings deutlich anders.

**Wie haben Sie die Zeit der friedlichen Revolution in der DDR erlebt?**
Ich bin mir gar nicht so sicher, ob ich das von Anfang an so aufmerksam verfolgt habe. Erst als die Menschen in die Botschaften nach Prag und Ungarn gegangen sind und die ersten Montagsdemonstrationen stattgefunden haben, habe ich das mit größerer Faszination wahrgenommen. Es hat mir Respekt abgenötigt, weil ich wusste, dass das unheimlich viel Mut erforderte. Aber ich hatte damals diese Grundposition, dass es zwei deutsche Staaten gibt, die ein bisschen unterschiedlich funktionieren, noch nicht aufgegeben. Am 3. Oktober 1990

war ich in Kanada. Ich hatte gerade mein Examen gemacht und war mit einer Freundin unterwegs. Wir waren auf einer Berghütte irgendwo in der Nähe von Vancouver, als eine alte Kanadierin auf uns zukam und sagte: „You must be so proud today." Und wir fragten etwas verwundert: „Wieso?" Dann sagte sie: „Hey, it's reunification day today!" Ich erinnere mich noch gut: Ich bekam ein schlechtes Gewissen, weil ich zugeben musste, dass mir das nicht so wichtig war. Ich würde sogar sagen, dass ich am Anfang eine Weile gebraucht habe, um überhaupt das Zusammenkommen dieser beiden deutschen Staaten gutzuheißen. Ich war mir damals nicht sicher, ob ich diese Stellung, die Deutschland dadurch zwangsläufig in der Mitte von Europa einnahm, gut fand. Heute sehe ich das anders, aber damals hat es eine Weile gebraucht.

**Warum waren Sie damals skeptisch?**
Ich war nie ein großer Helmut-Kohl-Fan. Obwohl man sagen muss, dass er diesen Moment der Geschichte verstanden und richtig gelesen hat und dann ja auch sehr dynamisch handelte. Aber mir war das damals eher unsympathisch und zu bräsig. Ich war nicht sicher, ob es vor dem Hintergrund dessen, was in den dreißiger und vierziger Jahren passiert war, gut sein würde, wenn Deutschland in Europa derart erstarken würde.

**Wie sind Sie zur Treuhand gekommen?**
Ich war mit dem Studium fertig und hatte eigentlich vor zu promovieren. Da rief mich ein Kommilitone an und sagte: „Ich sitze hier in Ostberlin am Alexanderplatz und bin bei der Treuhand Assistent von einem Vorstand, und wir brauchen dringend weitere Assistentinnen und Assistenten. Hier ist Chaos und wir schaffen das nicht. Hast du nicht Lust?" Er sagte auch, ich bräuchte nicht für immer zu kommen und dass der Assistent im Büro von Wolf Klinz nur für ein paar Monate jemanden zur Unterstützung brauche. Ich war dann an einem Freitag Anfang März 1991 da. Am Nachmittag schon hatte ich die Zu-

sage. Das war circa einen Monat, bevor Detlev Rohwedder ermordet wurde.

**Wie haben Sie damals Ihren Arbeitsplatz am Alexanderplatz wahrgenommen?**
Ich war echt ein bisschen geschockt. Ich hatte vorher ein paar Praktika gemacht und wusste, wie es in einem professionell geführten Unternehmen aussieht. Und hier war es vor allem die technische Büroausstattung, die fehlte. Aber auch vieles andere war irgendwie fremd: Alte Paternoster führten zu langen Gängen, und dann war man plötzlich in einem Raum, in dem alte DDR-Tische standen. Es roch überall nach diesem speziellen Reinigungsmittel. Das verbinde ich heute noch mit dieser Zeit. Und so, wie es dort aussah, habe ich mich ehrlich gesagt auf der Rückfahrt gefragt, ob ich dort überhaupt arbeiten wollte. Dass ich zusagte, lag wohl auch ein bisschen daran, dass schon ein paar Münchnerinnen und Münchner dort waren, zum Beispiel Peter Bachsleitner, der Assistent von Rohwedder. Ich selbst kannte ihn zwar nicht, aber er hatte auch in München studiert und eine ganze Garde von Münchner Kaufleuten nach Berlin geholt. Eins muss ich sagen: Sowohl mein Vorstellungsgespräch als auch meine ersten Tage bei der Treuhand fand ich grausam. Nach drei Monaten wurde ich dann der alleinige Vorstandsassistent. Das war schon auch cool. Man fühlte sich als Teil von etwas Historischem. Zu Beginn aber waren die Tage chaotisch. Es wurde etwas besser, als die Treuhand in das Haus der Ministerien an der Leipziger Straße zog.

**Wie muss ich mir einen Arbeitstag als Assistent von Herrn Klinz vorstellen?**
Ich hatte einen Schreibtisch, ein altes Telefon und relativ schnell auch einen PC – es war schon ein Privileg, nah am Vorstand zu sein. Am Anfang waren wir bei der Treuhand eine wilde Mischung aus jungen Wessis wie mir und ganz alten Ossis, die vorher im Ministerium gewesen waren oder irgendwo in der DDR-Wirtschaft. Teilweise echt

nette Menschen, kann ich sagen. Und dann gab es noch die westlichen Ministerialbeamten oder Manager von westdeutschen Unternehmen, die als sogenannte One-Dollar-Men ausgeliehen wurden. Mein Tag fing immer sehr früh an. Das war ein Riesenunterschied zu Westdeutschland. Bei der Treuhand musste man um 7 Uhr da sein und manchmal hatte ich um zehn nach sieben den ersten Anruf von irgendeinem Kombinat bzw. ehemaligen Kombinat. Der Tag war zu Beginn sehr stark strukturiert, durch das, was eben gerade passierte. Ich saß im Büro, teilweise mit Vorstand Klinz, und habe versucht, mir irgendwie einen Überblick zu verschaffen. Aber das war gar nicht so leicht, denn es war noch das vordigitale Zeitalter. Ich hatte Mappenstapel auf meinem Schreibtisch liegen, und ein großer Teil meines Jobs bestand darin, das ganze Material, das aus den Direktoraten kam, durchzuarbeiten und die Übersicht zu gewinnen. Ich musste das Material einordnen: Was davon musste Wolf Klinz entscheiden? Was musste in den Gesamtvorstand gegeben werden? Das hat meinen Tag sehr stark geprägt. Außerdem kamen immer wieder Anrufe von Unternehmen, die Hilfe suchten. Die Tage waren echt lang, und ich bin selten vor 20 Uhr oder 21 Uhr aus dem Büro gegangen. Aber das hat mir nicht so viel ausgemacht. Es war ja auch spannend. Ich war damals 27 und hab ja tatsächlich an etwas Historischem mitgearbeitet. Wir haben irre hart gearbeitet, aber natürlich auch die ganzen Clubs in Berlin ausprobiert. Schlafen hatte keine Priorität in der Zeit.

**Können Sie mir ein Beispiel aus Ihrem Arbeitsalltag erzählen?**
Ich war noch keine zwei Wochen da, als ein Unternehmen anrief und fragte, ob ihr Kreditantrag nicht bei uns auf dem Schreibtisch liege. „Nein", habe ich gesagt, „der liegt hier nicht. Um was geht es denn?" Dann wurde mir die Dringlichkeit geschildert. Ich habe mir das alles angehört und gefragt, um wie viel Geld es denn gehe. „Um 13 Millionen", sagte der Anrufer. Das war für mich eine unvorstellbare Summe. Ich erfuhr, dass das Geld dringend gebraucht wurde, um die Löhne der nächsten drei Monate zu bezahlen. Und da ist mir der Druck,

der überall herrschte, zum ersten Mal so richtig klar geworden. Alles drohte innerhalb kürzester Zeit wegzubrechen. Und das schildert auch ein bisschen meine Arbeitssituation. Ich war nicht derjenige, der dieses Problem lösen konnte. Aber ich musste denjenigen finden, der für dieses Unternehmen zuständig war. Später war das dann ein bisschen besser geregelt, aber am Anfang musste man sich erst mal durchtelefonieren. Wer ist zuständig? Hat die Person davon schon gehört? Ist der Kreditantrag überhaupt angekommen? Durch welchen Genehmigungsprozess muss der Antrag? Wie schnell muss das gehen? Schaffen wir das in der Zeit? Fragen über Fragen. Das war für mich als Rookie irre.

**Vier Wochen nachdem Sie bei der Treuhand Ihre Arbeit aufgenommen haben, wurde Detlev Rohwedder ermordet. Wie haben Sie das empfunden?**
Ich kann über Rohwedder als Person nichts Persönliches sagen. Aber das war für uns alle schon ein Schock. Ich kann jetzt nicht mehr sagen, ob ich damals Angst hatte, aber Wolf Klinz war schon angefasst. Ich würde sagen, dass wir ziemlich schnell in einen So-jetzt-sind-wir-gefragt-Modus eingestiegen sind, der mindestens bis zum Staatsakt im Schauspielhaus dauerte. Bis dahin haben wir einfach dafür gesorgt, dass operativ alles weiterlief.

**Wie haben Sie die Proteste gegen die Treuhand damals erlebt?**
Ich habe da zwei Erinnerungen: In der Tat ist man morgens oft neben Protestierenden rein- bzw. in der Mittagspause rausgegangen. Aber ich kann nicht sagen, dass ich mich je angegangen fühlte. Obwohl an Anzug und Krawatte erkennbar war, dass ich zu diesem Laden gehörte. Persönlich wurde ich nie angegriffen, und so richtig beeindruckt hat es mich auch nicht. Wenn man so unter Druck steht wie wir damals, entsteht ein Korpsgeist, der dann dazu führt, dass man sich auf der richtigen Seite fühlt. Darin liegt auch eine gewisse Überheblich-

keit. Aber es war eine Überheblichkeit, die uns in dem Augenblick geschützt hat.

**Kamen Sie denn nie direkt mit den Arbeiterinnen und Arbeitern in Kontakt?**

Doch, das betrifft die zweite Erinnerung: Es kam hin und wieder vor, dass sich eine Delegation eines Unternehmens bei der Treuhandanstalt anmeldete. Kleinere Unternehmen wurden in der Regel in den Direktoraten empfangen. Große Unternehmen übernahm meist der Vorstand, da sprachen dann die Vorstände unter sich. Als Assistent eines Vorstands kam ich also nur selten in Kontakt mit den Arbeiterinnen und Arbeitern eines Unternehmens. Manchmal schaffte es aber auch ein kleineres Unternehmen bis zum Vorstand. Einmal war Wolf Klinz gar nicht da. Die Mitarbeitenden des Unternehmens wollten nicht unverrichteter Dinge gehen und sagten: „Wir sind nicht den weiten Weg nach Berlin gekommen, um jetzt wieder zurückzufahren und keinen zu sprechen." Am Ende habe ich mit ihnen gesprochen, und das war für mich ein unheimlich wichtiges und gutes Gespräch. Die haben mir wirklich die ganze Misere, in der sie steckten, auf den Tisch geknallt. Leider habe ich die Details nach dreißig Jahren nicht mehr parat. Ich habe in dem Moment kapiert, wie es den Menschen in den Unternehmen geht, und was es bedeutet, die Existenz zu verlieren. Dieses Gespräch hat mir sehr geholfen, die Perspektive der ostdeutschen Arbeitnehmerinnen und Arbeitnehmer zu verstehen, mit ihnen ins Gespräch zu kommen und gemeinsam Lösungen zu entwickeln. Ich weiß ganz genau, dass ich mir Notizen machte und diese anschließend mit Wolf Klinz besprochen habe. Tatsächlich konnten wir dann auch etwas für dieses Unternehmen bewirken. Das wäre ohne diesen Termin in der Masse sicher verlorengegangen. Das war für mich eine wichtige Erfahrung.

**Wie haben Sie die ostdeutschen Kolleginnen und Kollegen wahrgenommen?**
Ich fand die Zusammenarbeit spannend. Aber für sie muss das hart gewesen sein. Ich war damals 27 Jahre jung, während sie wie 60 Jahre alt auf mich wirkten, obwohl sie in Wirklichkeit wahrscheinlich jünger waren. Ich weiß es nicht. Jedenfalls waren die aus meiner Perspektive alt. Es gab also eine Schieflage, denn sie wussten, dass sie auf mich angewiesen sind, obwohl ich nur 27 war und wenig Ahnung hatte. Sie hatten viel mehr erlebt und vielleicht auch geleistet, trotzdem waren sie irgendwie von mir abhängig, Ich habe bewundert, wie sie damit umgegangen sind. Heute würde ich sagen, dass ich damals an vielen Stellen auch ein bisschen naiv war. Es hatten schließlich nicht nur die Westdeutschen ihre Agenden, sondern wahrscheinlich auch die Ostdeutschen. Aber die ostdeutschen Kolleginnen und Kollegen wurden im Laufe der Zeit immer weniger. Viele verschwanden regelrecht, weil sie zum Beispiel diese berühmte Stasi-Erklärung unterschrieben hatten und sich dann herausstellte, dass sie doch eine Akte hatten. Dann waren die von einem Tag auf den nächsten weg. Zum Beispiel ein Referent, der sich um Holz- und Papierunternehmen gekümmert hatte, war von einem Tag auf den nächsten nicht mehr da. Und dann saßen wir da und sagten: „Wer kümmert sich jetzt um diese Unternehmen?"

**Haben Sie Konflikte zwischen den verschiedenen Mitarbeitenden aus den neuen und alten Bundesländern bei der Treuhand mitbekommen?**
Ich komme ja aus dem Westen und hatte davor eine Biografie, in der alles relativ gut und glatt lief. Außerdem hatte ich schon immer ein christliches Grundverständnis, das vornehmlich durch ein positives Menschenbild geprägt ist, das mich seitdem auch nicht verlassen hat. Ich war damals vielleicht noch etwas unbedarfter, und deswegen muss ich ehrlich sagen: Ich habe da nicht so viel drüber nachgedacht und deshalb sicher auch nicht so viel mitbekommen. Und mit Wolf Klinz

hatte ich auch keinen Chef, der besonders politisch war, obwohl er später in seinem Berufsleben sogar ins Europaparlament gewählt worden ist. Aber davor war er Unternehmensberater und Vorstand in verschiedenen Unternehmen – ein Machertyp. Von daher hat das nicht so eine große Rolle in meinen Gedanken gespielt, und ich habe die Leute oft als sehr hilfreich empfunden.

**Was haben denn Ihre Familie und Freundinnen und Freunde zu Ihrem Job gesagt?**
Am Anfang fanden sie es natürlich toll und faszinierend. Die Wiedervereinigung und die Folgen waren ja damals das große Thema. Auch mein Vater war durchaus beeindruckt. Das veränderte sich etwas, als die Berichterstattung über die Treuhand anfing und auch aufzeigte, was alles schieflief, wo überall auch Schmu gemacht wurde und wie das auch wirtschaftspolitisch unterschiedlich betrachtet wurde. Und je mehr diese negativen Stimmungen zunahmen, desto stärker wurde meine Arbeit auch von meinem Umfeld hinterfragt: „Macht ihr das wirklich richtig? Kann es sein, dass ihr so viel Geld braucht?" Ich habe eher mit Westdeutschen zu tun gehabt, die sich gefragt haben, warum diese Unternehmen noch länger am Leben gehalten werden mussten. Nach dem Motto: „Wer will denn noch Trabis fahren?" Die ostdeutsche Perspektive gab es in meinem Umfeld seltener.

**Haben Sie sich mit der Kritik auseinandergesetzt?**
Ich habe ja vorhin schon einmal das Wort Korpsgeist bemüht, um zu erklären, was geschieht, wenn man von außen angegriffen wird. Ich denke, das hat einen Teil der eigenen Betrachtung bestimmt. Und das war sicher auch notwendig. Ich kann mich erinnern, dass Wolf Klinz einmal in schweres Fahrwasser geriet. Der Umgang mit GRW Teltow (VEB Geräte- und Reglerwerke) ist sehr kritisiert worden und heute würde ich sagen, auch nicht ganz zu Unrecht. Ein westdeutscher Unternehmer kaufte das Werk und in kurzer Zeit stand nicht mehr das Werk, sondern die Immobilie in der Nähe von Berlin im

Vordergrund. Das hat dann auch zu ein paar Umstellungen in der Treuhandanstalt-Organisation geführt. Es wurde ein neuer Direktor berufen und Umstellungen im Vorstand vorgenommen. Ich habe das eher aus einer gewissen Verteidigerrolle heraus bewertet. Korpsgeist eben. Ich kann mich noch gut an die „Spiegel"-Journalisten erinnern. Ich durfte beim Gespräch zwischen ihnen und Wolf Klinz dabei sein. Anschließend las ich, was am Montag im „Spiegel" stand. Da habe ich mich schon gefragt, warum wir überhaupt mit ihnen gesprochen hatten, wenn sie uns doch nicht ernst genommen haben.

**Aber wenn ich mir vorstelle: Sie also kommen aus einer Unternehmerfamilie. Sie studieren dann Volkswirtschaft, Betriebswirtschaft in München. Haben Sie sich nicht gewundert, dass es keine Kontrolle gab?**
Das ist ein spannender Aspekt. Ich glaube, von außen konnte man sich nur schwer vorstellen, was für ein Massengeschäft wir zu bewältigen hatten. Zudem gab es in jedem Vorstandsbereich neben den Branchendirektoraten ein sogenanntes Controlling-Direktorat.

**Das ist aber später erst eingeführt worden?**
Ja, etwas. Und das hat viele Prozesse verlangsamt, aber auch sicherer gemacht. Und das war gut so. Natürlich habe ich das erst mal als einen zusätzlichen administrativen Aufwand empfunden. Heute kann ich sagen, dass nach dem Übergang von Detlev Rohwedder zu Birgit Breuel ein ganz anderer Geist herrschte. Nun ging es viel mehr um die Ordnungsmäßigkeit, und das war auch dringend notwendig. Ich habe Rohwedder nicht persönlich getroffen, aber er packte die Dinge an. Und diese Hemdsärmeligkeit hatte etwas Unternehmerisches. Nach dem Motto: Bevor wir gar nichts machen, machen wir lieber hier und da auch mal einen Fehler. Später bekam der Verwaltungsrat eine neue Rolle und mehr Mitspracherecht. Aus der Perspektive desjenigen, der in erster Linie dafür sorgen musste, dass die Dinge vorwärtsgingen, wurde es komplizierter. Ordnungsgemäßer, aber komplizierter. Mein

Job dabei war nicht so sehr die inhaltliche Prüfung, das musste das Controlling-Direktorat leisten. Meine Aufgabe war es, das Ganze in Bewegung zu halten.

**Wie haben Sie die flachen Hierarchien wahrgenommen?**
Es war ein bisschen wie ein Projekt. Es gab Leute, die ausgeliehen waren. Zum Beispiel waren wir anfangs für die Chemieindustrie zuständig und hatten unter anderem deren Sanierungsfähigkeit zu überprüfen. Aber das hat nicht die Treuhandanstalt selbst gemacht, sondern ein Team von McKinsey, das von Alexander Dibelius geleitet wurde, der später eine führende Rolle bei Goldman Sachs innehatte. Ich werde nie vergessen, wie er mich irgendwann um 22 Uhr abends im Büro anrief und sagte: „So, ich schicke Ihnen gleich per Fax unsere Präsentation für morgen und setze mich dann anschließend in Düsseldorf ins Auto und fahre noch nach Magdeburg." Ich fragte dann, warum er um die Uhrzeit noch nach Magdeburg fahre und ob er niemanden hätte, der ihn fahren könne. Da sagte er: „Ich kann das meinen Leuten nicht auch noch zumuten, dass sie mich – nachdem sie Tag und Nacht gearbeitet haben – jetzt auch noch rüberfahren. Das muss ich jetzt schon selbst machen."
Das war die pragmatische und engagierte Stimmung, die vorherrschte. Ich habe es nicht als eine Ellenbogengesellschaft empfunden. Ich will das aber in aller Vorsicht sagen, weil ich sehr nah an der Führung saß, und da muss man immer bescheiden sein, wenn man über hierarchiefreie Räume spricht und gleichzeitig relativ oben in der Hierarchie ist. Dennoch: Ich persönlich habe es so wahrgenommen. Es war für die damalige Zeit eine Kultur weitgehend offener Türen.

**Gab es Konflikte aufgrund der unterschiedlichen beruflichen Hintergründe, Mentalitäten und Prägungen, die die Mitarbeiterinnen und Mitarbeiter hatten?**
Absolut. Und mich hat das sehr viel für den Rest des Lebens gelehrt, sehr unterschiedliche Leute so jung schon einmal kennengelernt zu

haben und ganz viele Branchen zu sehen. Der Kern allerdings, mit denen ich am meisten zu tun hatte, waren Leute in meinem Alter, bis Mitte dreißig. Wir waren gewissermaßen eine mobile Einsatztruppe, ohne große Limitationen, was unsere Arbeitszeit und Kraft betraf. Das hat Spaß gemacht, ich kann es nicht anders sagen.

**War Ihnen bewusst, dass es damals vielleicht auch Berater gab, die im Interesse ihrer Firma beurteilten, und es Interessenskonflikte geben könnte?**
Das ist der Fall. Ich erwähnte schon die One-Dollar-Men. Ich kann mich an einen erinnern, der später Vorstandsvorsitzender der Bayer AG wurde. Er saß in einem Mini-Mini-Büro, hieß Werner Wenning und war für einige chemische Unternehmen als Beteiligungsmanager zuständig. Es war beeindruckend, mit solchen Managern, die ja von der Industrie ausgeliehen waren, zu reden. Sie konnten aufgrund ihrer Erfahrung die Industrie und das Potenzial der Firmen wirklich bewerten. Ob die dabei auch geguckt haben, was die Entscheidungen der Treuhandanstalt für die westdeutsche Konkurrenz – also ihre eigenen Unternehmen – bedeuten, halte ich nicht für ausgeschlossen. Aber für mich als jungen Menschen waren diese Kontakte erstmal beeindruckend und auch lehrreich. Und dann gab es noch eine andere Gruppe. Das waren die Beamten, die adeligen Beamten, möchte ich fast sagen, weil es dort eine hohe Adelsquote gab. Die haben für korrekte Prozesse gesorgt und waren mit einem idealistischen Ethos ausgestattet, nach dem Motto: „Wir wollen Deutschland wieder ganz machen." Die haben der Qualität sicherlich nicht geschadet, weil sie für ordentliche Prozesse sorgten. Aus meiner damaligen Sicht haben sie Dinge aber oft auch verkompliziert und damit langsam gemacht.

**Man darf nicht vergessen, dass die bundesdeutsche Wirtschaft damals selbst nur zu 70 Prozent ausgelastet war und es eine hohe Arbeitslosigkeit gab. Manche westdeutsche Firma witterte bereits das große Geld ...**

Ja, es gab sicherlich Interessenkonflikte, und natürlich gab es viele Unternehmen, die gedacht haben: „Wunderbar, da kommt ein 17-Millionen-Einwohner-Markt. Aber den können wir auch gut aus Clausthal-Zellerfeld oder von wo aus auch immer bedienen. Da brauchen wir doch kein Werk auf der anderen Seite der Grenze." Dann gab es mit Sicherheit Leute, die gesagt haben: „Wow, das ist ja mal 'ne Möglichkeit, Geschäfte zu machen." Zum Beispiel Autohändler, Versicherungsverkäufer, Berater, Banken, Rechtsanwälte oder Mitarbeitende von Investmentbanken. Für die war es durchaus ein Konjunkturprogramm. Aber ich finde, dass es auch sehr viele westdeutsche Unternehmen, Managerinnen und Manager gab, die erkannt haben, dass sie eine Verantwortung, ja nationale Verpflichtung haben. Man kann nicht einfach sagen, dass es das gar nicht gab. Ich habe viele gesprochen, denen das sehr wichtig war.

**Also hat die Treuhand Ihrer Meinung nach richtig gehandelt?**

Ich finde, es ist zu simpel, einfach zu sagen, die Treuhandanstalt habe zum wirtschaftlichen Desaster geführt. Auch die Treuhandanstalt hatte Anteil, keine Frage. Aber die Unternehmen der DDR waren zum großen Teil nicht wettbewerbsfähig, das darf man nicht vergessen. Aus meiner Sicht wäre es ohne diese marode wirtschaftliche Situation in der DDR vielleicht gar nicht zu einer friedlichen Revolution gekommen. Die wirtschaftliche Basis war bereits angeknackst. Der kritische Punkt nach der Wende war sicherlich auch die sehr schnelle Einführung der D-Mark. Das hat erst recht dazu geführt, dass die Ost-Unternehmen nicht mehr wettbewerbsfähig waren. An der Stelle kann man tatsächlich diskutieren, ob man etwas anders hätte machen können.

**Wie dachten Sie damals darüber?**
Auf der einen Seite war das entstandene Chaos für mich fast logisch: Wie hätte eine staatliche Behörde in der Lage sein können, über 14.000 Unternehmen vernünftig zu führen? Das Konzept hingegen, die Belange der Unternehmen möglichst schnell an Expertinnen und Experten abzugeben, die etwas von der Materie verstanden, finde ich nach wie vor überzeugend. Es gibt Entscheidungen, die man als gelungen bezeichnen muss, auch wenn sie vielleicht mit schweren Einschnitten für die Region verbunden waren.

**Können Sie ein Beispiel nennen?**
Am 50. Geburtstag von Wolf Klinz, dem 13. September 1991, sind wir beide mit dem Auto nach Sömmerda gefahren. Dort war damals das größte Computerwerk der DDR. Nur ein Werk von vielen im Robotron-Kombinat. Da haben circa 16.000 Menschen gearbeitet und PCs hergestellt. Sömmerda war damals eine Stadt mit rund 24.000 Einwohnerinnen und Einwohnern. Beinahe die ganze Region hing also von diesem Werk ab. Dennoch war es eine vollkommen illusorische Vorstellung, dort PCs für den Weltmarkt zu bauen. Selbst in Westdeutschland gelang das zu der Zeit schon nicht mehr. Die Nixdorf Computer AG in Paderborn, ganz in der Nähe meiner Heimat, war zum Beispiel kurz danach ebenfalls in Konkurs. Der Blick auf viele DDR-Unternehmen hätte dennoch wohlwollender sein können. Lothar Späth hat das beispielsweise in Jena erfolgreich mit Jenoptik bewiesen. Aber für manche Branchen brauchte es einfach eine klare Orientierung.

**Wie haben die Leute in Sömmerda reagiert?**
Mit einem Pfeif- und Trommel-Konzert. Abgesehen vielleicht von Rockkonzerten war das das lautstärkste Konzert, das ich je gehört habe. Die IG Metall hat das ein Stück weit orchestriert. Direkt nach dieser Betriebsversammlung gab es noch weiterführende Gespräche und Verhandlungen darüber, wie das Werk abgewickelt werden wür-

de und welche Unterstützung es geben würde. Da saß ich auch mit am Tisch. Aus der Perspektive eines jungen Mannes aus Westdeutschland, wo ich erlebt hatte, dass Proteste nicht so schnell abflauen, hat es mich erstaunt, wie schnell und relativ ruhig die Beteiligten damals wieder am Tisch saßen, um konstruktiv zu besprechen, wie es weitergehen würde.

**Wie haben Sie sich da gefühlt?**
Ich habe mich nie als eine staatliche Institution oder Macht betrachtet, sondern viel eher als Experte gefühlt. Insofern habe ich mich intelligent gefühlt, als jemand, der wusste, wie das in der Wirtschaft funktioniert. Ich hatte dabei auch eine empathische Art, mit den Leuten zu reden. Am Ende war ich aber schon davon überzeugt, dass das richtig ist, was wir tun.

**Und heute?**
Heute bin ich immer noch davon überzeugt, dass unbequeme Entscheidungen getroffen werden müssen. Und ich glaube, dass es schwer ist, wenn man ausschließlich die Rolle der Betroffenen einnimmt. Das würde ich immer noch so sehen. Hätten wir damals hier und da auch andere Entscheidungen treffen können? Ja, dem würde ich zustimmen. Aber ich glaube, dass die Privatisierungsstrategie im Grundsatz richtig war. Damals wie heute traue ich dem Staat nicht zu, so viele Firmen operativ zu leiten. Dafür braucht es einfach Profis, die verstehen, wie ein Unternehmen geführt wird. Aber wir hätten damals mehr Inseln schaffen können wie in Jena, oder wie es der Vorstand Wild bei den Werften versucht hat. Das wäre langfristig besser gewesen.

**Warum wurde das nicht gemacht?**
Uns fehlte schlicht die Zeit, um in Ruhe zu überlegen, was die beste Strategie ist. Wir konnten nicht sagen: „Leute, lasst uns doch mal drei Monate überlegen, solange bewegt ihr euch bitte nicht aus Ost-

deutschland weg. Bleibt schön an eurem Arbeitsplatz, ihr kriegt weiter Ostmark und wir überlegen jetzt, wo wir schnell privatisieren und wo wir uns industriepolitisch was einfallen lassen." Das ist Laborökonomie und funktioniert nicht. Die Leute waren viel schneller und hatten ganz klar Pläne. Sie wollten in den Urlaub fliegen. Sie wollten ein schickes Auto haben und einen besser bezahlten Job ... und sind in den Westen gegangen.

Dieser Druck führte dazu, dass die Grundstrategie kaum zu ändern war. Wenn man sich genauer damit beschäftigt, dann sieht man natürlich, dass das nicht der einzige Druckfaktor war. Nachdem die Wirtschaftsforschung sich bis heute intensiver damit beschäftigt hat, wissen wir, dass auch ideologisch geprägte Überlegungen Einfluss darauf hatten, es so zu machen und nicht anders.

**Was meinen Sie mit der Ideologie?**
Im Finanz- und im Wirtschaftsministerium saßen Leute, die die Strategie und Umsetzung der Treuhandanstalt gepusht haben. Aus heutiger Perspektive war das sehr clever gemacht: Sie hatten den Buhmann draußen sitzen, der erledigte, was ihrer Auffassung nach richtig war. Dahinter steckte auch eine ideologische Grundüberzeugung, die bewirkte, dass nach gewohnten westlichen Regeln verfahren wurde. Regeln, die über Jahrzehnte vermeintlich oder real erfolgreich waren, die aber vielleicht für eine Transformation in dieser Größenordnung eine Variation gebraucht hätten. Doch für diese Variation gab es wenig Spielraum. Auf der einen Seite war der Druck von der Straße groß, und auf der anderen Seite übten wichtige Leute in den Ministerien und wahrscheinlich auch in der deutschen Wirtschaft Druck auf die Politik aus. Sie pochten darauf, dass diese Transformation kein Experimentierfeld für Sozialpolitik werden dürfe.

**Glauben Sie, dass die Treuhand eine erfolgreiche Geschichte ist auch im Vergleich mit anderen osteuropäischen Ländern?**

Der Vergleich mit anderen osteuropäischen Ländern ist spannend, gerade weil die Grundvoraussetzungen dort ganz andere waren: Nirgendwo sonst wurden zwei Staaten zusammengelegt. In dem Augenblick, wo zwei Staaten zusammengelegt werden und es nur noch eine Währung und einen Rechtsraum gibt, folgt daraus keine Wiedervereinigung im eigentlichen Sinne, sondern es kommt zu einem Anschluss. In dessen Rahmen hat sich anschließend die Treuhandanstalt bewegt. In Polen, Tschechien oder in der Slowakei gab es eine Grenze, und die Mittel waren endlich, während bei uns viele Mittel in den Osten transferiert wurden. In den anderen Ländern konnten die Leute auch nicht mal eben sagen: „Ach, dann ziehe ich eben von Halle-Ost nach Halle-West oder von Frankfurt/Oder nach Frankfurt/Main." Nein, im übrigen Osteuropa gab es nicht diesen enormen Druck. Die Dinge konnten viel ruhiger und damit langsamer angegangen werden.

In Deutschland war der Weg in dem Augenblick vorgegeben, in dem man sich für die Wiedervereinigung entschieden hatte. Schon deswegen war die Treuhandanstalt keine reine Erfolgsgeschichte. Aber es wäre naiv, sich eine Transformation dieser Größenordnung und von so unterschiedlichen Systemen als etwas vorzustellen, das keine Anpassungsschmerzen verursachen wird. Das wäre das Vorgaukeln einer unrealistischen Zukunft. Diese blühenden Landschaften, die aus der Portokasse zu bezahlen wären, waren für mich daher eine fahrlässige Fehlprognose, wenn nicht eine kühle Vorspiegelung falscher Tatsachen, damit die Begeisterung nicht zu schnell verlorenging.

**Sie sind seit 2003 Geschäftsführer von Prognos, einem großen Wirtschaftsforschungsunternehmen. Haben Sie dort noch mit dem Thema Treuhand und ostdeutsche Wirtschaft zu tun?**

Zunächst habe ich einen richtigen Bruch versucht. Ich bin zu Bosch Siemens Hausgeräte in den Vertrieb gegangen, weil ich etwas Bodenständiges machen wollte. Ich habe anschließend unter anderem als Partner in der Unternehmensberatung und als Geschäftsführer des „Handelsblatts" oft an den Schnittstellen von Wirtschaft, Politik und Medien gearbeitet. Heute bei der Prognos AG haben wir fortlaufend mit Wirtschaftsfragen, Strukturpolitik, Industriepolitik und Wirtschaftsförderung zu tun. Und wenn Sie unseren „Zukunftsatlas" ansehen, den wir seit 2004 alle drei Jahre herausgeben, muss ich sagen, dass es bestürzend ist, wie gut man die alte Grenze immer noch erkennen kann. Insofern beschäftigen mich viele der Themen aus den Treuhandanstaltszeiten noch immer. Doch ich sehe auch, was entstanden ist: Wir haben eine zunehmende Stabilisierung der ostdeutschen Wirtschaft, wir haben in Ostdeutschland eine sehr gute Infrastruktur, allerdings auch eine enorme politische Unruhe.

**Würden Sie im Nachhinein zustimmen, dass es sich nach Rohwedder um eine Turbo-Privatisierung gehandelt hat?**
Ich kann es am Ende nicht ganz beurteilen, weil die Zeit, die ich mit Rohwedder hatte, zu kurz war. Aber den „Osterbrief" habe ich auch erhalten, und Birgit Breuel habe ich persönlich erlebt. Sie ist nicht zu Unrecht als kühl beschrieben worden. Doch auch nach Rohwedder gab es in der Treuhandanstalt zwei Denkschulen: Wir hatten einerseits die „Privatisierer". Die standen im Vordergrund, weil es notwendig war, die Problemfälle zügig, in hoffentlich bessere Hände zu übergeben. Zudem gab es auch andere, die, wie später auch Wolf Klinz oder Ludwig Tränkner, der Leiter der Abwicklungsabteilung, versuchten, bei Unternehmen, die abgewickelt werden mussten, noch Teile zu retten. Diese Personen waren bei Birgit Breuel nicht immer sehr beliebt. Im Laufe der vier Treuhand-Jahre hätte es sicherlich auch mehr Möglichkeiten gegeben, Unternehmen „mal aus dem Wind zu nehmen" und diesen sechs bis zwölf Monaten Entwicklungszeit zu geben. Lothar Späth hat dies beispielsweise in Jena so gehandhabt.

**Ist die Zeit bei der Treuhand für Sie eine Episode gewesen, oder ist es etwas, was Sie langfristig in bestimmten Dingen geprägt hat und wo Sie möglicherweise auch noch Kontakte pflegen?**
Zeitlich gesehen war es nur eine Episode. Aber es hat mich sehr stark geprägt. Auch wenn die Zeit bei der Treuhand für mein weiteres berufliches Leben keine unmittelbare Konsequenz hatte, so hat sie mich letztlich zu dem geführt, was mich heute am meisten interessiert und was ich mit Prognos verwirklicht sehe: die Schnittstelle zwischen Politik und Wirtschaft.

# Richard J. Flohr

*„Die Treuhandanstalt war keine Erfindung des Westens, sondern wurde am ‚Runden Tisch' der DDR mit dem gesetzlichen Auftrag ersonnen, alle Betriebe zu privatisieren oder stillzulegen."*

Richard J. Flohr ist 1962 in New York geboren. Er studierte BWL und Jura in Göttingen und war studienbegleitend bereits Geschäftsführungsassistent bei einem Technologieunternehmen. Von Frühjahr 1991 bis 1992 war er zunächst als Referent, dann als Abteilungsleiter Privatisierung/Verkauf in der Treuhand-Niederlassung Halle tätig. 1993 unterstützte er mit der TOB Treuhand-Osteuropa-Beratungsgesellschaft in Tallinn (Estland) die dortige Regierung bei der Privatisierung, bevor er bis Frühjahr 1994 in der Treuhandzentrale in Berlin mit der Privatisierung kleiner und mittlerer Unternehmen betraut war. Heute arbeitet er als Gründungsunternehmer an der Entwicklung eines mobilen Hochwasserschutzsystems für Gebäude.

**Herr Flohr, gibt es Dinge, die Sie in Ihrer Kindheit und Jugend bis heute geprägt haben?**

Ich denke, das waren drei Dinge. Sehr prägend war für mich sicher der Sport, ich wollte immer der Beste sein. Ab zwölf begann ich dann Eishockey zu spielen und hatte das Glück, dass ZSKA Moskau, damals wohl das beste Eishockeyteam der Welt, in meinem Heimatort mehrere Jahre lang sein Sommertrainingslager abhielt. Da begann ich zu begreifen, dass Talent und hartes Training allein nicht reichen, um ganz nach oben zu kommen. Nötig sind: unbedingter Siegeswille, Durchhaltevermögen, Widerstands- und Leidensfähigkeit, die Fähigkeit, unter Druck klaren Kopf zu bewahren, und die Bereitschaft, immer einen Meter mehr zu gehen.

Ein anderes prägendes Erlebnis betraf meine Leidenschaft für Politik, Dinge für die Gemeinschaft/Gesellschaft besser zu machen und sich für Werthaltungen und Überzeugungen zu engagieren. Ich bin 1976 zu einer Wahlkampfveranstaltung von Helmut Kohl auf dem Marktplatz in Goslar mit meinem Mofa ca. 40 Kilometer weit gefahren. Dort ist es mir dann tatsächlich gelungen, dass mir Helmut Kohl seine Hand gab, als er ging. Und diese Hand von Helmut Kohl hat mich sehr lange in meinem Leben begleitet. Mir gab diese Begegnung damals ungeheure Motivation für mein politisches Engagement.

Und ein drittes wesentliches Ereignis war ein Satz meines Großonkels Willy, der mir als Sechs- oder Siebenjährigem mal sagte, ich solle mir stets merken: „Ein Flohr geht immer aufrecht!" In dem Alter hatte ich das auf meine Körperhaltung bezogen. Später wurde mir klar, dass er damit Aufrichtigkeit und innere Haltung gemeint hat – das ist mir bis heute eine Leitschnur.

**Hatte Ihre Familie irgendwelche Kontakte im Osten Deutschlands?**
Ja, meine Mutter ist Berlinerin, und meine Großmutter hatte noch in Kriegszeiten dort gelebt. Sie hatte Verbindungen nach Magdeburg, Stendal, wo eine alte, befreundete Familie lebte. Als ich noch ein Kind war, sind wir dann auch mal in einem kleinen Käfer mit meiner Mutter im sogenannten kleinen Grenzverkehr nach Stendal gefahren. Ich sagte ihr irgendwann: „Mama, hier sind wir falsch. Das sieht ja aus wie in einer Kulisse für einen Western, es fehlt nur noch, dass Präriegras durch die Straßen weht", es war alles grau in grau. Später habe ich diesen Kontakt genutzt, weil ich in meiner Studienzeit wieder rüberwollte, um mir ein Bild zu machen. Man musste sich damals immer anmelden und wartete ungefähr vier bis fünf Monate auf ein Visum. Da musste man sich dann auch tatsächlich an der Stelle melden, die

man als Ziel angegeben hatte. In der Studienzeit betrieb ich dann Familien- und Ahnenforschung und stellte fest, dass meine väterliche Großmutter sowie die drei Geschwister meines Vaters mit ihren Familien in Bernburg, Leipzig und Chemnitz wohnten. Ich besuchte sie alle dann noch vor dem Mauerfall und war irgendwie beglückt, dass sie aufrecht und kein Teil des Systems waren.

**Woher kam Ihr Interesse an der DDR?**
Vor allen Dingen war es ein politisches Interesse, was in meiner Generation nicht unbedingt so lebhaft war. Die deutsche Frage war für mich immer offen, weil wir in der Familie nie von einer Staatsgrenze oder der deutschen Grenze gesprochen haben. Das war immer eine Zonengrenze, die einen Steinwurf entfernt von Braunlage, wo ich lange aufwuchs, war. Ich hatte deshalb das Gefühl, dass diese deutsche Frage irgendwann gelöst werden muss. Ich war damals dann sehr, sehr aktiv im Politischen und wollte dafür wirken, dass Deutschland wieder zusammenkommt. Ich hielt die Teilung für einen widernatürlichen Zwang und wollte, dass alle Deutschen gemeinsam in Freiheit, Rechtsstaatlichkeit und Wohlstand leben können. Meine beschriebene Begegnung mit Helmut Kohl und das Auffinden meiner väterlichen Familie taten ein Übriges. Bei mir kam sehr viel zusammen: Politik, Haltung, Freundschaften und Familie.

**Sie waren damals auch in der Jungen Union organisiert. Wie haben Sie denn die Zeit der friedlichen Revolution in der DDR für sich in Erinnerung?**
Für mich war die Zeit unfassbar spannend. Mein Studium ging auf die Zielgerade, und ich wollte eigentlich fürs Examen lernen, doch in die Zeit fiel dann auch diese Revolution. Ich versuchte zu lernen und mehrmals täglich die TV-Nachrichten zu schauen, weil sich die Lage schließlich stündlich ändern konnte; Internet gab es noch nicht. Ich werde nie die Autofahrt mit meiner damaligen Freundin zu einer Hochzeit von Freunden vergessen, nachdem sich in Ungarn 1989 der

Eiserne Vorhang erstmals öffnete und ich sagte: „Ich kann mir nicht vorstellen, dass sie das Tor nochmal zu kriegen. Wenn da ein Schlüsselloch geöffnet wird, dann wird sich das zur Gänze öffnen."
„In spätestens 20, 25 Jahren", dachte ich damals, „werden wir wieder ein einiges Deutschland haben, denn diese ganzen staatsrechtlichen Verträge, die da notwendig sind, das dauert schließlich seine Zeit." Im Endeffekt hat das nachher in weniger als einem Jahr stattgefunden. Von daher war das für mich eine wahnsinnig spannende Zeit, um das zu verfolgen und neben meinem Examen zu verarbeiten und mit einer unheimlich großen Freude daran teilzuhaben.

**Wo waren Sie denn in der Zeit nach dem Mauerfall?**
Die erste Nacht verbrachte ich weitgehend am Fernseher und bedauerte, in dieser Nacht nicht in Berlin zu sein. In der zweiten Nacht war ich mit meiner damaligen Freundin in Duderstadt. Das ist nicht weit weg von Göttingen, da gab es einen Grenzübergang und eine unaufhörliche Schlange von Trabis, die, gefühlt in einer Dauerschleife, auch nachts unaufhörlich in den Ort strömten. Die Geschäfte hatten geöffnet, Spielwarenläden haben ihre Spielsachen an Ostdeutsche verschenkt, die dort ankamen, weil sich jeder unglaublich gefreut hat. Wenn man einen Trabi sah, der möglicherweise von Duderstadt nach Göttingen fuhr, um dort einzukaufen, dann grüßte man, machte Lichthupe, und jeder freute sich. Wir lernten in dieser Nacht ein junges Ehepaar und deren Sohn Ronny kennen. Wir trafen uns danach noch ein paar Mal. Leider verloren sich danach unsere Spuren.

**Wie sind Sie denn konkret zur Treuhand gekommen?**
Ich war noch nicht ganz fertig mit dem Examen und wollte eigentlich anschließend promovieren. Deshalb wollte ich mit einem Professor darüber sprechen, doch der Termin wurde verschoben, und so hatte ich dann ein bisschen Zeit, um am schwarzen Brett entlangzugucken. Dort gab es einen Aushang, dass ein Treuhanddirektor in Halle zwei persönliche Referenten sucht, und ich dachte mir, das könne nicht

verkehrt sein. Als ich dort anrief, sagten die gleich: „Nehmen Sie am besten mal Ihre Unterlagen unter den Arm und seien Sie übermorgen in Halle." Es hat fünfeinhalb Stunden gedauert, bis ich da war, deshalb bin ich heillos zu spät gekommen, aber der Direktor meinte: „Das ist ja schön, dass Sie da sind. Mir geht das hier auch immer so, kommen Sie mal rein." Nach einer knappen halben Stunde fragte er mich, wann ich denn anfangen könne. Eigentlich wollte ich ja promovieren, und ich musste mir das überlegen. Und er meinte, „Na gut, dann haben Sie hier Unterlagen. Und wenn Sie sich entschieden haben, dann haben Sie den Job. Und wenn er dann schon weg ist, ist es Ihr Problem." Dann kam die Ermordung von Detlev Rohwedder am 1. April 1991, und danach war für mich klar, dass ich rüber in den deutschen Osten musste. Es war für mich eine Art Statement und auch ein bisschen Abenteuerlust, meinen Beitrag zum Gelingen dieser historischen Aufgabe beizutragen, die noch niemand zuvor getan hatte. Ab Anfang Mai 1991 war ich dann in Halle.

**Wieso löste die Ermordung Rohwedders bei Ihnen dann die Entscheidung aus, zur Treuhand zu gehen?**
Nun, ein gutes Jahr zuvor wurde ja bereits Alfred Herrhausen ermordet, ein ebenfalls politisch engagierter Wirtschaftsführer, den ich kurz zuvor auf einer Veranstaltung in Göttingen persönlich kennenlernen durfte. Die Ermordung von Detlev Rohwedder war dann noch mal ein i-Tüpfelchen: Es gab damals ja keine große Bereitschaft der Menschen im Westen, aus der persönlichen Komfortzone herauszutreten und im Osten mit anzupacken. Ich fühlte hingegen eine Art Verpflichtung, mein bescheidenes persönliches Zeichen gegen diesen Terror und für das Gelingen der deutschen Einheit zu setzen, von der ich immer geträumt hatte.

**Haben Sie dann das Gefühl gehabt, dass Sie als 28-Jähriger diesem Job gewachsen sind, oder hatten Sie sehr viel Respekt davor?**
Ja klar hatte ich Respekt. Wobei ich damals nicht ein typischer 28-, 29-jähriger Studienabgänger war, sondern doch schon so einiges gesehen hatte, eine gewisse Bodenhaftung besaß und wusste, was Politiken auch in Unternehmen so bedeuten. Ich war in politischen Auseinandersetzungen, auch im öffentlichen Raum, gestählt, war studienbegleitend schon zwei Jahre lang Geschäftsführungsassistent eines weltweit tätigen Göttinger Technologieunternehmens, hatte zuvor bereits Erwachsenenbildungskurse im Osten geleitet und kannte die Verhältnisse dort ja ein Stück weit. Zudem hatte ich neben BWL auch Jura studiert. So fühlte ich mich recht gut gerüstet für die Aufgaben, die vor mir lagen. Und die Tatsache, dass ich bereits nach einigen Monaten direkt zum Leiter einer von mir aufzubauenden eigenen Abteilung befördert wurde, bestätigte mich letztlich in dieser Einschätzung.

**Das heißt, Sie haben im Frühjahr 1991, also kurz nach der Ermordung von Rohwedder, in Halle in der Niederlassung begonnen. Wie muss man sich das damals vorstellen?**
Der persönliche Assistentenjob war damals schon weg, aber ich konnte dann einen Referentenjob in einer Abteilung für Privatisierung bekommen, und da war ich dann auch. Der Abteilungsleiter war Rechtsanwalt in Stuttgart und nur Dienstag, Mittwoch und Donnerstag vor Ort. Wir waren damals in einem Plattenbau untergebracht, und ich glaube, ich hatte das Kinderzimmer der ursprünglichen Wohneinheit erwischt. Es war wirklich eine kleine Schachtel, hatte aber einen Balkon. Da gab es einen grauen, modernen Schreibtisch, dahinter einen Schreibtischstuhl und zwei Rohrstühle davor, auch mit grauem Polster. Und es gab zwei Sideboards, eins rechts von der Tür, eins links von der Tür, ein Telefon und sogar einen Schreibcomputer. Das war die Ausstattung, und man führte mich dort rein und sagte: „Das ist Ihr neuer Arbeitsplatz. Und hier, rechts und links, sind die Akten. Die

haben wir für Sie schon mal vorbereitet. Und ihre Aufgabe ist es, so schnell wie möglich alles zu privatisieren. Sie sind frei darin, wie Sie das machen."

Ich habe mich dann mal kurz gesetzt und mich an diese Sideboards begeben, die schön beschriftet waren. Für jedes Unternehmen gab es zwei Aktenordner, einer mit Stammdaten, wie es so schön hieß, also wo alles drin war über das Unternehmen: Vertrag, Gründungsurkunde, erste Bilanzen, Grundstücke, was es auch immer so gab. Und der zweite bot Platz für alle Privatisierungsaktivitäten. Dann dachte ich mir: „Okay, wo fange ich hier an?" Ich nahm mir die ersten Ordner raus und musste feststellen, dass sie völlig leer waren. Sie hatten ein Deckblatt mit der Unternehmensnummer, und wenn man Glück hatte, war der Name oder der Geschäftsführer vermerkt. Wenn man noch mehr Glück hatte, gab es Telefon- und Adressdaten.

**Wie sind Sie dann vorgegangen?**

Zuerst habe ich mir überlegt, welche Daten ich von jedem Unternehmen brauche, und systematisch mein Inhaltsverzeichnis für die Ordner entwickelt. Dann bin ich auf Datensuche im Haus, im für die Betreuung zuständigen Beteiligungsbereich gegangen. Doch die gescheiteste Art und Weise, aktuelle Daten zusammenzusuchen, war dann, eine Telefonnummer ausfindig und mit dem Geschäftsführer einen Termin zu machen, sich eine Polaroidkamera über die Schulter zu schmeißen und dann dorthin zu fahren, was meistens ein Tagesakt war.

Ach, und dann gab es natürlich noch jede Menge Dienstanweisungen, Gesetze und Verordnungen etc., die sich oftmals nach kurzer Zeit schon wieder änderten. Dafür habe ich mir dann meinen persönlichen Privatisierungsordner angelegt und laufend fortgeführt. Ebenso habe ich mir einen Verhandlungsleitfaden erarbeitet, um alle relevanten Verhandlungserfordernisse sinnvoll und zeitsparend abarbeiten zu können. Beides konnte ich dann kurz darauf für die Schulung meiner eigenen Abteilungsmitarbeiter prima nutzen. So gab es einen

Bearbeitungsstandard in meiner Abteilung. Das offizielle Privatisierungshandbuch von der Zentrale, das für die Niederlassungsarbeit nur bedingt einsetzbar war, wurde erst ein Jahr später bereitgestellt, als wir mit unserer Arbeit in Halle fast fertig waren.

**Die ganz großen Betriebe wurden von Berlin aus privatisiert. Waren die Unternehmen, um die sie sich zu kümmern hatten, denn einer Branche zugeordnet, oder war das querbeet?**

Anfangs, als ich nach Halle kam, war der Privatisierungsbereich nach Branchen gegliedert und ich in der Abteilung für Bau und Verkehr. Das änderte sich dann mit der Umstrukturierung, als ich Abteilungsleiter wurde. Fortan gab es nur noch die Bereiche Verkauf und Reprivatisierung mit jeweils drei Abteilungen. Diese Aufteilung war sinnvoll, weil sich im Verkauf nun nur noch von Restitutionsansprüchen freie Betriebe befanden, während die gänzlich abweichenden Fragen von Rückgabe oder Entschädigung nach engen gesetzlichen Vorgaben durch hierfür fortan speziell geschulte Mitarbeiter gelöst wurden. In meine einzig neu gegründete Abteilung nahm ich somit die von Restitutionsansprüchen freien Bau- und Verkehrsbetriebe mit, für die ich bereits als Referent zuständig war. Mein erster Referent kam aus der Abteilung Maschinenbau, der gleiches tat. Mit dem weiteren zahlenmäßigen Aufbau der Abteilung bekamen wir dann vor allem die Betriebe aus dem Reprivatisierungsbereich, die von Rückgabeansprüchen befreit waren, ohne Ansehung der Branche. Somit hatte meine Abteilung sehr schnell eine bunte Mischung: Bau- und Fahrzeugbau, Polstermöbel-, Schuh-, Lebensmittel- und Landmaschinenproduktion, Sägewerke, Mälzereien, ein Analyselabor, Plastikverarbeitung, Kiesgruben, Wärmetechnik, Wasserbehandlung, Autohäuser, Ferienheime und einiges mehr. Das machte die Aufgabe einerseits ausgesprochen interessant, andererseits aber auch kleinteiliger. Die zuvor bereits bestehenden Abteilungen behielten hingegen weitgehend ihre Branchenorientierung und bekamen allenfalls eine weitere Branche hinzu.

**Wie muss man sich denn so einen Arbeitsalltag bei Ihnen in der Treuhand vorstellen?**

Die Ostmitarbeiter waren es gewohnt, schon um 6 Uhr da zu sein. Ich habe immer zwischen 8 und 9 Uhr angefangen, bin dafür aber selten vor Mitternacht nach Hause gegangen; Mittagessen habe ich mir seither abgewöhnt: Es kostet Zeit und macht müde. Es waren zunehmend lange Arbeitstage zwischen 12 und 14 Stunden, und kurz vor der Schließung unserer Niederlassung, also im August/September 1992 waren es auch 16 und 18 Stunden, die man da war. Und das fünf Tage die Woche. Das Wochenende war dann Gott sei Dank Erholung. Inhaltlich war kaum ein Tag wie der andere. Als ich Abteilungsleiter wurde, galt es erst mal, schnellstmöglich Personal zu finden und zu schulen. Danach habe ich mich vor allem als Dienstleister meiner Referenten gesehen: Die haben tolle Arbeit gemacht und sind sehr selbstständig bis zur Privatisierung vorgegangen. Zum Teil musste ich mich gar nicht darum kümmern und hatte dann nur noch die Ergebnisse und Vertragsentwürfe zu prüfen, bevor wir diese zur Genehmigung weitergaben. Einmal wöchentlich haben wir den Verkaufsstatus und das weitere Vorgehen für jeden einzelnen Betrieb besprochen und welche Unterstützung sie gegebenfalls brauchten. So habe ich laufend unseren Mustervertrag fortentwickelt, um z. B. Umgehungsmöglichkeiten auszuschließen oder neue zentrale Vorgaben zum Thema Umwelt-Altlasten zu berücksichtigen. Zudem stand ich ständig für Fragen und Problemlösungen zur Verfügung sowie, wo gewünscht und erforderlich, insbesondere für Verhandlungsteilnahmen. So habe ich zum Ende hin viele Tage gehabt, an denen ich in fünf, acht oder mehr Verhandlungen gesprungen bin. Zunehmend war ich dann auch damit beschäftigt, neue Kaufinteressenten zu gewinnen und Verkaufsstrategien zu entwickeln. Daneben habe ich einige Betriebe auch ausschließlich selbst bearbeitet, von der Datenbeschaffung bis zur Endverhandlung und Vertragsabschluss.

**Für wie viele Referenten waren Sie dann als Abteilungsleiter zuständig?**
Für sieben Referenten, eine Sekretärin und bis zu zwei Praktikanten.

**Wie war denn damals die Stimmung in der Niederlassung in Halle?**
Wir hatten weitestgehend eine junge Westbelegschaft, die vor allem im Privatisierungsbereich tätig war, und eine tendenziell ältere Ostbelegschaft aus Halle, die zumeist bereits eigene Familien hatte, vornehmlich in den anderen Bereichen. So gab es wenig Berührungspunkte außerhalb der Anstalt. Was alle Mitarbeiter, insbesondere der Privatisierung, einte, war der große Enthusiasmus für unsere Arbeit, der auch auf die Ostmitarbeiter ansteckend wirkte, die oft mit Unsicherheiten und sozialen Härten in ihrem Umfeld, Zukunftsfragen, manchmal Melancholie oder Fatalismus oder alter Verbundenheit umzugehen hatten. Von ihnen konnten wir auch viel über die Befindlichkeiten und Gegebenheiten in den neuen Bundesländern lernen. Uns einten eine große Freude, Spaß und Ehrgeiz an der Arbeit. Wir hatten ein tolles Verhältnis untereinander, und es war ausgesprochen kollegial; wir saßen im selben Boot, um unser gemeinsames Ziel am 30. September 1992 zu erreichen, und schworen uns auch darauf ein. Wir hatten, soweit ich das beurteilen kann, alle die Überzeugung, das Richtige zu tun und einen wesentlichen Beitrag zum Gelingen der deutschen Einheit, der Wirtschaftstransformation und damit auch für die Menschen in den neuen Bundesländern zu leisten. Dazu trugen im Privatisierungsbereich anfangs auch monatliche Veranstaltungen bei, die jeweils von einer anderen Abteilung organisiert wurden und dem persönlichen Kennenlernen, Vertrauensaufbau und der Zusammenarbeit dienten: eine Schiffsfahrt auf der Saale, eine Sektprobe bei Rotkäppchen und anderes. Im Übrigen kümmerten sich dann immer einige Westkolleginnen um Freizeitgestaltungen am Abend, an denen ich leider selten teilgenommen habe. Da gab es viele gemeinsame Spieleabende oder auch mal eine Party. Ich selbst habe mit fünf Kollegen aus unterschiedlichen Bereichen, Abteilungen und Hierarchie-

ebenen in einer WG gewohnt, einer Bauhausvilla. Dort traf man sich dann meist zu Mitternacht auf einen Wein und hat manchmal auch Problemfälle besprochen und versucht, auch mal auf dem kleinen Dienstweg etwas zu klären. Und außerdem hatten wir Abteilungsleiter unheimlichen Spaß daran, im Wettbewerb um die Verkaufszahlen miteinander zu stehen.

**Hatten Sie auch mit den Betroffenen zu tun?**
Wenn Sie damit die Arbeitnehmer in den Betrieben meinen, so gab es nur dann Kontakte, wenn diese sich als Kaufinteressenten beworben hatten. Ansonsten waren nur die Geschäftsführer unsere unmittelbaren Ansprechpartner für die Privatisierungsanforderungen. Für alle übergeordneten Mitarbeiterangelegenheiten in den Betrieben, also z. B. Sozialpläne bei Entlassungen, Kontakte zum Betriebsrat oder Beschwerden aller Art, war unser Personalbereich zuständig.

**Wie würden Sie Ihren damaligen Arbeitsauftrag zusammenfassen?**
Alle Betriebe bis zum 30. September 1992 zu privatisieren und dabei möglichst hohe, abgesicherte Investitionszusagen zu generieren.
Dabei galt es natürlich, bestimmte Anforderungen zu erfüllen, doch das war der Auftrag. Maßgeblich war insbesondere das Fortführungskonzept, das plausibel und nachhaltig sein sollte und in Form der besagten pönalisierten Investitions- und Arbeitsplatzzusagen vertraglich festgeschrieben wurde.
Der Auftrag war aber nur eine Seite der Medaille. Was in der Rückschau oft fehlt und nur schwer zu vermitteln ist, sind die damaligen Arbeitsumstände: Es gab noch kein Internet, keine E-Mails. In den Betrieben gab es oft nur ein Telefon, das oft dauerbesetzt war; zumeist waren zwei Gespräche zugleich in der Leitung, und man musste sich erstmal einigen, welche Partei nun auflegt. Der Arbeitsumfang war enorm: Eine ganze Volkswirtschaft wartete auf Privatisierung. Der Zeitdruck immens: Täglich flossen tausende oder gar Millionen D-Mark aus den Betrieben, fähige Arbeitskräfte wanderten in den

Westen ab. Für die Arbeit gab es kein Beispiel in der Geschichte, es musste unter täglichem Lernen neu entwickelt und zugleich umgesetzt werden. Die Informationslage war mehr als unvollkommen: Nie konnte man sicher sein, ob nicht irgendwo neue Teile der zu privatisierenden Betriebe auftauchten, z. B. Ferienhäuser an der Ostsee, Betriebshöfe in der Innenstadt oder andere Grundstücke. Immer wieder tauchten sogar Betriebe auf, die davor „unter dem Radar segelten", weil sie keine Kredite benötigten und so nicht auffielen. Auf viele Betriebe gab es Rückgabeansprüche von weltweit verstreuten Erbengemeinschaften enteigneter Vorbesitzer, mit denen Einigungen herbeizuführen waren. Das Rechnungswesen der Betriebe war, teils aus Unkenntnis der westlichen Bestimmungen, teils auch vorsätzlich mehr oder weniger fehlerbehaftet; sogar Bilanzen von westdeutschen Wirtschaftsprüfern waren mit Vorsicht zu genießen, weil sie teilweise auf Zuruf testierten. Und vor allem waren viele Verkaufsvorgänge ein Tollhaus widerstreitender Interessen der unterschiedlichsten Akteure: konkurrierende Kaufinteressenten; Geschäftsführer, die zum Teil eigenes Kaufinteresse oder Angst um ihren Job hatten; Politiker, die sich um Arbeitsplätze ihrer Gemeinde sorgten; Belegschaften, die aufgrund von Versprechungen einer anderen Partei plötzlich mitbestimmen wollten; meist von einer Partei instrumentalisierte Pressevertreter, die sich auf der Spur eines Skandals wähnten und viele mehr.
Ohne die klare Rückendeckung und den Vertrauensvorschuss, den man auf allen Ebenen der Treuhandanstalt spürte und beanspruchen konnte, einerseits sowie eigener sauberer Arbeit und Dokumentation andererseits, wäre diese Arbeit kaum möglich gewesen.

**Sind Ihnen denn noch ein paar Unternehmen, die Sie privatisiert haben, genauer in Erinnerung?**
Ein kleinerer Tiefbaubetrieb, ca. 40 Mitarbeiter, mit einem Geschäftsführer, bei dem mir anfangs nicht klar war, ob es sich bei ihm um einen sogenannten Volltrottel handelte oder ob er uns für eine solche Ansammlung hielt, was aber letztlich auf dasselbe hinauslief. Ich habe

mir mit meinem zuständigen Referenten zusammen diesen Betrieb angeschaut, weil er es fertigbrachte, über Monate keine Aufträge an Land zu ziehen – und das, obwohl die Region gefühlt eine einzige Baustelle war.

Es fing damit an, dass bei bloßer Betrachtung der Grundstückspläne klar war, daß der Betrieb keine Straßenanbindung hatte. Vor Ort habe ich mal gefragt, wie sie auf ihr Grundstück kommen. Da erzählte mir der Geschäftsführer, dass sie immer über den anderen Betrieb durch das Hintertor fahren würden. Es wäre seine Aufgabe gewesen, bei der Vermögenszuordnung für eine Zuwegung oder zumindest für ein Wegerecht zu sorgen, aber das hatte er versäumt und war stattdessen ganz überrascht, dass er nicht dauerhaft über dieses Nachbargrundstück fahren können sollte. Da mussten wir irgendwie eine gesicherte Lösung finden, sonst hätte uns kein Investor diesen Betrieb abgenommen. Es musste außerdem schnell gehen, denn die Behörden arbeiteten in einem ganz anderen Arbeitsrhythmus als wir bei der Treuhandanstalt. Wir konnten dann glücklicherweise intern eine Lösung finden, weil wir noch Zugriff auf das vorgelagerte Grundstück hatten.

Im Büro machten wir dann Bekanntschaft mit seinem Steuerberater, den er zum Gespräch hinzugebeten hatte, und – Zufall oder nicht – auch die zuständige Referentin unseres Beteiligungsbereichs war anwesend, die die Gesellschafterfunktion unseres Betriebes wahrnahm. Zunächst war ich natürlich daran interessiert, wo seine ganzen Mitarbeiter und die Gerätschaften steckten, wo es doch keine Baustellen zu bestücken gab. Nun, die hätte er nach Hause geschickt, und die wenigen Geräte seien auf einem Transporter, mit dem einer der Arbeiter heimgefahren sei. Und dann habe ich von ihm wissen wollen: „Sagen Sie mal, warum haben Sie eigentlich keine Aufträge, wo doch überall gebaut wird?" Es fehlten ihm angeblich dazu ein Kalkulationsprogramm, ein kleiner Bagger und weitere Baugerätschaften, um konkurrenzfähig zu sein. Das summierte sich etwa auf 100.000 DM. Zwar investierten wir grundsätzlich nicht in die Betriebe, weil wir nicht wussten, ob der künftige Eigentümer daran interessiert sein und uns diese Investitionen als Kaufpreis bezahlen würde. In Anbetracht der Tatsache, dass wir für 40 untätige Bauarbeiter monatlich etwa den gleichen Betrag als Liquidität bereitstellen mussten, sowie der Marktlage und der Plausibilität solcher Basisinvestitionen gelang es mir auf dem kleinen Dienstweg, nachts in unserer Villa, den Finanzabteilungsleiter dafür zu gewinnen. Am nächsten Tag informierte ich Geschäftsführer und Beteiligungsreferentin, einen Antrag für die gemeinsam besprochenen Investitionen offiziell zu stellen. Eine Woche später war dann die Sitzung im Finanzausschuss, wo darüber befunden werden sollte. Danach bekam ich einen Anruf, dass das alles nicht genehmigt worden sei: „ein Dienstauto für den Geschäftsführer für 40.000 Mark, für 50.000 eine neue Büroausstattung, eine Telefonanlage …" Es ist sicher überflüssig, zu erwähnen, dass der Geschäftsführer den Betrieb selbst kaufen wollte und mit allem wohl versuchte, den Kaufpreis zu drücken und den Verkauf an jemand anderen zu verhindern. Und was meinen Sie? Waren die Bauarbeiter, an der Treuhand vorbei, bereits auf eigene Rechnung des Geschäftsführers im Einsatz? Ich war froh, dass wir für den Betrieb dann kurzfristig trotzdem einen anderen Käufer fanden, ohne aufwändige Ermittlungen anzustellen, die den Verkauf nur verzögert und weiteres Geld gekostet hätten. Doch damit noch kein Ende: Beim Notar fragte der Geschäftsführer dann wohl recht scheinheilig vor der Vertragsunterzeichnung plötzlich: „Was geschieht denn nun mit den offenen Rechnungen gegenüber den Sozialversicherungsbehörden?" Wenn es diese gab, hätte der Geschäftsführer eine Dienstpflichtverletzung begangen und ausgereichte Liquiditätskredite zweckentfremdet … Der Kunde und wir wussten jedenfalls nichts davon. Er bekam kalte Füße, wollte den Betrieb nochmal gründlich prüfen lassen und war zu keinem Vertragsabschluss bereit, obwohl ich ihm anbot, die dem Kaufpreis zugrunde gelegte Statusbilanz anzufügen und nachträglich festgestellte Abweichungen in jeder Richtung auszugleichen.

Später am Nachmittag rief mich dann jemand an, der schon mal einen Betrieb von mir gekauft hatte, und noch einen haben wollte. Ich konnte ihm dann diesen offenen, fertigen Vertrag nebst Zusatzregelung anbieten, erzählte ihm die ganze Geschichte, und er unterzeichnete noch am selben Abend den Kaufvertrag, weil wir beim ersten Kauf ein Vertrauensverhältnis aufgebaut hatten.

Diese Geschichte zeigt ein bisschen, wie die Situation damals war, was alles so passieren konnte. Das können Sie sich gar nicht ausdenken. Damit mussten Sie ständig umgehen. Und sie zeigt auch, dass das oftmals gezeichnete Bild, „da sind die Wessis gekommen und haben den Osten über den Tisch gezogen", so eindeutig nicht stimmt. Das war sicher nicht die einzige außergewöhnliche Begebenheit an diesem Tag. Die Arbeitstage waren gefüllt mit all solchen Dingen, die man immer wieder neu entscheiden musste und auf die man immer wieder reagieren und eine Lösung finden musste.

**Sie nannten jetzt Beispiele, wo Geschäftsführer sie linken wollten, weil sie zum Beispiel das Unternehmen selbst kaufen wollten. Aber die Niederlassung in Halle ist auch des Öfteren in die Schlagzeilen gekommen, weil es dort einen berüchtigten Investor aus dem Schwabenland gab, der Wolfgang Greiner hieß. Halle galt deshalb auch ein bisschen als „Goldgräberort". Haben Sie damals schon Wind davon bekommen?**

In Verruf ist die Hallenser Niederlassung ja erst nach dem 30. September 1992, also dem offiziellen Privatisierungsende, gekommen. Das ist irgendwann Anfang/Mitte Oktober aufgeploppt. Ich habe Dr. Greiner selbst persönlich nie kennengelernt, aber kannte ihn vom Namen her, weil es um ihn und seine mannigfaltigen Aktivitäten in unserer Niederlassung ein bisschen Geraune gab. Unser Privatisierungsdirektor, Winfried Glock, der später für seine Bestechlichkeit seitens Greiner verurteilt wurde, sah sich im Rahmen eines recht kleinen Betriebsteilverkaufs meiner Abteilung an die All-Treu GmbH, hinter der Dr. Greiner stand, veranlasst, mir einige Zusammenhänge zu erläutern. Demnach hatte Dr. Greiner seinen ersten Treuhandbetrieb tatsächlich nicht in Halle, sondern in Leipzig gekauft und sogar von der Zentrale. Das war ein Unternehmen, das komischerweise wohl mit sehr viel flüssigen Mitteln ausgestattet war, aus denen er sich wohl dann auch für den Kauf weiterer Betriebe bediente, was aber weder ungewöhnlich noch strafbar ist. „Dr. Greiner, ein gesunder mittelständischer Auto-Zulieferer aus dem Schwäbischen, ist von Berlin ausgiebig geprüft worden", sagte mir Glock, so dass ich mir keine Sorgen über ihn machen müsse. Und das Projekt einer Urlaubs- und Freizeitanlage, für das die All-Treu jede Menge Grundstücke und Betriebsteile der Region zusammenkaufte, sei „bis hoch zu Frau Breuel bekannt und genehmigt" worden.

Ich hatte keine Veranlassung, an den Worten meines Vorgesetzten zu zweifeln. Gleichwohl prüfte ich diesen Betriebsteilverkauf ebenso sorgsam wie alle anderen Verträge und stellte dabei u. a. fest, dass zunächst kein Handelsregisterauszug der All-Treu vorlag und dieser dann nicht mit Angaben im Kaufvertrag, u. a. bezüglich des Geschäftsführers, übereinstimmte. Das hätte bei früheren Verkäufen an die All-Treu eigentlich längst auffallen müssen, nicht nur in unserem Hause, sondern auch dem stets beurkundenden Notar. Ich informierte Herrn Glock darüber und stellte auch den Notar wegen seiner Versäumnisse gehörig in die Senkel. Zudem stellte ich dem zuständigen Referenten, der aus der vormaligen Abteilung von Herrn Glock zu mir kam und gerne noch den direkten Kontakt zu ihm suchte, einen zweiten zur Seite, um künftig solche Fälle, insbesondere im Zusammenhang mit Dr. Greiner zu verhindern, und bessere Kontrolle über die Abläufe zu haben. Jedenfalls wurden meine Beanstandungen binnen kürzester Frist behoben, so dass ich dem Verkauf zustimmen konnte. Mehr Berührungspunkte hatte ich nicht. Und auf Gerüchte oder gar nur Geraune gebe ich grundsätzlich nichts.

**Das heißt, es gab teilweise keine Bonitätsprüfung des Käufers?**
Ob in diesem konkreten Fall ein Dokument vorlag, kann ich Ihnen nicht mehr sagen. Es schien mir aber sicherlich in Anbetracht der Geringfügigkeit dieses Geschäfts im Vergleich zu allen vorherigen sowie nach den Erläuterungen meines Direktors entbehrlich. Generell wurden Bonitätsprüfungen in unserer Niederlassung nicht besonders streng gehandhabt, was vor allem Zeit- und Praktikabilitätsgründe hatte. Ein unspezifisches Schreiben einer (Haus-)Bank, wonach der Käufer dort bekannt, die finanziellen Verhältnisse geordnet und die Bank gewillt sei, künftige Finanzierungen durchzuführen, hat in etwa ausgereicht. Wir hatten stattdessen andere Sicherungen durch unsere Verträge vorgesehen, die einen Missbrauch oder Betrug weitgehend verhindern sollten: Einerseits hatten die Betriebe kaum Barmittel, die hätten „geplündert" werden können. Die Verträge wurden erst nach vollständiger Zahlung des Kaufpreises wirksam. Für die Grundstücke hatten wir stets mehrjährige Nachbewertungsklauseln vorgesehen, die Spekulationsgewinne in diesem Zeitraum ausschlossen. Die pönalisierten Investitions- und Arbeitsplatzzusagen setzten ebenfalls erhebliche Eigenleistungen des Käufers voraus, die er ohne vorhandene Bonität nicht hätte erfüllen können.

**Aus rein kaufmännischer Sicht müssen dort aber schon Dinge passiert sein, die alles andere als in Ordnung waren, oder?**
Was meine Abteilung betrifft, kann ich das ruhigen Gewissens verneinen. Schließlich ist unsere Arbeit von der Zentrale intensiv überprüft worden, bevor ich von der Treuhand mit diversen weiteren Aufgaben betraut wurde. Wie das in anderen Abteilungen und insbesondere in der Frühzeit der Niederlassung aussah, vermag ich nicht zu beurteilen. Allerdings hatten die Verkaufsdokumente in Frau Birkhold eine sehr strenge Kontrollinstanz der Niederlassung vor den Vertragsgenehmigungen zu durchlaufen, so dass ich mir solche „Dinge", wie Sie sagen, kaum vorstellen kann. Frau Birkhold und der damalige Beteiligungsdirektor Klaus Klamroth waren anfangs ja auch Gegenstand

staatsanwaltlicher Ermittlungen, die aber eingestellt wurden. Übrig blieben letztlich einzig die gerichtlich festgestellten und mit Freiheitsstrafen belegten Bestechungen Dr. Greiners der beiden Privatisierungsdirektoren Sven Andreas und dessen Nachfolger Glock. Wegen derartiger krimineller Verfehlungen zweier Herren die ansonsten großartige und selbstlose Arbeit der Niederlassung, all ihrer einzelnen Mitarbeiter, insgesamt in Zweifel zu ziehen, ist nicht nur ungerechtfertigt, sondern infam. Und kriminelle Handlungen von unabhängigen Liquidatoren, die es wohl auch gegeben hat, lagen nicht im Einfluss- oder Verantwortungsbereich der Treuhandanstalt.

**Was war mit Dr. Höss?**
Dr. Höss war ein Münchner Jurist, der bereits für andere Treuhand-Niederlassungen, u. a. in Jena, als Berater gearbeitet hatte, bevor er zu uns nach Halle kam. Er erstellte dort Unternehmenswertgutachten, was er auch uns anbot. Dafür hatten wir jedoch grundsätzlich kaum Bedarf. Wie es dann dazu kam, dass er sich bei uns für den Erwerb von Betrieben interessierte, vermag ich nicht mehr zu sagen. Er hatte jedoch recht genaue Vorstellungen darüber, aus mehreren kleineren Betrieben der Region ein starkes mittelständisches Unternehmen zu formen, dessen Teile sich gegenseitig ergänzen und zudem Kostendegressionen nutzen sollten. Dabei sollte der bereits rentabel arbeitende Teil die Sanierung der anderen finanzieren; zudem wollte er dafür Fördermittel nutzen und im Bedarfsfall weitere Investoren unter anderem aus seinem Klienten- und Bekanntenkreis dafür gewinnen. Das hatte schon Hand und Fuß, und seine Idee folgte damit im Kleinen dem Ansatz, den Lothar Späth damals erfolgreich mit Jenoptik seit einem Jahr in Jena verfolgte. Dafür hatte Dr. Höss nicht nur Ein-Euro-Firmen erworben, sondern es gab auch Betriebe, für die höhere sechsstellige Kaufpreise tatsächlich von ihm geflossen sind, so dass ein Zweifel seiner Bonität auch aus sorgfältiger Sicht eines ordentlichen Kaufmanns nicht aufkam. Im September erwarb er noch einige Betriebe; ein oder zwei Betriebe, die er gerne noch ge-

kauft hätte, haben wir anderweitig veräußert. Die Verträge wurden allerdings aufgrund der beschriebenen Turbulenzen von den Herren Glock und Klamroth Anfang Oktober zum Teil nicht mehr genehmigt und die beiden verbliebenen Direktoren Harrer und Scholten fühlten sich dafür nicht berufen, sondern ließen durch eine aus der Zentrale geschickte Task Force erstmal alle offenen Verkaufsvorgänge prüfen. Diese attestierte uns dabei eine tadellos saubere Arbeit: Kaufpreisfindung und alle oben bereits beschriebenen Vertragsbestandteile waren wie üblich und gaben keinerlei Anlass zu irgendwelchen Beanstandungen, so dass die Verträge sämtlichst genehmigt wurden. Aufgrund des beträchtlichen Zeitverzugs war die wirtschaftliche Situation der Betriebe inzwischen deutlich schlechter, so dass Dr. Höss ein nachvollziehbares Interesse hatte, die Kaufpreise auf den aktuellen Status nachzuverhandeln und er sich zu diesem Zweck nahezu täglich bei den Direktoren in unserem Hause aufhielt.

Hinzu kam, dass ein Geschäftsführer eines an Dr. Höss verkauften Betriebes – anscheinend angeregt durch die überhitzte, sensationslüsterne und teilweise unappetitlich persönliche Presseberichterstattung jener Tage im Fall Dr. Greiner/Glock – Anzeige gegen ihn erstattete und darüber auch noch die Presse informierte. Höss soll seinem Betrieb eine ungerechtfertigte Rechnung für zuvor erbrachte Leistungen gestellt haben. Daraufhin wurde dieser in übergroßer Eilfertigkeit erst mal festgenommen, Tage später aber wieder auf freien Fuß gesetzt. Während all der Zeit konnte er sich weder um seine Betriebe kümmern, noch waren die Vorgänge dazu angetan, seine notwendige Reputation schadlos zu erhalten. Und die Betriebe hingen folglich völlig in der Luft: Sie bekamen weder die bis zu acht Wochen aufgelaufenen Verluste durch die Treuhandanstalt ersetzt, noch konnte Dr. Höss unternehmerisch handeln und weitere Verluste abwenden. An die notwendige geplante Umstrukturierung und Sanierung war gar nicht zu denken.

**Also wurde Herrn Höss nichts vorgeworfen?**
Doch, doch. Er wurde ja auch alsbald wieder, dann dauerhaft festgenommen. In einem sich über Jahre hingezogenen Verfahren, in dem ich mehrfach als Zeuge geladen war, wurde ihm Vortäuschung falscher Tatsachen über seine Vermögensverhältnisse vorgeworfen und somit in betrügerischer Absicht gehandelt zu haben. Wegen Betrugs, Urkundenfälschung und Erpressung wurde er 1996, wie ich viel später erfuhr, tatsächlich zu fünfeinhalb Jahren Haft verurteilt, womit das Gericht wohl deutlich über den Antrag der Staatsanwaltschaft hinausging, was mich in Anbetracht der erlebten Verhandlungsführung und meiner Vernehmungen in keiner Weise wunderte. Ich hatte anfangs den Eindruck, dass mit Dr. Höss unbedingt jemand im Treuhandzusammenhang schuldig gesprochen werden sollte, und später, dass ein Schuldspruch erfolgen musste, um die ganze Verhandlung im Nachhinein zu rechtfertigen. Sogar eine Zeitung urteilte damals, „der Durchblick fällt den Ermittlern immer schwerer".
Und unter dem Druck dieses Verfahrens hat die Treuhandanstalt Dr. Höss dazu veranlasst – wie auch immer –, die rechtskräftig verkauften Betriebe von ihm zurückzuerhalten, um sie ein zweites Mal zu veräußern. Damit wurde der eigene Grundsatz „verkauft ist verkauft!" gebrochen – aus wirtschaftlicher Sicht der Betriebe und ihrer Arbeitnehmer sicher ein positiver Umstand, unter rechtsstaatlich-vermögensrechtlicher Sicht, aus meinem Verständnis, zumindest bemerkenswert. Kaum auszudenken, was hätte passieren können, wenn Dr. Höss nicht schuldig gesprochen worden wäre.

**War Ihnen das damals klar?**
Hm. Was mir klar wurde, ist, dass ich niemals als Angeklagter vor einem deutschen Gericht stehen möchte. Mein zuvor grenzenloses Vertrauen in den Rechtsstaat ist mir, verbunden mit anderen, persönlichen Erfahrungen, in diesen und den Folgejahren jedenfalls abhandengekommen. Ich will damit nicht sagen, dass eine Verurteilung von Dr. Höss aufgrund anderer Geschäfte, von denen ich nichts weiß, un-

gerechtfertigt war. Bezüglich der von uns an ihn getätigten Verkäufe habe ich den starken Eindruck, dass nur durch die vorauseilende Beflissenheit der Ermittlungsbehörden dieser „Fall" überhaupt erst geschaffen wurde – ein Bärendienst für die Betriebe, deren Arbeitnehmer und letztlich die Allgemeinheit. Und eine Tragödie für Dr. Höss.

**War Ihnen denn insgesamt klar, dass das auch eine gute Zeit für Wirtschaftskriminelle war?**
Ja natürlich. Es gibt immer Menschen, die den gesetzlichen Rahmen nicht als Grenze und ehrbares Kaufmannshandeln nicht als Richtschnur ansehen. Und dass die Unübersichtlichkeit und teils chaotischen Bedingungen der damaligen Zeit für solche Leute besonders einladend waren, liegt auf der Hand. Insofern bin ich eher überrascht, wie wenige Kriminalfälle letztlich insgesamt zu verzeichnen waren. Vielleicht lag das auch daran, dass wir auch im normalen Tagesgeschäft stets auf der Hut sein mussten, keine Fehler zu machen, alle Vorgänge ordentlich und umfassend zu dokumentieren sowie auch legale Umgehungsmöglichkeiten vertraglicher Bestimmungen möglichst vorauszusehen und zu verhindern. Das war ein laufender Lernprozess, und insofern nahm die Erfolgswahrscheinlichkeit für Kriminelle täglich ab.
Problematisch war hingegen, wenn die kriminelle Energie im inneren der Treuhandanstalt saß oder dort einen Resonanzboden fand, so dass die beschriebenen Kontroll- und Sicherungsinstrumente ausgehebelt werden konnten.

**Wie stehen Sie heute dazu, was damals schiefgelaufen ist?**
Das Bild und der Ruf der Treuhand in Halle ist öffentlich weitgehend durch die festgestellten und strafrechtlich sanktionierten Bestechungsfälle ihrer Privatisierungsdirektoren Andreas und Glock durch den Investor Dr. Greiner und im Zusammenhang mit externen Liquidatoren in der Frühzeit der Niederlassung geprägt. Hinzu kommt der „Fall" des Investors Dr. Höss, dessen Verfehlungen ja ausdrück-

lich nach dem Kauf von Treuhand-Betrieben in diesen dann eigenen Betrieben begangen worden sein sollen. Ich hatte ja schon zuvor gesagt, dass ich diesen „Fall" eher für justizgemacht halte, was ich gerne einmal untersucht sehen würde. Im Zweifel waren es persönliche Verfehlungen des Investors, keinesfalls aber handelt es sich dabei um sogenannte Treuhand-Kriminalität.

Für die Aufdeckung und strafrechtliche Sanktionierung der internen Bestechungsfälle bin ich hingegen dankbar, betroffen und maßlos enttäuscht zugleich: Dankbar, weil es dem Streben aller anderen Mitarbeiter nach bestmöglichen Ergebnissen Sinn und Wert verleiht. Betroffen, weil es dem Ansehen der Institution und all seiner Protagonisten unnötig Schaden zugeführt hat. Und enttäuscht bin ich, weil ich dieses strafbare Handeln als persönlichen Verrat an den gemeinsamen Zielen, der außergewöhnlichen Leistung und dem gegenseitigen Vertrauensverhältnis aller Mitarbeiter empfinde. So geht es mir darum, auch im Interesse der vielen ostdeutschen Mitarbeiter, die vielfach persönlichen Anfeindungen ihres privaten Umfelds schon während der Treuhandzeit und dann auch im Nachhinein ausgesetzt waren, die Relation zwischen der wirklich guten Arbeit der Niederlassung als Ganzes zu den Einzelfällen zweier korrupter Privatisierungsdirektoren deutlich zu machen: nicht die Arbeit der Niederlassung war nachlässig, anrüchig oder gar korrupt, sondern zwei ihrer Angestellten waren es, die dafür auch verurteilt wurden.

**Haben Sie damals auch etwas von Bestechungsversuchen mitbekommen?**

Nein, nie. Dabei hätte ich gerne einmal „nein" gesagt. Ich habe mal irgendwann zu unserem Personaldirektor gesagt, dass ich es komisch finde, dass man mir nie irgendeinen Geldkoffer angeboten hat. Da meinte er zu mir: „Seien Sie froh, Herr Flohr! Das zeigt, dass jeder wusste, dass er bei Ihnen damit gar nicht weiterkommen kann. Das sollte Sie nicht nachdenklich stimmen, sondern eher zufrieden."

**Also haben Sie selbst so eine Situation nie erlebt?**
Ich habe eine Szene erlebt, wo ich im Nachhinein dachte, dass ich das einem Dritten nie hätte erklären können. Da kam ein Mann mit ein paar Adjutanten, die man alle vielleicht so ein bisschen schmierig nennen konnte. Er hatte einen Koffer dabei und wollte irgendwas kaufen. Als ich dann fragte, was er kaufen wolle, und sagte, dass wir auch ein Konzept bräuchten, guckte er mich an und meinte: „Sie glauben mir wohl nicht?" Dann packte er seinen Koffer auf den Tisch, öffnete ihn, und der war voller Geld. Er wollte mir damit beweisen, dass er zahlungskräftig war. Ich sagte: „Tun Sie mir einen Gefallen, machen Sie den Koffer schnellstens wieder zu, stellen Sie ihn schön unter den Tisch, am besten bringen Sie ihn zur Bank. Aber hier läuft es genauso, wie ich es Ihnen gesagt habe: Ich sage Ihnen, was Sie kriegen können. Sie sagen mir die Firma, die Sie haben wollen. Und dann möchte ich ein Fortführungskonzept. Und das ist die Reihenfolge. Und was ich Ihnen nachher glaube oder nicht glaube, das spielt jetzt gar keine Rolle. Und gezahlt wird bei uns ausschließlich bargeldlos." Aber das war eine Situation, wo ich mir im Nachhinein dachte: „Wenn jetzt jemand reinkommt, dem erkläre ich nie, was da passiert ist, nie."

**Hatten Sie irgendwann mal mit Personen Kontakt, die bei der Stasi waren?**
Dazu fällt mir eine Geschichte ein: Es gab einen Baubetrieb in Halle-Neustadt, dessen Bürogebäude ein relativ neuer, bungalowähnlicher Flachbau war, den ich mir damals als Referent gleich zu Beginn meiner Tätigkeit selbst angesehen habe, weil er fußläufig zu erreichen war. Ich habe mich herumführen lassen und hatte dann das sichere Gefühl, dass ich nicht alles gesehen hatte. Deshalb fragte ich den Geschäftsführer dann auch: „Sagen Sie mal, das sieht irgendwie ganz anders aus, das stimmt von den Proportionen nicht. Was gibt es denn dahinter noch?" Er war dann recht verlegen und sagte, dass da eigentlich Schluss sei und es da nichts mehr gäbe. Er meinte, für die Tür habe er gar keinen Schlüssel und dass es abgesperrt sei und man da eh

nie durchgehen würde. Ich wollte dann gerne da reinschauen, und es hat dann so eine Viertelstunde gedauert, bis sich der Schlüssel doch anfand, und dann wurde ich in diese Räumlichkeiten geführt. Dort tat sich ein riesengroßer Raum auf, in dem es ohne Ende ratterte und viele dienstbeflissene Damen anwesend waren. Dort standen große Leiterplatten, und es schien wie eine Telefonverbindungsstation, wo die Telefongespräche von Halle-Neustadt und wahrscheinlich auch der Umgebung zusammenliefen und die ganzen Damen kräftig mitschrieben, was sie dort so hörten. Es wurde dann ziemlich schnell klar, dass das wahrscheinlich die Abhörzentrale von Halle-Neustadt war, und ich wusste in diesem Moment überhaupt nicht, wie ich damit umgehen sollte.

**Was haben Sie dann gemacht?**
Ich habe sie dann nur gebeten, diesen Raum zu verlassen, habe ihn abgeschlossen und meinen Abteilungsleiter versucht, telefonisch zu erreichen. Dann hieß es: „Herr Flohr, bleiben Sie einfach dort, wir schicken jemanden." Das war dann Sache des Personalbereichs, der für solche Fälle tatsächlich eine Eingreiftruppe hatte.

**Da haben noch Damen gesessen und nach der Wiedervereinigung Deutschlands Telefonate mitgeschrieben?**
Ja, im Mai oder Juni 1991.

**Nicht zu fassen. Ist das dann strafrechtlich verfolgt worden?**
Mit Sicherheit schon, aber ich kann Ihnen gar nicht sagen, was aus der ganzen Sache geworden ist. Es war zwar eine hochinteressante Geschichte, aber ich habe Ihnen vorhin meinen Tagesablauf geschildert. Ich hatte mit anderen Dingen zu tun. Aber das ist mir natürlich immer noch in Erinnerung.

**Aber in wessen Auftrag lief das? Die Staatssicherheit gab es ja nicht mehr.**
Ob es die Staatssicherheit gar nicht mehr gab, wage ich zu bezweifeln. Aber es wird schon einen Auftraggeber gegeben haben, der Interesse daran hatte, das abzuhören.

**Haben Sie mehr an Investoren aus dem Westen oder auch an internationale Kunden verkauft? Gingen Betriebe auch mal an die Geschäftsführer selbst?**
Gerade in den Niederlassungen, wo ja die kleinen und mittelgroßen Betriebe betreut und privatisiert wurden, haben wir schon auch an Geschäftsführer verkauft, insbesondere natürlich an solche, die nicht so daherkamen wie dieser Baugeschäftsführer, von dem ich vorhin erzählt habe. Ich kann mich spontan entsinnen, dass wir ein Analyselabor an eine Mitarbeiterin verkauft haben. Es war ein ganz kleines Ding mit irgendwie vier, sieben oder zehn Mitarbeitern, und sie hatte ein ganz klares Konzept für den Betrieb, den sie bislang schon erfolgreich führte. Sie hatte mit ihrer Bank gesprochen, und das war durchfinanziert. Das war ganz ehrlich seriös und wirtschaftlich aufbereitet, weil sie genau von da kam und auch ganz genau wusste, was es braucht. In Merseburg erinnere ich mich an einen Baubetrieb, der auch an die Geschäftsführerin gegangen ist. Ich habe im Nachhinein mal nachgeguckt und gesehen, dass sie das auch 20 Jahre lang erfolgreich betrieben hat. Das waren so ganz persönliche kleine Geschichten, bei denen mir das Herz aufging. Zu sehen, wie Menschen redlich, mit ihren detaillierten Sachkenntnissen, bei vollem privatem Risiko in die weitgehend unbekannte Marktwirtschaft sprangen, ihre Zukunft selbst in die Hand und Verantwortung auch für ihre bisherigen Kollegen übernahmen, nötigte mir stets höchsten Respekt ab. Und ich freute mich jedes Mal besonders, weil es für mich das Idealbild der Privatisierung darstellte, Zukunft in die Hände der dort lebenden Menschen zu legen.

**Wie viele sind sozusagen dann prozentual betrachtet an einheimische Geschäftsführer gegangen?**
Puh, das ist schwer, das rein aus der Erinnerung zu beantworten. Treuhandweit waren es wohl 5 Prozent, wie ich mal irgendwo gelesen habe. In meiner Abteilung hatten wir ein dänisches und ein österreichisches Unternehmen als Investoren. Die ausländischen Unternehmen waren da auch viel vorsichtiger. Die haben das natürlich mit ganz anderen Augen gesehen als Deutsche. Und wenn ich den Rest jetzt zwischen Ost und West aufteilen müsste, würde ich sagen, vielleicht 20 Prozent Ost, 80 Prozent West.

**Gab es in der Treuhand nicht auch ein Bonussystem, wo die Referenten beim Verkauf das Dreifache eines Monatsgehalts bekamen und die Abteilungsleiter 40.000 DM und die Direktoren 88.000 DM? Können Sie das bestätigen, und was ist Ihre persönliche Meinung zu diesem System?**
Also diese Zahlen, insbesondere auch für die Referenten, kann ich nicht bestätigen. Für uns in Halle gab es eine abgestufte Vereinbarung, wonach wir Abteilungsleiter einen mittleren fünfstelligen D-Mark-Betrag bekommen sollten, wenn bis zum 30. September 1992 sämtliche Betriebe privatisiert wurden, und einen etwas geringeren Betrag bei bis zu sieben Betrieben Restbestand.

Für die Referenten waren keine Geldprämien vorgesehen. Allerdings war für den gesamten Privatisierungsbereich eine Incentive-Reise für den erfolgreichen Abschluss ausgelobt, die uns für drei oder vier Tage nach Istanbul führte – ein schöner Abschluss. Diese Prämien waren ein riesiger Ansporn für uns alle, das gesteckte Gemeinschaftsziel zu erreichen. Und es entschädigte auch ein Stück weit für die immensen außerordentlichen Arbeitsbelastungen und -bedingungen, die ich schon beschrieb, bis hin zur knapp einjährigen Urlaubssperre.

Und andererseits waren diese Einmalprämien auch wirtschaftlich mehr als gerechtfertigt, wenn man bedenkt, welche Beträge ansonsten monatlich ausgeschüttet werden mussten, um die kontinuierlich auflaufenden Verluste nicht privatisierter Betriebe auszugleichen.

**Wie haben Sie entschieden, ob Sie privatisieren oder sanieren sollten?**
Gar nicht. Schließlich sollte aus der Treuhandanstalt keine Deutschland-Holding gemacht werden. Das wäre personell und insbesondere auch finanziell gar nicht zu machen gewesen. Auch hat sich der Staat noch nie als besserer Unternehmer erwiesen. Diese Entscheidung ist somit schon viel früher gefallen und nicht in Halle getroffen worden, sondern in Berlin. Es gab ausnahmsweise allenfalls kleinere Investitionen, wie vorhin beschrieben, um eine absehbare Verbesserung der Auftragslage oder Kostenstruktur zu ermöglichen und den Betrieb verkaufsfähiger zu machen. Und ich weiß noch, dass ich damals mit meinem jugendlichen Elan zum Vorstellungsgespräch kam und sagte: „Toll, da kann man sanieren, da kann man was Neues aufbauen." Und dann sagte damals der Direktor, der mich einstellte: „Das mit dem Sanieren vergessen Sie mal. Der Verkauf ist die beste Sanierung, die wir den Betrieben antun können." Und das habe ich dann verinnerlicht, aus eigener Anschauung und Überzeugung.

**Wie haben Ihre Freunde und Ihre Familie auf Ihren Job reagiert?**
Also die Doktorenriege, wie ich meinen etwas älteren, promovierenden Freundeskreis immer scherzhaft nannte, beobachtete meine Treuhandtätigkeit mit spannendem Interesse. Dennoch war keiner von ihnen bereit, meinem Weg zu folgen. Ein wenig skeptisch waren sie auch und hatten auch insofern recht damit, als ich meine eigene Promotionsabsicht anschließend nicht mehr weiterverfolgte. Schwierig war es auch mit meiner damaligen Freundin, die ganz im Westen der Bundesrepublik ein Jahr zuvor ihren ersten Job angetreten hatte und von meinem Nachzug ausging. Das ist auseinandergegangen, wie fast alle Beziehungen in meinem Treuhandumfeld. Nicht nur Ostdeutsche, auch Westdeutsche hatten Zerrissenheiten, weil man

in einer völlig neuen Lebenswirklichkeit auftauchte, die nur wenige erleben wollten und mit Problemen und Erlebnissen zu tun hatte, die jemand anders überhaupt nicht nachvollziehen konnte. Ich hatte später, um 1993/94, dann auch eine ostdeutsche Freundin, die mich zwar ihren Eltern, nicht aber einem ihrer Freunde vorgestellt hat. Wir haben ein fast völlig separiertes Leben gelebt. Wie ich dann sehr spät erfahren habe, hat sie nicht mal erwähnt, dass sie einen Freund bei der Treuhand hat, so groß war ihre Angst vor den Reaktionen ihres Ostberliner Umfelds. Das war irritierend für mich, doch auch schon bezeichnend.

**Sie haben in dieser Zeit bestimmt viel gelernt und auch verdient?**
Ich habe als Abteilungsleiter ein größeres sechsstelliges Gehalt verdient und als Berater im Treuhandauftrag danach noch ein bisschen mehr. Sonst musste man als Studienabgänger mit 50.000 bis 60.000 DM im Jahr vorliebnehmen. Also das war deutlich höher, ein Vielfaches davon. Das war wirklich toll. Wobei ich aber auch denke, dass das durchaus angemessen war, weil der Arbeitsalltag doppelt so lange, die Belastung groß und die Verantwortung vergleichsweise riesig war. Andererseits hat mir die Aufgabe auch wahnsinnig viel Spaß gemacht: Ich liebe Herausforderungen und die Möglichkeit, etwas völlig Neues zu entwickeln, echte Transformationen, statt nur Veränderungen zu bewirken. Ich verhandele für mein Leben gern, und durch mein Studium hatte ich das nötige Rüstzeug. Zudem lernte man halt auch täglich dazu. Anschließend fühlte ich mich gestählt für so ziemlich alle Aufgaben. Ich hätte den Job sehr gerne noch weiter gemacht; paradoxerweise war man umso schneller arbeitslos, je besser man ihn machte.

**Für was haben Sie sich verantwortlich gefühlt?**
Für die bestmögliche Privatisierung jedes einzelnen Betriebs und die vertragliche Festschreibung aller Käuferpflichten. Ich hatte den Ehrgeiz, jeden Betrieb durch Verkauf zu erhalten und möglichst keinen

in die Liquidation zu schicken. So haben wir mitunter nächte- und wochenlang um Lösungen für die Problemfälle gerungen. Letztlich gab es, so erinnere ich, nur für vier Betriebe bei etwa 80 Privatisierungen meines Teams keine Rettung. Das sind 5 Prozent; treuhandweit waren es etwa 32 Prozent. Ich finde, darauf hatten die Menschen in den Betrieben einerseits und andererseits „der Steuerzahler" einen Anspruch. Vielleicht habe ich dabei auch öfter an meine ostdeutschen Familienmitglieder gedacht, die ebenfalls auf eine seriöse Privatisierung angewiesen waren, um ihre Arbeitsplätze zu behalten und eine Zukunft in ihrer Heimat zu haben.

**Wie ging denn das für Sie nachher weiter, als 1992 die Niederlassung in Halle geschlossen wurde?**
Ich bin bis zum Jahresende geblieben und war damit noch drei Monate länger in diesen ganzen Turbulenzen dort. Mein Bestreben war es, das Tohuwabohu durch die donnerhallartige Entlassung von Privatisierungs-, Beteiligungsdirektor und weiteren Mitarbeitern wegen des Dr.-Greiner-Komplexes irgendwie zu begradigen und dem plötzlich allgegenwärtigen Misstrauen entgegenzuwirken. Vor allem galt es, die letzten Verträge, die wir abgeschlossen hatten, noch genehmigen zu lassen und dafür Rede und Antwort zu stehen, so dass wenigstens meine Abteilung schadlos und vernünftig abgeschlossen werden konnte.

**Wie ging es dann für Sie weiter?**
Leider konnte meine Idee, als Team mit ausgewählten Referenten in anderen Niederlassungen auf Erfolgsbasis einen ausgewählten Betriebsbestand zu privatisieren, nicht realisiert werden. Zwar wurden wir von der Zentrale in unserem Ansinnen unterstützt, doch wollte sich wohl keine Niederlassung die Blöße geben, sich von unter Beschuss geratenen Hallensern quasi zeigen zu lassen, wie Privatisierung funktioniert – da standen wohl vor allem Eitelkeiten dagegen. Am 31. Dezember 1992 war deshalb auch für mich Schluss, und ich

bin abgefunden worden. Ich hatte dann eine Sperrzeit von drei Monaten und bin über die TOB Treuhand Osteuropa Beratungsgesellschaft von der Zentrale aus als Berater ins Baltikum gegangen, um bei der Privatisierung in Estland ein internationales Beraterteam zu unterstützen. Das war toll, allerdings war die ganze Konstellation aus Privatisierungsbedingungen und Teamleitung ziemlich schwierig, so dass ich nach ein paar Monaten die Möglichkeit nutzte, für ein Sonderprojekt zur Privatisierung kleiner und mittlerer Betriebe sowie Beteiligungen nach Berlin in die Zentrale zu gehen. Dort war ich dann noch bis Frühjahr 1994 tätig.

**Wenn Sie heute, 30 Jahre später, auf diese Zeit schauen, würden Sie die Privatisierung, wie Sie die Treuhand vorgenommen hat, immer noch als das richtige Vorgehen bewerten?**
Uneingeschränkt ja. Man muss diese Frage aus den Gegebenheiten der damaligen Zeit heraus beantworten: Die Treuhandanstalt war, das wird zumeist übersehen, keine Erfindung des Westens, sondern wurde am „Runden Tisch" der DDR mit dem gesetzlichen Auftrag ersonnen, alle Betriebe zu privatisieren oder stillzulegen. Die angenommenen Privatisierungsüberschüsse sollten den DDR-Bürgern als Anteil am sogenannten Volksvermögen zurückgegeben werden; zum Ausgleich von Verlusten wurden sie nicht verpflichtet. Sie nahm bereits am 1. Juli 1990, also noch deutlich vor der staatlichen Einheit ihre Arbeit auf. Es war dann eine notwendige politische, keine ökonomische Entscheidung, am selben Tag die D-Mark als Zahlungsmittel der DDR einzuführen und Kosten, z. B. Löhne, im Verhältnis ein z zu eins umzustellen. Nur so konnte der massenhafte tagtägliche Exodus von zehntausenden Menschen der DDR aufgehalten werden, mit dem sie wahr machten, was sie auf den Straßen riefen: „Kommt die D-Mark, bleiben wir, kommt sie nicht, geh'n wir zu ihr!" Und das waren ja nicht die Dümmsten, die da gingen, sondern es waren ja vielleicht die, die den Neuaufbau gerade auch hätten organisieren und an vorderster Front gestalten können. Es waren Leute, die ihre

Freiheit suchten und sich in der Marktwirtschaft beweisen wollten – Unternehmer in eigener Sache, wenn man so will. Mit dieser Währungsreform verloren die DDR-Betriebe allerdings spätestens ihre Wettbewerbsfähigkeit gegenüber Westunternehmen aufgrund ihrer Produktivitätsnachteile, ihre alten, subventionierten Ostmärkte brachen ihnen weg, und vor allem wollten DDR-Bürger ihre eigenen Produkte nicht mehr kaufen, wodurch sie selbst den Untergang ihrer Wirtschaft besiegelten. Folglich flossen monatlich Milliardenbeträge als Verlust aus den Betrieben, was schnellstens zu stoppen war. Es herrschten also keine ökonomisch erdachten idealen Laborbedingungen, sondern es galt, täglich die Realität am offenen Herzen zu operieren. Da gab es zur schnellen Privatisierung personell und finanziell insbesondere für die große Masse der über 11.500 Treuhandbetriebe gar keine Alternative.

Vielleicht wäre es möglich gewesen, nach dem Vorbild von Jenoptik noch den ein oder anderen industriellen Kern zu erhalten. Doch dieses Beispiel war ab Mitte 1991 selbst ein Versuch, das ehemalige Kombinat aus sich selbst heraus – mit Milliarden Steuergeldern subventioniert und dem glücklichen Umstand versehen, dass mit Lothar Späth ein ehemaliger Politmanager als führender Kopf bereitstand – umzustrukturieren. Ich kann mich jedoch nicht erinnern, dass es damals andere Ideen dieser Art gab oder gar Spitzenmanager für solche Aufgaben Schlange standen.

So bin ich nach wie vor fest davon überzeugt, dass die Treuhand ihren engen gesetzlichen Auftrag in Ansehung der politischen und wirtschaftlichen Gegebenheiten außergewöhnlich gut, schnell und in hoher Verantwortung gegenüber den betroffenen Menschen erfüllt hat. Dies gilt, wenngleich das Ergebnis für viele Menschen persönlich hart und aus ihrer subjektiven Sicht nicht immer zu begreifen war oder ist. Diese Einschätzung bestätigen mir auch immer wieder internationale Freunde, die meist mit staunenden Augen dasitzen und sagen: „Ihr habt diese ganze Volkswirtschaft tatsächlich privatisiert in vier Jahren, das kann man doch gar nicht schaffen." Die dachten, wir haben da nur ein paar Unternehmen verkauft, oder hatten gar keine Vorstellung davon. Also, die stehen jetzt davor und sagen: „Wow, was für eine Leistung."

**Wie ging es dann für Sie nach der Treuhand weiter? Hat Sport dann wieder eine wichtigere Rolle für Sie gespielt?**
Zunächst bin ich einem Angebot zum Süddeutschen Verlag gefolgt, die Umstrukturierung einer seiner Säulen zu planen und schrittweise operativ umzusetzen. Danach habe ich jahrelang als Strategieberater neue Geschäftsfelder geplant und an bayerischen Hochschulen Unternehmensgründung gelehrt. Tatsächlich habe ich auch mal zwei Sportvereine vermarktet und wirtschaftlich professionalisiert, nachdem sich Anfragen und Gespräche zur Führung großer Sportverbände nie finalisierten. Aktuell habe ich die Aquasyl, ein Unternehmen zum mobilen Hochwasserschutz für Gebäude, gegründet und dafür ein digitales Geschäftsmodell entwickelt; meine Ingenieur-Partner arbeiten noch an der technischen Produktgestaltung. Es ist sehr spannend, ein solches Unternehmen, das weltweit Nutzen für die Menschen stiften soll, selbst zu gründen, wachsen zu sehen und zum Erfolg zu führen.

# Norbert Thiele

*„1991 fragte man sich, wie hart es werden würde. Im Hinterkopf war allen klar, dieser Transformationsprozess wird schmerzlich."*

Norbert Thiele ist 1949 in Brandenburg an der Havel geboren. 1971 bis 1975 studierte er an der Hochschule für Ökonomie in Berlin mit Schwerpunkt Datenverarbeitung. Danach arbeitete er bis 1988 beim Zentrum für Organisation und Datenverarbeitung, einer Einrichtung des Schwermaschinen-Anlagenbau-Ministeriums, und wechselte anschließend direkt ins Ministerium. Von Februar 1991 bis Ende 1994 war er Referent bei der Treuhand und dort im Direktorat Fahrzeugbau für die IT und Controlling zuständig. Zwischenzeitlich wurde er bei der Treuhand-Liegenschaftsgesellschaft mit ähnlichen Aufgaben betraut und blieb bis 1997 bei der Bundesanstalt für vereinigungsbedingte Sonderaufgaben (BvS) im Vertragsmanagement tätig. Nach deren Abwicklung war er bis 2007 bei der BSV Verwaltungsgesellschaft mbH im IT- und Controlling-Bereich tätig. 2007 bis 2023 arbeitete er im IT-Bereich der DKB Service GmbH, einer Tochter der Deutschen Kreditbank AG.

**Herr Thiele, Sie sind in Brandenburg an der Havel aufgewachsen und wurden am Gründungstag der DDR, am 7. Oktober 1949, geboren?**

Es sei morgens um 3.30 Uhr gewesen, hat man mir gesagt. Da war im Haus meiner Großeltern zum ersten Mal meine Stimme zu hören.

**Ihr Vater und Ihre Mutter waren beiden in der Medizin tätig. Wie kamen Sie zu Ihrer beruflichen Findung?**
Ich wollte meinen Vater nicht im Nacken sitzen haben und habe mich entschieden, nach Berlin zu gehen. Dort habe ich 1972 meine damalige Frau kennengelernt und an der Hochschule für Ökonomie (heute HTW) studiert. Ich bin dann sehr bald vom Zentrum für Organisation und Datenverarbeitung übernommen worden, eine nachgeordnete Einrichtung des Ministeriums für Schwermaschinen- und Anlagenbau (MSAB). Dort in der Friedrichstraße habe ich dann bis 1988 gearbeitet und bin anschließend ins Ministerium gewechselt, weil die Anforderungen stiegen.

**Welche Firmen betreute dieses Ministerium?**
SKET sagt Ihnen was, TAKRAF sagt Ihnen was, Pumpen, Lüftungstechnik und der Schiffbau – diese Kombinate unterstanden alle dem Ministerium.

**Wie kam es denn dann, dass Sie zur Treuhand gekommen sind?**
Es kam die Wende und mit ihr ein großer Aufruhr in den Ministerien und in den Unternehmen. Jeder machte sich Gedanken und fragte sich, wie es weitergeht. Es war auch klar, dass die Ministerien in ihrer Struktur nicht bleiben konnten. Manche hatten Flausen im Kopf, und Kohl sagte zum Beispiel, es gäbe blühende Landschaften. Einige lehnten sich zurück und sagten sich, sie könnten sowieso nichts machen, aber ich habe mir Gedanken gemacht. Ich wollte mich auf jeden Fall weiterentwickeln und habe das auch als Chance gesehen, unsere Technik zu verbessern.
1989 wechselte ich in der gleichen Funktion als IT-Spezialist in ein Ministerium für regionale und kommunale Angelegenheiten, das extra gegründet wurde, um den Aufbau der regionalen Strukturen sicherzustellen. Wir mussten alle vorhandenen Datenbanken neu organisieren und den neuen Bedingungen anpassen. Ende 1990 wurde das Ministerium aufgelöst, und ich hatte viele Kontakte genutzt, um

mich neu zu organisieren. Ein ehemaliger stellvertretender Minister mit Namen Dietze kam vorher schon auf mich zu. Er wollte, dass ich zu ihm nach Leipzig komme, denn er habe dort ein großes Projekt am Laufen, um die Umstrukturierung des Industriekontenrahmens und dessen Anpassung an die BRD vorzunehmen. Ich habe dann ein Programm für die Überführung geschrieben, dass in der TAKRAF angewendet wurde.

Anfang 1991 rief mich dann ein ehemaliger Kollege an, er bräuchte dringend in der Treuhandanstalt einen IT-Spezialisten zum Aufbau der völlig neuen IT-Infrastruktur. Das war für mich spannend, und ich unterschrieb einen Vertrag als Referent für IT und Controlling im neu gegründeten Direktorat Fahrzeugbau. Das waren dann die ersten drei, vier Monate ab Februar 1991.

**Wie ging es dann weiter?**
Wir hatten immer noch Personalbedarf im Direktorat Fahrzeugbau, und daraufhin habe ich einen Kollegen angerufen, den ich noch vom MSAB kannte, und ihn gefragt, ob er herkommen kann. Dann waren wir schon zwei Leute, die sich in diese spannende Arbeit stürzten. Wir fingen dann an, Schulungen und Präsentationen für die neuen Mitarbeiter durchzuführen, denn 90 Prozent der Referenten waren aus DDR-Ministerien, -Kombinaten oder -Betrieben. Die wurden zusammengesucht und nach ihren Berufserfahrungen befragt. Wer bei Trabant in Zwickau war, der kam zum Beispiel in das Direktorat Fahrzeugbau.

**Wie war die Treuhand 1990 ausgestattet?**
Es war Chaos. Wir mussten Schreibtische aufbauen und überhaupt erst mal ein paar Stifte besorgen. Papier war irgendwo da, aus irgendwelchen Druckern. Die Mitarbeiter mussten geschult werden und saßen zum Teil erstmalig vor einem PC. Zu DDR-Zeiten waren nur wenige Abteilungen mit PC-Technik ausgestattet, es wurde vorwiegend in Aktenform verwaltet.

Der Vorstand der THA hatte Direktiven und Anweisungen, wie die Strukturen aufgebaut werden sollten. Dr. Paulin war mein Direktor und hat sehr gut und sehr schnell damit angefangen. Er wusste genau, welche Strukturen in seinem Direktorat vorhanden sein müssen. Es musste IT geben, es musste Controlling geben, es musste Juristen geben, und wir brauchten Referenten. Außerdem mussten wir sehen, welche Unternehmen ihm zugeordnet wurden, und eine Bestandsaufnahme machen.

**Was mussten Sie in dieser Zeit machen?**
Dr. Paulin wollte von mir einen wöchentlichen Report über den Unternehmensnamen, deren ehemalige und gegenwärtige Geschäftsführer und darüber, ob es Immobilien, Verbindlichkeiten oder Rückstellungen, also Schulden, und Aktiva/Passiva gibt und welche Bilanz die Unternehmen haben. So etwas gab es zu DDR-Zeiten in dieser Form nicht, deshalb wurden teilweise Eröffnungsbilanzen nach dem GmbH-Gesetz erstellt, obwohl das gar nicht unsere Aufgabe war.

**Haben Sie dann auch Bilanzierungen mit erstellt?**
Nein, ich habe nur zugearbeitet. Die Bilanzabteilung hat die Daten von uns gefordert, und ich habe sie mit erarbeitet. Ich habe dann ein Formular dafür entwickelt, damit die Datenbank fehlerfrei und sauber lief. Die Reports sind dann erstellt worden. Dr. Paulin hatte dann immer einen aktuellen Überblick und konnte dann natürlich die richtigen Entscheidungen im Privatisierungsprozess treffen. Andere Direktorate waren auch gezwungen, so was zu machen, aber taten dies nicht in dieser effizienten Form.

**Was war daran besonders effizient?**
Ich habe es während der Rubber Fair, einer Gummimesse in Brighton, England, gemerkt, denn die Treuhand hat dort die Vertreter der Reifenindustrie aus Riesa hingeschickt. Das Werk existiert heute noch. Man wollte sehen, ob man für die Privatisierung Interessenten ge-

winnen konnte, indem man die Erzeugnisse aus Riesa präsentierte. Die Chemieindustrie war natürlich prädestiniert und sollte eigentlich dort hin, aber sie hatten keine Datenbank. Zwei Monate vor dem Termin kam der Direktor zu Dr. Paulin und hat gefragt, ob seine Abteilung auch eine Datenbank für die Chemieindustrie entwerfen könnte. Am besten mit PC und Bildschirm, so dass allen Käufern alle Unternehmensdaten direkt präsentiert und überreicht werden konnten. Dr. Paulin hat mich dann damit beauftragt und schließlich sind wir mit einem großen BMW voll von PC-Technik nach Brighton gefahren und haben dort eine Woche lang das Unternehmen präsentiert.

**Haben Sie denn einen Käufer finden können?**
Nur für einen kleinen Teil, für den großen Teil nicht. Die Massenreifen-Herstellung hatte keine Chance, aber z. B. Spezialreifen für Flurförderfahrzeuge sind wohl gerettet worden.

**Wie haben Sie sich denn selbst für die Westtechnik fit gemacht?**
Ich hatte 1988 schon einen IBM Tower mit Farbbildschirm, 3,5-Zoll-Diskette und einer 20-Megabyte-Festplatte für meine Arbeit gestellt bekommen. Damit konnte ich mich schon vor der Wende mit der aktuellen auf dem Markt befindlichen PC-Technik vertraut machen, und im Prinzip war es dann nur noch ein Prozess und immer wieder Selbststudium. Ich hatte aber auch die Chance, Lehrgänge zu besuchen, was von der Treuhand gefördert wurde. Ich war zum Beispiel auch mal eine Woche in Frankfurt am Main für das damals eingesetzte Betriebssystem Windows.
Aber viel war Selbststudium, um fit und dranzubleiben. Ich musste mich auch mit dem Datenbanksystem beschäftigen, was vorher nicht so mein Thema war. Ich habe mich dann abends hingesetzt und getüftelt, was ich verbessern kann und wo es noch Potenzial gibt. Besonders das Kalkulationsprogramm Excel hat mich fasziniert, und ich kann sagen, dass ich bis heute darin ein Experte bin.

**Wie muss man sich denn so Ihren Arbeitsalltag vorstellen?**
Um 8 Uhr war Beginn bei der THA, und ich glaube, von 9 bis 11 Uhr gab es einen Jour fixe, da holte der Direktor die Referenten zusammen und man sprach über die anstehenden Entscheidungen zur Privatisierung. Es wurde geplant, wer wohin fährt und mit den Käufern spricht. Oft kamen die Käufer auch nach Berlin. Wir hatten eine gute Datenbasis und konnten die Daten schon mal mitgeben. Am Treuhand-Logo habe ich dann selbst die Grafik mitentwickelt. Es wurden dann Termine gemacht, und man musste die Leute vor Ort, die dort gearbeitet haben, und die Geschäftsführung vorher briefen. Das war der erste Teil des Tages.

Ich selbst war zwar IT und Controlling, aber auch Referent für die Werften-Privatisierung. Ich habe auch eine Werft privatisiert, die Schiffswerft in Barth. Die gibt es jetzt auch noch. Im Controlling habe ich dann zum Beispiel auch Entscheidungsvorlagen erarbeitet. Wenn es an die Privatisierung ging, wurde es natürlich je nach Umfang oder Größe des Unternehmens komplizierter, und eine Entscheidungsvorlage musste erarbeitet werden. Aus Sicht der Basisdaten musste ich dann diese mit den Daten der Datenbank vergleichen, was sehr zeitintensiv war. Ab dem zweiten Jahr kam dann meine Referententätigkeit dazu. Da musste ich selber auch sehen, dass ich mich auf die Privatisierungsgespräche vorbereite.

**Ist es nicht eine ungewöhnliche Geschichte, dass jemand, der für IT zuständig ist, gleichzeitig auch für das Controlling zuständig ist und noch Unternehmen verkaufen soll?**
Ich habe darum gebeten, denn ich habe die Daten alle gehabt, aber aktiv nichts damit betrieben. Dr. Paulin hat dann gesagt, dass es bei großen Unternehmen sowieso nicht möglich sei, mich einzusetzen, weil das so komplex und kompliziert ist. Aber die Werft könne ich mal hochfahren, sagt er. Ich sollte nur aufpassen, denn ein Interessent komme aus Hamburg, ein Reeder, der würde wohl gleich sagen: „Der ganze Laden hier ist weniger wert als das, was ich im Jahr an Steuern

zahle." Ich sollte da vorsichtig sein und nicht irgendwelche Zusagen machen.

**Wie war das mit dem Reeder aus Hamburg?**
Der Reeder kam an und hat gesagt, dass wir das sofort unterschreiben sollen, weil das ein kleines Ding sei. Er hatte jemanden mitgebracht, und sie wollten sich den Laden dann trotzdem mal angucken. Es war eine kleine Reparaturwerft, die Spezialschiffe gemacht haben. Die Kaimauer und die Hallen waren baulich in Ordnung. Wir haben schon damals auf die Kontamination, die dort herrschte, hingewiesen: Wenn man 40, 50 Jahre Schiffe am Kai liegen hat, klopft die Farbe ab, das ist alles Blei, und die haben das dann mit dem Besen ins Hafenbecken gefegt. Im Wasser schwimmt dann das blanke Gift, wenn man so will, und da lebten auch keine Fische mehr, glaube ich. Außerdem waren die Dächer alle mit Asbest bedeckt, und darauf haben wir ihn hingewiesen. Er wollte dann ein Gutachten haben und die Werft im Endeffekt gar nicht für sich, sondern für seinen Sohn kaufen. Sie ist dann erfolgreich privatisiert worden und existiert heute noch.

**Aber was ist mit dem Gutachten?**
Das Gutachten wurde ihm zugeschickt, und er hat es akzeptiert. Er hat vorher gesagt, er übernimmt das alles nicht, und dann haben wir gesagt, was das Gutachten aussagt und dass er es zu dem Preis übernehmen müsse.

**Was heißt das?**
Sagen wir mal, die Werft hat vielleicht 3 Millionen DM an Wert. Dazu kommen 800.000 DM Altlasten-Sanierung, also bekommt er bloß noch 2,2 Millionen, die er zahlen muss. Drei wäre es wert gewesen. Es ist eine Hausnummer, so ungefähr war das Verhältnis. Es gab auch Pönalen-Auflagen. Das hat ihm nicht geschmeckt, aber es ging nicht anders. Es gab die Bedingungen der Treuhand, dass Mitarbeiter be-

schäftigt werden und übernommen werden mussten. Wenn die früher entlassen wurden, aus welchen Gründen auch immer, dann mussten Strafgelder bezahlt werden.

**Von wann bis wann haben Sie bei der Treuhand gearbeitet?**
Ich habe von 1991 bis 1994 bei der Treuhand gearbeitet und bin dann an die TLG, die Treuhand-Liegenschaftsgesellschaft ausgeliehen worden, wo ich ins Controlling eingestiegen bin. Nach einem Jahr bin ich aber wieder zurückgegangen und bis 1997 in die damalige BvS gegangen. Die Treuhand wurde aufgelöst, die Nachfolgegesellschaft war die Bundesanstalt für vereinigungsbedingte Sonderaufgaben. Dort habe ich noch mal zwei Jahre im Vertragsmanagement gearbeitet.

**Wie war die Atmosphäre in der Treuhand, als Sie im Februar 1991 dort begonnen haben? Wie ging man mit der Kritik an der Treuhand um?**
Im ersten Jahr gab es einige Bedenken, und man fragte sich, wie hart es werden würde. Im Hinterkopf war allen klar, dieser Transformationsprozess wird schmerzlich. Unter den Referenten kamen 90 Prozent aus dem Osten, und ob SED-Mitglied oder nicht, sie standen der Sache skeptisch gegenüber. Aber sie hatten Arbeit und mussten nicht in die Arbeitsagentur oder damals ins Arbeitsamt.
Bei den Referenten hat sich das aber etwas gewandelt, weil die den Kontakt zu den Käufern hatten, aber auch in die Unternehmen gegangen sind. Sie waren zwar nicht unmittelbar dabei, wenn es Demos gab, aber sie haben mit den Mitarbeitern gesprochen, und die haben denen natürlich brühwarm erzählt, dass man sie plattmachen wollte und nur die Hälfte der Belegschaft überleben werde. Alle diese Faktoren haben sie mitbekommen und wussten zum Beispiel auch, dass es Interessenten gab, die nur wollten, dass sie das Unternehmen bekommen, um es dann plattzumachen.

**Haben Sie ein Beispiel dafür?**
Sömmerda ist ein Beispiel dafür. Natürlich hat die PC-Produktion keinen Bestand am Weltmarkt gehabt. Aber ich kann mich erinnern, dass es eine Diskussion gab, denn die haben diesen Computer hergestellt, der im hohen Maße in die damalige Sowjetunion geliefert wurde: den PC 1715, mit Diskette und Bildschirm. Die Sowjetunion hatte zu dem Zeitpunkt noch nicht bezahlt, weil die nicht wollten. Aber Sömmerda hätte, wenn das Geld gekommen wäre, schon eine Weile noch überleben können. Da ist aus meiner Sicht ein Fehler gemacht worden. Über so einen sogenannten Transferrubel hätten sie das zum Beispiel abwickeln können. Das war eine Verrechnungseinheit zu DDR-Zeiten. Aber das wollte die Treuhand nicht. Und es gab natürlich keine große aufrührerische Kritik zu einem Meeting, wo jemand gesagt hätte, was alles falsch gemacht wurde. „Hallo Direktor, das haut nicht hin", so etwas gab es nicht. Ich habe manchmal die ersten und dann auch die letzten Entwürfe gesehen und da gab es Korrekturen, manchmal zum Vorteil, manchmal aber auch zum Nachteil des Unternehmens. Man hat einfach festgestellt, dass sie nicht konkurrenzfähig waren und dass keiner bereit war, das zu kaufen, oder eben nur zu einer D-Mark. In dem Fall war klar, dass der Betrieb plattgemacht werden sollte.
Die Stimmung war insgesamt aber sachlich und professionell. Man hat es als Job und als ein Transformationsprozess angesehen. Und es war klar, wo es hingeht. Ich glaube, dieses Wort „blühende Landschaften" hat in den Strukturen, in denen wir beruflich eingebunden waren, nicht gepasst. Uns war klar, Kohl hat das für die Masse nach außen transferiert. Er musste ja sehen, dass die Stimmung nicht so hochkocht.

**Aber trotzdem gab es auch Proteste vor der Treuhand. Haben Sie davon etwas mitbekommen?**
Ich kann mich erinnern, aber es gab eine eindeutige Direktive: „Ihr bleibt in den Zimmern und es gelangt nichts nach außen. Wir haben

eine Pressestelle und wir haben einen bestimmten Vorstand." Das wurde natürlich vorher festgelegt. Wir traten dann geordnet nach außen und stellen uns erst dann der Masse und den Fragen und den Kritiken.

**Gab es denn innerhalb der Treuhand dann auch eine Auseinandersetzung zwischen ost- und westdeutschen Mitarbeitern?**
Unterschwellig war das immer da, aber fachlich nicht. Unterschwellig merkte man schon, dass die ein Wissen mitbrachten, was wir so nicht aufholen konnten. Bei mir in der IT war das leicht, muss ich sagen. Die kamen natürlich auch mit einem anderen Wissen, aber es ging alles so schnell und rasant, auch mit der Technik, die wir bekommen haben. Da habe ich das nicht so gemerkt, muss ich sagen. Wir haben uns bemüht, immer am Ball zu bleiben und auf dem neuesten Stand. Im hohen Maße waren es junge Leute, die gerade aus dem Studium kamen oder noch Volontäre waren. Die hat man gerne genommen, und wir waren, ich sage es mal so salopp, eigentlich eine dufte Truppe.

**Was hat Ihre Familie dazu gesagt, dass Sie bei der Treuhand gearbeitet haben?**
Meine Frau hat das akzeptiert. Wir waren beide immer politisch aktive Menschen, und uns war eigentlich klar, dass die Wende da ist und es ist nicht anders geht, weil es ökonomisch bedingt war. Meine Eltern haben gesagt, ich solle gucken, dass ich klarkomme, aber mich nicht verbiegen oder anbiedern. Das kam für mich sowieso nie infrage. Mein Bruder war schon ein bisschen distanziert, weil er es hautnah mitbekommen hat. Er war Maschinenbauingenieur für Landtechnik, und dieses Unternehmen Landtechnik ist aufgelöst worden. Er hat dann den Sprung in die Versicherungswirtschaft gut geschafft, aber er war ein bisschen distanziert. Trotzdem gab es keine öffentlichen Feindseligkeiten. Meine Freunde haben das so mitgenommen. Die haben das im Fernsehen mitbekommen und wussten, was ich mache.

Aber da gab es Vertrauen, dass ich nicht mit der Keule in Unternehmen gehen und alles plattmachen würde.

**Was ist mit den Mitarbeitern der Werft, die Sie verkauft haben, passiert?**
Die Arbeitsplätze wurden alle erhalten, und alle 30 sind übernommen worden. Wenn ich mich erinnere, gab es wohl welche, die freiwillig in den Ruhestand gingen, weil sie wohl Ende 60 waren. Ich habe es aber dann nicht weiterverfolgt.

**War Ihnen auch im Alltag schon bewusst, was das für eine herausgehobene Position war?**
An sich war es klar: Es muss irgendein Organ geben, was die Steuerung für den Transformationsprozess übernimmt, aber ein bisschen haben wir natürlich rumgesponnen und uns gefragt, ob man das nicht hätte in Volksaktien machen können. Das war mal ein Thema, was dann wieder verworfen wurde. Wer kriegt denn wie viele Aktien? Der, der mehr auf dem Bankkonto hatte oder der mehr Bedeutung hatte? Der war Direktor, die war eine Putzfrau. Wieviel Aktien bekommt jemand? Die Idee war da, aber die Umsetzung zu kompliziert. Im Nachhinein kann man anders denken, aber ich denke, es war richtig, so eine Treuhandanstalt, die das Volksvermögen verwaltet, zu gründen, damit der Artikel 23, also Angleichung der DDR an die Bundesrepublik, einigermaßen vernünftig überlebt. Massenarbeitslosigkeit gab es, aber es hätte noch viel schlimmer kommen können. Aus dieser Sicht war uns bewusst, dass es hätte anders eigentlich gar nicht gehen können.

**Gab es wirklich eine sogenannte Turboprivatisierung nach Rohwedder?**
Ich denke schon, dass es teilweise zu schnell gegangen ist. Die Treuhandanstalt hätte länger existieren müssen. In anderen Bereichen wurden Milliarden zur Rettung von zum Beispiel der Kohleindustrie

und anderen Industriezweigen auch in der alten Bundesrepublik investiert. Die politische Elite der alten Bundesrepublik hatte nie geglaubt, dass es noch mal zu einer Einigung Deutschlands kommt, aber dann kam es dazu, und sie hätte mehr investieren können, aber das wollte man natürlich nicht. Man wollte sich möglichst raushalten im Sinne der Marktwirtschaft.

Im Einzelverfahren hätte man für ein Unternehmen zu 51 Prozent einsteigen können, die Entwicklung des Unternehmens begleiten und überprüfen können, ob man nun Geld reinpumpen muss oder nicht. Man hätte einen Fonds bilden können. Im Nachhinein nach über 30 Jahren bin ich der Meinung, das hätte man machen können. Man hätte viele Unternehmen noch retten können. Aber Rohwedder hat Sanieren und dann Privatisieren gefordert, und Frau Breuel hat das nicht favorisiert. Sie wollte so schnell wie möglich alles aus der Treuhand weghaben, auch auf politischen Druck hin, glaube ich.

**Vielleicht ist die Treuhand auch so ein bisschen so was wie der Prügelknabe? Dass die Bundesregierung sozusagen die Treuhand vorgeschoben hat?**
Am Anfang haben wir das nicht so gesehen, aber man konnte bestimmte Entwicklungen natürlich auf die Treuhand münzen. Man konnte sagen, dass die Treuhand schuld ist. Aber was steckt denn hinter der Treuhand? Dahinter steckt der Staat, die Bundesrepublik Deutschland, und die gibt das Geld an die Treuhand. Jetzt hätte man politisch aktiv werden müssen und in Richtung Staat gucken sollen, aber das gab es nicht.

**Haben solche Fälle wie der Hungerstreik in Bischofferode 1993 bei Ihnen persönlich für Empörung gesorgt?**
Nein, denn Bischofferode haben wir gar nicht mitbekommen. Wenn es dann zu Entscheidungen kam, was letztendlich mit Unternehmen passieren sollte, haben wir schon kritisch diskutiert. Aber ich kann mich an keinen Fall erinnern, wo eine Stimmung im Direktorat oder

im Vorstand maßgebend kritisch war. Eine Umstimmung oder einen offenen Affront gab es nicht.

**Wenn Sie heute, 30 Jahre später, auf Ihre Arbeit bei der Treuhand schauen, wie denken Sie darüber? Was war das für eine Zeit für Sie?**
Die Zeit der Treuhand hat mich schon geprägt und mir unglaublich Spaß gemacht. Obwohl ich Verwandte im damaligen Westen über meine Mutter hatte, habe ich neue Menschen kennengelernt. Es waren Juristen, es waren die Referenten, es waren junge Leute, es waren ältere Leute. Auch nach der Treuhand habe ich zu vielen, über die Netzwerke LinkedIn, über Xing, Kontakt, zu einigen auch noch persönlich oder per E-Mail. Die Zusammenarbeit und die Wertschätzung hat mir sehr viel gebracht, und ich habe in meiner weiteren Entwicklung sehr viel von dieser Zeit profitiert, und ich danke insbesondere Dr. Paulin, meinem ehemaligen Direktor, für die Chancen, die er mir gab, mich weiterzuentwickeln.

**Wie ging es danach für Sie weiter?**
Nach meinem Ausscheiden aus der Bundesanstalt für vereinigungsbedingte Sonderaufgaben war ich seit 1998 bis 2007 in einer sogenannten Liquidationsgesellschaft beschäftigt (BSV), die sich um die übrig gebliebenen Unternehmen, die in Liquidation waren, gekümmert hat. Die Treuhand hatte solche Gesellschaften an ihre Tochtergesellschaften übergeben. Zum Beispiel hat die TLG für die Landwirtschaftsflächen existiert. Wir haben dann die Unternehmen dort bis zu einem Handelsregisteraustrag, also bis zur Schlussbilanz, abgewickelt.

**Vorher haben Sie auch in einer Immobilienfirma nach der Treuhand gearbeitet. Wie sind Sie dann zur Liquidationsgesellschaft gekommen?**

Ich habe bei der Immobilienfirma IT gemacht und wie der Zufall so will, bekam ich wieder einen Anruf von einem ehemaligen Kollegen aus dem Ministerium für Schwermaschinen- und Anlagenbau. Er hatte den Auftrag, ein Abwicklungsunternehmen aufzubauen, wo die ganzen Liquidationsunternehmen aus der BvS abgewickelt werden können.

Ich habe dann bei der Immobilienfirma gekündigt und bei der BSV Baustoffversorgung begonnen. Die BSV Baustoffversorgung hatte aber gar nichts damit zu tun, denn man hat nur einen leeren Mantel genommen, um die Eintragung ins Handelsregister zu sparen. Damals wurden für die BSV 50.000 DM genommen und in Verwaltungsgesellschaft umgeschrieben. Im Februar 1999 stand das Unternehmen, die Zimmer waren fertig, die Leute kamen. Zum Anfang waren wir zu dritt und haben uns aus dem Kaufhof am Alexanderplatz in Berlin abends um 21 Uhr noch ein Brötchen geholt, um dann weiterzuarbeiten – und dann kamen so sukzessive die Mitarbeiter dazu. In der Endphase waren es über 200, davon allerdings 100 Juristen.

Wir haben gestaunt, was in den Unternehmen noch alles drinsteckt, obwohl die BvS gesagt hat, da ist nichts mehr. Es gab Grundstücke, auch vermarktungsfähige. Es gab natürlich auch welche, die nicht vermarktungsfähig waren. Zum Beispiel irgendeine Betonfläche mit einem Schornstein nimmt keiner. Aber die TLG hatte den Auftrag, die Immobilien zu privatisieren. Wir haben auch Grundstücke gefunden, die richtig lukrativ waren, aber wo sich keiner drum gekümmert hat. Da könnte man jetzt fragen: Wie gut war die Arbeit der BvS oder der Treuhandanstalt?

Dann wurde die BSV liquidiert, und in der Endphase hatten wir fast 4.000 Unternehmen, wovon 300 übriggeblieben sind, weil sie damals nicht liquidationsfähig waren. Das war die Schlussbilanz.

**Was ist aus diesen Grundstücken beispielsweise geworden?**
Wenn sie vermarktungsfähig waren, wurden sie an die TLG überführt. Die hatten dann die Aufgabe, die Grundstücke zu verkaufen. Es gab auch Vermögen, nicht nur Rückstellungen. Das Liquidationsunternehmen war dann in unserem Bestand, und ich habe dann Beteiligungscontrolling gemacht und wieder eine Datenbank aufgebaut. Es wurde dann noch mal eine Bestandsaufnahme gemacht und dafür auch Mitarbeiter rekrutiert. Ich kann mich erinnern, dass ich einmal nach Strausberg gefahren bin, um ein Luft- und Kältetechnikunternehmen zu besuchen, denn da gab es doch einen Mitarbeiter, der morgens noch aufschloss und nachguckte, dass nichts geklaut wurde. Dann haben wir drei, vier Mitarbeiter gefunden, die da noch gesessen und gearbeitet haben. Womit haben die denn gearbeitet?

**Wer hat denn denen Geld überwiesen?**
Die wurden noch bezahlt. Da gab es ein Konto, und weil sie noch nicht entlassen waren, hatten sie noch Anspruch.

**Von wem wurden die bezahlt?**
Von einer Finanzierungstochter der Treuhandgesellschaft, Finance GmbH. Über die wurde die Bezahlung für die Unternehmen noch vorgenommen. Wir haben uns dann die Daten geben lassen und die Leute ein paar Monate später bei uns angestellt mit einer Referententätigkeit. Die kannten sich in Unternehmen gut aus und kannten alle Kennzahlen.
Bei AWE, das waren die alten Eisenacher Automobilwerke, war es auch so: Wir sind in eine Halle gekommen, eine Riesenhalle, staubbedeckt, mit Planen über irgendwelchen Fahrzeugen. Dann haben wir die Planen abgezogen, und da standen 20, 30 Wartburg-Typen, die nie gebaut wurden. Einer sah so aus wie der erste VW Golf, und die standen alle da. Die wollten die Käufer dann haben, aber nur wenige wegen der alten Automobile, das Werk selbst interessierte die gar

nicht. Da haben wir es geschafft, dass die Stiftung Eisenach, die Stadt und das Museum in Eisenach diese alten Fahrzeuge bekommt.

**Gibt es diese Liquiditätsgesellschaft, bei der Sie zehn Jahre waren, noch?**
Nee, am 30. Juni des Jahres 2007 habe ich mit meinem Kollegen und mit einer Flasche Rotkäppchen-Sekt in einem leer geräumten Zimmer in der Karl-Liebknecht-Straße gesessen, und wir haben gesagt: „So, das war's."

**Wem hat denn dieses Liquiditätsunternehmen gehört?**
Wir unterstanden direkt dem Finanzministerium, denn die Treuhand gab es nicht mehr. Wir mussten auch direkt ans Finanzministerium berichten. Herr Skowron als zuständiger Referent im Finanzministerium hat einmal im Monat den Report abgenommen.

**Wie ging es nach 2007 für Sie weiter?**
Ja, wieder, wieder. Man glaubt mir nicht, aber es ist so …

**Lassen Sie mich raten. Ihr Telefon hat geklingelt …**
Genau. Die Deutsche Kreditbank brauchte für ein halbes Jahr IT-Leute, um die Infrastruktur aufzubauen. Nach einem halben Jahr habe ich dann weitergemacht und angefangen, echten Second-Level-Support zu machen. Das heißt Mitarbeiter, die Probleme im Netzwerk, mit Software, Hardware haben, zu bedienen. Warum läuft mein Programm nicht? Warum kann ich mich nicht anmelden? Mein Passwort ist abgelaufen. Mein Client ist kaputt. Und so weiter und so fort.

**Sie sind nun eigentlich seit sieben Jahren Rentner, aber arbeiten weiterhin für die Deutsche Kreditbank. Und die Deutsche Kreditbank war die ehemalige Staatsbank der DDR. Das heißt irgendwie zieht sich diese Zeit …**
… immer durch und lässt mich nicht los.

# Angelika Kirchner

„*Die Menschen wurden im Veränderungsprozess nicht bewusst abgeholt und mitgenommen, das wirkt bis heute nach.*"

Angelika Kirchner ist 1962 in Köln geboren. Nach ihrem Studium der Volkswirtschaftslehre arbeitete sie bei einer französischen Bank in Düsseldorf. Nach einer kurzen Tätigkeit als Referentin im Bundeswirtschaftsministerium war sie von Mai 1991 bis Juni 1994 Teamleiterin Exportfinanzierung bei der Treuhandanstalt und für die Unterstützung der Unternehmen auf den Ostmärkten zuständig.

**Frau Kirchner, Sie wurden 1962 in Köln geboren. Was meinen Sie, welche Prägung Sie in der Kindheit und Jugend erhalten haben?**
Ich bin in Köln-Nippes aufgewachsen, damals ein Arbeiterviertel. Ich komme aus einfachen, eher bildungsfernen Verhältnissen. Meine Kindheit habe ich sehr positiv und lebendig in Erinnerung: Wir waren sehr selbstständig, haben auf der Straße gespielt und uns sehr viel bewegt. Die Schule hat mir Spaß gemacht, dort habe ich viel positives Feedback bekommen, das mir Selbstvertrauen gegeben hat.

**Sie lebten also in einfachen Verhältnissen. Was haben Ihre Eltern beruflich gemacht?**
Meine Eltern hatten beide eine kaufmännische Ausbildung. Mein Vater war selbstständig im Dienstleistungsbereich, meine Mutter hat

sich nach einigen Berufsjahren der Familie gewidmet. Ich hatte ja noch zwei Geschwister.

**Gibt es in Ihrer Kindheit und Jugend Dinge, bei denen Sie glauben, dass da Ihr späteres Handeln aufs Gleis gesetzt worden ist?**
Aus heutiger Sicht würde ich sagen, dass die frühe Selbstständigkeit, aber auch gefordertes Verantwortungsgefühl und Pflichtbewusstsein prägend waren. Ich hatte viel Freiheit, hatte zu Hause aber auch schon recht früh viele Aufgaben zu erledigen.

**Wie hat sich Ihre berufliche Findung gestaltet?**
Ich hatte ein positives Verhältnis zur Schule, Lernen ist mir leichtgefallen und hat Spaß gemacht. Das positive Feedback hat mich unterstützt. Meine berufliche Orientierung hat sich dann aus meinen Interessen ergeben: Geschichte, Sozialwissenschaften, Sprachen. Da man damit in den achtziger Jahren keine Jobs gefunden hat, habe ich mich für das Studium der Volkswirtschaftslehre entschieden. Ich habe auch einige Etappen in Frankreich absolviert: Au-pair, Austauschsemester, Praktikum … Den Einstieg ins Berufsleben habe ich dann bei einer französischen Bank in Düsseldorf absolviert.

**Das ist aber ein ganz schöner Schritt, wenn Sie sagen, Sie kommen eher aus einem bildungsfernen Umfeld, in dem Bildung nicht so eine Rolle gespielt hat. Und dann sagen Sie: Ab geht's in die Volkswirtschaft und danach auch noch zu einer französischen Bank.**
Ja, wie gesagt: Das Feedback in der Schule, das gute Abi und das gelungene Studium haben mich motiviert.

**Was hatten Sie oder Ihre Familie denn für eine Beziehung zur DDR?**
Ursprünglich hatten wir gar keine Bindung an den Osten. Wir haben dann aber bei einem Familienurlaub am Plattensee in Ungarn Kontakt zu einer Familie aus Ost-Berlin geknüpft und weiter gepflegt.

Mitte der siebziger Jahre haben wir die Familie dann auch besucht, das ist mir nachhaltig in Erinnerung geblieben.
Ich habe in Ost-Berlin angesichts der Mauer und des präsenten Militärs Enge und Beklommenheit empfunden, mich hat das berührt. Auch die schlechte Versorgungslage habe ich wahrgenommen. Hinzu kam ein Ereignis, das ich erst später in seiner ganzen Dimension verstanden habe:
Wir waren in einer Datsche im grünen Umland von Berlin untergebracht. Eines Tages hatte sich in der Nähe offenbar wohl jemand „unerlaubt von der Truppe entfernt". Auf jeden Fall wurden über Lautsprecher des Militärs die Anwohner aufgefordert, bei der Suche zu unterstützen und Hinweise zu liefern. Überall war dann Militär unterwegs, um einen offenbar Geflüchteten zu suchen. In der Familie wurde dazu geschwiegen, niemand traute sich, etwas dazu zu sagen. Wieder Beklommenheit ...

**Also man kann jetzt nicht sagen, dass Sie sich dort pudelwohl gefühlt haben?**
Nein. Dennoch fand ich Potsdam superschön und Berlin auch spannend.

**Wie haben Sie die Zeit der friedlichen Revolution damals, im Herbst 1989, und den Mauerfall für sich in Erinnerung?**
Tatsächlich habe ich da nicht so viele konkrete Erinnerungen. Im Westen haben das viele nur aus der Ferne mitbekommen, es war weit weg.

**Aber es war doch sicherlich auch für Sie trotz der Ferne ein besonderer Moment, als dann die Mauer gefallen ist?**
Also mir war schon klar, dass es sich hier um eine historische Sekunde handelt, die genutzt wurde, und dass große gesamtdeutsche Veränderungen anstehen.

**Wie kam es dann dazu, dass Sie gesagt haben: „Okay, dann gehe ich zur Treuhand oder versuch es mal"?**
Nach mehreren Jahren in der Bank im Firmenkundengeschäft wollte ich mich beruflich verändern. Fasziniert von den Veränderungen im Osten habe ich mich u. a. bei Herrn Rohwedder, damals noch in Dortmund bei Hoesch, beworben, als ich erfahren habe, dass er im Prozess der wirtschaftlichen Wiedervereinigung eine führende Rolle spielen sollte. Da ich aber erst mal keine Antwort bekam, bin ich dann ins Bundeswirtschaftsministerium in Bonn gegangen. Als Referentin war ich dort allerdings nur kurz. Nach circa 6 Monaten bekam ich per Telegramm eine Einladung zur Treuhandanstalt nach Berlin.

**Wer hat das Vorstellungsgespräch oder das Einstellungsgespräch mit Ihnen geführt?**
Herr Eilert als Finanzdirektor der Treuhandanstalt, zuvor Mitarbeiter von Herrn Rohwedder bei Hoesch. Das war unmittelbar nach Ostern 1991, also direkt nach der Ermordung von Herrn Rohwedder.

**Wie war das für Sie? Es ist gerade erst der Chef ermordet worden, und dann fängt man als junge Frau von 28 Jahren in der Treuhand an.**
Ja, das war sicher ein schwieriger Start und ein außergewöhnlicher Arbeitsplatz. Aber zum einen hatte ich ein sehr angenehmes und interessantes Gespräch mit Herrn Eilert, der auch tief betroffen war. Er hat mir die Dringlichkeit der Aufgaben und die schwierige Ausgangslage erläutert. Für mich war das eine spannende Herausforderung, ich wollte gerne einen Beitrag leisten. Mir war klar, dass es eine historische Ausnahmesituation ist. Ich habe dann nicht lange überlegt.

**Wie waren denn die Arbeitsbedingungen? Es soll vor dem Umzug vom Alexanderplatz in die Leipziger Straße ziemlich chaotisch gewesen sein. Wie haben Sie den ersten Arbeitstag im Mai 1991 in Erinnerung?**
Am Alexanderplatz hatte ich nur das Vorstellungsgespräch im April 1991. Im Mai habe ich meine Tätigkeit dann in der Wilhelmstraße, im Gebäude des heutigen Finanzministeriums, aufgenommen. Die Ausstattung war rudimentär. Schreibtisch und Stuhl, ein Telefon für zwei Personen. Es kamen dann auch bald Computer, aber ohne Anwendungen – es gab ja noch keine Prozesse. Alles war erst im Aufbau. Zu den ersten Aufgaben gehörte die Gestaltung der Prozessabläufe – ohne Blaupause.

**Sie waren Teamleiterin Exportfinanzierung. Was heißt das genau, und was mussten Sie machen?**
Die ursprüngliche Idee zu meiner Funktion war die Unterstützung der Unternehmen bei ihrer Exporttätigkeit hinsichtlich der Finanzierung. Die Instrumente der Exportfinanzierung waren im Osten ja zunächst unbekannt. Doch die Absatzmärkte im Westen mussten erst noch erschlossen werden. Und dann brachen mit dem Zerfall der Sowjetunion von einem Tag auf den anderen und für alle in diesem Ausmaß unerwartet die bisherigen Absatzstrukturen im Osten weg. Die Implikationen haben erst mal alle überrascht. Vielen Unternehmen drohten ihre bisherigen Geschäfte wegzubrechen, denn sie hatten ja fast ausschließlich mit Ländern in der östlichen Hemisphäre Handel getrieben.

**Das war im Juli 1990 mit der Einführung der D-Mark?**
… in den neuen Bundesländern. Ja, das bedeutete, dass die Sowjetunternehmen für ihre Bestellungen bei unseren Unternehmen nun DM aufwenden mussten, über die allein die Zentralbank in Moskau in begrenztem Maße verfügte. Das heißt, jedes Geschäft musste von dieser genehmigt werden. Das war eine sehr dynamische und auch

dramatische Phase. Die damalige Bundesregierung hat dann sehr schnell Finanzierungsplafonds aufgelegt, um diese Geschäfte für die Ost-Unternehmen zu ermöglichen – über 20 Milliarden DM von 1991 bis 1994.

**Können Sie das erläutern? Wie hat das funktioniert, oder wie war das gedacht?**
Man muss wissen, dass es hier vor allem um den Handel mit langlebigen Wirtschaftsgütern ging, Investitionsgüter mit oft hohem Auftragsvolumen und langer Produktions- und Lieferzeit, für die die Betriebe eine Finanzierung benötigten. Das passende Konstrukt waren Bestellerkredite – mit umfangreichem Vertragswerk: Lieferant und Besteller schließen einen Liefervertrag; der sowjetische Besteller nimmt bei seiner Geschäftsbank dafür einen Bestellerkredit auf, der von der Zentralbank Moskau genehmigt und garantiert werden muss. Der deutsche Lieferant dient das Exportgeschäft zur Abwicklung seiner Geschäftsbank an, die dafür die Auszahlung – pro rata Lieferung – aus dem besagten Kreditplafond über die KfW und die Besicherung über eine Hermes-Kreditbürgschaft beantragt. Dies war bis zur Ausschöpfung des Kreditplafonds möglich, also limitiert. Die Treuhandanstalt hat diese Exportgeschäfte für die Unternehmen unterstützt. Zum einen haben wir das Vertragskonstrukt mit entwickelt und gefördert. Zum anderen ist auch die Treuhandanstalt gegenüber den Geschäftsbanken ins Obligo gegangen und hat einzelne Gebührenkomponenten verbürgt. Außerdem musste sie gegenüber der abwickelnden Bank eine Bestätigung hinsichtlich der Lieferfähigkeit des Unternehmens abgeben. Wir haben also jeweils die Unterlagen geprüft und ein Votum zu den Unternehmen/Lieferanten abgegeben. Ohne diese Unterstützung der Treuhandanstalt hätten die Lieferanten diese Finanzierungsmöglichkeit nicht nutzen und die Exporte nicht realisieren können. Das war dann unser Tagesgeschäft. Zudem musste das Vertragskonstrukt gelegentlich weiterentwickelt werden – gemäß den politischen Erfordernissen.

**Also, die Unternehmen brauchten eine Bank, die sagt: „Die sind kreditwürdig", und die Treuhand musste das bestätigen?**
Es ging nicht darum, die Kreditwürdigkeit der Unternehmen zu prüfen. Kreditnehmer war ja der sowjetische Besteller. Die Treuhandanstalt musste nur die Lieferfähigkeit der Unternehmen bestätigen als Voraussetzung zur Erfüllung ihrer vertraglichen Pflichten.

**Und auf der anderen Seite, brauchte auch ein sowjetisches oder russisches Unternehmen einen Kredit und wiederum eine sowjetische oder russische Bank?**
Ja, und darüber verfügte die Staatsbank in begrenztem Umfang. Es herrschte große Unsicherheit, ob die Staatsbank eingegangene Verpflichtungen in Devisen einhalten würde. Deshalb hat die Bundesregierung die Kreditplafonds aufgelegt, in deren Höhe sie die Finanzierung der Lieferungen an die Lieferanten garantiert hat.

**Was sind Plafonds?**
In diesem Kontext sind das begrenzte „Kredittöpfe", also rund 20 Milliarden DM für die vier Jahre.

**Was daran hat gut funktioniert, und was hat nicht so gut funktioniert? Wo gab es die Probleme?**
Wir haben in der Treuhandanstalt einen Prozess aufgesetzt, der eine schnelle Abwicklung des Finanzierungsvertrags unterstützt hat. Wir haben zum einen eng mit den beteiligten Vertragspartnern auf der deutschen Seite zusammengearbeitet – also allen Banken, der KfW, Hermes – und waren auch im Interministeriellen Ausschuss des Bundes vertreten, der die Geschäfte im Hinblick auf die Deckung durch die Hermes-Kreditversicherung des Bundes genehmigen musste. Hier haben alle an einem Strang gezogen, um die Unternehmen zu unterstützen. Zum anderen haben wir intern die eingereichten Unterlagen zu den geplanten Exportgeschäften sehr schnell geprüft und unser Votum abgegeben – das dauerte in der Regel nicht länger als

zwei bis drei Tage. Aus heutiger Sicht kann ich sagen, dass wir da sehr effizient gearbeitet haben, und ich weiß, dass die Kredite alle ohne Problem über z. T. lange Laufzeiten abgewickelt wurden.

**War nicht auch ein gewaltiges Problem, dass die Sowjetunion Ende 1991 aufgelöst wurde und es danach Russland und die neuen eigenständigen Republiken gab? Und verfügten diese Länder nicht auch über zu wenig Devisen, um Produkte ostdeutscher Firmen auf diese Art und Weise kaufen zu können?**
Ja, das war natürlich ein zentrales Problem. Russland musste nun zu anderen Bedingungen aus der „alten DDR" importieren, d. h. gegen D-Mark, die natürlich knapp war. Das hat die Handelsinteressen und -strukturen deutlich verändert – Waren von ostdeutschen Unternehmen standen da nicht alle oben auf der Prioritätenliste.

**Also das Problem war, wenn ich richtig verstanden habe, dass die Russen einfach gesagt haben: „Passt auf, wir wollen einfach eure Produkte nicht mehr"?**
Wir wollen sie nicht mehr oder können sie nicht mehr bezahlen.

**Das war das eine. Und dann hat man versucht, das ein Stück aufzulösen, indem man wieder zu den alten Tauschgeschäften gekommen ist?**
Manche haben das versucht. Einzelne Banken hatten da auch spezielles Know-how. Aber wir als staatliche Einrichtung haben uns da nicht involviert.

**Das heißt, dann haben die Ausschau gehalten nach anderen westlichen Firmen?**
Zu „Marktbedingungen" mussten die Ostbetriebe natürlich mit anderen Unternehmen konkurrieren. Bei unseren Verhandlungen dazu mit dem Außenhandelsministerium in Moskau und Bonn zeigten die Verantwortlichen jedenfalls kein besonderes Interesse an ostdeut-

schen Maschinen. Die Russen wollten vorzugsweise Babynahrung und Zigaretten. Für diese Produkte aus westlicher Herstellung stand aber das Finanzierungsinstrument nicht zur Verfügung.

**Was haben denn die altbundesdeutschen Unternehmen dazu gesagt? Es ist ja in der Marktwirtschaft nicht üblich, dass Exporte vonseiten des Staates finanziert werden.**
Das kann ich Ihnen nicht beantworten. Ich glaube, dass in weiten Teilen ein großer Konsens hinsichtlich der Unterstützung der Ostbetriebe herrschte, da zunehmend auch offenkundig wurde, dass die Betriebe existenziell und damit auch die Arbeitsplätze gefährdet waren.

**Die bundesdeutsche Wirtschaft war zum Zeitpunkt der Wiedervereinigung ja auch nur zu 70 Prozent ausgelastet. Da gab es eine Menge Leute, die Arbeit gesucht haben. War nicht auch die Wiedervereinigung bzw. die vielen staatlichen Gelder, die geflossen sind, waren die auch ein Konjunkturprogramm für die altbundesdeutsche Wirtschaft?**
Ja, ich würde sagen, dass im Konsumgüterbereich die westdeutsche Wirtschaft im Schnitt profitiert hat, weil sie den ostdeutschen Markt bedienen konnte, ohne dass sie dort Produktionsstätten kaufen oder betreiben musste.

**Die hätten den ganzen Osten aus der Bundesrepublik versorgen können. Haben Sie das atmosphärisch gespürt, wie da die gesamtdeutsche Stimmung war?**
Zur gesamtdeutschen Stimmung habe ich keine verlässliche Erinnerung. Ich war eher fokussiert auf die prekäre Lage der ostdeutschen Investitionsgüterindustrie.

**Investitionsgüter, was war das genau? Was haben Sie da genau gemacht?**

Das sind Güter, die nicht unmittelbar verbraucht oder konsumiert werden, sondern zur Güterherstellung eingesetzt werden, wie z. B. Maschinen, technische Anlagen oder Fahrzeuge, Eisenbahnwaggons. Sie dienen der Erhaltung, Verbesserung oder Erweiterung der Produktionsausrüstung von Unternehmen. Davon haben die DDR-Unternehmen sehr viel in die alte Sowjetunion geliefert und ihre Produktion darauf ausgerichtet.

**Wie war denn damals die Atmosphäre innerhalb der Treuhand, innerhalb Ihrer Stabsstelle oder Ihres Teams? Wie viele Leute gehörten zum Team?**

Wir haben in einem sehr kleinen Team gearbeitet: Ein Kollege hat mich bei der Exportfinanzierung unterstützt, ein anderer hat die alten Außenhandelsbetriebe abgewickelt. Phasenweise haben zusätzliche Kollegen und Kolleginnen unterstützt.

**Was war das für eine Stimmung kurz nach der Ermordung von Rohwedder? War das noch so ein Aufbruchsgefühl, oder war das schon ein bisschen gedämpfter? Das war ja auch schon eine Zeit, in der die Treuhand zunehmend in der Kritik stand, wo man im Nachhinein ein bisschen den Eindruck bekommen konnte, vielleicht war es der Bundespolitik gar nicht so unangenehm, dass man einen Sündenbock vorschieben konnte. Ist das ein Eindruck, den Sie auch hatten?**

Als ich im Mai 1991 bei der Treuhandanstalt angefangen habe zu arbeiten, war die Ermordung von Herrn Rohwedder nicht mehr im Tagesgespräch, wenngleich sie sicherlich nachgewirkt hat – vor allem bei Kollegen und Kolleginnen, die ihn direkt kannten, wie z. B. mein Chef, Herr Eilert.

Und ja, die Treuhandanstalt musste für viel Kritik herhalten und war somit auch ein Puffer, der zur politischen Stabilität beigetragen hat –

alles Missliebige wurde ihr angelastet, obwohl vieles auf politische Entscheidungen zurückzuführen war.

Natürlich haben wir das alles auch wahrgenommen, es hat uns auch betroffen gemacht. Aber wir waren fokussiert auf unsere Aufgaben, haben die Ärmel hochgekrempelt und nach vorne geguckt.

**Wie muss ich mir denn so einen typischen Arbeitstag von Ihnen vorstellen? Wann ging das los, wann begann der Tag, wann hat er geendet?**

Es gab keinen Alltag oder Routine, nur Herausforderungen.

**Aber es war kein 9-to-5-Job?!**

Nein, da hat niemand auf die Uhr geschaut. Phasenweise haben wir bis in die Nacht gearbeitet, in der Regel so 10 bis 12 Stunden täglich. Auch abends waren noch Kollegen und Kolleginnen für Rücksprachen erreichbar – über die im Übrigen sehr flache Hierarchie hinweg. Als wir am Anfang z. B. die Vertragswerke für die Bestellerkredite abstimmen mussten, hat sich dazu ein Kollege aus der Rechtsabteilung – ein älterer, erfahrener Anwalt – um 21 Uhr noch mit mir zusammengesetzt und Tee gekocht. Es gab im Grunde Mitarbeiter/-innen aus der jungen Generation, so wie ich um die 30 Jahre alt, und die ältere Generation mit aus den Firmen entsandten erfahrenen Managern zwischen 50 und 60 Jahren, von denen wir gerne mehr gehabt hätten.

**Mich würde ein bisschen die Gemengelage in der Treuhand interessieren. Es waren ja gut bezahlte Jobs, mit „Buschzulage". Es gab doch auch noch die Herren aus der Ministerialbürokratie, die damals schon so Ende 50, Anfang 60 waren? Die wussten, so ein paar Jährchen müssen sie noch machen. Dann die Jungen, die mit großem Biss, die einfach Lust haben und bei denen das viele Arbeiten auch kein Problem ist. Dann gab es sicher auch die Gesetzte-**

ren, die gesagt haben: „Piano", und die gedacht haben: „Die Treuhand ist nur eine temporäre Geschichte."

Sie haben da ein eher verzerrtes Bild vom Kollegium in der Treuhandanstalt. Ja, es gab die junge Generation mit viel Elan und Motivation. Und die ältere Generation von Ministerialen, die „piano" unterwegs waren, motiviert durch die Buschzulage, habe ich nicht wahrgenommen. Es waren ja nur wenige Ministeriale in der Treuhandanstalt. Zum einen Beamte aus dem fachlich zuständigen Finanzministerium und Mitglieder des Verwaltungsrats. Zum anderen gab es meines Wissens im Bereich für Länderfragen und für die Klärung von Eigentumsverhältnissen entsandte Beamte. Auch die haben mit sehr großem Einsatz gewirkt. Das Gros der Belegschaft kam aber aus der freien Wirtschaft, und das bestimmte auch den Geist des Hauses. Wir hatten sehr kurze Entscheidungswege im Gegensatz zu den Abläufen in Ministerien.

Wie gesagt – wir haben alle im selben Modus „nach vorne" gearbeitet. Im Bereich der Exportfinanzierung haben z. B. Staatssekretäre die Verhandlungen mit der russischen Seite angeführt – im Interesse der Treuhandanstalt-Unternehmen.

**Einer hat uns gesagt, das Angenehme in der Treuhand war, es gab keine Ellenbogen. Weil das temporär angelegt war und man wusste, die Treuhand wird kein blühendes Unternehmen über die nächsten Jahrzehnte. Stimmt das?**

Das stimmt, es war eine endliche Aufgabe – daran hat auch Frau Breuel immer wieder mit ihrer Zielvorgabe erinnert.

**Also, man konnte nichts werden in der Treuhand?**

Nein, das hat auch niemanden interessiert. Diese Frage höre ich zum ersten Mal.

**Würden Sie das bestätigen? Das ist ja interessant, dass man gemeinsam in einem Unternehmen arbeitet und jeder weiß, hier kann man nichts werden.**
Ja, zumindest am Anfang.

**Wie hat es sich dann verändert? Also haben es am Ende doch eher Leute als Sprungbrett genutzt?**
Am Anfang war es schwierig, Leute zu gewinnen, vor allem aus der älteren Generation, die bereit waren, diese Strapazen auf sich zu nehmen und auf das komfortable Heim zu verzichten. Das ist Leuten aus meiner Generation sicher leichter gefallen. Als dann später das Leistungsniveau in der Treuhandanstalt sichtbarer oder bekannter wurde, haben dann einige eine Tätigkeit dort als mögliches Sprungbrett in eine anschließende Karriere in der Wirtschaft gesehen.

**Gab es auch so ein Stück vaterländischen Input, also den Wunsch, seinem Staat irgendwas Gutes zu tun oder etwas Sinnvolles für die Wiedervereinigung?**
Also so pathetisch und staatstragend war ich nicht unterwegs. Aber ich war schon von dem Gedanken überzeugt, eine notwendige Veränderung – die Transformation der Planwirtschaft – zu unterstützen, hin zum Besseren.

**War Ihnen auch schon bewusst, dass die Treuhand auch wirklich etwas historisch Einmaliges ist? Es gab ja meterweise Literatur von Marx und Lenin, die beschrieben haben, wie man gesellschaftlich, politisch, aber auch wirtschaftlich den Weg geht vom Kapitalismus zum Sozialismus. Aber den Weg zurück, dafür gab es keine Blaupause.**
Ja, mir war die historische Ausnahmesituation bewusst und auch die ökonomische Herausforderung – das passte ja zu meinem volkswirtschaftlichen Hintergrund. Ich habe auch immer darauf gewartet, dass die Wissenschaft Konzepte für die Transformation zuliefert.

**Was haben denn Ihre Freunde, was hat Ihre Familie zu dem Job gesagt?**
In meinem engeren Umfeld wurden die Dimensionen der Vorgänge im Osten kaum wahrgenommen, die Berufsfelder waren andere.

**Aber es sind doch trotzdem Menschen, die ...**
... die an meinem Leben Anteil nehmen. Das sicherlich. Mit Erstaunen, ja. Aber keine vertiefte Anteilnahme in dem Sinne, dass man sich jetzt dafür interessiert, wie die Transformation der alten DDR funktioniert.

**Aber es gab auch nicht diese Aversion nach dem Motto: „Wie kannst du nur so bekloppt sein?"?**
Einige waren erstaunt darüber, dass ich einen sicheren Job im Ministerium aufgebe und nach Berlin ziehe. Meine Tätigkeit haben sie aber mit Respekt gesehen. Skepsis hatte mein Chef im Wirtschaftsministerium (ein Einzelfall), als ich gekündigt habe – er fand meinen Weggang nicht sinnvoll. Für viele war Berlin zu weit weg. Deshalb war ich schon frühzeitig der Überzeugung, dass die Regierung nach Berlin ziehen muss.

**Im öffentlichen Raum, in den Medien war die Treuhand ja zunehmend mit Skandalen verbunden. Das war ja auch eine Zeit für Glücksritter und Leute, die schnell ihren Reibach machen wollten. Wie haben Sie das wahrgenommen?**
Nein, bei meiner Tätigkeit bin ich mit kriminellen Machenschaften nicht in Berührung gekommen, habe aber natürlich davon gehört. Es sind Einzelfälle, und jeder ist einer zu viel und bedauerlich. Nach meiner Kenntnis haben die Institution Treuhandanstalt und insbesondere Frau Breuel alles Mögliche veranlasst, um dem entgegenzuwirken. Die Staatsanwaltschaft war im Haus der Treuhandanstalt ansässig. Auch in meinem Umfeld war niemand involviert. Ich war umgeben von Menschen, die äußerst engagiert mit hohem persönlichem – auch

gesundheitlichem – Einsatz konstruktiv um Lösungen für die Unternehmen gerungen haben. Wir haben die Anwürfe nicht persönlich genommen, um uns zu schützen.

**Viele sind ja in die ostdeutschen Unternehmen gegangen, um irgendwie Geld rauszuziehen. Da sind sehr merkwürdige Dinge abgelaufen, wie die Treuhand teilweise über den Tisch gezogen worden ist. Waren Sie selbst auch mal in ostdeutschen Unternehmen?**
Nein, ich war selbst nicht in Unternehmen vor Ort, habe aber Geschäftsführer bei Informationsveranstaltungen getroffen.
Ich finde es misslich, dass die negativen Nachrichten das sind, was im öffentlichen Gedächtnis zur Treuhandanstalt hängenbleibt, angesichts dessen, was dort – auch an Positivem – bewegt wurde. Wenn man die kriminellen Fälle ins Verhältnis setzt zum gesamten Transaktionsvolumen, relativiert sich der Befund.

**Sie hatten später noch sogenannte Sonderaufgaben in den Bereichen Unternehmensfinanzierung und Beteiligungsbetreuung? Was heißt das?**
Die geförderten Exportfinanzierungen sind in 1993 ausgelaufen, da spielten auch die politischen Entwicklungen in Moskau eine Rolle. Eine Zeit lang haben wir zusammen mit privaten Banken noch alternative Finanzierungsmöglichkeiten gesucht und z. B. auch Tauschgeschäfte betrachtet. Ich habe dann zusätzlich flexibel andere Fachbereiche unterstützt, z. B. bei Privatisierungen von Großunternehmen.

**Gibt es denn so Situationen, Momente, Erlebnisse in der Treuhand, die sich bei Ihnen eingeprägt haben?**
Keine einzelnen Momente oder ganz viele. Es war eine extrem bewegte und bewegende Zeit.

**Nun, es ist lange her, mehr als 30 Jahre. Wie hat sich denn das Bild der Treuhand, für die Sie etwas mehr als drei Jahre gearbeitet haben, im Laufe der Zeit gewandelt?**

Hinsichtlich unserer Tätigkeit komme ich heute ich zu keinem anderen Urteil als damals. Vorgegebene Aufgabe und Ziel der Treuhandanstalt war eine ökonomische Transformation des Ostens – das hat man nach bestem Gewissen verfolgt. Aber aus heutiger Sicht würde ich sagen, es hat etwas gefehlt. Gefehlt haben eine kommunikative, erklärende Einordnung und Begleitung der Transformation vonseiten der Politik. Das war nicht Aufgabe der Treuhandanstalt, die hat mit den einzelnen Unternehmen gesprochen. Die Menschen wurden im Veränderungsprozess nicht bewusst abgeholt und mitgenommen, das wirkt bis heute nach.

**Weil wir 30 Jahre später schlauer sind, was hätte man Ihrer Ansicht nach anders machen müssen?**

Da müssen Sie Psychologen fragen. Ich habe nur die Wirkung bei meinen Ostkollegen wahrgenommen. Die waren doppelt so alt wie ich, hatten ihr ganzes Leben rechtschaffen gearbeitet – und das war von einem Tag auf den anderen entwertet. Fast alle Berufsbiografien und damit auch das Selbstverständnis waren entwertet – auch, wenn man sich über die neuen Perspektiven, vor allem für die Kinder, freuen konnte. Das hat mich berührt. Und das, was ich im kleinen Umfeld erlebt habe, hat wohl auch auf der großen Ebene stattgefunden.

**Ein Kollege aus der Treuhand hat gesagt, es war psychologisch vielleicht auch nicht klug, dass man die Unternehmen teilweise für eine D-Mark verkauft hat. Wenn man einfach sagt: „Pass mal auf, ich kauf dir dein Haus ab, für einen Euro oder eine Mark."**

Also so simpel war das nicht. Sie sollten da schon die einzelnen Fälle und die finanziellen Implikationen und Verpflichtungen betrachten. Ziel war jeweils, Überlebensmöglichkeiten für Unternehmen zu gestalten.

**Haben Sie im Alltag der Treuhand Zeit, darüber nachdenken zu können, dass daran auch Schicksale geknüpft sind?**
Ja selbstverständlich. Aber für die sozialen Implikationen der Transformation waren andere verantwortlich. Wir hatten eine sehr konkrete Aufgabe. Ich sah und sehe bis heute dazu keine Alternative.

**Es gab zum Beispiel die Überlegung einer Sonderwirtschaftszone.**
Eine abgeschottete Zone mit Planwirtschaft – ohne Plan – hätten die Menschen nicht mehr gewollt, das haben sie ja nachdrücklich gezeigt. Sie müssten entscheiden, wie lange, zu welchen Kosten und mit welchem Ergebnis Sie einen Wirtschaftsraum abgrenzen wollen. So lange Sie nicht absetzbare Produkte, Absatzmärkte und ein gutes Management haben, nutzt Ihnen auch ein Protektorat nichts. Daran ändern auch andere Beteiligungs- und Eigentumsformen nichts, die ja angeregt wurden.
Aber im gegebenen Rahmen haben wir in der Treuhandanstalt die Unternehmen mit allen Kräften unterstützt und um Perspektiven gerungen.

**Es gab auch den Vorwurf dieser Turboprivatisierung. Hätte man die Privatisierung langsamer machen können?**
Auch da wieder die Frage: Was darf es kosten, wie lange darf es dauern? Jeder Tag eines Unternehmens im Treuhandanstaltbesitz, das nicht wirtschaftlich arbeitet, hat den Steuerzahler sehr viel Geld gekostet.

**Sie arbeiteten ja damals in Berlin, eine zusammenwachsende Stadt Anfang der 1990er Jahre. Manche Kollegen erzählten, wie sie das Nachtleben genossen haben, Sie auch?**
Ja, in Berlin war viel los, ein breit gefächertes kulturelles Angebot, spannende Locations. Unter der Woche habe ich das weniger genutzt, dafür waren die Arbeitstage zu lang. Wir sind dann maximal essen gegangen, da es in der Treuhandanstalt zunächst keine gute Versorgung

gab. Am Wochenende sind wir oft raus aufs Land gefahren, bis hin zur Ostsee.

**Aber Sie hat es dann später wieder nach Köln zurückgezogen?**
Ja, leider. Ich wäre gerne in Berlin geblieben, aber aus familiären Gründen bin ich dann wieder zurück ins Rheinland.

**Wie ging es im Anschluss für Sie weiter? Sie sind ja heute für den öffentlich-rechtlichen Rundfunk tätig. Wie ging das für Sie weiter?**
Also ich habe erst mal eine längere Familienpause gemacht und dann zum beruflichen Wiedereinstieg noch einen Abschluss in Gesundheitsökonomie absolviert. Das Thema hat mich aufgrund des großen Reformierungsbedarfs im System sehr interessiert. Ich habe dann in unterschiedlichen Bereichen gearbeitet, bevor ich beim öffentlich-rechtlichen Rundfunk gelandet bin.

**Hat diese Treuhandzeit für Sie persönlich einen anderen Stellenwert?**
Die Tätigkeit in Berlin damals war auf jeden Fall aufgrund ihrer historischen Einmaligkeit und Bedeutung der Höhepunkt in meiner Berufstätigkeit.

**Warum war es so spannend?**
Es war in jeder Hinsicht eine Herausforderung. Man musste in hohem Maße gestalten und Verantwortung übernehmen. Man lebte Geschichte.

**Haben Sie das Thema im Nachhinein weiterverfolgt? Ein Kollege hat seine Dissertation über die Treuhand geschrieben, es gab TV-Dokumentationen. Haben Sie sich und Ihr Erleben da richtig gespiegelt gefühlt?**
Es gibt sehr unterschiedliche Darstellungen und meines Erachtens erst in jüngerer Zeit fundiertere Werke, die versuchen, objektiv an das Thema heranzugehen.

# Chronik der Treuhandanstalt

### 11. Februar 1990
Mitglieder des Gründungsvereins „Freies Forschungskollegium Selbstorganisation für Wissenskatalyse an Knotenpunkten" unterbreiten mit Schreiben vom 11. Februar Ministerpräsident Hans Modrow und dem Zentralen Runden Tisch den Vorschlag der umgehenden Bildung einer „Treuhandgesellschaft (Holding) zur Wahrung der Anteilsrechte der Bürger mit DDR-Staatsbürgerschaft am ‚Volkseigentum' der DDR". Zudem wird das Papier auf einer Pressekonferenz vorgestellt.
Erarbeitet wurde der Vorschlag u. a. durch den Theologen Wolfgang Ullmann (Mitglied von Demokratie Jetzt), den Ingenieur Matthias Artzt und den Physiker Gerd Gebhardt.

### 12. Februar 1990
Zur Sitzung des Zentralen Runden Tisches beantragt die Oppositionsgruppe Demokratie Jetzt durch Wolfgang Ullmann, das Gremium möge, um „weitere Verzögerungen der anstehenden Wirtschaftsreform in der DDR auszuschließen", auf Basis des vorliegenden Vorschlags den Beschluss fassen, dass die Modrow-Regierung bis zum 1. März eine entsprechende Vorlage zu erarbeiten hat.

### 1. März 1990
Der Ministerrat der DDR unter Hans Modrow beschließt die Gründung der „Anstalt zur treuhänderischen Verwaltung des Volkseigentums", um die DDR-Betriebe in die Marktwirtschaft zu überführen. Das Ziel ist die Entflechtung der Kombinate und die Umwandlung der volkseigenen Betriebe (VEB) in Kapitalgesellschaften. Erster Präsident wird Peter Moreth, Minister der Modrow-Regierung und Mitglied der liberalen Blockpartei LDPD.

**15. März 1990**

Die DDR-Regierung unter Hans Modrow beschließt ein Statut der Treuhandanstalt.

**16. Mai 1990**

In Westdeutschland wird als Unterstützung der DDR-Wirtschaft ein Fonds „Deutsche Einheit" gegründet. Er wird getragen von Bund und Ländern. Das Volumen des Fonds beträgt zu Beginn 115 Milliarden DM, von denen allein 95 Milliarden DM aus Kreditaufnahmen finanziert werden. Bereits wenige Monate später muss der Fonds erstmals angehoben werden, 1993 nochmals auf insgesamt rund 160 Milliarden DM. Im Jahr 2019 gilt der Fonds als abbezahlt.

**1. Juni 1990**

Als eine der ersten Großprivatisierungen werden die ostdeutschen Werften in die neu gegründete Deutsche Maschinen- und Schiffbau AG Rostock (DMS AG) überführt. Später wird öffentlich, dass dabei 854 Millionen DM für die Ostwerften bestimmte EU-Fördermittel rechtswidrig zur Sanierung der Bremer Vulkan-Werften verwendet werden.

**17. Juni 1990**

Die Volkskammer erlässt das Treuhandgesetz („Gesetz zur Privatisierung und Reorganisation des volkseigenen Vermögens"). Der Gesetzentwurf der letzten DDR-Regierung unter Lothar de Maizière entstand in enger Zusammenarbeit mit der Bundesregierung.

**1. Juli 1990**

Inkrafttreten des Vertrages über die Währungs-, Wirtschafts- und Sozialunion. Die D-Mark wird alleiniges Zahlungsmittel in der DDR.

**15. Juli 1990**

Einen Monat nachdem Peter Moreth abgelöst worden war, wird der Chef der westdeutschen Bundesbahn Reiner Maria Gohlke neuer Präsident der Treuhand.

**29. August 1990**

Nach dem Rücktritt von Treuhand-Chef Reiner Maria Gohlke am 20. August wird der frühere Hoesch-Vorstandschef Detlev Rohwedder neuer Präsident der Treuhand. Er saß bereits seit Anfang Juli 1990 im Treuhand-Verwaltungsrat.

**30. August 1990**

Zum ersten Mal tagt der sogenannte Leitungsausschuss. Er soll die Sanierungsfähigkeit der DDR-Betriebe einschätzen und Empfehlungen für deren Zukunft ausgeben. In dem Gremium sitzen etwa 100 externe Vertreter der großen westdeutschen Unternehmensberatungsfirmen Roland Berger, McKinsey, KPMG und PWC.

**2. Oktober 1990**

Einen Tag vor den Feierlichkeiten zum Tag der Deutschen Einheit teilt die Treuhand den gut 5.000 Angestellten des Dresdner Kameraherstellers Pentacon mit, dass ihr Betrieb geschlossen werden müsse.

**3. Oktober 1990**

Die Treuhand wird der Fach- und Rechtsaufsicht des Bundesfinanzministers unterstellt.

**22. März 1991**

Das „Gesetz zur Beseitigung von Hemmnissen bei der Privatisierung von Unternehmen und zur Förderung von Investitionen" (Hemmnisbeseitigungsgesetz) wird beschlossen. Die Treuhand darf die Rückgabe von Objekten an enteignete Vorbesitzer nun einschränken, falls

Interessenten, die nicht restitutionsberechtigt sind, mehr Arbeitsplätze und höhere Investitionen zusagen als die tatsächlichen oder möglichen früheren Eigentümer. Diesen muss in diesen Fällen nun lediglich eine Entschädigung gewährt werden.

**27. März 1991**
In einem Rundbrief an die Belegschaft formuliert Detlev Rohwedder, wie die Treuhand mit den Betrieben umgehen solle: „Schnelle Privatisierung, entschlossene Sanierung, behutsame Stilllegung." Das Dokument ist als „Osterbrief" bekannt.

**1. April 1991**
Treuhand-Chef Detlev Rohwedder wird am späten Abend in seinem Wohnhaus in Düsseldorf durch einen Gewehrschuss getötet. Die terroristische Vereinigung Rote Armee Fraktion (RAF) bekennt sich wenig später zu dem Mord, der genaue Täterkreis wird jedoch nie ermittelt. Zehn Tage nach dem Mord wird Rohwedder mit einem Trauerstaatsakt in Berlin geehrt. Außerdem wird das Gebäude, in dem sich die Zentrale der Treuhandanstalt befindet, in Detlev-Rohwedder-Haus umbenannt. Heute befindet sich hier das Bundesministerium für Finanzen.

**13. April 1991**
Der Treuhand-Verwaltungsrat stimmt einstimmig für die CDU-Politikerin Birgit Breuel als neue Präsidentin der Treuhandanstalt. Breuel hatte vor der Wiedervereinigung das niedersächsische Verkehrs- und später das Finanzministerium geleitet.

**30. April 1991**
In Zwickau rollt der letzte Pkw Trabant vom Band.

**1. September 1991**

Die Zentrale Ermittlungsstelle für Regierungs- und Vereinigungskriminalität (ZERV) wird gegründet. Die Berliner Behörde wird bis zur Jahrtausendwende in rund 4.000 Fällen von vereinigungsbedingter Wirtschaftskriminalität ermitteln. Davon werden 180 zur Anklage gebracht, die zu 128 rechtskräftigen Verurteilungen führen. Der von diesen Straftaten verursachte Schaden lässt sich nur schätzen und soll bis zu 26 Milliarden DM betragen.

**1. April 1992**

Im Auftrag der Treuhandanstalt befragt eine Forschungsgruppe alle noch bestehenden Treuhandunternehmen. Laut den Ergebnissen der Befragung haben diese die Zahl der Beschäftigten von 4,1 Millionen Mitte 1990 auf 1,24 Millionen am 1. April 1992 abgebaut. Mitte 1992 werden noch etwa eine Million Menschen in Treuhandunternehmen beschäftigt sein.

**1. Mai 1992**

Die Treuhand gründet die ersten von insgesamt fünf Management-KGs für sanierungsfähige Unternehmen, die kurzfristig nicht privatisierbar sind. Für diese Unternehmen soll es möglich sein, Sanierungsmaßnahmen über einen längeren Zeitraum von mehreren Jahren voranzutreiben. Dieses Modell ist ein Gegenentwurf zu der zu dieser Zeit unter Birgt Breuel gängigen Praxis, die Betriebe möglichst schnell zu verkaufen.

**26. Juni 1992**

Der letzte Ostdeutsche verlässt den Treuhand-Vorstand. Wolfram Krause, Vorstand für Finanzen, wird abgelöst von Heinrich Hornef.

**30. Juni 1992**

Die Treuhand-Niederlassung Schwerin erklärt als erste Bezirksniederlassung ihre Arbeit für beendet.

**15. Oktober 1992**
Die „DM-Eröffnungsbilanz" der Treuhandanstalt und ihrer Betriebe zum Stichtag 1. Oktober 1990 wird mit zwei Jahren Verspätung von Bundesfinanzminister Theo Waigel präsentiert. Nachdem der Wert der DDR-Wirtschaft im Herbst 1990 noch mit 600 Milliarden DM beziffert wurde, steht nun ein erwartetes Defizit von 250 Milliarden DM in den Büchern.

**13. März 1993**
Bund und Länder einigen sich auf einen Solidarpakt zur Finanzierung der langfristigen Folgen der Deutschen Einheit. Der Solidarpakt I soll am 1. Januar 1995 in Kraft treten und Mittel in Höhe von rund 94,5 Milliarden Euro umfassen. Diese sind für den Aufbau der Wirtschaft in Ostdeutschland, die Modernisierung der Infrastruktur, für den Erhalt industrieller Kerne und die Tilgung von Schulden vorgesehen.

**3. Juni 1993**
Unter dem Druck der ostdeutschen Ministerpräsidenten wird in Bonn ein neues Konzept zum „Erhalt industrieller Kerne" beschlossen. Ziel ist die massive Unterstützung ausgewählter Industriezentren bzw. Unternehmen in bestimmten Branchen, um diese vor der Schließung zu bewahren. Zu dem Konzept gehören auch Investitionen in Forschung, Absatzmaßnahmen und Infrastruktur.

**30. September 1993**
Der Bundestag beschließt auf Antrag der SPD-Fraktion, einen parlamentarischen Untersuchungsausschuss einzusetzen, den sogenannten Treuhanduntersuchungsausschuss. Der „Untersuchungsauftrag" nennt zwei Hauptziele: Zum einen sollen die Schließungen „überlebensfähiger Betriebe" und der Arbeitsplatzabbau geprüft werden, zum anderen die Kontrolle durch das Bundesfinanzministerium.

**31. Dezember 1993**

Die Treuhandanstalt entscheidet im Rahmen des sogenannten Kalivertrages, das Kombinat Kali zu schließen. Das Kaliwerk in Bischofferode erlangte in diesem Zuge seit Mitte 1993 bundesweite Aufmerksamkeit, da einige der Mitarbeiter für den Erhalt ihrer Arbeitsplätze in den Hungerstreik gegangen sind.

**29. April 1994**

Der Bundestag verabschiedet ein Gesetz über die Zukunft der Treuhandanstalt. Eine Bundesanstalt für vereinigungsbedingte Sonderaufgaben (BvS) soll ab 1. Januar 1995 die verbliebenen Tätigkeiten fortführen, insbesondere die Kontrolle der abgeschlossenen Privatisierungsverträge und der darin festgelegten Bedingungen.

**31. Dezember 1994**

Ergebnisse der Treuhand: Bei einer öffentlichkeitswirksamen Veranstaltung am Detlev-Rohwedder-Haus schraubt Treuhand-Chefin Birgit Breuel ein Schild ab. Es weist auf die Treuhandanstalt hin und soll kurz zuvor für diesen Anlass angebracht worden sein. Die Treuhandanstalt wird in „Bundesanstalt für vereinigungsbedingte Sonderaufgaben" (BvS) umbenannt und die verbliebenen Aufgaben auf mehrere Folgegesellschaften verteilt. Die Schulden der Treuhand und ihrer Nachfolgeorganisationen von über 200 Milliarden D-Mark werden am 1. Januar 1995 in den Erblastentilgungsfonds eingebracht.

**1. Januar 1995**

Der bis 2004 laufende Solidarpakt I zur Angleichung der Lebensverhältnisse in Ost und West tritt in Kraft. Zur Finanzierung wird ein Zuschlag zur Lohn-, Einkommen- und Körperschaftsteuer von allen Steuerzahlern erhoben (Solidaritätszuschlag). 2005 bis 2019 folgt ein Solidarpakt II, mit dem der Bund den ostdeutschen Ländern insgesamt 156,6 Milliarden Euro zur Verfügung stellt, auch dieser wird über den Solidarzuschlag finanziert.

# Abkürzungsverzeichnis

| | |
|---|---|
| ADN | Allgemeiner Deutscher Nachrichtendienst |
| AfD | Alternative für Deutschland |
| AG | Aktiengesellschaft |
| AStA | Allgemeiner Studierendenausschuss |
| AWE | Automobilwerk Eisenach |
| BDA | Bund Deutscher Architektinnen und Architekten |
| Bewag | Berliner Städtische Elektrizitätswerke Aktien-Gesellschaft |
| BMF | Bundesministerium der Finanzen |
| BMW | Bayerische Motoren Werke |
| BMWi | Bundesministerium für Wirtschaft und Energie |
| BRD | Bundesrepublik Deutschland |
| BvS | Bundesanstalt für vereinigungsbedingte Sonderaufgaben |
| BVVG | Bodenverwertungs- und Verwaltungsgesellschaft |
| BWL | Betriebswirtschaftslehre |
| CDU | Christlich Demokratische Union |
| CEO | Chief Executive Officer |
| CSU | Christlich-Soziale Union |
| DAX | Deutscher Aktienindex |
| DDR | Deutsche Demokratische Republik |
| DEFA | Deutsche Film AG |
| DFU | Deutsche Friedens-Union |
| DKB | Deutsche Kreditbank |
| DM | Deutsche Mark |
| ECON | Economic and Monetary Affairs Committee (dt. Ausschuss für Wirtschaft und Währung) |
| EMW | Eisenacher Motorenwerk |
| EU | Europäische Union |
| FAZ | Frankfurter Allgemeine Zeitung |
| FDJ | Freie Deutsche Jugend |
| FDP | Freie Demokratische Partei |
| GEA | Gesellschaft für Entstaubungsanlagen |
| GmbH | Gesellschaft mit beschränkter Haftung |
| GO | Grundorganisation |
| GRW | Geräte- und Reglerwerke |

| | |
|---|---|
| HO | Handelsorganisation |
| HTW | Hochschule für Technik und Wirtschaft |
| IBM | International Business Machines Corporation |
| IG | Industriegewerkschaft |
| IM | Informeller Mitarbeiter/informelle Mitarbeiterin |
| INSEAD | Institut Européen d'Administration des Affaires (dt. Europäisches Institut für Betriebswirtschaftslehre) |
| ISUD | Informationssystem Unternehmensdatenbank |
| IT | Informationstechnologie |
| KfW | Kreditanstalt für Wiederaufbau |
| KG | Kommanditgesellschaft |
| KoKo | Bereich Kommerzielle Koordinierung in der DDR |
| KPÖ | Kommunistische Partei Österreichs |
| KZ | Konzentrationslager |
| LMU | Ludwig-Maximilians-Universität |
| LPG | landwirtschaftliche Produktionsgenossenschaft |
| MBA | Master of Business Administration |
| MBI | Management-Buy-in |
| MSAB | Ministerium für Schwermaschinen- und Anlagenbau |
| MZ | (Motorradmarke) Motorradwerk Zschopau |
| NGO | Nichtregierungsorganisation |
| NRW | Nordrhein-Westfalen |
| PC | Personal Computer |
| RAF | Rote Armee Fraktion |
| RGW | Rat für gegenseitige Wirtschaftshilfe |
| SED | Sozialistische Einheitspartei Deutschlands |
| SKET | Schwermaschinenbau-Kombinat „Ernst Thälmann" |
| SPD | Sozialdemokratische Partei Deutschlands |
| SPK | Staatliche Plankommission der DDR |
| StA | Staatsanwaltschaft |
| Stasi | Staatssicherheit |
| StGB | Strafgesetzbuch |
| TAC | Treuhand Alumni Club |
| TAKRAF | Tagebau-Ausrüstungen, Krane und Förderanlagen |
| THA | Treuhandanstalt |
| TLG | Treuhand Liegenschaftsgesellschaft mbH |
| TU | Technische Universität |
| TV | Television |

| | |
|---|---|
| USA | Vereinigte Staaten von Amerika |
| VEB | volkseigener Betrieb |
| VW | Volkswagen |
| WestLB | Westdeutsche Landesbank |
| ZERV | Zentrale Ermittlungsstelle Regierungs- und Vereinigungskriminalität |

# Bildnachweis

Bundesstiftung Aufarbeitung der SED-Diktatur, Berlin: S. 33, 58, 82, 103, 124, 148, 175, 198, 224, 249, 264, 288, 309, 327, 347, 379, 395
© Matthias Horn: S. 25
Privatbesitz: S. 13, 17, 20, 22, 30

Verlag und Herausgeber haben sich bemüht, alle Rechteinhaber von Abbildungen ausfindig zu machen; sollten dennoch bestehende Rechte nicht berücksichtigt worden sein, so bitten wir um Kontaktaufnahme.

# Personenregister

Adorno, Theodor W.   62
Andreas, Sven-Thomas   365, 368
Artzt, Matthias   415

Bachsleitner, Peter   177, 332
Bahr, Egon   200
Balz, Manfred   193, 268 f., 275
Beitz, Berthold   179, 186
Berger, Roland   181 f., 183, 185, 417
Biermann, Wolf   230
Birkhold, Sylvia   364
Böick, Marcus   10
Böttcher, Manfred   208, 210 f.
Böttcher, Ursula „Uschi"   213
Brahms, Hero   162, 182, 189
Brandt, Willy   200, 230
Brecht, Bertolt   229
Breuel, Birgit   11, 20 f., 25, 27, 28, 34, 46, 49, 100, 109, 118 f., 121, 145, 170, 177, 179 f., 183 f., 196, 193, 195, 197, 222 f., 237, 242, 243, 247, 255, 275, 317, 338, 346, 363, 391, 407, 409, 418, 419, 421
Buchholz, Matthias   224

Charbonnier, Volker   41, 52, 253
Chruschtschow, Nikita   150, 229

Dibelius, Alexander   339
Dietze, Roland   382

Eichelbaum, Ernst   228
Eilert, Hans   399, 405

Fielmann, Günther   221
Föhr, Horst   75, 257

Gebhardt, Gerd   415
Geitz, Wilfried   221
Glock, Winfried   362 f., 365, 366, 368
Glotz, Peter   230
Gohlke, Reiner Maria   88, 107, 108, 182, 202, 417
Goldschmidt, Ralf   188
Gohr, Helmut   213, 220, 223
Greiner, Wolfgang   362 f., 365, 366, 368, 376
Gysi, Gregor   55, 244

Haarmann, Michael   219
Halm, Gunter   108, 109 f., 182
Hamm-Brücher, Hildegard   230
Hand, Terence David „Terry"   215
Harrer, Eduard   366
Hartmann, Karin   210
Häßner, Manfred   204 f., 208, 209 f., 216 f.
Havemann, Robert   64, 230 f.
Hennemann, Friedrich   49
Herrhausen, Alfred   352
Hirsch, Burkhard   161
Holzer, Dieter   161
Honecker, Erich   15
Horkheimer, Max   62
Hornef, Heinrich   195, 419
Hornuf, Lothar   200, 201
Höss, Norbert   365–368

Jäckel, Hartmut 230
Jugel, Albert 231 f.
Jung-Lindemann, Ulrich 219

Kirsch, Werner 207 f.
Klamroth, Klaus 364, 366
Klinz, Wolf 182, 202, 206, 207, 211, 213, 223, 331, 332 f., 334, 335, 336, 337 f., 342, 346
Köckritz, Sieghardt von 215
Kohl, Helmut 11 f., 15 f., 21, 66, 73, 145, 153, 158, 160, 178, 198, 240, 305, 312, 326, 331, 349, 350, 381, 388
Köhler, Horst 27, 248
Krause, Wolfram 55, 108, 110, 138, 308, 419
Krämer, Hans 186
Kruse, Käthe 303, 305

Lafontaine, Oskar 178, 197, 198
Lauck, Hans-Joachim 136
Liehmann, Paul 110
Linder, Joachim 219

Maizière, Lothar de 416
Marx, Karl 87, 408
Matuschka, Alexander Graf 122
Matuschka, Gabriel Graf 201
Matuschka, Michael Graf 201
Matuschka, Norbert Graf 200
Meier, Artur 76
Mielke, Erich 216
Mittag, Günter 132
Mittelstädt, Peter 202–204
Mitterrand, François 159
Modrow, Hans 7, 106, 415, 416
Moreth, Peter 415, 417
Möllemann, Jürgen W. 27

Paul, Bernhard 213
Paulin, Ken-Peter 206, 214, 383 f., 385, 392
Pohl, Gerhard 136

Reisch, Linda 231
Rexrodt, Günter 27, 182
Richter, Hans 172
Rickert, Dieter 65, 66, 215
Rohwedder, Detlev Karsten 11, 15, 17, 19, 20, 22, 34, 43, 65 f., 67, 69 f., 75, 88, 92 f., 99, 107–109, 113 f., 118, 121, 136–138, 141, 154, 156, 177, 179, 182, 185–187, 197, 222, 232, 235–237, 238, 242 f., 245, 246, 267–269, 275, 276, 284, 287, 317, 332, 334, 338, 346, 352, 353, 390 f., 399, 405, 417, 418
Rundstedt, Eberhard von 221

Schabowski, Günter 133
Schache, Helmut 303, 305
Schalck-Golodkowski, Alexander 70, 205
Scherpenberg, Norman van 180, 183, 187, 189, 192, 196, 319
Scheunert, Detlef 110
Schiller, Karl 66
Schliemann, Siegfried 203
Schmidheiny, Stephan 106
Schneider, Jürgen 326
Schöde, Wolf 96, 191
Scholten, Gerhard 366
Scholz, Olaf 100
Schucht, Klaus 53, 67, 109, 119, 158 f., 162, 307
Schulenburg, Hermann Graf von der 223
Schürer, Gerhard 15, 54 f., 110

Schweitzer, Albert   229
Seibel, Wolfgang   192, 193
Simson *(Familie)*   143 f.
Sinnecker, Eberhard   96, 205, 211, 220 f., 223
Skowron, Werner   395
Sommer, Jürgen   56
Späth, Lothar   342, 346, 365, 378
Stammer, Karin   219
Steger, Ralph   214
Steingart, Gabor   236
Strauß, Franz Josef   200

Thatcher, Margaret   197
Thorborg, Heiner   215
Tränkner, Ludwig   211, 346

Ulbricht, Walter   71
Ullmann, Wolfgang   13, 415
Urban, Christoph   177

Vehse, Wolfgang   95, 96

Wagner, Ruth   122
Waigel, Theo   27. 198, 420
Wehner, Herbert   200
Wenning, Werner   340
Wild, Klaus-Peter   135 f., 138, 140, 145, 218, 343

Zetsche, Andreas   96